박정희
독재와

Dictatorship&Democracy

민주화운동
그 실체와 허구성

박정희 독재와

Dictatorship & Democracy

민주화운동

그 실체와 허구성

이진호 지음

글쓴이의 말

　이 글을 쓰는 이유는 세 가지이다. 첫 번째는 민주화운동이 치열하게 일어난 1980년대에 나는 대학에 다녔다. 그때는 전국 어디에서나 교문 밖으로 진출해 도심에서 시위를 하려는 학생들과 이를 막는 경찰 간에 힘겨루기가 이어졌다. 연례행사처럼 이루어진 시위 현장에서 진압 경찰의 최루탄과 곤봉에 맞서 화염병을 투척하고, 돌이나 블록을 던지고, 각목과 쇠파이프로 무장해 대응하는 것을 보고 '이것은 올바른 민주화 방법이 아니다. 정부의 통치방식도 문제가 있다. 무엇인가 잘못되었다'는 생각을 했다. 그때 '나는 언젠가 우리나라에 올바른 민주화와 민주주의 발전이 이루어지게 하겠다'고 다짐했는데, 나 자신과의 약속이자 오랜 숙원을 풀고 싶었다. 두 번째, 김근태 민주당 상임고문은 2009년 4월 28일 "진실을 규명하는 것은 매우 중요하다. 세상 그 무엇도 '진실'과 바꿀 수는 없기 때문이다"라고 했다. 이 글은 박정희를 부각하려는 것도, 전두환을 위해 변명을 하는 것도, 김대중과 김영삼을 일부러 폄훼하려는 것도 아니다. 한국 민주화운동의 실체가 무엇인지 진실을 밝히고 우리나라 민주주의가 진정 발전하는 길로 나아가도록 그 방법과 방향을 제시하고 싶었다. 세 번째는 민주화가 무엇인지 밝히고 올바른 민주화, 민주화 진전, 민주주의 발전 방법을 제공하기 위해서였다. 사람은 완벽하지 않다. 누구나 잘하는 일도 있고 잘못하는 일도 있다. 역사적 사건에 대해서는 같은 내용도 이해관계, 관점, 지식과 생각 차이 등으로 말미암아 얼마든지 다른 해석이 가능하다. 그러므로 우리에게 과거는 비판의 대상이 아니라 교훈을 얻는 장이어야 한다. 이 글도 과거를 비판하는 데 목적이 있는 것이 아니라 우리가 민주화와 민주주의에 대해 제대로 이해하고 나아가야 할 방향을 제시하는 데 목적이 있다.

정치권력 획득과 공권력 행사에서 정당성은 아주 중요하다. 정당하지 않은 방법으로 정치권력을 획득하고 공권력을 행사하면 국민의 저항에 직면하고 사회를 혼란에 빠뜨리는 원인으로 작용할 수 있다. 편견은 사고와 사물을 판단하는 균형을 잃게 하므로 문제를 유발하는 원인으로 작용한다. 편견을 가진 사람들이 정치지도자가 되면 사람들을 잘못된 방향으로 이끌고 억지를 부리게 부추겨 사회혼란과 대립, 갈등을 양산하고 투쟁을 일삼게 하는 등 정치 하위문화를 확산하는 원인으로 작용한다. 우리가 갈등 현장에서 볼 수 있는 과다한 요구는 모두 자기중심적 사고에 의한 이기심이 편견과 결부되어 나타난 억지이다.

　앞으로 우리의 자유민주주의를 올바른 방향으로 발전시켜 나가기 위해서는 국민 각자가 민주주의와 민주화운동, 민주화 노력의 공과를 제대로 이해하고, 자신이 가진 지식이 어느 정도 되고 옳은 것인지 숙고해 볼 필요가 있다. 제대로 된 지식 없이 일시적인 생각이나 다른 사람의 말을 듣고 섣불리 판단하여 자신의 주장을 내세우거나 행동하는 것은 대단히 위험하다. 여기서 독재, 독재자, 독재정치, 민주화, 민주화운동, 민주화 진전, 민주화 노력, 민주주의에 대해 얼마나 알고 있는지, 혹시 좋지 않은 지식이나 관념, 편견을 가진 것은 아닌지 잠시 생각하는 시간을 가졌으면 한다.

　사람이 살다 간 자리에는 화석처럼 흔적이 남는다. 우선은 시류나 세력에 의존하면 자신의 주장이 한때 통용되고 사람들에게 받아들여지게 할 수 있다. 하지만 보편타당성을 갖추지 못한 행동은 결국은 비판받고 허구성이 드러나기 마련이다. 올바르지 않은 일을 해놓고 올바른 일을 한 것처럼 꾸미는 데는 한계가 있다. 언젠가는 반드시 진실이 거짓을 이긴다. 그러므로 정치가는 역사 앞에 승부해야 하는 것이다. 오늘 나의 노력이 앞으로 우리나라 민주화, 민주화 진전, 민주주의 발전에 얼마나 기여할 수 있을지 알 수 없지만, 후세들에게 미력이나마 도움이 된다면 글을 쓰기 위해 해온 나의 고민과 노력은 충분히 가치 있는 일이다.

2012년 10월 21일
이진호

목 차 ▶

표 목차

제1장

권위주의,
독재 그리고 독재자

제1절 권위주의에 대한 이해

1. 권위와 권위주의

1) 권력

권력(權力, power)은 남을 지배하고 복종시키는 힘이다. 특히 국가나 정부가 국민에게 행사하는 강제력을 말한다. 공권력(公權力)은 국가 또는 공공 단체가 국민에 대하여 명령하고 강제하는 권력인데 권력을 행사하는 국가를 가리키는 때도 있다. 국가를 기준으로 할 때 대표적인 공권력이나 공권력 기관은 군대, 검찰, 경찰, 법원, 행정기관 등을 들 수 있다.

2) 권한

권한(權限, competence)은 국가·지방자치단체 등이 법령에 따라 할 수 있는 권능과 그 범위, 할 수 있는 권리의 범위, 권리나 권력 또는 직권(職權)이 미치는 범위, 조직 규범에 의해 그 정당성이 승인된 권력을 말한다. 권위와 유사한 개념으로 사용된다. 권한은 역할담당자들의 관계를 설정하는 변수로, 분화된 조직 단위와 역할들을 얽매어 안정된 질서를 유지하게 해주며, 그것이 행사되는 상대방의 복종을 요구할 수 있는 속성을 지닌다. 권한에는 지역·사항·

인적 범위 등과 관련해 일정한 한계가 있으며, 권한을 벗어나는 행정행위는 하자(瑕疵) 있는 행위로 효력을 발생하지 못한다. 권한의 개념은 법률상의 권한과 관리 조직에서의 권한으로 구분하여 설명할 수 있다.

법률상의 권한은 한마디로 법으로 정해진 권한을 말한다. 자연인은 스스로 자기의 권리를 행사하는 것이 보통이다. 그러나 법인(法人)은 대표이사나 주주총회를 통해 권리를 행사하게 되고, 자연인도 경우에 따라 자기의 대리인(代理人)을 통해 권리를 행사할 수 있다. 이럴 때 대표이사와 주주총회 사이, 국가에는 각 부처와 일선 기관 사이에 명확한 활동의 범위, 즉 관할(管轄)이 정해져야 하고, 대리인도 대리권의 범위가 정해져야 하는데, 이렇게 정해진 범위를 권한(權限)이라 한다. 관리 조직에서 권한은 그 조직의 목표(목적)를 달성하기 위한 사항을 결정하고 그 조직 구성원들로 하여금 그것에 따르도록 하는 권리 또는 지위의 범위를 말한다. 조직에서 권한은 그 조직이 유지·발전하는 데 없어서는 안 되는 요소이다.[1]

3) 권위

권위(權威, authority)는 일정한 분야에서 사회적으로 인정을 받고 영향을 끼칠 수 있는 능력이나 위신, 제도·이념·인격·지위 등이 그 가치의 우위성을 공인시키는 능력 또는 위력,[2] 권한과 유사한 개념으로 정당한 권력(legitimate power)을 의미한다. 여기서 권

---

1) 행정학사전·이해하기 쉽게 쓴 행정학용어사전.
2) doopedia 두산백과.

력이란 타인을 움직일 수 있는 능력을 의미하며, 정당성이란 권력 행사를 종속자가 수락한다는 것을 뜻한다. 일반적으로 권위의 근원 (sources)으로는 전문성, 정당성, 보상, 처벌, 정보, 존경, 선호 등이 지적되고 있다. 그러나 권위에 대한 정의는 학자에 따라 조금씩 다르게 표현되고 있다.[3]

권위의 궁극적 근거는 사람의 마음, 사람들의 승인에 있으므로 이를 지지하는 인간집단에 따라서 여러 권위가 존재한다. 또 어떤 사람에게는 인정되는 권위가 다른 사람에게는 통용되지 않는 때도 있다. 그러나 어느 집단이든 많은 사람의 승인이나 복종으로 이름에 걸맞은 권위가 된다. 권위는 전통의 힘으로 자연적으로 성립되기도 하지만, 인위적으로 만들어지기도 하고 변천·실추하기도 한다. 18세기 계몽시대의 권위는 맹목적이고 미신적인 복종의 소산이며, 이성과 대립하는 것이라 하여 공격을 받았다.

권위를 세우기 위한 수단·방법으로는 왕관·법복(法服), 호화로운 궁전 등의 상징(symbol), 신화·종교·사회질서의 유지, 이성에 호소하는 설득 등이 있다. 권위가 일단 제도로서 확립되면 실질적 가치를 떠나서 통용되며 무능한 군주도 군주로서 복종(服從)을 받는다. 권력(power)과 권위(authority)는 인간을 복종시키는 힘이며 위력이라는 의미에서 예로부터 흔히 동의어로 사용되어왔으나 권력은 사람들이 그 정당성을 승인하여야만 비로소 권위가 되는 것이다. 권위가 정당성을 획득한 권력이라고 일컬어지는 까닭도 여기에 있다. 또 한 사람의 최고자에게 권위를 집중시켜 비판을 허용하지 않는 권위국가나 권위주의로도 사용된다.[4]

---

3) 행정학사전·이해하기 쉽게 쓴 행정학용어사전.
4) doopedia 두산백과.

권위수용 이론(權威受容理論, acceptance theory of authority)은 어떤 조직에서 상급자가 알린 의사결정 사항이나 명령이 하급자에게 수용되는 범위에 관한 이론으로 권한수용설(權限受容說)이라고도 부른다. 권위수용 이론은 조직·관리 이론의 선구자격인 바너드(C. I. Barnard)에 의해 처음 제창되었고, 사이먼(H. A. Simon)이 이를 수정 계승하고 있다. 이 이론에 의하면 하급자로 하여금 상부의 명령을 따르게 하기 위해서는 의사결정자나 명령권자에게 권위(權威)가 있어야 하는데, 그 권위는 하부 직위 종사자의 수용으로 비로소 성립된다는 것이다. 권위 수용범위에 대한 개념으로 바너드(Barnard)는 무관심권(zone of indifference)을, 사이먼(Simon)은 수용권(zone of acceptance)을 제시하였다. 그리고 권위 수용을 유도하는 기초로서 사이먼은 정당성·신뢰성·동일화·상벌성(賞罰性) 등 4가지 요소로 보고 있다.[5]

4) 권위주의

권위주의(權威主義, authoritarianism)는 어떤 일에 있어 권위를 내세우거나 권위에 순종하는 태도, 권력이나 위력으로 남을 억누르거나 권위에 맹목적으로 복종하려고 하는 사고방식이나 행동양식, 지배와 복종관계에서 지배자의 독단적 지배력이나 권위에 의해서 질서를 유지하려는 행동양식이다. 독재주의와 비슷한 개념으로 이해된다.[6] 어떤 일을 권위에 맹목적으로 의지하여 해결하려고 하는

---

5) 이해하기 쉽게 쓴 행정학용어사전.

6) 교육학 용어사전.

행동양식이나 사상이다. 즉 자신보다 상위의 권위에는 강압적으로 따르지만, 하위의 것에 대해서는 오만, 거만하게 행동하려는 심리적 태도나 사상이다.[7)

권위에 의해서 일방적이고 강제적으로 종적 지배관계를 형성하려는 질서원리로 전근대사회의 가부장제[8)](家父長制) · 신정정치[9)](神政政治) 등이 권위주의의 전형이다. 현대사회에서의 파시즘(fascism) · 전체주의[10)](totalitarianism) · 폐쇄적인 민족주의 운동 등도 권위주의의 한 형태이다. 교육 현장에서 교사가 일방적인 힘에 의존하여 학생의 행동을 다스리려는 경향을 볼 수 있는데 이러한 현상을 권위주의적 교사태도라고 한다. 교사의 권위는 필요하지만, 권위주의적 태도는 민주주의 이념에서는 비교육적이라고 배격하고 있다. 질서는 어떠한 사회관계에서도 유지되어야 하는 사회적 가치이지만, 권위주의적 방식에 의한 질서형성은 오래 지속되지 못하는 것으로 알려져 있다.[11)

---

7) 21세기 정치학대사전.

8) 가부장제(家父長制)는 부계(父系)의 가족 제도에서 가장이 그의 가족 전원에 대하여 지배권을 가지는 가족 형태. 가부장제적 가족의 체계 및 이를 원리로 하는 사회의 지배 형태. 가장제.

9) 신정정치(神政政治, theocracy)는 신의 대리자가 지배권을 가지고 있는 정치 형태이다. 고대에는 생활의 모든 영역이 신의 의사와 신과의 계약에 따라 규율되었기 때문에 정치도 예외는 아니었다. 따라서 신정정치에서는 신의 의사를 옳게 받아들이고 이것을 전할 사람이 누구인가 하는 것이 결정적인 문제였다. 신이 세운 절대적인 지도자는 선지자 · 승려 · 왕 등이며, 이들이 다스리는 정치 형태를 통틀어 신정정치라 할 수 있다. 신정정치의 왕이 근대의 왕권신수설의 왕과 다른 것은 신의 의사에 배반할 경우 선지자를 통해 비판을 받고 폐위된다는 점이다.

10) 전체주의(全體主義, totalitarianism)는 개인의 모든 활동은 오로지 전체, 즉 민족이나 국가의 존립과 발전을 위하여 존재한다는 이념 아래 개인의 자유를 억압하는 사상 및 체제를 말한다. 독일의 나치즘 체제와 구소련의 스탈린 체제를 전형으로 하는 제1차 세계대전 후에 나타난 한 종류의 정체체제의 총칭이다. 원래 1920년대에 이탈리아 파시즘이 자체를 전체주의라고 칭하였지만, 그 후 이탈리아 파시즘뿐만 아니라 독일의 나치즘이나 소련의 공산당 지배, 특히 스탈린 체제를 부정적으로 총칭하는 말로 서유럽이나 미국에서 확대되었다.

5) 권위주의 국가

권위주의는 민주주의, 전체주의와 함께 현대 국가 정치체제의 지배적 유형 중 하나이다. 정치학적·형식적으로는 민주주의적인 의회제를 취하면서 일부 집단이 독재적인 힘을 가지고 의회나 국민을 무시하고 지배권을 행사하려는 국가를 권위주의적 국가라고 한다.[12] 현대 국가 정치체제의 지배적 유형으로서의 권위주의는 민주주의와 전체주의의 정치적 속성들이 혼재하여 나타나는 프리즘적(prismatic) 정치체제로서 중앙집권적인 국가조직의 형태를 보이지만, 엘리트(elite)·정당·국가·대중사회 등 정치구조의 운영방식이 조직체계나 이념이 결여되어 제도화되지 않은 독재적 체제이다.

고전적 정의로 평가되는 린즈는 "제한적이며 무책임한 정치적 다원주의, 독특한 상태를 가지지만 세련된 지도적 이데올로기의 결여, 발전에서 일시적 단계를 제외하고 집중적이거나 광범위한 정치적 동원의 결여를 특징으로 일인 지도자 혹은 단일의 대규모 집단이 공식적으로 잘 규정되지는 않았으나, 실제로 예측 가능한 한계 범위 내에서 권력을 행사하는 정치체제"라고 권위주의를 정의 내리고 있다. 이렇게 볼 때, 권위주의 체제는 자유보다는 권위에 대한 복종이 우선되며, 국가 혹은 국가권력의 권위행사 방식에 대한 사회의 통제력이 거의 마비된 정치체제라 할 수 있다.[13]

---

11) 교육학 용어사전.

12) 21세기 정치학대사전.

13) 하봉규(2008), 『한국 정치와 현재 정치학』, 팔모, pp.66~67.

6) 권위주의 체제

권위주의 체제(authoritarian regimes)는 일반적으로 비민주적인 정치체제를 나타내는 의미로 사용되지만, 엄밀하게는 민주정치나 전체주의와 다른 정치체제를 가리킨다. 스페인의 정치학자 린스는 프랑코(Franco) 체제를 예로 들어 민주정치에서 정치참가의 보장이나 복수정당 체제는 인정되지 않고, 전체주의 체제에서 단일정당과 그 아래의 대중동원도 없고, 한정된 범위에서는 다원주의가 허용되는 체제로서 권위주의 체제를 정의하고 이것이 라틴아메리카의 군사정권이나 동남아시아의 개발독재 등을 설명하는 개념으로서도 사용되었다.

1970년대 후반부터 라틴아메리카(Latin America)에서 또한 1980년대 이후는 동남아시아에서도 민주정치로의 이행이 계속되었기 때문에 권위주의 체제로 분류되는 제국의 수는 감소하였다. 그러나 아프리카의 수단이나 동남아시아의 미얀마 등에는 지금도 여전히 권위주의 체제가 남아 있으며 또한 시장경제로의 이행 과정에 있는 공산주의국가는 전체주의 체제가 권위주의 체제로 변화하였다고 지적되는 예도 있다.[14]

---

14) 21세기 정치학대사전.

2. 민주주의는 좋은 것이고 권위주의는 나쁜 것인가

자유민주주의 국가에서 국민은 대개 민주주의는 좋은 것이고, 권위주의는 나쁜 것으로 생각하는 경향이 있다. 실제로 그럴까? 그답은 '권위주의와 민주주의 어느 쪽이 우월한가?' 하는 점을 비교해 보면 알 수 있다. 우월(優越)은 뛰어나게 나음이다. 국가 통치방식에서 권위주의와 민주주의는 어느 쪽이 더 우월한가? 이에 대한답은 없다. 현대 자유민주주의 국가에서 권위주의적인 통치방식은민주주의 체제를 바탕으로 한다. 단지 통치자가 리더십(leadership)의 핵심요소 중 통제력을 많이 활용한다는 것이 특징이다. 지도자의 통제력 사용이나 통제에 의존한 리더십 발휘로 자유가 억압당한다고 생각하는 사람들은 권위주의적 통치방식에 대해 강하게 반발한다. 그러나 경제력이 빈약하고, 국가체계와 제도가 덜 발달하고, 국민의 교육과 의식 수준이 낮은 국가에서는 권위주의적인 통치가 존재하고 필요한 측면이 있다.

상대적으로 자유민주주의가 잘 발달한 국가에서 통치도 통제력을 바탕으로 이루어지는 것은 마찬가지이다. 민주주의가 권위주의와 다른 점은 통제의 범위가 비교적 명문화된 법규로 뚜렷하게 규정되고, 그에 따른 통치가 이루어진다는 점이다. 하지만 민주주의적인 통치는 더 많은 자유를 요구하는 사람들에 의해 끊임없이 도전된다. 그러므로 경제력의 규모가 크고, 국민의 교육과 의식 수준이 높은 나라에서는 민주주의적인 통치가 발달해 있고 적합하다. 그러나 양자 중 어느 쪽이 반드시 우월한 것으로 평가하기는 어렵다. 각각 자국이 처한 환경, 여건, 상황에 따라 권위주의적 통치가 필요한 국가도 있고, 민주주의적 통치가 바람직한 국가도 있기 때문이다. 이러한 점을 이해하는 데는 40년 후에 중국이 세계를 주도할 것이라고 전망한 로마클럽 보고서 내용이 시사하는 바가 크다.

40년 뒤 중국이 세계를 주도하는 국가가 될 것이란 보고서가 나왔다. 국제적인 미래 연구기관 로마클럽[15]은 2012년 5월 7일 이 같은 내용을 담은 '2052년, 앞으로 40년의 글로벌(global) 전망'이란 보고서를 출간했다. 로마클럽의 회원 요르겐 랜더스((Joergen Randers)가 펴낸 보고서에서 미국이 세계 주도권을 중국에 내줄 것으로 전망했다. 미국이 단기적인 정치적 계산과 유권자 양분화로 장기적 문제(issue)에 미리 대응할 수 없기 때문이란 논리이다. 반면 중국 정부는 권위적인 대신 신속하게 국가적 결정을 내릴 수 있다고 분석했다. 보고서는 40년 뒤 세계 국내총생산(GDP) 성장률은 노동력과 생산성 증가율 감소로 둔화하지만, 세계경제는 규모 면에서 현재의 2배에 육박할 것이라고 내다봤다.

2052년 중국의 국내총생산은 1인당 5만 6,000달러로 2012년 미국의 4분의 3 수준에 달할 것이라고 예상했다. 보고서를 쓴 랜더스는 "자녀에게 중국어를 배우도록 권장하면 급속한 중국의 부상에 따라 일자리를 얻는 데 도움이 될 것"이라고 말했다. 세계 인구에 대해 보고서는 2040년 인구가 81억 명이 된 뒤 점차 감소할 것으로 예측했다. 또 의학기술과 공중보건의 발달로 40년 뒤 세계 인구의 절반 이상이 75세 이상까지 생존할 것으로 전망했다. 요르겐 랜더스는 인류가 과잉 소비를 극복하지 못하고 단기적 이익만을 생각한다면 멸망할 것이라고 경고했다.[16]

---

15) 로마클럽(The Club of Rome)은 저명 학자와 기업가, 유력 정치인 등 지도자들이 참여해 인류와 지구의 미래에 대해 연구를 하는 세계적인 비영리 연구기관이다.

인간은 원천적으로 통제는 싫어하고 자유를 갈망한다. 하지만 자유는 혼란과 무질서를 부르는 원인으로 작용하고, 통제는 일을 효율적으로 하는데 도움이 되기도 한다. 그러므로 일방적으로 권위주의적인 통치를 통한 억압이나 민주주의적인 통치를 통한 자유 확대가 반드시 좋은 것은 아니다. '통제와 자유를 어느 수준으로 가져가는 국가체제를 운영할 것인가?' 하는 점은 각국의 지도자와 국민의 선택 그리고 노력에 달렸다. 인간이 살아가는데 '좋다'는 의미에 포함된 절대적 가치를 갖는 것은 많지 않다. 현재 좋은 것으로 여겨지는 것도 지나치거나 과도하면 좋지 않은 것이 된다. 그래서 과유불급(過猶不及)이라는 말이 생겼다.

3. 박정희, 권위주의적인 통치자인가

민주화운동의 정의에서 박정희를 명시하지는 않았지만, 박정희를 사실상 권위주의적인 통치자로 규정하고 있다. 그럼 박정희는 권위주의적인 통치자인가? 그렇게 단정하기는 어렵다. 일부 정적을 탄압하는 억압을 하는 등 가부장형 권위주의적 통치를 한 부분이 있다. 그러나 정적들도 경제를 건설하려는 정부정책에 반대하는 등 반정부 시위와 반미 시위를 하고, 그 과정에서 위법행위를 하고, 통치자를 자극해 원인을 제공했으므로 가부장형 권위주의적 통치를 한 부분이 있다고 하여 권위주의적인 통치자라고 단정할 수는 없다. 가부장형 권위주의적 통치는 유교문화와 대가족제도의 관습

---

16) 세계일보 2012. 5. 9.

이 영향을 미쳐 나타난 결과이다. 만약 박정희를 권위주의 통치자라고 해야 한다면 가부장형 권위주의적인 통치자라고 할 수 있다.

그럼 가부장형 권위주의적인 통치자는 어떤 것인가? 가부장형 권위주의적인 통치자는 가부장으로서 예우를 받기 원하고, 권력에 도전하는 사람에 대해서는 억압을 서슴지 않고 가혹(苛酷)하게 대하면서 발전을 선도하고, 대내외적으로 최고 지도자로서 대표성에 걸맞게 자신의 행동에 대해 책임을 지는 모습을 보인다. 통치과정에서 통제력을 권력유지에 상당 부분 남용하여 상당수 국민이 억압으로 느낄 수 있는 통치가 이루어진다. 외형상으로는 민주주의이지만 실제로는 권위주의로 생각할 수 있는 측면이 상당 부분 있다는 것이 특징이다. 가부장형 권위주의적 통치 요소는 이승만, 전두환, 김영삼, 김대중 전 대통령에게도 공통으로 나타난다. 최고 권력자인 자신의 권위에 도전하는 사람에 대해서는 적극 견제하거나 배척하고, 억압하거나 탄압도 서슴지 않으며 참모나 부하들이 자신에게 충성하기를 바란다. 하지만 가부장형 권위주의적인 통치는 일반적인 권위주의적인 통치자와 다르다.

개발연대 한국의 통치자들은 독재자나 개발독재자가 아니었다. 그들은 한국의 특수 상황과 유교적 전통을 이어받아 가부장형 권위주의적인 통치를 했다. 그러나 이것은 다른 나라의 권위주의 통치자나 독재자의 모습과는 다르다. 특히 박정희 대통령의 집권기간에는 동서진영 간에 첨예한 냉전적 대립 영향으로 남한과 북한 사이에 강한 대치가 이루어졌다. 정부는 북한의 위협이 지속하는 가운데 공산화를 저지하면서 발전을 지향해야 했다. 이러한 특수성 속에서 이루어진 가부장형 권위주의적인 통치는, 한편에서는 좌파 세력의 형성과 성장을 억누르고 경제개발 목표를 달성하기 위한 정책적 필요성을 다수의 국민으로부터 공감 받았지만, 다른 한편에서는 정치권력의 기득권 유지를 위해 정적에 대한 억압과 탄압 수단으로 사용되었다. 하지만 이것만으로 박정희를 권위주의적인 통치자라고 단정할 수는 없다.

3선 개선을 하고 유신헌법을 제정해 집권 기간을 늘리고 긴급조치를 발동하고 중앙정보부를 동원해 야당정치가와 재야인사를 사찰하고 탄압했다고 하더라도 마찬가지이다. 정치는 그 시대의 산물이다. 만약 박정희가 개헌하고 중앙정보부를 동원한 공작정치를 통해 정치가와 재야인사를 사찰하고 탄압한 것이 권위주의적인 통치에 해당한다면 같은 일을 한 김영삼과 김대중도 권위주의적인 통치자인가? 김영삼과 김대중 역시 박정희와 같이 권위주의적인 통치를 한 부분이 있는 것이지, 권위주의적인 통치자라고 단정할 수는 없다. 단지 정도의 차이가 있을 뿐이다.

김대중과 김영삼을 권위주의적인 통치자라고 말하지 않으면서 박정희를 권위주의적인 통치자라고 하는 것은 공정하지 않다. 만약 박정희 대통령이 권위주의적인 통치자라고 한다면 한국이 권위주의적인 국가였는가를 생각해보면 답은 간단하게 나온다. 박정희 대통령과 정부는 역대 어느 정부보다도 열심히 국가 발전을 선도하고 국민을 가난에서 구제하기 위한 일을 했다. 그리고 대통령의 임기가 만료되면 매번 국민이 직접선거든 간접선거든 선거를 통해 대통령을 선출했다. 이런 국가가 어떻게 권위국가가 될 수 있는가? 한국은 권위주의적인 국가가 아니었다.

그럼 권력 유지를 위해 언론의 보도내용을 통제하고 집회와 결사의 자유를 억압한 것, 국가 정보기관이나 경찰 등 공권력을 동원하여 정치가와 재야인사를 비롯한 민간인을 사찰한 것 등은 어떻게 볼 것인가 하는 문제가 발생한다. 일련의 사례로 볼 때 권위주의적인 통치자라고 단정할 수는 없지만, 권위주의적인 통치를 한 측면이 있었던 것은 사실이라는 점을 우리는 알 수 있다. 하지만 이러한 점들은 박정희 대통령의 과오에 해당하는 부분이다. 과오가 있다고 모두 권위주의적인 통치자는 아니다. 한국의 역대 대통령은 스스로 민주주의 원리를 존중하는 민주적인 통치를 해야 함에도, 목적 달성을 위한 필요 때문에 '억압'을 통치에 사용하는 권위주의적인 통치를 한 부분이 있다.

이승만, 박정희, 전두환, 김영삼, 김대중 전 대통령 등에게 공통으로 나타나는 이러한 모습은 유교문화의 전통, 남북한 대치상황, 정치와 권력에 대한 잘못된 생각 등 여러 가지 한국적 특수성이 만들어낸 것이다. 환경과 여건이 어떠했던 좋지 않은 통치방식으로 잘못한 사실 자체는 변하지 않는다. 좀 더 세련되고 뛰어난 리더십을 발휘하지 못하고 통제력에 의존해 과오를 동시에 만들어냄으로써 국민으로부터 비판받는 일을 자초했다. 안타까운 일이다. 그럼에도 한국의 역대 대통령들에게는 자랑스러운 부분이 더 많다. 각자 주어진 시대 상황 속에서 국가와 국민을 위해 열심히 책무를 수행하며 훌륭한 공적을 쌓았다.

그분들의 노력 바탕 위에 세계인이 부러워하는 오늘의 성장하는 역동적인 대한민국이 있다. 우리는 이미 세계 선도국가 반열에 올랐다. 세계사에 유례가 없는 눈부신 발전을 이룩하는데 선도적인 역할을 한 우리의 역대 대통령들을 긍정적으로 평가하지 않고 권위주의 통치자와 같은 부정적인 평가를 한다는 것은 아무에게도 도움이 되지 않는다. 발전은 인간이 국가를 만들고 정치를 하고 삶의 질을 향상하고 인간 존엄성과 행복을 실현하는 바탕이고 목적이다. 그 일을 가장 열심히 한 사람이 박정희다. 박정희는 권위주의적인 통치자가 아니다.

4. 역대 대통령 왜 가부장형 권위주의적인 통치를 했나

우리나라의 역대 대통령들은 왜 가부장형 권위주의적인 통치를 했을까? 이 이유는 크게 보면 당면한 위기를 돌파하고 자유민주주의 국가체제를 안정시키고 수호하기 위한 목적 달성 때문이었다. 다른 요소들은 부수적이다. 이러한 모습은 우리나라에만 나타나는 현상이 아니다. 어느 시대를 막론하고 모든 신생국가에 나타나는 공통적인 현상이다. 그럼에도 오늘날 우리가 가부장형 권위주의적인 통치를 강하게 의식하는 것은 그동안 발전을 통해 민주화가 예전보다 많이 진전된 데다 우리의 일이기 때문이다.

여기서 가부장형 권위주의적인 통치를 하고 민주화 요구가 확대된 배경에 대한 이해를 제고하기 위해 역대 우리나라 대통령들에 의해 이루어진 가부장형 권위주의적인 통치에 대해 좀 더 알아보자. 한국 현대정치사에서 가장 대표적인 비민주적 통치 행태 중 하나로 가부장형 권위주의적인 통치 요소에 해당하는 것이 국가정보기관인 국가안전기획부(중앙정보부)를 통한 불법 정치사찰과 공작정치이다. 심지어는 자신들이 민주화운동을 선도했으며 중앙정보부의 불법 정치사찰을 통한 공작정치의 피해자라고 주장한 김영삼과 김대중 전 대통령도 재임 중에 같은 잘못을 저질렀다.

그럼 왜 한국의 역대 대통령들은 국가안전기획부를 정치에 이용하고 국민을 강하게 통제하는 가부장형 권위주의적인 통치를 했을까? 그 이유는 두려움과 불안, 리더십 부족, 권력에 대한 탐욕을 채우기 위한 정권안보 활용, 국가 위기의식 때문이었던 것으로 보인다. 통제력은 리더십 발휘를 위한 핵심요소 중 하나다. 권력과 사회질서를 유지하고 일을 추진하여 성과를 달성하는데 통제는 중요한 수단이다. 모든 정치가는 정도의 차이는 있지만, 리더십을 발휘하기 위해 통제력을 이용한다. 특히 리더십이 부족한 정치가들이 권력에 대한 탐욕을 가지고 있을 때 통제력에 의존하는 경향이 강하게 나타난다. 역대 한국의 대통령들이 국가안전기획부를 이용하여 일부 국민이 탄압으로 느끼는 억압적 통제를 한 이유는 리더십 부족과 연관이 있다. 리더십이 부족하면 국민이 불만을 표출하고 권력에 도전적인 행동을 할 수 있다. 이때 자신의 리더십 능력이 부족하다고 생각하는 통치자는 누구나 권력 유지에 불안을 느끼므로 통제력에 의존하는 경향이 있다. 역대 한국의 대통령들도 마찬가지였다. 특히 두려움과 불안은 인간이 자기보호 본능을 강화하는 행동을 하게 하는 원인으로 작용한다. 그런데 한국의 정치가들은 정부 수립 전후의 이념적 대립과 투쟁, 6·25 전쟁, 4·19 의거로 대통령이 권력에서 물러난 점, 6·3 사태를 통하여 야당의 투쟁적 선동정치가들이 국민을 선동할 때 정부의 정책 수행에 직접적인 걸림돌이 될 수 있다는 점을 경험하였다. 그 결과 통치자로 하여금 대통령의 권력을 위협하는 세력이나 행동에 대해 사전에 그런 일이 발생하지 않도록 막는데 많은 노력을 기울이게 하였다. 또한 역대 한국의 대통령은 세계에서 국가 안전보장에 대해 가장 신경을 많이 써야 했다. 이러한 상황은 지금도 변함이 없다. 세계에서 가장 호전적인 북한과 북한을 지원하는 중국과 러시아가 있기 때문이다. 중국과 러시아의 태도가 과거와는 많이 달라졌지만, 여전히 북한에 우호적인 태도를 보이는 점은 변함이 없다. 이러한 위기의식은 부국강병 정책을 지향하게 했고 발전을 서두르게 하였다. 조속한 발전을 위해 통제력을 바탕으로 경제 성장을 추진하고 선도하여 좋은 결과를 창출하는 일로 이어졌다. 그리고 지속적인 발전을 이루기 위해서는 정치권력의 기득권을 유지하는 것이 필요하다는 판단을 했다. 그런데 발전을 추구하는 대통령과 정부, 여당의 노력을 반정부 시위로 가로막고 자극적인 행동을 일삼는 야당정치가와 재야인사들의 행동을 통제하기 위해 공권력을 이용하여 탄압과 억압을 가함으로써 가부장형 권위주의적인 통치가 이루어지는 결과를 초래했다.

국민은 대통령의 가부장형 권위주의적인 통치를 기본권 침해로 인식하여 민주화를 요구하는 집단행동으로 맞섬으로써 희생자를 양산했다. 대립으로 희생자가 늘어난 것은 김대중과 김영삼을 중심으로 한 야당정치가들의 희생 유발 전략 때문이었다. 희생자가 나오게 일부러 강하게 정부 정책에 반대하고 반정부 시위를 하여 국민의 관심을 끌면서 대통령과 여당의 국정 운영 리더십 능력에 흠집을 내고 진성당원이 늘어나게 하려는 잘못된 전략 전술을 사용했다. 하지만 야당의 요구를 제대로 수용하지 않은 대통령과 정부의 책임도 있었다. 그 결과 대립이 지속하고 희생자가 늘어날수록 민주화 요구는 시위를 통해 더욱 격하게 표출되었다.

5. 국민 왜 가부장형 권위주의적인 정부 지지했나

일반적으로 거시적인 관점에서 정부의 역할은 시장과의 관계에서 규칙 제정자(심판자), 지원자, 규제자로 구분할 수 있다. 이러한 정부의 역할은 이념적 성격과 시대적 위상에 따라 달라진다. 정부의 역할을 규제자와 지원자의 관점에서 본다면 네 가지 유형으로 구분할 수 있다. 정부의 시장에 대한 규제와 지원이 거의 없는 경우는 자유방임주의형이다. 이때 정부의 역할은 규칙 제정자에 국한된다. 규제는 거의 없는 상태에서 정부의 강력한 지원이 있는 경우는 중상주의형이다. 여기서 정부의 주된 역할은 지원자의 역할이다. 정부의 규제와 지원을 동시에 강력하게 하는 경우는 가부장주의형인데, 정부는 지원자와 규제자의 역할을 동시에 수행한다. 정부의 지원은 약한 대신에 강력한 정부의 규제를 받는 경우는 입법주의형이며, 정부는 규제자 구실을 한다. 미시적 관점에서 정부의 기능은 정부가 제도상 또는 사실상 담당하는 행정사무인 정부가 '하는 일'을 말한다. 정부의 기능은 활동영역에 따라 법질서 유지, 국방 및 외교, 경제적, 사회적, 교육 · 문화적 기능으로 분류할 수 있으며, 활동과정의 성질에 의해 기획 · 집행, 규제 · 조장 · 중재 기능으로 분류할 수 있다.

정부의 형태는 넓은 의미와 좁은 의미 두 가지로 나눌 수 있다. 넓은 의미의 정부는 삼권분립구조를 이루는 입법부, 사법부, 행정부를 모두 포함한 총체적인 정부기관을 지칭하며, 정부를 국가 통치기구 혹은 국가권력구조로 본다. 이러한 권력분립의 원리를 헌법의 권력구조에 어떻게 적용하느냐에 따라 여러 가지 정부형태로 나눌 수 있다. 일반적으로 권력집중형 전제주의와 권력분립형 입헌주의로 나눌 수 있으며, 입헌주의 정부형태는 다시 대통령제와 의원내각제 등으로 구분할 수 있다. 좁은 의미의 정부는 국가 목적을 달성하기 위해 행정권을 행사하는 정부관료제 조직으로 입법부와 사법부에 대한 행정부를 의미하며 행정권의 주체이다.[17]

정부의 역할이나 형태는 각국의 선택사항이다. 일반적으로 국가가 처한 여건과 환경이 다르면 정부의 역할이나 형태에도 차이가 난다. 그러므로 우리나라에서 박정희 정부가 유신헌법을 제정했으므로 독재자라고 밀어붙이거나 긴급조치를 장기간 운용해 야당정치가와 재야인사를 탄압했으므로 권위주의라고 몰아세우는 것은 바람직하다. 우리가 관심을 갖고 살펴보아야 할 것은 왜 국민은 기본권 조항의 일부를 제한하고 간접투표제도로 전환한 헌법을 지지했는가? 그리고 당시 박정희 정부는 왜 국민을 그렇게 선도했는가 하는 점이다. 그 이유는 크게 보면 당면한 국외적 요소에 기인한 국가적 위기와 그것을 돌파하기 위한 정부의 역할에 있었다.

가부장형 권위주의적인 통치방식은 정부의 역할을 규제자와 지원자의 관점에서 분류하면 가부장주의형이라고 할 수 있다. 특히 박정희 정부의 유신헌법체제 아래에서는 가부장주의형의 요소가 강하게 나타난다. 그런데도 당시 국민은 유신헌법이 자유를 상당부분 규제하는 것이었음에도, 박정희 대통령을 중심으로 한 정부의 역할이 국가체제를 수호하고 경제를 발전시키데 필요하다는 인식을 했기 때문이었다. 즉 필요성의 인식에 근거한 국민의 선택은 적절한 것이었다. 국가 발전 초석을 만들고 국가적 위기를 헤쳐나가는 데 상당한 도움이 되었다.

---

17) 이종수 외(2005), 『새 행정학』, 대영문화사, pp.51~55.

6. 가부장형 권위주의적인 통치 나쁘기만 한 것인가

정부의 사명은 ① 정의를 수호하고, ② 내정의 안정을 확립하며, ③ 국토를 방위하고, ④ 국민 복지를 증진하고, ⑤ 자유를 지키는 것[18]이다. 하지만 정부의 제1차적인 임무이면서 본원적인 임무는 국민이 일상생활에서 불편을 겪지 않도록 공공의 서비스를 제공하는 일이다. 오늘날 우리는 무한경쟁시대에 살고 있다. 정부도 여기서 예외가 될 수 없다. 정부의 경쟁력이 떨어지면, 정부에 의해 영향을 받는 기업의 경쟁력이 떨어지고, 사회 다른 부문의 경쟁력도 저하될 수밖에 없다. 이 치열한 무한경쟁 여건 속에서 살아남기 위해서는 이제 정부 부문도 관점의 전환이 필요하다. 힘의 논리로 대변되는 정치적 사고보다 합리성과 효율성으로 대변되는 경영적 사고가 어느 때보다 요구된다.[19]

한국 현대정치사에서 대표적인 가부장형 권위주의적인 통치를 한 통치자라고 할 수 있는 정치가는 이승만과 박정희 전 대통령이다. 그분들이 온 힘을 기울여 막으려고 했던 것은 무엇인가? 그것은 공산주의자와 좌파 세력이 확산하는 것을 차단하는 일이었다. 이승만과 박정희가 권위주의적인 통치자나 독재자라는 말을 들으면서까지 강한 통제력을 사용한 이유는 건국 과정에서 나타난 좌우 대립, 6·25전쟁, 동서진영 간 냉전, 휴전과 북한의 지속적 위협, 베트남의 공산화, 정치 기득권 유지를 위한 야당과 야당정치가 견제 등 여러 가지 요소가 영향을 미쳤다. 그러나 공산주의 세력의 위협이 상존하는 남

---

18) 조셉 S. 나이 외 저, 박준원 옮김(2001), 『국민은 왜 정부를 믿지 않는가』, 굿인포메이션, p.28.
19) 박세정(1995), 『세계화 시대의 일류행정』, 가람기획, pp.14~21.

북한 대치상황에서 자유민주주의 국가체제를 수호하기 위해 가부장형 권위주의적인 통치는 상당 부분 필요한 것이었다.

즉 당시의 상황이 강한 내부 결속을 요구했고, 통치자인 대통령은 반정부 세력과 반미 세력을 억압할 필요가 있었다. 이승만과 박정희 정부 시절 공산주의자와 좌파세력이 늘어나는 것을 억제하고 국가 발전의 기틀을 마련하는 데 반공을 국시로 내건 가부장형 권위주의적인 통치가 도움이 되었다. 이승만과 박정희는 한국 민주화와 민주주의 발전 그리고 경제 발전에 큰 역할을 했다. 1958년 이승만 정부의 보안법 통과 강행이나 박정희가 5·16 혁명 공약으로 반공을 기치로 내건 것도 극심한 이데올로기 대립 속에서 미약한 국력으로 국가위기를 타개하기 위해 국내외적인 요구를 반영한 조치였다.

가부장형 권위주의적인 통치는 공산주의자, 좌익세력, 종북주의자, 투쟁가와 선동가가 양산되는 것을 막고 자유민주주의 국가체제를 수호하며 경제 발전을 이룩하는 데 상당 부분 도움이 되었다. 그러나 다른 한편에서는 정권유지를 위해 야당과 야당정치가의 활동을 견제하는 수단으로 정도를 넘은 법규집행과 강압적인 수사, 고문, 사찰 등의 저급한 방법이 사용되면서 적지 않은 폐단을 낳고 반발에 직면했다. 그 결과 이승만과 박정희는 점차 권위주의적인 통치자나 독재자로 인식하는 국민이 늘어났다.

사회를 혼란과 갈등 속으로 몰아넣으면서 명분으로 민주화와 민주주의를 내세워 권력 획득을 위한 세력 확대에 전략적으로 이용하는 공산주의자, 좌익세력, 종북주의자, 투쟁가와 선동가, 투쟁적 선동정치가를 제어하고 그들을 통제하면서 국가 위기를 뚫고 발전의 기틀을 마련하기 위한 가부장형 권위주의적인 통치의 필요성을 인정하더라도 좀 더 세련된 통치를 하지 못한 점에 대한 아쉬움이 남는다.

7. 권위주의 통치 한국에만 나타난 특별한 현상인가

한국의 통치자들에게 나타난 가부장형 권위주의적인 통치와 세계적으로 통용되는 권위주의는 같은 것이 아니다. 하지만 넓은 의미에서 보면 가부장형 권위주의적인 통치도 권위주의와 공통된 요소가 있으므로 권위주의로 볼 수 있는 측면이 있다. 우리나라 역대 대통령에 의해 이루어진 가부장형 권위주의적인 통치를 권위주의라고 해석할 때, 권위주의는 한국에만 나타난 특별한 현상인가? 아니다. 권위주의적인 통치는 모든 신생국가의 정부 수립 초기에 나타나는 공통된 현상이다. 신생국가는 수많은 사람의 열망 속에 정부 수립이 이루어진다.

모든 신생국가는 기존에 독자적인 국가체계가 없거나 사실상 기능을 상실한 무정부 상태에서 새로운 정부를 수립하여 국가체계를 만든다. 그러므로 대부분 극심한 혼란과 투쟁 속에 가장 큰 세력을 형성하고 거기서 주도적인 역할을 하는 특정한 정치가가 중심이 되어 정부를 수립하지만, 다른 이해관계를 갖거나 투쟁관계에 있는 세력이 존재하고 도전적인 행위를 하므로 불안정한 상태가 지속한다. 이러한 가운데 법규를 제정하고 국가 통치를 위한 행정체제를 갖추어 안정화하기 위해서는 상당 부분 공권력을 동원한 강제가 불가피하다. 즉 수많은 국민의 요구와 이해를 공권력에 의존하여 억압하고 통제하면서 조정할 수밖에 없다.

문제는 이러한 과정을 거쳐 국가체계를 갖추더라도 경제를 활성화하지 못하면 국가 운영은 안정을 유지하기 어렵다. 대부분의 국가는 정부수립 초기에 대개 짧게는 10년에서 40년 정도는 극심한 혼란과 갈등을 겪는다. 이것은 어떤 국가체제에서도 공통으로 나타나는 현상이다. 우리나라의 이승만 대통령에서 박정희 대통령을 거쳐 전두환 대통령 재임 기간에 나타난 가부장형 권위주의적인 통치도 신생국가에 나타나는 권위주의 통치의 일반적인 형태와 크게 다를 것이 없다. 단지 우리나라의 특수성이 반영되어 정도와 내용에 차이가 있을 뿐이다.

가령 1948년 3월 미국 군정에 의해 처음 토지개혁이 시행되어 신생 대한민국 정부로 그 과제가 이행되었다.[20] 이승만 대통령 재임 중에 시행된 토지개혁 같은 일을 권력에 의존하는 권위주의 방법을 사용하지 않고 민주적으로 국민의 의사를 반영하여 처리할 수 있는 일인가? 어렵다. 누군가는 이익을 보고 누군가는 손해를 보는 일을 공권력을 앞세워 질서를 부여하는 방법으로 국민에게 강요하고 주인을 찾아주거나 분배하고 조정 행위를 단행한 것이다. 박정희 대통령 시대에 국가 기반시설을 만들고 중화학공업을 건설하는 일도 마찬가지였다.

국가 기반시설과 중화학공업은 초기에 대규모의 투자 자금이 필요하다. 하지만 손익분기점에 도달하는데 장시간이 소요되는 특수성을 고려하면, 기업이 민주적이고 자율적으로 육성하게 했다면 한국의 국가 기반시설 확충과 중화학공업 건설은 단기간에 이루어질 수 없는 일이었다. 야당과 상당수 학자의 반대 속에서 박정희 대통령이 강행하고 용기 있는 기업가들이 호응했기에 가능했다. 오늘날 한국이 국제금융위기 여파 속에서도 건재할 수 있는 것은 박정희 대통령 재임 중에 건설한 중화학공업과 전자산업 육성 등이 있었기 때문이다.

---

20) 위키백과.

제2절 개발독재에 대한 이해

1. 개발독재

　개발(開發)은 개척하여 발전시킴, 지식이나 소질 등을 더 나아지도록 이끄는 것, 산업이나 경제 등을 발전시켜 인간 생활에 유용하게 함, 새로운 것을 고안해 내어 실용화함이다. 독재와 개발독재는 외형상 개발을 지향했느냐 하지 않았느냐 하는 점에서 차이가 난다. 정치가가 개발을 지향하는 것은 대단히 중요하다. 하지만 개발을 지향했다고 하더라도 독재를 위해 개발을 활용하면 정당성과 합리성에 문제가 발생한다. 이제까지 개발독재자라 불린 정치가들은 개발의 결과 장기적인 국가발전 틀을 만들지 못하고 좋은 발전의 결과도 창출하지 못했다.

　개발도상국에서는 위정자들이 개발을 기치로 강권(强權) 정치를 하는 것이 일반적인데, 이러한 정치형태를 개발주의적 독재(開發主義的獨裁) 또는 개발독재라고 한다. 그 결과 인권유린, 정적탄압, 빈부의 격차 등이 확대된다.[21] 개발독재(開發獨裁, developmental dictatorship)는 경제개발로 정치권력의 정당화를 도모하는 정치체제를 말한다. 특히 제2차 세계대전 후의 동남아시아에서는 태국의 사리트(Sarit Thanarat), 필리핀의 마르코스(Feedinand Edralin Marcos), 인도네시아의 수하르토(Suharto) 등 강권적인 지도자 아래에서 공업

---

21) 매일경제.

화가 진행되었기 때문에 이러한 체제를 총칭하여 개발독재라고 하는 경우가 많다.

경제개발을 우선하여 관료기구의 정비 등도 이루어진다는 점에서 단지 군사정권, 일당지배나 개인독재와는 다르고, 선거나 의회는 현저하게 기능이 제약되기 때문에 민주정치와도 다르다. 경제성장을 위해서는 독재가 필요악인 측면이 있으므로 억압적 통제를 통치에 이용하는 예도 있다. 하지만 정치체제로서의 개발독재가 안정적인가 하면 반드시 그렇지도 않다. 경제성장에 의존하기 때문에 경제위기가 진행되면 정치적 안정이 무너져 1998년의 수하르토 퇴진과 같은 정권 붕괴에 이르는 경우가 있다. 또한 성장이 실현된 경우에도 도시 중간층의 민주화 요구로 1993년의 태국 군정 붕괴와 같은 위기가 발생한다.[22]

2. 박정희, 개발독재자인가

『21세기 정치학대사전』에서는 박정희를 개발독재자로 분류하고 있다. 그러나 개발독재에 대한 정의가 너무 엉성하다. 부정축재, 부정부패를 하지 않고 국민을 자각하게 하고 경제건설을 선도하는 등 국가와 국민을 위한 정치를 한 박정희를 개발독재자라고 하는 것은 지나치다. 비밀경찰이나 친위부대 운용, 전쟁 유발, 학살, 부정선거, 부정축재, 부정부패를 한 정치가는 자신을 위한 정치를 하는 사람으로 독재자들에게 나타나는 공통적인 요소이다. 이제까지

---

22) 21세기 정치학대사전.

자신을 위한 정치를 하면서 개발을 지향해 지속적인 발전이 이루어지게 한 정치가는 없었다. 전쟁을 통해 영토를 늘려도 종래는 모두 패망하고 말았다.

박정희는 일부 정적에 대해 통제에 의존하여 가부장형 권위주의적인 통치를 한 부분이 있다. 하지만 세계사에 박정희만큼 전쟁의 폐허 위에서 국가의 경제를 짧은 기간에 고속 성장하게 하고 장기적인 발전 기틀을 마련한 사람은 없었다. 국가 발전을 선도하고 실현한 사람을 개발독재자라고 하는 것은 합당하지 않다. 박정희 대통령을 마르코스, 수하르토, 사리트 타나라트와 같은 개발독재자로 평가하는 것은 잘못이다. 오늘날 한국은 타이, 인도네시아, 필리핀과는 비교되지 않을 정도로 발전한 세계적인 강국이 되었다. 박정희는 자신을 위한 정치가 아니라 국가와 국민을 위한 정치를 했다. 칭찬받아야 할 부분이 많다. 이는 박정희 대통령이 잘못한 점을 미화하려는 것이 아니다. 인간은 불완전하므로 누구나 공적과 과오가 있다. 박정희 대통령도 마찬가지이다. 공적은 공적으로 평가하고 과오에서는 교훈을 얻는 것이 중요하다.

제3절 독재와 독재자에 대한 의문과 개념 이해

1. 독재와 독재자

1) 독재와 독재정치

독재(獨裁, dictatorship)는 독단으로 사물을 재결, 특정한 개인, 단체, 계급, 당파 따위가 어떤 분야에서 모든 권력을 차지하여 모든 일을 독단으로 처리함, 일개인 또는 일정한 집단에 권력을 집중시켜서 지배하는 정치이다. '독재정치'의 준말이다. 통상 국가 위기 때 통치권을 장악하는데, 이렇게 형성된 정치권력은 독단적이고 전제적이며 때로는 항구적인 지배체제를 구축하는 데 사용된다. 터키의 아타튀르크, 이탈리아의 무솔리니, 독일의 히틀러, 포르투갈의 살라자르 등은 고대의 딕타토르 이전 참주들과 더 가깝다.[23]

독재정치(獨裁政治, dictatorship)는 한 나라의 권력을 민주적인 절차를 무시하고 지배자 한 사람이 마음대로 행사하는 정치, 민주적인 절차를 부정하고 통치자의 독단으로 의사를 결정하는 정치를 말한다. 고대 로마의 체제, 독일의 나치즘, 이탈리아의 파시즘, 일본의 군국주의 따위가 그 전형이다. 독재라는 용어는 고대 로마에서 긴급 사태에 관하여 법으로 미리 한정하여 설정된 임시 공직을 의미하는 독재관(獨裁官)에서 역사적 기원을 찾을 수 있다. 그러나

---

23) Basic 고교생을 위한 정치경제 용어사전.

현대적인 의미에서 독재정치는 특정의 개인 또는 집단이 권력을 장악하여 독단적으로 지배하는 정치로 피치자(被治者)인 일부 대중으로부터의 지지, 대중의 정치과정에 대한 참가가 나타난다는 점에서 그것들이 없는 전제정치와 구별된다.

일반적으로 군부의 독재나 개발도상국에서 볼 수 있는 개발독재 등은 민주주의와 양립되지 않는다고 할 수 있지만, 내란이나 전쟁 등의 긴급 사태에 있어서 권력자의 전단적 정치적 지배를 미리 헌법에 규정하고 있는 경우(입헌독재)는 민주주의 체제의 방위에 공헌한다.[24)]

2) 독재자

독재자(獨裁者)는 모든 일을 독단적으로 판단하여 처리하는 사람, 절대 권력을 가지고 독재정치를 하는 사람을 뜻한다. 독단(獨斷)은 의논하지 않고 혼자서 결단함, 판단(判斷)은 어느 사물의 진위(眞僞)·선악·미추(美醜) 등을 생각하여 정하거나 그렇게 정한 내용, 절대(絶對)는 상대하여 비교될 만한 것이 없음이다. 권력(權力)은 남을 지배하고 복종시키는 힘을 뜻한다. 특히 국가나 정부가 국민에게 행사하는 강제력이다. 그러나 실재하는 독재자를 사전적 의미로는 구분하기 어렵다.

그 이유는 반드시 독재자가 아니라도 집단의 최고 지도자는 독자적으로 의사결정을 하는 일이 많다. 모든 집단에서 직위에 따라 주어진 권력을 가진 상관은 부하가 제출한 안건이나 보고서 등을

---

24) 21세기 정치학대사전.

재량(裁量)하여 승인하는 결재(決裁)를 한다. 결재할 때 독단적으로 판단하여 처리했다고 하여 독재자라고 한다면 모든 집단의 수장은 독재자에 해당한다. 그리고 이제까지 독재자라고 불린 사람 중에도 모든 일을 독단적으로 판단하여 처리한 사람은 아무도 없었다. 중요한 사안은 대책회의 등을 통해 소수의 참모와 의논하거나 의견을 수렴한 후 결정하여 처리했다. 절대 권력이라는 말은 지나치게 추상적이고 모호하다. 상대하여 비교될 만한 것이 없는 권력이라면 무너지지 말아야 한다. 그런데 독재 권력을 휘두른 사람 중 축출된 통치자가 많았다.

이러한 점을 고려할 때 독재자냐 아니냐 하는 구분은 단순하게 독재자라는 단어의 의미만으로는 판단하기가 쉽지 않다. 그럼 독재자는 아무도 없는가? 있다. 구분하고 판단하기가 쉽지 않다는 것이지 없다는 말이 아니다. 이제까지 독재자로 분류된 사람들이 상당수 있다. 이들 독재자에게 나타난 공통점을 살펴보면 ▲비밀경찰이나 친위부대 운용 ▲전쟁 유발 ▲대량 학살과 정적 살해 ▲부정선거 ▲부정축재 ▲사치스러운 생활을 하고 자산을 외국으로 빼돌림 ▲부정부패 ▲가족과 친인척 그리고 측근의 권력 독점 등이다. 이들은 국가를 발전시키고 국민을 위한 정치를 하는 것이 아니라 자신을 위한 정치를 한다. 국가를 발전시키고 국민을 위한 정치를 하는 정치가는 정치의 목적과 정의에 맞는 정치를 한 사람이므로 일부 과오가 있더라도 독재자가 아니다. 언론에 보도된 세계의 주요 독재자와 그들의 말로를 살펴보면 다음과 같다.

◆ 로마제국의 황제 칼리굴라는 서기 41년 자신의 경호원에 의해 참살됐다. 칼리굴라 황제는 변덕스러웠고 잔혹했으며 자신을 신격화했다. 그는 마음에 안 들면 누구든지 잔혹하게 처단했다. 로마인들은 칼

리굴라가 암살됐는데도 그가 민심을 떠보기 위한 술책으로 의심하여 그의 시체를 확인해야 한다며 시체로 달려갔다. 로마인들이 얼마나 칼리굴라의 학정에 시달렸는지를 반영한다.

◆ 동(東)로마(비잔틴 제국)의 안드로니쿠스 1세 황제는 서기 1185년 폭도들의 손에 처참하게 죽었다. 그의 폭정에 치를 떨던 군중은 그를 때려죽인 후 이빨과 머리카락을 뽑아내고 사지를 찢었다. 그의 잘생긴 얼굴에는 끓는 물을 부었다.

◆ 이집트의 여왕 샤자르 알-두루는 1257년 살해한 새 남편의 첩들에 의해 자신이 신고 있던 나막신으로 무참하게 맞아 죽었다. 샤자르는 방종 생활을 일삼던 중 새 남편을 살해했다가 참혹하게 생을 마감했던 것이다.

◆ 이탈리아의 독재자 무솔리니는 1945년 도망치던 중 반정부 빨치산에 체포돼 현장에서 약식재판을 거친 후 자신의 정부(情婦)와 함께 즉결 처형됐다. 이탈리아인들은 그의 시체를 로마로 가져가 거꾸로 매달았고 갈기갈기 찢어 사지를 질질 끌고 다녔다.

◆ 소련 공산당 독재자 스탈린은 1953년 심장마비로 쓰러졌다. 그러나 그의 주변에는 쓰러진 스탈린을 돌볼 의사가 없었다. 스탈린이 담당 의사 십여 명을 암살음모자로 몰아 체포했기 때문이었다. 스탈린은 오줌을 싼 채 12시간이나 홀로 방치돼 있어야 했다.

◆ 루마니아의 독재자 니콜라이 차우셰스쿠도 참혹하게 처형됐다. 그는 1989년 12월 25일 반란군에 의해 약식 재판을 거쳐 즉각 총살당했다. 3명의 총살 집행 군인들은 차우셰스쿠에 대한 증오심으로 가득 차 한두 발만 쏴도 될 것을 30발씩 모두 90발을 발사했다. 그의 몸은 벌집처럼 되어 시신을 수습하기에도 불편할 정도였다.

◆ 이라크의 독재자 후세인은 쥐구멍 같은 땅굴 속에 숨었다가 체포돼 교수형으로 끝났다. 리비아의 독재자 카다피도 하수관으로 숨어들었다가 반란군에 의해 발견돼 머리채를 잡힌 채 두들겨 맞던 중 머리에 권총을 맞고 사살됐다.[25]

◆ 매년 '세계 최악의 10대 독재자' 순위를 발표해온 미국의 워싱턴포스트 주말 매거진(magazine, 잡지) 퍼레이드는 2009년 최악의 독재자 1위에 짐바브웨의 독재자 로버트 무가베를 선정했다. 무가베는 1987년 집권 이후 철권통치를 자행하면서 극심한 인플레이션으로 경제를 파탄 지경으로 몰고 갔고, 콜레라로 사상자가 대거 발생하는 상황에서도

---

25) 일요서울 2011. 11. 23.

25만 달러짜리 생일잔치를 하는 등 민생을 돌보지 않았다고 선정 이유를 밝혔다. 독재자 2위는 다르푸르 대학살을 주도한 장본인으로 국제형사재판소(International Criminal Court, ICC)로부터 체포영장이 발부된 오마르 알 바시르 수단 대통령이 선정됐다.26)

◆ 미국의 외교전문지 포린 폴리시 2010년 7·8월호 인터넷판은 세계의 독재자 23명의 순위를 정리해 김정일 북한 총서기를 세계 최악의 독재자로 선정했다. 동지는 김정일을 "부족한 자원을 핵 개발 계획에 써버리면서 국민을 굶주리게 하고 수십만 명을 수용소에 보냈다"라고 강평했다. 중국의 후진타오 주석도 10위에 선정됐다. 후진타오에 대해서는 "외국인투자자들을 미소와 배려로 속이는 한편 반체제 인사를 잔인하게 억압하는 카멜레온(chameleon)과도 같은 폭군"이라고 평했다.27)

◆ 찰스 테일러 전 라이베리아 대통령이 2차 세계대전 이후 처음으로 전범 재판에서 유죄 평결을 받은 것은 세계의 독재자들에게 끝까지 추적을 받아 끝내 법의 심판을 받게 될 것이라는 메시지를 던져준 역사적인 재판이라 할 수 있다. 테일러 전 대통령은 2012년 4월 26일 노예 상태의 노동자들이 캐낸 피 묻은 다이아몬드28)를 받는 대신 시에라리온 반군들에게 무기를 지원함으로써 전쟁범죄와 반인륜범죄 등 11가지 혐의에 대해 유죄 평결을 받았다. 시에라리온특별법정의 배심원들은 테일러 전 대통령이 시에라리온 반군들이 2002년 11년에 걸친 내전이 끝날 때까지 유형 사태를 계속하게 하는데 결정적 역할을 했다고 말했다. 시에라리온 내전에서 5만 명 이상이 목숨을 잃었고 내전이 끝난 지 10년이 지난 지금까지도 시에라리온은 복구를 위해 힘든 싸움을 하고 있다.29)

---

26) YTN 2009. 3. 22.

27) 朝日新聞 2010. 6. 23.

28) 피 묻은 다이아몬드(blood diamonds) 혹은 '더러운 다이아몬드'란 아프리카의 고질적 분쟁지역에서 반군들이 밀반출하는 다이아몬드를 말한다. 대표적인 아프리카 분쟁지역인 콩고, 시에라리온, 앙골라 등지에서 반군 혹은 정부군이 무기구매나 사적인 치부를 위해 다이아몬드를 국제시장으로 밀수출하고 있다.

29) 뉴시스 2012. 4. 27.

2. 예외국가와 세계의 대표적인 독재정치 유형

1) 예외국가의 개념 이해

현대국가의 구성·제도·기능을 체계적으로 설명하려는 노력의 역사는 그렇게 오래되지 않았다. 자본주의 국가이론은 1960년대 말 이래 서구에서 활발한 연구가 진행되어왔다. 그중에서 대표적인 것 중 하나가 풀란차스의 국가이론이다. 이 이론 속에 독재정치에 대한 개념이 여러 가지가 언급되어 있다. 풀란차스(Nicos Poulantzas)의 자본주의 국가이론은 마르크시즘 국가이론의 한계성에 대한 인식에서 출발한다. 그에 의하면 마르크시즘에서 국가이론은 가장 체계성이 결여된 분야이기 때문에 분석개념의 정립으로부터 이론적 작업이 이루어져야 한다는 것이었다.

풀란차스는 시기 구분과 정치현장(political scene)이라는 개념기준에서 국가유형의 변이를 파악한다. 그는 전개·발전의 단선적 (unilinear)인 진화론적 개념은 다양한 생산양식들이 적합 되어 있는 자본제적 사회구성체의 단계 변화를 총체적으로 분석하는 데 부적합하다고 보아 원칙적으로 이를 거부하였기 때문이다. 풀란차스는 이러한 시기 구분과 정치현장이라는 이원적 개념 준거에서, 역사적으로 나타난 자본주의 국가형태를 2개의 대범주인 정상국가에 해당하는 국가로서 자유주의국가와 개입주의국가, 예외국가 유형으로 보나파르티스국가, 군부독재 및 파시스트국가로 구분했다. 이것을 도식화하면 [표 1-1]과 같다.[30]

---

30) 하봉규(2008), 『한국 정치와 현재 정치학』, 팔모, pp.55~60.

풀란차스에게 있어 자본국가의 국가권력은 국가제도를 통하여 시현되는 제반 사회계급과 세력들 간의 관계이므로, 정상(자본주의)국가는 계급사회에 내재하는 계급의 대립구조 속에서 국가가 효율적으로 기능함으로써 국가조직이 하나의 사회 응집 인자(the factor of cohesion)로서 계급사회를 지속적·유기적으로 운영하는 제도화된 자본주의국가를 의미한다. 풀란차스는 정상국가 유형과는 대조적 유형으로 예외국가 유형을 제시한다. 즉 자본주의국가 유형으로 정상국가와 같이 안정적인 계급지배를 기반으로 유기적으로 계급지배를 계속·운영하는 국가뿐만 아니라, 헤게모니[31]의 위기가 드러나는 자본주의 사회구성체의 특정한 대결국면(conjuncture)에서 위기관리의 정치적 측면으로 예외적인 자본주의국가 형태를 제시한다.

그를 따르면 정치권력에서 지배계급(혹은 분파)과 피지배계급 간에 적용되는 제로섬(zero-sum) 게임적인 권력상태에서 기존의 부르주아계급의 헤게모니가 상실되면서, 이러한 국면의 해결책으로 국가라는 새로운 제3의 사회세력이 대두하는 상황이 발생할 수 있다는 것이다. 풀란차스는 정치적 위기라고 지칭하는 사회 내 헤게모니 계급의 부재국면으로 역사적 현실로서 나타났던 보나파르티즘의 예를 들고 있다. 풀란차스가 명제화한 예외국가의 일반적 특징은 국가개입 방식의 특이성, 억압기구와 이념기구 간의 관계수정, 국가기구의 전위, 사법체계의 수정, 선거원칙의 정지, 관료의 자율성, 중앙집권주의와 내적 대립 등 7가지로 요약된다.

---

31) 헤게모니(독 Hegemonie)는 주로 정치 운동에서 주도권. 주도적 지위. 헤게모니라는 개념은 그람시(Antonio Gramsci)에 의해 이론화된 현대국가에 대한 인식개념으로 "현재 국가는 단순히 특정계급이 자신의 편협한 이익을 위해 사용되는 도구가 아니며, 계급 지배를 위해서는 힘이나 폭력뿐만 아니라 피지배계급의 능동적 동의를 형성하는 지도력, 영향력 그리고 이데올로기적 기능도 수행한다"는 것이다.

[표 1-1] 자본주의국가 변이표

시대 구분 / 국가 유형	정상자본주의국가	예외자본주의국가	생산양식 및 생산형태의 특징
I. 경쟁 자본주의 단계	1. 자유주의국가: 경제의 결정과 지배	I-I. 보나파르티즘: 국가의 지배적 역할	1. 전 자본재적(precapitalistic) 생산양식의 전면해체 및 자본제적 생산양식 확립
II. 독점 자본주의로의 이행 국면	2. 경제와 정치(국가) 간의 불안정한 균형	2-1. 군부독재: 국가의 지배적 역할 강화	2. 독점자본주의와 경쟁자본주의 간의 불안정한 균형. 소상품 생산 형태의 보존 및 해체
III. 독점 자본주의 단계	3. 개입주의국가: 국가의 중심적 역할	3-1. 파시즘: 국가의 지배적 역할 확립	3. 독점 자본주의의 지배 권위주의적 국가주의(Authoritarian Statism)

출처: 하봉규(2008), 『한국 정치와 현재 정치학』, 팔모, p.56.

[표 1-2] 헤게모니 측면에서 본 정상국가와 예외국가 비교

구분	정상국가	예외국가
동의방식	능동적, 직접적	수동적, 간접적
국가주의 성격	팽창적, 민주적	억압적, 관료적
중심사회	시민사회	국가 또는 정치사회
국가개념	동의의 조직자로서 국가	권력 장치로서의 국가
국가 중심기능	서비스, 합의체	통제, 교지자
헤게모니	안정적(stable, secure)	위기(crisis)

출처: 하봉규(2008), 『한국 정치와 현재 정치학』, 팔모, p.69.

[표 1-3] 국가 경제의 생산적 전유 방식

구분	자본제적 생산양식 (capital mode of production: CMP)					non-CMP
	정상국가		예외국가			사회주의 혹은 공산주의 국가
	자유주의	개인주의	보나파 르티즘	군부 독재	파시 즘	
① 지배적 국가기구(기관)	입법부	행정부	관군복 합체	군부	정치 경찰	정당

② 체제비교의 기제(mechanism)	교환	권위	설득	동원
③ 생산 및 전유 방식	사적으로 생산, 시장에서 실현	합작으로 생산, 시장에서 실현	사적으로 생산, 국가에서 실현되는 잉여	국가 영역 안에서 생산, 실현, 분배
④ 정치·경제적 합리성	시장 합리적	계획 합리적	(국가)권위 합리적	이념 합리적

출처: 하봉규(2008), 『한국 정치와 현재 정치학』, 팔모, p.73.

[표 1-4] 예외국가의 체제 비교

구분	보나파르티즘	군부독재	파시스트국가
위기의 주된 측면	제도화	민간화	자유화
정권의 성격	반군 반민	군부(군사)	민간
독재의 유형	시저리즘적	단순(국가기구적)	전체주의적
사회통제의 중심	군과 관료	군(혹은 군부지배의 경찰)	정치경찰
권위주의 신조	산업화 경제발전	국가안보, 사회 안정	민족영광, 인종적 지배
집권방식	비합법적(대중동원적, 쿠데타)	비합법적(군부쿠데타)	합법적(국가의회 민주제)

출처: 하봉규(2008), 『한국 정치와 현재 정치학』, 팔모, p.77.

그람시는 자본주의 국가의 복합적 동의 기반에 대한 인식 위에 기존의 동의이론의 단선적 접근방식에서 탈피하여 동의의 존재방식은 수동적·간접적일 수도, 능동적·직접적일 수도 있음을 지적한다. 즉 후자의 방식에서는 치자와 피치자 간의 진정한 교류가 필요하며 단순히 동의를 국가구도화하지 않고 대중 동원을 위한 대중으로 간주하지 않으며, 모든 사람의 참여를 획득함이 중요한 문제로, 치자와 피치자 간의 관료적 억압관계, 피치자들에 대한 조합주의적 통합, 민주주의 법적 측면 만으로의 환원과 같은 억압적인 현상을 수반하는 전자의 방식과 구별하는 것이다. 그람시의 이러한 동의의 복합적 수렴방식을 수용하여 헤게모니 측면에서 정상국가와 예외국가를 구분한다면 [표 1-2]와 같이 요약할 수 있다. 예외국가의 경제적 역할과 기능은 자본주의 발전단계의 생산구조에서 찾아지는 것이 아니라 국가의 사회적 지위 특이성, 즉 국가 중심적인 상대적 자율성 혹은 풀란차스가 지적했듯이 국가의 타율성에서 찾아질 수 있다. 정치 · 경제적 합리성에 입각한 국가별 경제적 역할구조의 구분을 현대의 정치경제체제 아래에서 이론적으로 가능한 4유형의 국가 경제의 생산 전유 방식과 연계시키면 ▲사적으로 생산되고 시장에서 실현되는 잉여: 교환 중심적 시장 합리성 ▲합작을 통해 생산되고 시장에서 실현되는 잉여: 권위 중심적 계획 합리성 ▲사적으로 생산되고 국가에 의해 실현되는 잉여: 설득 중심적 권위 합리성 ▲국가 영역 안에서 생산, 실현되는 잉여: 동원(전체)적 이념 합리성으로 전개할 수 있다. 이를 다시 풀란차스의 국가유형론에 접합시키면 [표 1-3]과 같다.

모든 예외국가는 정치적 위기의 직접적 산물로서 민주적 체제의 위기로 파악되지만, 국가 또는 정권의 비교 기준은 제도화 수준, 국가지배분파, 독재유형 등에서 뚜렷한 차이점을 보인다. 특히 제도화 수준의 다양성은 정권의 집권방식에 직접 연관되어 있다. 파시즘은 합법적이지만, 보나파르티즘과 군부독재에서는 비합법적 쿠데타에 집권방식을 의존하며, 보나파르티즘은 군부독재와 달리 특정 국가기구에 의존하는 단순독재(simple dictatorship)가 아니라 대중동원적인 시저리즘적(Caesaristic) 독재로 나타난다. 그뿐만 아니라 국가에 따라 정권의 주요 목표가 군부독재에서는 국가안보와 사회안정, 파시스트국가에서는 민족의 영광과 인종적 지배(mastership) 등으로 나타난다. 이 내용을 정리하면 [표 1-4]와 같다.

풀란차스의 예외국가에 대한 정치체제적인 접근은 결국 권위주의로 귀착된다. 예외국가의 공통적 특징인 헤게모니 위기에 내재된 수동적, 간접적 동의 수렴방식과 권위 합리적 경제개입방식은 권위주의적일 뿐만 아니라 비전체주의적인 본성과 비민주주의적인 본성이 남아 있기 때문이다. 결론적으로 예외국가는 엄격히 전체주의적이지 않은 동시에 민주적이지도 않은 중간적 성격의 정치체제라 할 수 있다.

예외국가의 공통적인 특징인 사회지배 이념과 국가기구 이념 간의 상위, 이념적 국가기구에 대한 억압기구의 자의적 영향력, 정권의 잦은 변화를 예상하게 하는 국가조직체계의 결여, 사회 지지 세력의 정치적 소외 등은 권위주의를 보편화한 개념 특성인 낮은 수준의 이념적 동원, 제한된 정치적 다원주의, 정권의 사회적 책임성 결여, 체계화된 지배이념의 부재, 정치적인 동원이 불가능한 단일 지도자나 소집단에 의한 정치권력의 독점 등과 명백히 상응한다. 그러므로 정상국가를 민주적 혹은 자유민주주의적, 부르주아 민주적 자본주의국가라고 정의할 수 있지만, 예외국가는 권위주의적 혹은 독재적 자본주의국가라고 결론지을 수 있다.[32]

2) 대표적인 독재정치체제 유형

우리가 일반적으로 말하는 독재자가 통치하는 독재정치, 독재정치체제라고 하는 것 중에서 이제까지 학문적으로 그 내용이 구체적으로 정립된 대표적인 유형은 보나파르티즘, 파시즘, 나치즘, 군국주의 등 4가지가 있다.

---

32) 하봉규(2008), 『한국 정치와 현재 정치학』, 팔모, pp.60~78.

(1) 보나파르티즘

보나파르티즘(Bonapartism)은 원래는 프랑스에서 보나파르트가 (家)에 대한 충성을 의미하였다. 협의로는 나폴레옹 1세(Napoléon I, 나폴레옹 보나파르트: 제1제정)와 나폴레옹 3세(루이 보나파르트: 제2제정)의 정치체제를 가리킨다. 그것은 모두 개인의 독재체제이지만, 군사적 및 경제적인 국민적 영광을 목표로 인민투표와 보통선거를 지주로 하여 정보와 상징(symbol)조작을 통치의 수법으로 한 점에 특징이 있다. 마르크스(Karl Marx)는 『루이 보나파르트의 블루메일 8일』에서 분할지 소농민의 루이 보나파르트 지지에 초점을 맞추어 나폴레옹 3세의 권력 획득 비밀을 분석하였다.

분할지 소농민은 그 생활양식에 규정되어 전국적인 정치조직을 가질 수 없으며, 자신의 계급 이해(利害)를 자신의 이름으로 주장할 수 없었다. 그들은 자신을 대표할 수 없어서 누군가 대표가 필요하였다. 그것이 루이 나폴레옹이 그들의 대표자고 주인이 된 비밀이다. 그 후의 마르크스주의에는 보나파르티즘은 위기 상황에서 성립한 계급균형에 기초한 예외국가라고 하는 논의가 전개되었다. 보나파르티즘은 의회제 민주주의를 기만한 것으로 근대국가의 모순을 나타내고 있다.[33]

(2) 파시즘

파시즘(fascism)은 이탈리아어 파쇼(fascio)에서 유래한 말이다. 원래 이 말의 의미는 '묶음'이었으나, '결속' 또는 '단결'의 뜻으로 전

---

33) 21세기 정치학대사전.

용(轉用)되었다. 파시즘은 20세기로의 전환 이후, 특히 제1차 세계대전과 제2차 세계대전 사이의 시기에, 유럽 국가들을 중심으로 각지에 등장한 일종의 정치이데올로기와 운동이다. 그것은 19세기 이전, 때로는 고대로까지 그 원류를 거슬러 올라갈 수 있는 다른 대부분의 중요한 이데올로기[34]와 달리 유일하게 20세기에 최초로 그 모습을 드러낸 중요한 이데올로기라고 할 수 있다.

가장 협의(狹義)의 파시즘은 1922년부터 1942년까지 이탈리아를 지배하였던 무솔리니(Benito Mussolini)의 체제를 지칭하는 고유명사이다. 하지만 이것과 유사한 체제, 이데올로기, 운동을 널리 의미하는 일반개념으로 사용되는 경우가 많다. 그러나 파시즘을 정의하는 특징이 무엇인가에 대한 논의는 다방면에 걸쳐 있어 공통된 견해는 없다. 역사 연구의 진전으로 파시즘에 공유된 특징에 대한 해석이 한정되어 가고 있으며, 무솔리니 체제를 지칭하는 고유명사 이외에는 파시즘이라는 말을 사용하지 않는 유력한 논자도 있다. 이처럼 진폭이 큰 파시즘에 대한 학문적인 정의가 공통으로 지적해온 거의 유일한 내용은 파시즘이 일종의 과잉성을 띤 내셔널리즘(nationalism: 국가주의, 민족주의)이라는 것이다. 파시즘이 계급투쟁등의 사회적 갈등을 배제한 동질적인 사회를 실현하기 위해 전국적인 수준에서 완전한 통합을 지향해왔다는 점에 논자들은 주목해온 것이다. 파시즘은 스탈린니즘[35]과 함께 전체주의(全體主義)의 대표적인 유형이라고 보는 예도 있다.

---

34) 이데올로기(독 Ideologie)는 어떤 사회 집단의 사상, 행동을 근본적으로 제약하거나 이끄는 관념이나 믿음의 체계.

35) 스탈린주의(Stalinism)는 1국에 1개의 사회주의 정당이 존재하는 것을 이상적 국가로 규정한 스탈린의 정치 이념, 이오시프 스탈린 치하의 소비에트연방의 정치 체제를 묘사하는 말이다.

파시즘을 내포적으로 정의하는 것은 어렵지만, 그것보다 파시즘에 하속(下屬)시킬 수 있는 현상을 외연적으로 열거하는 것은 상대적으로 쉽다. 전간기(戰間期)의 유럽 대부분의 국가에 파시즘의 정치운동이 나타났다. 정권을 잡을(체제화한) 정도로 성공한 파시즘으로는 무솔리니 체제, 히틀러(Adolf Hitler)의 나치 '제3제국', 쇼와 초기의 일본의 천왕제 파시즘, 스페인의 프랑코(Francisco Franco Bahamonde) 체제 등이 대표적이다. 그중에서도 나치는 파시즘적인 모든 특징을 극단적으로 추진한 파시즘의 순화된 극한 형태라고 보아 왔다. 전후에도 파시즘이라고 자칭하거나 다른 사람이 말한 이데올로기나 운동은 많이 있었지만, 그 외연(外延)은 다소 불명료하다.

'가족적으로 유사'한 파시즘적인 운동이나 이데올로기에 완만하게 공유된 여러 특징을 열거해 보면, 첫째는 내셔널리즘의 '과잉성'은 통시적(通時的)인 축에 따라서는 일종의 현상 변혁에 대한 열렬한 욕구로 나타난다. 회귀의 준거가 되는 민족의 '전통'이 지나치게 순화되어 있거나 신화적인 고대(古代)이거나 하므로 보수주의나 복고주의를 초월하여 현상을 크게 변혁·혁명할 필요가 발생하는 것이다. 둘째는 내셔널리즘의 '과잉성'은 공시적(共時的)인 축에서는 때로 과격한 인종주의 형태를 취한다. 이 점에서 가장 현저한 것은 반유대주의를 전면에 내세운 나치이다. 사회다위니즘[36]에 기초한 엘리트주의나 우생(優生) 사상도 인종주의의 한 국면이다. 과격한 내셔널리즘은 자기 민족을 위한 '생존권'을 요구하는 사상을 산출하고 그것에 의해 제국주의적인 침략을 정당화한다. 셋째는 파시즘은 자유주의(의회주의)와 마르크스주의적인 사회주의의 양방을

---

36) 사회다위니즘은 다윈(Darwin)의 자연 선택, 생존 경쟁의 이론을 인간 사회 문제에까지 적용한 이론.

신랄하게 적대시하고 있다. 단, 파시즘은 민주적인 체제에서만 성공하였다는 것에도 유의해야 한다. 넷째는 파시즘은 통상 열광적인 지도자 숭배를 수반하고 있다. 파시즘 체제 아래에서 종종 '퓨라'(히틀러), '두체'(무솔리니) 등의 지도자를 가리키는 특별한 호칭이 산출된 것은 이 때문이다.[37]

(3) 나치즘

나치즘(National Socialism, 인민사회주의)은 한편으로는 급격한 공업화와 그에 따른 심각한 사회적 균열, 사회주의적 노동운동의 급성장, 세속화의 물결, 과학기술의 비약적 발전, 다른 한편으로는 네오(neo: 신, 근대의)낭만주의에 의한 근대 비판의 고양이라는 혼란한 19세기 말 이후의 시대 상황, 제1차 세계대전에서 독일의 패배와 혁명 속에서 탄생하였다. 베르사유 강화조약에 의해 심각하게 상처를 입은 독일인의 집단적 자기의식을 기저로 나치즘은 세계공황 후의 경제적 · 정치적 여러 어려움 속에서 국민 여러 계층의 지지를 받은 활동적인 대중주의적 운동으로 급성장하여 1933년 1월 30일 권력을 장악하였다.

나치즘의 사회적 유토피아[38]는 선별 · 도태와 테러에 의한 억압, 유럽의 인종주의적 지배 · 재편을 통한 타민족의 노예화 · 착취를 자명(自明)의 전제로 하였다. 철저한 반기독교적 성격, 지정학적 공간사상, 생물학 지상주의, 인종주의와 결합한 급진적인 반유대주의가 나치즘의 본질적 구성요소이며, '생존권' 획득과 유럽 지배를

---

37) 21세기 정치학대사전.
38) 유토피아(utopia)는 공상적인 이상 사회. 이상향.

목표로 하는 과정에서 나치즘은 전대미문의 범죄와 참상을 수반한 디스토피아[39])로 귀결되었다.

즉 권력 장악 후 나치즘은 전권(全權) 위임법을 성립시켜 일당 독재 아래에 사회의 강제적 획일화를 추진하고 돌격대나 중간층의 이해를 억제하고 전통적 엘리트와 동맹하여 친위대와 국가 비밀경찰망을 창설하여 독재 권력을 안정시켰다. 그리고 실업의 급속한 극복과 잇따른 대외적 성공을 배경으로 계통적인 프로퍼갠더(propaganda: 주의 · 신념의 선전) 정책과 국민투표의 방법으로 카리스마적 히틀러(Adolf Hitler) 상을 연출하여 지도자 원리에 의해 다두제(多頭制)적 지배구조를 가교 · 통합하면서 급속도로 재군비를 진행하였다.

'사회문제'를 극복한 강력한 '민족 공동체'를 구축하기 위해 이분자[40](異分子)의 배제, 우생학, 유전학 등에 기초한 단종(斷種) · 육종(育種)정책, 장애인의 살해 등 모든 '열등한' 자로부터 '민족체의 정화'를 실행하였다. 1938년 오스트리아 합병을 거쳐 1939년 폴란드 침략으로 제2차 세계대전을 시작하여 1941년에는 대(對) 볼셰비즘의 세계관 전쟁(러시아 정복)에 착수하였다. 끊임없이 동쪽으로 확대하는 영토 내 인종주의적 관점에서 '민족의 경지정리'를 추진함과 동시에 '유대인 문제의 최종적 해결'을 내걸고 홀로코스트[41])까지 이르렀다. 그런데 러시아전에서 궁지에 몰려 연합국에 패배하고, 히틀러의 자살로 나치체제는 막을 내렸다.[42])

---

39) 디스토피아(distopia)는 현대 사회의 부정적인 측면들이 극대화되어 나타나는 어두운 미래상유토피아와 대비되는, 전체주의적인 정부에 의해 억압받고 통제받는 가상사회를 말한다. 역(逆)유토피아(utopia)라고도 한다.

40) 이분자(異分子)는 한 단체에 있으면서 다른 다수인과 주의 · 주장이나 사상이 다른 사람.

41) 홀로코스트(Holocaust)는 일반적으로는 '엄청난 대재앙' 혹은 '파괴', '대학살'이란 의미로 쓰인다. 그리고 홀로코스트가 고유명사로 쓰이는 경우도 있는데, 주로 나치가 제2차 세계대전 중 유대인 및 피점령 국민을 대상으로 자행한 대량학살을 지칭한다.

(4) 군국주의

군국주의(軍國主義, militarism)는 국가의 가장 중요한 목적을 군사력에 의한 대외적 발전에 두고, 전쟁과 그 준비를 위한 정책이나 제도를 국민 생활 속에서 최상위에 두려는 이념 또는 그에 따른 정치 체제, 강한 군사력을 국가의 주된 목표로 삼고 국민 생활의 최상위 행위를 전쟁과 그에 대한 준비 등으로 하려는 것이다. 군국주의는 군사력에 의한 대외적인 발전을 가장 중요한 가치로 여겨 전쟁과 전쟁 준비를 위한 정책과 제도를 최우선으로 하여 이를 국민의 모든 생활 영역에 종속시키려는 사상과 행동을 의미한다.[43] 또한 군사력에 의한 국위 신장을 국가의 주요 목표로 생각하여 사회구조나 국민의 생활·사고 양식을 군사적 가치에 종속시키려는 사상 및 체제를 군국주의라고 한다.

군사 조직의 '명령과 복종' 원리에 따라 대내외적으로 호전적인 정책을 수행한다. 고대의 로마 제국, 근대의 프로이센 제국과 스페인의 프랑코 독재 체제, 근대 국가가 성립한 뒤 군국주의의 전형적인 예는 19세기 말부터 제1차 세계대전 말기까지의 독일 제국과 만주 사변에서부터 제2차 세계대전 종전까지의 일본 그리고 이탈리아에서 발견할 수 있다. 근대 군국주의는 근대 국가와 보조를 맞추어 생성, 발전하였다.[44]

---

42) 21세기 정치학대사전.
43) Basic 고교생을 위한 정치경제 용어사전.
44) Basic 고교생을 위한 세계사 용어사전.

3. 독재와 독재자에 대해 갖는 의문

1) 누가 다른 정치가를 독재자라 하면 그렇게 되는가

민주화운동 주도세력이 특정한 전직 대통령을 독재자라고 하면 그렇게 되는가? 그것은 아니다. 누구나 공감할 수 있는 근거가 있어야 한다. 김대중은 독재, 독재자, 유신독재라는 용어를 많이 사용했다. 김영삼도 박정희나 전두환과 관련해 군사독재, 독재자, 쿠데타, 쿠데타 세력이라고 여러 번 언급했다. 김대중과 김영삼 두 사람은 끊임없이 박정희를 독재자라고 몰아세웠다. 전두환도 마찬가지였다. 마치 박정희와 전두환을 독재자나 군사쿠데타로 집권한 세력으로 꼭 만들지 않으면 안 될 절박한 이유가 있는 것처럼 보였다. 그리고 일부 학자 중에는 이승만, 박정희, 전두환이 독재자이고, 김영삼은 문민독재, 김대중은 제왕적인 대통령 행세를 했다고 말하는 사람도 있다.

그럼 대한민국 국민은 독재자가 정치하는 나라에서 50년 이상을 살았는가? 아니다. 만약 누가 특정한 용어를 언급한다고 해서 말하는 것과 같은 사람이 될 것 같으면, 김대중은 독재자이고 제왕적 총재에 제왕적 대통령이어야 한다. 그리고 김영삼은 문민독재, 쿠데타의 주역에 패륜을 한 사람이다. 그렇게 되면 김대중과 김영삼은 민주화 노력이나 민주화운동을 한 사람이라고 보기 어렵다. 김대중과 김영삼 등 정치가와 학자들의 관련 발언 내용을 한번 살펴보자.

- 김영삼 전 대통령은 1999년 5월 17일 '오늘의 독재자 김대중 대통령이 5·16 군사쿠데타를 일으켜 국민이 선출한 민주정부를 전복시키고, 민주헌정을 중단시킨 독재의 상징 박정희 씨를 찬양하는 것은 절대 용납할 수 없는 일'이라고 주장했다.45) 김대중은 한국 민주화의 상징적 인물이었지만, 동시에 제왕적 당 총재이자 제왕적 대통령이었다.46)
- 한나라당 박종웅 의원은 김영삼 전 대통령이 1999년 5월 17일 전두환 전 대통령 등 5공 세력에 대해서도 '양민을 학살하고 군사쿠데타로 집권한 세력을 어떤 이유에서든 국민과 역사는 용납지 않을 것'이라고 말했다고 전했다.47)
- 김영삼 전 대통령은 2011년 1월 20일 서울 세종문화회관에서 열린 민주동지회 신년인사회에 참석해 인사말을 통해 "수많은 국민이 유신독재의 무자비한 탄압과 고문에 의해 비명에 죽어갔다. 18년 장기독재를 한 박정희가 이 나라 군사독재 정권의 원흉(元兇)"이라고 비난했다. 김 전 대통령은 "당시 이 나라는 세계에 부끄러운 참혹한 독재국가였다. 마침내 우리는 일제 치하 36년에 버금갈만한 32년 동안이나 이 땅을 지배해온 군사독재 정권을 물리치고 문민 민주정부를 세웠다"고 말했다. 그는 또 "군사쿠데타가 최대의 악이다. 제(김영삼)가 취임하자마자 군내 사조직인 하나회를 척결했다. 한국 민주주의의 암 덩어리를 전광석화처럼 잘라내 비로소 이 나라에 다시는 군사쿠데타가 불가능하게 만들었다"고 말했다.48)
- 김영삼 전 대통령은 2011년 2월 13일 호스니 무바라크 이집트 대통령의 퇴진에 대한 성명을 발표하면서 "독재자 박정희는 18년간 장기집권하며 국민을 무자비하게 탄압했다"고 지적했다. 김 전 대통령은 이어 "사랑하는 조국에 군사쿠데타라는 죄악의 씨를 뿌린 원흉이 바로 박정희 육군 소장이다"라고 비난했다. 그는 이어 "우리나라는 이승만 대통령을 하야시킨 4·19 민주혁명, 박정희 군사독재 정권을 붕괴시킨 부마민주항쟁, 전두환 독재에 저항한 5·18 민주화운동과 1987년 6월 민주항쟁 등 자랑스러운 민주주의 투쟁사를 갖고 있다"고 강조했다.49)

45) 경향신문 1999. 5. 18.(네이버 뉴스 라이브러리)
46) 프레시안 2011. 3. 25.
47) 경향신문 1999. 5. 18.(네이버 뉴스 라이브러리)
48) 노컷뉴스 2011. 1. 20.

- 나(김대중)는 언론 보도를 보고 매우 놀랐다. 노사문제를 바라보는 그(김영삼 대통령)의 시각은 군사독재 정권의 그것과 하나도 다르지 않았다.[50] 1990년 1월 22일 민주정의당과 통일민주당, 신민주공화당 3당 합당 선언은 민의를 배반한 쿠데타였다. 국민이 투표로 정해 준 정치 구도를 지도자 몇 명이 인위적으로 뒤엎은 패륜이었다. 그 어떤 여론의 수렴도 없이 밀실에서 이뤄진 야합이었다. 그 쿠데타의, 야합의 주역이 김영삼 씨였다는 데 나는 충격을 받았다.[51] 한겨레 보도에 따르면 천주교정의구현전국사제단은 1997년 1월 13일 시국선언을 발표하고 김영삼 정부를 사실상 문민독재로 규정하고 나섰다.(중략) 장용주 대표신부"이런 표현은 현재의 정권이 문민독재정권임을 달리 표현한 것"이라며….
- 민주당 손학규 전 대표는 2012년 7월 3일 김근태 전 열린우리당 의장과 과거에 "김대중과 김영삼 노선에 대해 (김 의장과) 치열하게 논쟁한 적이 있다. 나는 김영삼도 민주주의자라고 했지만, 김근태는 한 틀에 놓고 얘기할 수 없다고 했다"고 말했다.[52]
- 전두환은 권력 장악에 나섰다. 5월 17일 전군 지휘관 회의를 거쳐 국방장관이 제출한 비상계엄 확대 방안이 밤 9시 50분에 국무회의를 통과했다. 박정희의 5 · 16 쿠데타를 이어받은 전두환의 5 · 17 쿠데타였다.[53]

김대중은 위에서 보는 것처럼 심지어 스스로 국무회의를 통과했다고 하면서 최규하 대통령이 재임하고 있는데 쿠데타라고 표현했다. 그리고 쿠데타가 이어받는 것인가? 너무 저속하고 저급하다. 세상은 아무나 말한다고 해서 말한 것처럼 되는 것이 아니다. 특히 민주화운동 주도세력처럼 자신들의 과오를 덮고 공적을 미화하여 권력을 획득하기 위한 목적으로 의도를 갖고 특정한 정치가가 독

---

49) 파이낸셜뉴스 2011. 2. 13.

50) 김대중(2010), 『김대중 자서전 1』, 삼인, p.647.

51) 김대중(2010), 『김대중 자서전 1』, 삼인, pp.570~571.

52) 내일신문 2012. 7. 4.

53) 김대중(2010), 『김대중 자서전 1』, 삼인, pp.400~401.

재자라고 하는 것은 경계해야 한다.

특정한 정치가의 이름 옆에 따라붙는 수식어는 그것을 입증할 수 있는 근거가 있어야 타당성을 인정받을 수 있다. 누구나 공감할 수 있는 뚜렷한 판단 근거 없이 단순하게 내 마음에 안 들고, 다른 사람들이 그렇게 말하고, 내가 지지하거나 추종하는 정치가를 핍박하고, 상당한 과오가 있었으므로 특정한 정치가를 독재자라고 하는 것은 바람직하지 않다. 나의 명예가 중요하면 다른 사람의 명예도 중요하다. 그동안 언론 자유를 빙자한 지나친 표현으로 우리나라의 역대 대통령은 다른 대통령이나 정치가, 언론 등에 의해 독재자로 너무 많이 언급되고 있다.

그 실상을 보면 독재자가 무엇인지 제대로 알지도 못하면서 상대의 과오를 집중적으로 언급함으로써 자신들의 공적을 부각하거나 자신에게 억압을 가한 사람에 대한 화풀이, 선거에서 득표하기 위한 목적으로 독재자라고 언급한 것이 대부분이었다. 즉 우리나라에는 실제 독재자가 있다기보다는 권력을 남용하거나 권력에 집착하는 정도를 넘은 모습을 보인 통치자를 독재자라고 규정하여 비판하고, 화풀이나 자신의 느낌을 이야기하면서 의도적으로 만들었다고 볼 수 있다. 그럼 국민이나 정치가, 언론사 종사자 등이 역대 한국의 대통령이나 다른 정치가를 독재자라고 하면 그렇게 되는가? 아니다. 만약 그 말이 성립한다면 내 마음에 들지 않은 사람은 독재자라고 하면 세상 모든 사람이 독재자가 될 것이다.

적어도 독재자라고 하려면 그 근거와 기준을 제시할 수 있어야 하고 대다수 사람이 공감해야 한다. 합리성과 보편성을 충족시켜야 한다는 말이다. 그러므로 일단의 국민이 독재라고 부른다고 해서 독재자가 되는 것이 아니다. 한국의 역대 대통령은 국민 중에 각각 특정한 대통령을 지지하거나 추종하는 사람들이 무리로 나누어, 한 무리가 독재자라고 말하고 다른 무리는 독재가 아니라고 하며 공방을 벌이는 일이 적지 않다. 그러나 적어도 양식이 있는 사람이라면 내가 지지하는 정치가에 대해서는 독재자가 아니라고 하고, 내가 싫어하는 정치가는 독재자라고 몰아세워서는 안 된다. 이러한 일은 아무런 도움도 되지 않고 국론만 분열시키는 소모적인 논쟁으로 이어질 뿐이다.

2) 장기집권하면 모두 독재자인가

박정희 대통령을 독재자라고 하는 사람 중에는 '18년간 장기집권 한 독재자 박정희'라는 표현을 사용하는 사람들이 적지 않다. 여기에는 '장기 집권했기 때문에 독재자다'라는 의미가 포함되어 있다. 만약 독재자의 기준 중 하나가 장기집권이라면 몇 년을 집권하면 장기집권이 되는가? 여기에 기준은 없다. 하지만 대통령 제도를 택하고 있는 국가에서 장기집권이라고 하면, 오늘날 민주주의를 정립하는데 결정적인 역할을 한 미국은 12년, 프랑스는 15년 동안 통치한 대통령이 있다. 영국은 윈스턴 처칠(Winston Churchill)이 3차에 걸쳐 10년 정도, 마거릿 대처(Margaret Thatcher)가 1979년 5월 4일에서 1990년 11월 28일까지 11년 6개월 동안 총리를 역임했다.[54] 또한 리콴유 싱가포르 총리는 26년 동안 재임했다.

루스벨트(Franklin Delano Roosevelt, 1882. 1. 30.~1945. 4. 12.)는 미국의 제32대 대통령(재임 1933년~1945년)이다. 그는 임기 동

---

54) 위키백과.

안 대공황과 제2차 세계대전을 모두 경험한, 20세기 중심인물 중한 사람이라고 할 수 있다. 루스벨트의 리더십은 뉴딜정책을 통하여 미국이 대공황에서 벗어나도록 도왔으며, 제2차 세계대전 때 연합군에 동참하여 나치 독일과 이탈리아 그리고 일본 제국을 상대로 전쟁을 수행하여 승리로 이끌었다.[55]

미테랑(François Maurice Adrien Marie Mitterrand, 1916. 10. 26.~1996. 1. 8.)은 프랑스 제5공화국의 21대 대통령이다. 프랑스 대통령 중제일 오래 집권(1981~1995년)하였다. 그는 전후 오랫동안 프랑스 사회당(제2대 사회당 의장, 재임 1971~1981년)과 범 진보주의 진영을 이끈 지도자이자, 자당 소속의 첫 번째 프랑스 대통령이었다. 외교적으로는 헬무트 슈미트·헬무트 콜 독일 총리 등과 긴밀한 협력관계를 통해 양국 간 화해와 번영 그리고 유럽통합의 초석을 닦았다.[56]

리콴유[李光耀(이광요), Lee Kuan Yew]는 싱가포르 자치정부 총리를 지낸 뒤, 1965년 8월 독립 싱가포르 총리로 취임하여 1990년 11월까지 26년간 재직하였다. 작은 도시국가 싱가포르를 세계 수준의 금융과 물류 중심지로 탈바꿈시켰으며 세계 최고의 깨끗한 정부로 발돋움하는 데 기여했다.[57]

물론 장기집권한 정치가 중에 독재자로 분류되는 사람이 많다. 그러나 독재자를 구분하는 데는 장기집권을 했느냐 하지 않았느냐하는 점이 중요한 것은 아니다. 멀리 있는 다른 나라 볼 것 없다. 시대는 다르지만, 세종대왕이 장기간 집권했다고 독재자라고 할 수

55) 위키백과.
56) 위키백과.
57) doopedia 두산백과.

있는가를 생각해보면 답은 간단하게 나온다. 오히려 성군은 장기간 집권하고 통치하게 하는 것이 바람직하다. 뛰어난 리더십을 갖춘 지도자를 생산하는 일이 어렵기 때문이다. 따라서 특정한 정치가가 독재자냐 아니냐 하는 것은 국민을 위한 정치를 했느냐 자신을 위한 정치를 했느냐, 모든 국가발전의 기초가 되는 경제를 발전을 시켰느냐 못 시켰느냐 등 통치기간의 내용이 중요하다.

박정희 대통령이 유신헌법을 제정하여 장기집권의 길을 열었다며 부정적으로 인식하는 사람들이 적지 않다. 하지만 민주주의 국가에서는 국민이 주권행사를 통해 선택하고 선출한 제도에 대해서는 그 결과와 내용을 인정해야 한다. 대통령의 재임 기간이나 연임은 절차와 방법에 따른 헌법 제정이나 개정을 통하여 정해진다. 국가 통치 체제와 제도는 각 나라의 특수성이 반영될 수밖에 없다. 그러므로 다른 나라 제도를 참고하는 것은 좋지만, 직접 비교하여 잘잘못을 가리려 하는 것은 바람직하지 않다. 대통령제를 채택한 나라는 민주주의 국가이고, 영국이나 일본처럼 입헌군주제를 채택하고 있는 나라들은 민주주의 국가가 아닌가? 그렇지 않다. 그 나라의 전통을 반영한 국민의 선택이다. 1969년 야당을 중심으로 한 민주화운동 세력이 3선 개헌(1969년 대통령 박정희의 3선을 목적으로 추진되었던 개헌[58]) 반대를 민주화운동으로 규정했다.

프랑스나 미국 대통령이 3선 연임을 하는 것은 괜찮고 우리나라 대통령은 하면 안 되는가? 국민이 선택하고 지지하면 해도 된다. 당시 야당이 3선 연임을 하지 못하도록 저지하려 한 일 자체가 프랑스나 미국의 대통령 제도와 비교하면 잘못된 것이다. 다른 제도는 프랑스나 미국의 민주주의를 참고로 하여 판단하면서 왜 3선

---

58) doopedia 두산백과.

개헌은 결사반대 대상이 되어야 했는가? 그것은 야당을 중심으로 한 민주화운동 주도세력들이 민주주의 원리를 존중하고 않고 자신들이 정권을 획득하는 데 유리한 제도는 도입하고 불리한 제도는 반대한 이기적이고 탐욕에 찬 저급한 행위였다. 오늘날 자유민주주의 국가체제에서 다수 국민이 선택하고 지지한 합법적인 장기집권은 문제가 될 것이 없다.

3) 국가 경제 발전시킨 통치자, 독재자 될 수 있는가

국민을 억압하는 강한 통제력을 사용했다고 하더라도 그 행위의 기준이 통치자 자신을 위한 것이었느냐 아니면 국민을 위한 것이었느냐 하는 것이 아주 중요하다. 사람이 일을 하여 성적이나 성과, 실적이나 효율 향상, 자산 증식이나 수입 증대 등을 성취하기 위해서는 자신이 가진 에너지와 행동을 일정한 일에 집중적으로 투입하는 통제가 필요하다. 국가도 마찬가지이다. 발전(發展)은 더 낫고 좋은 상태로 나아감이다. 발전에서 특히 중요한 것은 경제발전이다. 경제발전이 국가 모든 발전의 기초가 되기 때문이다. 국가 경제를 발전시키기 위해 통치자는 대개 리더십 핵심요소 중 강력한 추진력을 발휘해야 한다.

추진력을 발휘하는 데는 여러 가지가 작용하지만, 통제도 추진력을 발휘하는 데 도움이 되는 일이 많다. 그러므로 추진력을 발휘하여 국가 경제를 발전시키고도 추진력을 발휘하는 과정에 사용된 통제나 통제력 때문에 권위주의적인 통치자나 독재자로 몰리는 정치가도 있다. 하지만 발전은 아무나 해낼 수 있는 일이 아니다. 특히 집권 초기부터 구체적인 국가 경제발전 계획을 제시하고 타의 추종을 불허하는 발전을 이룩한 정치지도자를 권위주의자나 독재자로 보는 것은 옳지 않다. 그 이유는 발전의 목적과 결과가 모두 국민을 위한 것으로, 실제 국민에게 수혜가 돌아가기 때문이다.

정치가가 국가 경제를 발전시켰더라도, 다른 한편에서는 사치스러운 생활을 하고 부정축재를 하여 재산을 외국으로 빼돌리는 부정행위를 하는 등 자신을 위한 행위를 병행하면서 강한 통제를 통해 국민을 억압한 정치가는 독재자나 권위주의적인 통치자로 비난받을 수 있다. 하지만 국가와 국민을 위해 발전을 추진하는 과정에 일부 강한 통제력을 사용했다면, 그것을 사용한 통치자에 대한 평가는 달라져야 한다. 이제까지 인류역사상 땀과 눈물을 흘리는 고통과 피를 흘리는 희생이 수반되지 않은 발전은 없었다. 시대를 초월하여 모든 국가와 통치자의 염원은 부국강병이다. 그 부국강병의 길을 여는데 일부 억압적인 통치가 이루어졌다고 독재나 권위주의로 몰아세우는 행동을 하는 것은 생각이 옹졸하고 편협하다.

4) 사람들이 흔히 생각하는 독재자의 기준은 뭔가

현실 속에서 독재자를 구분할 수 있는 뚜렷한 기준이 없음에도 사람들은 특정한 정치가를 독재자라고 말한다. 그럼 사람들이 특정인에 대해 독재자라고 할 때 개략적으로 독재자라고 생각하는 기준은 뭔가? 그 내용을 살펴보면, ▲비합헌적 수단에 의한 무력 동원이나 부정선거를 통한 권력 획득 후 장기집권과 국가 발전 저해 ▲일당 독재체제의 수장 ▲부정축재를 하고 재산을 국외로 빼돌린

정치가 ▲권력 유지와 획득을 위해 정보기관이나 비밀경찰을 설치 운영하고 야당정치가나 국민에 대한 사찰과 탄압 ▲정적 등 야당 정치가의 암살, 형식적 재판을 통한 반대파와 저항세력 감금 또는 비공개 처형 ▲권력 수호를 위한 친위부대 양성과 운영 ▲친인척 과 소수 측근의 권력독점 등 족벌체제 구축 ▲보도 통제를 비롯한 언론·출판·결사의 자유 등 국민 기본권 억압이나 제한 등 여러 가지가 있다.

이러한 내용을 모두 조합하면 공통점이 나타난다. 그것은 국민을 위한 정치를 한 것이 아니라 정치가 자신의 이기심과 권력 욕구를 충족하고 권력을 향유하기 위한 정치를 한 사람이라는 점이다. 그러나 위에 열거된 내용에 해당하는 일을 했다고 반드시 독재자는 아니다. 국가를 현저하게 발전시키거나 국민이 독재자로 인식하지 않으면 독재자가 아니다. 여러 가지 항목에 해당하는 사람은 독재 자임에 틀림없지만, 한 가지 요소에 해당하더라도 그 정도가 심하고 국민이 독재라고 하면 독재자로 볼 수 있다.

이렇게 독재자의 판단 기준은 예시할 수 있지만, 특정 정치가가 독재자인가의 여부를 판단하기는 쉽지 않다. 그것은 독재인지 아닌지 판단할 수 있는 기준이 명확하지 않고 판단기관이 없기 때문이다. 일반적으로 독재자는 국민의 인식에 의존하여 정해진다. 하지만 동일한 정치가에 대해 독재자라고 생각하는 사람들과 독재자가 아니라는 사람들이 대립하는 예도 있어, 특정한 사람이 독재자냐 아니냐 하는 점을 두고 소모적인 논란이 발생하기도 한다.

4. 독재와 독재자에 대한 고찰

1) 독재와 독재자에 대한 구분 기준 애매

보편적으로 통용되는 독재나 독재자를 구분할 수 있는 기준이 뚜렷하게 있으면, 특정인이 독재자냐 아니냐 하는 점이 논란의 대상이 될 이유가 없다. 그 기준에 따라 분류할 수 있기 때문이다. 이제까지 정립된 독재자의 대표적인 유형에 속하는 보나파르티즘, 나치즘, 파시즘, 군국주의 등이 있다. 하지만 이것으로 특정한 국가의 정치가가 독재자냐 아니냐 하는 점을 판단하기는 쉽지 않다. 모든 정치가는 공적과 과오가 있다. 그 비중이 크지는 않더라도 모든 정치가는 재임 중에 반드시 무엇인가 국민을 위해 활동한 공적이 있다. 독재자로 분류된 사람들도 마찬가지이다.

특히 특정한 정치가의 공적과 과오가 각각 많을 때 그 사람을 독재자로 분류하기는 어렵다. 공적이 국가 발전과 국민을 위한 일에 많은 기여를 한 점에 대해 높이 평가하는 사람들은 존경의 대상으로 분류하고 싶어 하고, 반대로 과오가 국가 발전을 저해하고 국민 부담을 가중시키거나 인권을 침해하는 등 국민 삶을 피폐(疲弊)하게 했다며 좋지 않은 평가를 하는 사람들은 독재자로 분류하고 싶어 하기 때문이다. 그러므로 공적과 과오가 동시에 많아 독재로 구분하기 곤란한 사람은 인위적으로 독재자냐 아니냐 하는 것을 구분하기보다는 공적과 과오 자체를 동시에 기술하고 국민이 판단하게 하는 것이 바람직하다.

2) 독재 기준의 애매함이나 부재에서 발생하는 문제점

독재와 독재자에 대한 구분 기분이 애매하다 보니 투쟁가나 선동가, 투쟁적 선동정치가, 민주주의 애호가들이 공적과 과오가 동시에 많은 정치가를 독재자로 분류하여 낙인을 찍는 일을 서슴지 않는 경향이 있다. 그들은 공적에 대해서는 인정하고 언급하기를 꺼리면서 과오는 집중적으로 문제 삼는다. 투쟁가나 선동가, 투쟁적 선동정치가, 민주주의 애호가들이 공적과 과오가 많은 사람을 독재자로 몰아세우는 표면적인 이유는 자신들이 지향하거나 추구하는 가치에 반하는 행위를 했다는 것이다. 하지만 실제 내용은 다른 데 있다.

투쟁적인 선동정치가가 통치자를 독재자라고 하는 것은 자신들의 권력 획득에 걸림돌이 되거나 특정한 통치자를 공격 대상으로 삼음으로써 사람들의 가치에 혼란을 유발하여 그 통치자에 대한 비판 세력이 증가하게 하고, 동시에 투쟁적인 선동정치가 자신의 정당성 확보와 추종 세력 증가 목적을 달성하기 위한 것이다. 이렇게 투쟁적인 선동정치가는 자신의 목표인 권력 획득을 위해 민주화를 명분으로 이용함으로써 반정부 활동을 민주화운동으로 둔갑시키고, 그것도 모자라 독재자라는 용어를 남발하는 일도 서슴지 않는다. 이제까지 독재자나 독재 권력을 구분하는 데 이용한 방법은 특정인의 정치활동 내용과 결과 분석에 주로 의존하였다. 그 이유는 행동한 결과가 나타났을 때 잘잘못을 판단할 수밖에 없기 때문이다.

현실적으로 독재의 뚜렷한 기준을 명문화하는 것도 문제가 있다. 만약 법률과 같이 독재 권력이나 독재자를 규정하는 내용을 세부

적으로 명문화하면 아마도 앞으로 독재자는 나타나지 않을 가능성
이 크다. 왜냐하면 법률가에게 조언을 받아 독재자로 판결(判決)받
지 않도록 더욱 교묘한 방법으로 정치활동을 할 것이기 때문이다.
실제로는 독재를 하면서도 기술적으로 얼마든지 독재자로 몰리지
않는 통치를 하는 것이 가능하다. 통치자는 모든 권력을 누리면서
측근을 내세워 독재정치를 하고 문제가 발생하면 측근이나 참모가
책임을 지도록 하면 된다. 그리고 '나는 몰랐다'거나 김대중 방식
대로 '나는 하지 말라고 했다'는 식으로 책임을 회피하며 꼬리 자
르기에 나서면 독재자라는 소리를 듣지 않고 빠져나갈 수 있다.

3) 독재자냐 아니냐의 구분 기준

독재주의(獨裁主義)는 국민의 합의에 따른 민주적 절차를 무시하
고 단독의 지배자가 절대 권력을 행사하는 정치사상이다. 절대(絶
對)는 비교되거나 맞설 만한 것이 없음, 권력(權力)은 남을 복종시
키거나 지배할 수 있는 공인된 권리와 힘, 특히 국가나 정부가 국
민에 대하여 가지고 있는 강제력을 이른다. 절대 권력은 비교되거
나 맞설 만한 것이 없을 만큼 국가나 정부가 국민에 대하여 가지고
있는 강제력이라고 할 수 있다.

특정한 정치가가 독재자냐 아니냐의 구분 기준은 크게 보면 '국
민을 억압 또는 탄압했는가? 하지 않았는가?', '민주주의 이념과 원
리 그리고 민주적 절차를 존중하고 준수하면서 일을 했느냐? 아니
냐?', '국민을 위한 정치를 했는가? 정치가 자신을 위한 정치를 했
는가?', '국가를 발전시켰는가? 발전을 저해하거나 퇴보하게 했는

가?' 등 네 가지이다. 첫째는 '국민을 억압 또는 탄압했는가? 하지
않았는가?' 하는 점이다. 국민을 억압하거나 탄압하지 않은 정치가
는 정상적인 정치가이고, 억압하거나 탄압한 정치가는 독재자일 가
능성이 있다. 그러나 국가 통치를 위해서는 통제와 어느 정도의 억
압은 필연적이다. 통제나 억압을 탄압으로 볼 것이냐 아니냐 하는
판단은 지극히 어렵다. 통치자의 의도와 목적, 시대 상황, 받아들이
는 국민 개인의 마음가짐에 따라 기준이 달라질 수 있기 때문이다.
같은 통제를 하더라도 당사자가 탄압을 받았다고 주장하는 사람과
당연한 일로 수용하는 사람이 있다. 통제(統制)는 전체적인 목적을
달성하기 위하여 여러 부분을 한 원리로 제약하는 일, 억압(抑壓)
은 행동·자유 따위를 힘으로 억누름, 탄압(彈壓)은 무력·권력 등
을 써서 억눌러 꼼짝 못하게 함이다. 그러므로 누구나 공감할 수
있는 탄압의 기준은 두 가지로 볼 수 있다. ① 통치자가 권력 유지
를 위해 위법한 방법을 사용하고 의도적으로 법규를 확대해석하여
위법한 행위를 하지 않은 상대 정치가나 반대파에 속한 사람들에
게 악행을 저지르는 것, ② 통치자의 권력이나 권위에 도전하는 사
람들, 반대파에 속한 사람들에게 누명을 씌워 구속하거나 법규를
위반했을 때 규정을 위반하고 가혹행위나 장기간 구금을 하는 것
이다. 국민을 지나치게 억압 또는 탄압하며 독재정치를 하는 정치
가에게 나타나는 일반적인 특징을 정리하면 다음과 같다. ▲정당을
사당화하거나 일당 독재체제를 구축하는 경향이 있다. ▲자신의 권
력을 유지하기 위해 리더십 핵심요소 중 통제력에 지나치게 의존
하여 비밀경찰을 운영하고 약식 재판으로 정적들을 구속하고, 암살
하거나 비공개로 처형한다. ▲자신의 권력 유지를 위해 반대파 정
치가와 국민을 억압하거나 탄압하고 사찰하거나 학살하기도 한다.

▲자신의 공격동기나 지배동기를 충족하기 위해 전쟁을 일으켜 국민을 전쟁으로 내몬다. ▲권력을 유지하기 위해 친위부대를 창설하고 운용한다. ▲유권자 매수 등 불법적인 방법을 통히여 권력을 연장하기 위해 부정선거를 한다. ▲탐욕을 추구하여 자신이나 친인척 그리고 참모 등이 부정부패를 일삼으며, 부정축재로 호사스러운 생활을 하고 외국으로 재산을 빼돌린다. ▲자기 편의를 위한 법규 제정을 남발하고 권력을 남용하며 법규를 존중하지 않는다. ▲인사 원칙과 기준을 무시하고 자기 사람 심기에 급급하며, 특히 가족을 포함한 친인척 그리고 소수의 측근을 요직에 중용하거나 독점한다. ▲자신의 권력 욕구 실현이나 권력을 향유하는 정치를 한다. ▲민주주의 이념과 원리를 존중하지 않는다. 이러한 일련의 행동을 한 사람은 독재자일 가능성이 크고, 그렇지 않은 사람은 정상적인 정치가이다. 하지만 이러한 구분을 위해서는 '억압과 탄압이 대다수 일반 국민을 대상으로 한 것이었느냐?', '정책에 반대하고 반정부 시위를 하는 정치가와 그 추종자들을 대상으로 한 것이었느냐?', '행위가 국가체제를 수호하고 발전시키는 목적을 달성하기 위해 일을 진행하는 과정에 발생했느냐?', '통치자의 권력 유지와 권위 도전에 대응하는 과정에서 일어났느냐?' 하는 점 등 여러 가지 반영되어야 할 내용이 있다. 둘째는 '민주주의 이념과 원리 그리고 민주적 절차를 존중하고 준수하면서 일을 했느냐? 아니냐?' 하는 점이다. 자유민주주의 국가체제 내에서 모든 정치가는 민주주의 이념과 원리 그리고 민주적 절차를 존중하고 준수하면서 일하는 것이 마땅하다. 일반적인 정치가들은 그렇게 하려고 노력한다. 그런데 그렇지 않은 사람들이 있다. 독재자로 불릴 가능성이 있는 사람들이다. 이들은 자기 욕심을 채우기 위해 정상적인 방법과 위법을 넘

나드는 행동을 한다. 셋째는 '국민을 위한 정치를 했는가? 정치가 자신을 위한 정치를 했는가?' 하는 점이다. 국민을 위한 정치를 한 사람은 정상적인 정치가이고, 정치가 자신을 위한 정치를 한 사람은 독재일 가능성이 있다. 넷째는 '국가를 발전시켰는가? 발전을 저해하거나 퇴보하게 했는가?' 하는 점이다. '잘살고 싶다'는 국민의 여망(輿望)에 부응하여 경제개발을 통해 국가를 발전시킨 정치가, 국민이 자각하게 한 정치가는 국민을 위한 정치를 한 정치가이다. 국가를 발전시키고 국민을 위한 정치를 하는 과정에 일부 잘못이 있더라도 개발을 통한 발전을 지향하고 실제 국가를 발전시킨 사람은 독재자가 아니라 정상적인 정치가이다. 그러나 정치가 자신의 욕심을 실현하기 위해 국가 발전을 저해거나 퇴보시킨 사람은 독재일 가능성이 있다.

인간이 국가를 만들고, 정치가 필요한 이유와 목적은 국가를 발전시키고 국민을 위한 일을 하는데 있다. 그러므로 국가를 발전시키고 국민을 위한 정치를 한 정치가는 독재자가 아니다. 국가를 어느 정도 발전시켰더라도 부정선거나, 부정축재, 지나친 국민 기본권 제한이나 탄압 등 정치가 자신을 위한 행위를 현저하게 하여 많은 국민에게 손해를 입힌 정치가는 독재자로 볼 수 있다. 특정한 통치자가 재임하는 기간에 자신의 권력 유지를 위해 민주적인 절차를 무시하고 정적을 임의로 처형하거나 지나친 억압과 탄압을 통해 많은 국민이 희생되었으면 재론의 여지가 없는 독재자이다. 그러나 손해를 입은 국민이 법규를 위반하거나 정부 정책에 사사건건 반대하는 등 반정부 활동을 한 사실이 있을 때는 정당한 통치 행위에 해당한다.

이러한 일련의 내용을 종합하면 독재자(獨裁者)는 통치자 자신의 권력 유지를 위해 국민을 지나치게 억압하거나 탄압하고, 권위에 도전하는 국민에게 가혹행위를 일삼거나 임의로 처형(處刑)하는 악행을 저지르며, 지배동기[59)와 공격동기[60) 실현 등 정치가 자신을 위한 정치를 하면서 민주주의 원리와 이념 그리고 민주적 절차와 원칙을 무시하고, 법규를 자신이 정치하는데 편리하게 만들고, 국민을 전쟁으로 몰아넣거나 부정선거와 부정축재를 통해 호사스러운 생활을 하는 등 권력을 누리지만 국가 발전, 국민의 삶의 질과 인간 존엄성은 저해하거나 퇴보하게 하는 수장이다.

5. 독재자가 출현하는 4요소

독재(獨裁)는 독단으로 사물을 재결함, 특정한 개인, 단체, 계급, 당파 따위가 어떤 분야에서 모든 권력을 차지하여 모든 일을 독단으로 처리함이다. 독재자(獨裁者)는 모든 일을 독단적으로 판단하여 처리하는 사람, 절대 권력을 가지고 독재정치를 하는 사람을 말한다. 독재정치(獨裁政治)는 민주적인 절차를 부정하고 통치자의 독단으로 행하는 정치, 한 나라의 권력을 민주적인 절차를 무시하고 지배자 한 사람이 마음대로 행사하는 정치로 준말은 독재이다. 독재주의(獨裁主義)는 모든 일을 독단적으로 판단하여 처리하려는 주의, 국민의 합의에 의한 민주적 절차를 무시하고 단독의 지배자

---

59) 지배동기(dominant motivation)는 사회적 행동을 유발하는 주요한 대인동기의 하나로 여겨지고 있다. 지배동기는 권력을 추구하는 욕구이다.

60) 공격동기(aggressive motivation)는 기본적으로 타인을 해치고 손상하려는 욕구를 의미한다. 공격동기는 개체보존과 종족보존을 위해 적응 기능을 하는 주요한 동기이다.

가 절대 권력을 행사하는 정치사상을 뜻한다. 독재정체(獨裁政體)는 국민의 합의에 의한 민주적 절차를 무시하고 단독의 지배자가 절대 권력을 행사하는 정치사상에 입각한 정치체제이다.

독재자를 제대로 이해하기 위해서는 먼저 절대 권력이 무엇인지 알 필요가 있다. 그럼 절대 권력은 무엇인가? 절대(絕對)는 상대하여 비교될 만한 것이 없음, 비교되거나 맞설 만한 것이 없음, 권력(權力)은 남을 복종시키거나 지배할 수 있는 공인된 권리와 힘, 특히 국가나 정부가 국민에 대하여 가지고 있는 강제력을 이른다. 그러므로 절대 권력은 비교되거나 맞설만한 것이 없는 권력이다. 사람들은 독재자가 만들어지는 것으로 생각하는 경향이 있다. 하지만 독재자는 만들고 싶다고 쉽게 만들 수 있거나 자신이 독재자가 되고 싶다고 모두 될 수 있는 것이 아니다. 독재자는 만들어지는 것이라기보다는 출현하는 것으로 보아야 할 것이다. 그럼 독재자는 언제 출현할까? 그 정확한 시기는 알 수 없지만, 환경요소는 분석할 수 있다.

독재자가 출현하는 환경적 요소는 4가지가 있다. 첫째는 권력을 독점하려고 생각하고 그것을 달성하기 위해 온갖 수단과 방법을 일삼는 권력에 대한 탐욕을 가진 정치가와 그에게 협력, 편승, 영합, 지지, 추종하며 개인의 이기적인 탐욕을 채우려는 조력자들이 있어야 한다. 둘째는 통치자에 대한 국민의 허술한 견제나 견제 방기(放棄)이다. 셋째는 독재자에 대응할 수 있는 뛰어난 리더십을 갖고 국민의 존경을 받는 정치가의 부재이다. 넷째는 시대 상황이나 흐름도 무시할 수 없다. 주위 상황이나 시대 상황이 독재자를 수용하는 경향이 강할 때는 주변국 등 외국이나 국민이 적극적으로 견제를 하지 않기 때문이다. 오늘날과 같이 세계 대부분의 국가가 독재자를 축출하거나 응징하려는 분위기가 형성되면 기존 독재자가 버티고 살아남기 어려운 것은 물론 새로운 독재자도 출현하기 어렵다.

이러한 일련의 요소가 어우러질 때 독재자가 탄생한다. 하지만 4가지 요소 가운데 독재자가 출현하는데 가장 큰 영향을 미치는 것은 국민의 권력자에 대한 허술한 견제나 견제 방기이다. 독재자가 출현하는 것을 막으려면 평상시에 정치와 정치가에게 관심을 두고 좋은 정치가를 선출하는 선거에 적극 참여하고 정치가가 잘못된 정책을 하면 비판하고 잘못된 점을 바로 잡기 위해 노력해야 한다. 민주주의는 통치자와 함께 모든 국민이 협력하여 만들어 가는 것이다.

6. 한국에 독재자 있는가

소위 말해 자신들이 민주화운동 주도세력으로 생각하는 사람들과 그들의 추종자, 1970~1980년대에 대학을 다녔던 상당수 국민, 그중에서 특히 정치가와 학자들은 이승만, 박정희, 전두환 전 대통령을 독재자 또는 독재정권으로 규정하려고 하는 경향이 있다. 그런데 독재자로 규정하는 것은 생각만큼 단순한 일이 아니다. 동기부터 과정, 결과는 물론 정치가로서 개인적인 철학이나 신념, 국가 차원의 시대적 상황, 환경과 여건이 고려되어야 한다. 선진국 진입단계에 들어선 오늘날의 관점에서 과거 1950년대에서 1980년대 중반까지의 상황을 일방적으로 규정하고 해석하면 하나같이 독재자로 생각할 수 있는 측면이 있다.

일부 학자들은 지금까지 한국 현대정치사에서 명멸했던 역대 정권의 성격을 그 내용과 형식의 민주성과 독재성을 기준으로 살펴보면 세 가지 유형으로 나눌 수 있다. 즉 형식(헌법 등)은 민주적이었으나 내용(통치방식)은 독재적이었던 정권이 두 번(1공화국, 3공화국) 있었고, 형식과 내용이 모두 독재적이었던 정권이 두 번(4공화국, 5공화국) 있었으며, 형식과 내용이 모두 민주적인 정권이 두 번(2공화국, 6공화국) 있었다[61]고 분류하기도 한다.

그러면 우리는 여기서 의문을 갖게 된다. 대한민국의 국민은 독재자를 대통령으로 선출하고 독재정치를 하게 하기 위한 헌법을 선거를 통해 찬성했는가? 아니다. 그러면 주권을 유린하는 부정선거, 국민의 기본권 제한, 군대를 동원한 정권 교체 등 헌법을 유린한 일이 있었던 점은 어떻게 받아들여야 하는가 하는 문제가 제기된다. 다른 측면에서 보면 민주정권으로 분류한 2공화국은 너무 무능했으며, 6공화국과 민주화운동을 한 김영삼 정권은 대대적인 금권선거를 통해 출범했다. 이것은 또 어떻게 받아들일 것인가? 혼란스럽다. 이것이 한국 현대사이다. 한동안 대한민국은 신생국가에서 출발하여 전쟁을 치렀음에도 상존하는 북한의 남침 위협 등 대내외적인 국가 위기를 의식하는 가운데서도 국민은 민주주의를 열망했다. 하지만 그에 따르지 못하는 낮은 의식 수준 속에서 미국의 원조에 의존하여 살아야 했던 국가였다.

국민은 높은 지적 수준을 갖추지 못했고 생산 시설은 턱없이 부족했으며 변변한 천연자원이 없는 가운데 가난을 극복하기 위해 노력하는 과정에 억압정치가 표출되었으나, 국민은 경제건설과 성

---

61) 안철현(2009), 『업그레이드 특강 한국현대정치사』, 새로운 사람들, p.99.

장을 위해 일부 지도자의 잘못된 행위를 알면서도 지지표를 행사했다. 결과론적인 측면에서 볼 때 불안정한 상태에서 정부수립을 주도하고 자유민주주의 국가체제를 수호하는데 기여한 이승만은 부정선거를 방조했고, 국민의 여망인 경제건설을 통해 빈곤을 퇴치하는데 앞장선 박정희와 전두환 전 대통령은 야당정치가를 억압하고 국민 기본권을 제약하거나 억압적인 통치를 한 면이 있다. 자신이 직접 그렇게 했든 아니면 참모나 부하에 의해 그러한 일이 이루어졌든 일련의 잘못에 대한 책임에서 통치자는 자유로울 수 없다.

그럼 이승만·박정희·전두환 전 대통령을 독재자로 보아야 하는가? 그것은 아니다. 평가는 과오만 대상이 되는 것이 아니다. 공적과 과오 등을 종합적으로 평가해야 한다. 통치방식에 가부장형 권위주의적인 통치 요소가 포함되어 있었다는 점은 독재자로 볼 수 있는 측면이 있다는 것이다. 하지만 이승만·박정희·전두환 전 대통령은 대내외적인 위기 속에서 자유민주주의 국가체제를 수호하고 경제를 건설한 뚜렷한 공적도 있다. 공적과 과오 등 여러 가지 요소를 고려하면 그들은 독재자가 아니라는 점을 알 수 있다. 만약 이승만·박정희·전두환을 독재자라고 한다면 국민에게 자유민주주의 국가에 살도록 하고 경제건설을 통해 빈곤에서 벗어나게 하고 국력을 증강해 잘살게 한 것이 잘못된 일인가? 아니다. 경제발전은 자연히 민주화를 요구한다. 경제가 성장하면 독재국가의 유지는 곤란해진다. 독재체제를 통해 일시적 발전이나 영토 확장은 가능할 수도 있지만, 선진국이 되기는 어렵다. 한국의 민주화가 진전된 것은 경제발전이 바탕이 되었기 때문에 가능했다.

그럼 이승만·박정희·전두환이 사용한 억압적인 통치방식은 문제가 안 되는가? 문제가 된다. 뭔가 혼란스러운 것 같다. 하지만 곰

곰이 생각해보면 답은 간단하다. 이승만·박정희·전두환을 어떻게 평가할 것인가? 자유민주주의 국가체제를 수호하고 경제건설을 통해 국민을 기아와 빈곤에서 벗어나게 하는데 공헌했지만, 그 일을 하는 과정에 잘못이 나타났다. 그러므로 공적은 공적으로 과오는 과오로 접근하여 평가하면 된다. 이승만·박정희·전두환 전 대통령의 통치 과정에 나타나는 억압은 일반 국민보다는 주로 권력의 유지 및 창출, 국가 수호나 사회질서 유지에 걸림돌이 되는 정적, 투쟁적 선동정치가와 그들을 추종하는 사람들에게 행하여졌다.

오늘날 우리 사회에서 민주화운동의 선도자나 상징자라고 불리기도 하는 김영삼·김대중 전 대통령의 통치방식도 계파를 만들고 제왕적으로 정당을 운영하는 등 가부장형 권위주의적인 통치 요소가 있었다. 김영삼과 김대중 자신이 독재자로 몰아세운 전직 대통령들과 크게 다르지 않았다. 국민의 의사를 무시하고 위법한 행위를 한 사람을 정무직공무원에 대거 임명한 이명박 대통령도 마찬가지이다. 이렇게 역대 한국 대통령은 가부장형 권위주의적인 통치를 했다. 그리고 그 사실은 변화하지 않는다. 그러나 우리는 과오에 해당하는 그러한 요소가 있었다고 하더라도 역대 대통령들을 독재자라고 해서는 안 된다.

우리나라 역대 대통령들은 세계사에 유례가 없는 국가 반전을 이루어낸 뛰어난 공적이 있다. 공적과 과오가 동시에 존재하는데 일부러 공적은 두고 과오만 부각하는 것은 아무에게도 도움이 되지 않는다. 한국에서 대통령은 정치의 중심이다. 대통령을 중심으로 할 때 우리가 이루어내야 할 민주화의 핵심은 권위주의적인 통치방식을 청산하고 창조적인 리더십을 발휘하는 체제를 정립해야 한다는 점이다. 이는 앞으로 대통령이 되는 사람은 리더십에 관해 더 많은 연구를 해야 할 필요가 있음을 시사한다. 이것이 우리가 독재 논의를 통하여 얻은 교훈이다.

1) 이승만 독재자였나

공로자(功勞者)는 공로가 있는 사람을 뜻한다. 대한민국 민주화와 민주주의 발전의 최고 공로자는 미국과 유엔, 이승만이다. 물론 독립운동가의 노력이 바탕이 되었음은 당연하다. 민주화 노력과 민주주의 발전에서 가장 중요한 일은 민주주의 원리와 이념에 기초한 헌법을 제정하고 국가체계를 갖춘 정부를 수립하는 일이다. 그 다음은 만들어진 자유민주주의 국가체제를 수호하는 일이다. 미국과 유엔, 이승만은 이 일을 하는 데 핵심적이고 주도적인 역할을 했다. 또한 미국은 한국이 자립할 수 있도록 원조를 통하여 한국의 안정화에 크게 기여했다. 하지만 한반도가 분단되는 데 상당한 역할을 하기도 했다.

이승만은 탁월한 외교역량을 발휘하여 열악한 국가 재정이 원조로 지탱하게 하는 등 엄청난 공적을 쌓았다. 이승만의 민주화 노력은 대한민국의 그 누구와 비교할 수 없는 대단한 것이었다. 그럼에도 통치 과정에 상당수 민주적 의사결정으로 보기 어려운 행위를 한 점, 관리 부실로 3·15 부정선거가 일어나게 한 점, 정권 연장을 위해 국회의원을 겁박한 점 등으로 독재자라고 불리기도 한다. 이런 일은 독재자나 할 수 있는 일이다. 이승만이 그러한 일을 직접 지시했는지는 알기 어렵지만, 재임 기간에 일어난 일은 결국 대통령의 책임으로 귀결된다. 그 결과 오늘날 우리 사회에는 이승만의 실정을 지나치게 부각하는 경향이 있다. 하지만 이승만처럼 공적과 과오가 모두 많을 때, 공적은 두고 과오만 부각하여 독재자라고 하는 것은 옳지 않다. 과오가 공적을 덮을 수 없다고 하더라도 양자 동시 평가가 이루어지고 국가 차원의 국내외적인 정세와 환경, 당시 상황과 여건 등 여러 가지 요소를 고려하여 평가하는 것이 마땅하다.

이승만은 환국(還國) 이후 다른 어떤 민족지도자보다도 가장 두터운 국민의 지지와 신망을 얻었을 뿐 아니라 탁월한 수완으로 탄탄한 정치적 기반을 구축하였다. 이러한 국민적 신망은 그에게 '나밖에 없다'는 오만과 카리스마적 권위의식을 가지게 하였고, 이것은 그의 끝없는 정권욕과 독재성을 조장하는 결과를 낳았다. 그는 자신의 종신집권과 권력을 강화하기 위하여 정치파동과 정치적 비리를 저지름으로써 점차 국민의 지지를 잃게 되었다. 그는 6·25 전쟁 발발 직후 서울 사수(死守)를 공언하고도 자신과 정부는 피난을 감으로써 국민을 배신하였다. 또한 국민방위군사건[62](國民防衛軍事件)으로 많은 청년을 희생시켰다. 전쟁의 소용돌이 속에서도 자신의 집권을 위해 일대 정치파동을 일으켜 국민의 원성을 사기도 했다.

1952년 대통령직선제 개헌을 위한 정치공작을 추진하는 과정에 부산 일대에 계엄령을 선포하고 국회의원들을 체포, 연금하여 위협하는

---

62) 국민방위군사건(國民防衛軍事件)은 1951년 1월(1·4 후퇴 시기) 국민 방위군의 집단 후송(後送) 및 수용에 관련되어 일어난 국고(國庫) 유용(流用) 사건. 1950년 12월 21일 국민 방위군 설치법이 공포되어 제2국민 병역에 해당하는 만 17~40세의 장정이 이에 편입되었다. 그러나 전선의 후퇴작전이 감행되자 방위군은 장정을 집단으로 후방에 이송하게 되어 방위군 간부들은 이 기회를 이용, 막대한 국고금과 물자를 부정처분하여 사복(私服)을 채운 결과 후퇴 장정에 대한 보급이 부족되고 천 수백 명의 사망자와 무수한 병자를 내게 하였다. 이 사건이 국회에 탐지되어 조사한 결과 국고금 24억 원(圓), 양곡 5만 2천 섬의 부정처분이 탄로되었다. 국회에서는 4월 30일 방위군의 해산을 결의하여, 방위군은 5월 12일 해체되었으며 이 사건을 일으킨 김윤근(金潤根) 등 4명이 사형당하였다.

가 하면, 백골단(白骨團), 민족자결단(民族自決團) 등 정체불명의 단
체가 나타나 국회의원들을 협박하는 사태가 벌어졌다. 그리고 개헌을
반대하는 의원들의 지역구에서는 난데없이 국회의원을 성토하며 사
퇴를 외치는 군민대회가 곳곳에서 벌어지기도 하였다. 이른바 부산정
치파동[63]으로 불리는 일련의 정치테러 사건과 이때 통과된 발췌개
헌[64](拔萃改憲)으로 이승만에 대한 국민의 신망은 더욱 떨어졌다.

1954년 11월 이승만은 재차 자신의 종신집권을 위해 헌법의 중
임제한(重任制限) 조항을 없애는 개헌안을 국회에 상정시켜 이른바
사사오입개헌(四捨五入改憲)이라는 기상천외한 개헌을 단행하였다.
당시 개헌안이 가결되기 위해서는 재적 국회의원 203명의 3분의 2
에 해당하는 136표 이상의 찬성을 얻어야 했는데, 투표결과 찬성이
135표에 그쳐 부결된 것으로 선포되었다. 그러나 다음날 재적의원
인 203명의 3분의 2는 '135.333…'명이므로 이를 사사오입하면
135명이라고 하면서 전날의 부결을 뒤집고 가결된 것으로 정정 선
포함으로써 사사오입개헌이 이루어지게 되었다.

1956년 5 · 15 정부통령선거에서 정권이 교체되는 듯한 분위기가
감돌았으나, 민주당 대통령 후보 신익희(申翼熙)가 급서(急逝)함으
로써 그 꿈은 무산되고 말았다. 자유당은 선거법에 언론규제규정을
삽입한 '협상선거법(協商選擧法)'을 통과시켜 부정선거를 고발하는
언론을 봉쇄해놓고 관권에 의한 부정선거를 공공연히 자행하였으

---

63) 부산정치파동(釜山政治波動)은 1952년 5월 25일의 계엄령 선포로부터 같은 해 /월 /
일의 제1차 개정헌법 공포에 이르기까지 전시 임시수도였던 부산에서 일어난 일련의
정치적 소요사건.
64) 발췌개헌(拔萃改憲)은 1952년 7월 7일 부산의 피난국회에서 통과된 대한민국 정부수
립 이후 첫 번째의 헌법 개정이다. 대통령 직선제와 상 · 하 양원제를 골자로 하는 정
부 측 안과, 내각책임제와 국회 단원제를 골자로 하는 국회의 안건을 절충해서 통과시
켰다고 하여 발췌개헌이라 이름 붙였지만, 사실상 이승만(李承晩)의 대통령 재선을 위
하여 실시된 개헌이다.

나, 신익희에 대한 추모표(追慕票)가 20%에 달하였고 부통령에 민주당의 장면(張勉)이 당선됨으로써 민심의 소재가 분명히 밝혀졌다. 그리고 1958년 12월 자유당은 국회의사당에 무장경찰과 무술경찰을 배치하여 반대하는 야당의원들을 완력으로 막고 여당 단독으로 새로운 국가보안법을 통과시킨 이른바 보안법파동65)(二四保安法波動)을 일으켰다.

1959년에 이르러 자유당 정권은 야당계 언론에 대한 탄압을 강화하여 몇 차례의 필화사건66)(筆禍事件)으로 기자를 구속했으며, 정부를 비판하던 경향신문(京鄕新聞)을 폐간하기도 하였다. 이와 같은 이승만과 자유당의 극에 달한 온갖 정치적 비리가 4·19 의거의 간접적 원인을 조성하였다.67) 1956년 정부통령선거에서 나타난 국민의 야당지지 성향과 투표결과를 분석한 자유당 정권은 순리적인 선거를 통해서는 승산이 없음을 깨닫고, 1960년 정부통령선거를 처음부터 관권을 동원하여 부정하게 치를 계획을 세웠다. 자유당은 민주당 대통령 후보인 조병옥(趙炳玉)이 신병치료를 위해 도미(渡美)하게 된 것을 기화로, 5월 중에 실시해야 할 정부통령선거를 2개월이나 앞당겨 3월 15일에 실시하였다.

내무부장관 최인규(崔仁圭)를 중심으로 공무원을 총동원한 부정선거 음모의 내용은 ▲4할 사전투표(事前投票) ▲3인조에 의한 반공개(半公開) 투표 ▲자유당 완장부대 동원을 통한 유권자 위협 ▲야당참관인 축출 ▲유령 유권자의 조작과 기권 강요 및 기권자의

---

65) 보안법파동(保安法波動)은 1958년 12월 24일 국회에서 경위권(警衛權)을 발동하여 여당 단독으로 신국가보안법을 통과시킨 사건이다. '2·4 파동'이라고도 한다.

66) 필화사건(筆禍事件)은 발표된 작품이나 논설, 기사 등이 법률상 또는 사회상의 제재를 받는 사건. 한국에서 신문화(新文化) 도입 후 최초의 문학 필화사건은 안국선(安國善)의 신소설(新小說) '금수회의록(禽獸會議錄)'(1908. 2.)에서 비롯했다.

67) doopedia 두산백과.

대리 투표 ▲내통식(內通式) 기표소 설치 ▲투표함 바꿔치기 ▲개 표 때의 혼표(混票)와 환표(換票) ▲득표수의 조작 발표 등이었다.

이러한 음모는 정의감에 불타는 한 말단 경찰관이 '부정선거지령 서'의 사본을 민주당에 공개함으로써 백일하(白日下)에 폭로되었다. 그러한 때 조병옥이 미국에서 급사(急死)함으로써, 이승만의 4선(四 選)은 거의 확실하게 되었다. 3월 17일 이승만·이기붕 후보가 80%가 넘는 높은 득표율로 당선되었음을 발표하였으나, 국민은 아 무도 믿지 않았다. 그것은 선거가 아니라 선거라는 미명(美名) 아 래 행해진 국민주권의 유린행위였고, 국민에 대한 배신행위에 불과 하였기 때문이다.[68]

위에서 보는 바와 같이 이승만은 독재자로 볼 수 있는 요소가 있다. 한국 정치사에서 독재자로 불리어야 할 정치가가 있다면 이 승만이 일 순위이다. 그럼에도 이승만을 독재자로 보는 것은 합당 하지 않다. 그 이유는 세 가지이다. 첫째는 자유민주주의 헌법을 만들고 대한민국 정부를 수립하고 공산주의자들로부터 나라를 지 켜내 대한민국의 민주화에 가장 크게 기여를 한 사람이 이승만이 다. 둘째는 초대 대통령이 처하는 특수성이다. 어느 시대와 국가를 막론하고 정부 수립이나 국가 탄생 초기에는 권력에 도전하는 세 력이 잔존하고 법률과 제도가 제대로 정비되지 않는 등 불안정한 요소들이 많다. 이러한 요소들을 제거하고 안정화하기 위해서는 추 종세력, 공권력의 힘에 의존하는 초법적이고 무리한 행동이 이루어 지는 특성이 있다. 이것은 이승만뿐만 아니라 다른 사람이 대통령 이 되었더라도 불가피한 측면이 있다. 역사가 이를 증명한다. 특히 이승만은 독립을 통해 나라를 다시 세우기 위해 목숨을 걸고 싸우

---

68) doopedia 두산백과.

는 투쟁을 통한 민주화를 추구할 수밖에 없었다. 즉 이승만의 집권기간은 논리 모순적이게도 민주주의 체제 정착을 위해 민주주의 원리를 상당 부분 무시하고 힘, 공권력, 세력에 의존하여 강한 통제를 할 수밖에 없는 시기였다. 좌우 대립 속에 권력 주도권을 두고 투쟁이 병행된 측면도 있다. 셋째는 외세에 의존한 독립과 열악한 경제기반, 국민의 낮은 의식 수준 문제이다. 제2차 세계대전에서 이탈리아와 독일의 항복 뒤 고립된 일본은 1945년 8월 6일과 9일 히로시마와 나가사키 원폭투하, 8월 8일 소련 참전을 계기로 8월 15일 무조건 항복했다. 우리 민족에게 해방은 끊임없는 항일투쟁에도 연합국의 승리라는 국제환경 속에서 다가온 불완전한 것이었다.[69] 우여곡절 끝에 미국과 유엔의 도움으로 정부를 수립하였지만, 6 · 25 전쟁은 모든 것을 폐허로 만들었다. 열악한 경제기반은 국가 예산의 상당 부분을 미국 원조에 의존하게 하였고, 국민의 낮은 의식 수준은 독자적인 정치와 안정적으로 민주주의를 발전시키는데 걸림돌로 작용했다. 이런 가운데서도 이승만은 탁월한 외교적인 역량을 발휘하여 국가 발전 기반을 만들면서 한편으로는 경제문제를 해결해야 했다. 일련의 상황을 종합할 때 이승만 대통령의 과오는 공적에 비하면 미미하다고 할 정도다. 비록 부정선거로 말미암아 4 · 19 의거가 발생하여 하야하는 불운을 겪었지만, 국민의 하야 요구를 수용함으로써 내부 분란이 지속되고 극단적인 비극이 발생하는 것을 막았다.

---

69) 고려대학교 한국사연구실(2002), 『한국사의 재조명』, 고려대학교 출판부, p.333.

2) 박정희 대통령과 유신독재

(1) 박정희 대통령 독재자였나

독재자냐 아니냐의 일차적인 판단 기준은 진행과정과 결과에서 자신의 이기적인 탐욕을 실현하기 위한 정치를 했느냐 아니면 국가 발전과 국민을 위한 정치를 했느냐 하는 것이다. 그러므로 지나치게 억압적으로 국민을 통제하면서 자신의 지배동기와 공격동기 실현을 위해 비밀경찰을 동원하여 정적이나 무고한 국민을 처형한 사람, 국민을 전쟁으로 내몬 사람, 부정 축재를 한 사람, 자신을 포함한 친인척과 소수 핵심 측근이 권력을 독점한 사람 등이 주로 독재자로 불린다. 전형적인 독재자에 해당하는 사람은 독일의 히틀러, 이탈리아의 무솔리니, 이라크의 후세인, 리비아의 카다피 등을 들 수 있다. 이외에도 독재자로 분류할 수 있는 사람은 많다.

강한 통제력을 바탕으로 장기집권을 했더라도 국가 발전과 국민을 위한 정치를 했다면 그런 사람은 독재자로 보지 않는다. 그 가장 대표적인 사람이 싱가포르의 이광요(李光耀) 수상과 대만의 장개석(蔣介石) 총통 등이다. 박정희는 5·16 혁명을 통해 집권의 길을 열었고, 유신헌법 제정, 잦은 긴급조치권 발동, 장기집권, 중앙정보부를 동원한 공작정치와 사찰, 일부 야당정치가와 재야인사를 탄압하기도 했다. 이러한 일들은 하나같이 바람직한 것으로 보기 어렵거나 잘못된 것으로 볼 수 있는 측면이 있다. 국민을 대상으로 한 미니스커트(miniskirt, 짧은 치마) 착용 제한, 장발 금지, 외래어 표기 사용 금지, 카바레(cabaret) 출입 금지, 미풍양속을 해치는 노랫말 사용 금지, 예비군 창설, 쥐잡기 등 여러 가지 정책을 실행했다. 또한 '혼식과 분식을 하자. 나무를 심자. 자연보호를 하자. 근검 절약하고 저축을 하자'는 등 갖가지 주문[70]을 했다. 하지만 이러한 것들은 일장일단이 있다. 일방적으로 잘한 것이나 잘못한 것으로 보기 어렵다. 만약 잘못된 것으로 보더라도 이러한 내용 때문에 박정희를 독재자로 규정할 수 없고, 규정해서도 안 된다.

그 이유는 박정희는 자기 의사로 분명히 자유민주주의 국가체제를 수호하기 위해 목숨 걸고 싸웠다. 국가 발전을 지향하며 국민을 위한 일을 했다. 위에 나열된 것들이 권력을 획득하고 유지하기 위한 용도로만 사용된 것이 아니었다. 권력 획득과 유지를 위한 것이었다고 하더라도 국가 발전과 국민을 위한 일을 하는 데 필요한 일이었다면 나쁜 것으로 보기 어렵다. 국민이 유신헌법을 통과하고 재신임한 것은 박정희 개인의 권력 욕구 충족보다는 국가 발전과 국민을 위한 정치를 하는 데 필요한 것으로 인식했기 때문이었다. 즉 유신헌법의 통과와 찬반투표에서 찬성표가 많았던 것은 박정희의 필요성을 인정한 것으로 볼 수 있다. 국민이 필요성을 인정하고 국가 발전을 선도한 대통령을 독재자로 몰아가는 것은 너무 가혹하다.

(2) 박정희, 처음 대통령 되었을 때 독재자 아니었다

1962년 12월 국민투표에서 투표율 85.2%, 찬성률 78.8%로 확정된 제3공화국 헌법의 주요 내용은 강력한 대통령중심제와 국회단원제였다. 대통령제 자체가 독재적인 제도라고 볼 수는 없고, 헌법에는 국회와 대통령, 사법부가 상호 견제할 수 있는 권력분립이 이

---

70) 데일리안 2012. 10. 4.

루어져 있었기 때문에 제도적으로 독재정권이라고 볼 수 없었다. 박정희는 1963년 8월 군복을 벗고 공화당에 입당하였으며, 공화당은 임시 전당대회를 열어 박정희를 대통령 후보와 당 총재로 선출하였다. 같은 해 10월 대통령 선거와 11월 국회의원 선거가 치러져 대통령 선거에서는 박정희가 야당 단일 후보였던 윤보선을 15만 표라는 역대 최소 표차로 근근이 이겨 승리하였다.

구정치인들보다는 신인들에게 기회를 주겠으나 완전히 신뢰하지는 못하겠다는 민심이 담겨 있었던 것으로 보인다. 그러나 국회의원 선거에서는 175석의 지역구 의석 중 공화당이 88석을 얻어 전국구 22석을 합치면 110석으로 제1야당인 민정당 41석보다 압도적인 승리를 거두었다. 공화당에 대한 기대 또는 야당 난립으로 말미암은 어부지리였다고 볼 수도 있었다. 어찌 됐든 이와 같은 일련의 선거를 통해 군복을 벗은 군인들은 집권의 기회를 마련하였다.[71] 이처럼 처음 대통령이 되었을 때 박정희는 독재자가 아니었다. 그런데 대통령이 되기 전부터 박정희는 이미 독재자인 것처럼 되어 있었다. 왜 그렇게 되었을까?

(3) 박정희를 독재자로 만든 5가지 요인

박정희가 독재자로 불린 데는 다분히 정략적인 측면이 있다. 미국의 우려, 야당정치가와 그 추종세력, 국내외 언론, 주변 국가, 박정희 자신 등 크게 보면 박정희를 독재자로 만든 요인은 5가지이다. 특이한 점은 여기에 박정희 자신이 포함된다는 것이다. 자신이 추구한 꿈과 염원 그리고 사명감과 책임의식이 박정희 자신을 스

---

71) 안철현(2009), 『업그레이드 특강 한국현대정치사』, 새로운 사람들, pp.135~137.

스로 독재자로 만들었다. 박정희는 조국 근대화를 자신에게 주어진 사명으로 생각했다. 그 책임을 완수하기 위해 반공을 국시로 내세웠고, 경제건설에 모든 역량을 집중하면서 반대세력들을 억압했다.

유신헌법이 한국의 중화학공업을 육성하는 기반이 되었다는 것은 이미 널리 알려진 사실이다. 만약 조국 근대화를 위해 경제개발을 완수하려고 하지 않았더라면 독재자라는 말을 들으면서까지 유신헌법을 제정하지 않았을 것이다. 독재자가 아닌 대통령 박정희를 독재자로 만든 5가지 요인 중 박정희 자신을 제외한 4가지 요인에 의해 독재라는 용어가 반복 사용되고 언급되면서 박정희를 점차 독재자로 만들고 몰아갔다. 박정희가 독재자로 불리게 된 것과 연관된 언론 보도내용을 한번 살펴보자.

- 1961년 11월 16일 남한의 실권자 박정희 대장은 워싱턴 방문을 종료하였다. 케네디 대통령과 그의 회담은 솔직하고도 성과가 많은 것이었다.(중략) 혹시 또 다른 군부독재를 초래할까 걱정하였던 6개월 전과는 달리 오늘날 케네디 대통령은 1963년 여름에 민정으로 복귀시키겠다는 박 대장의 누차에 걸친 서약에 만족하고 있는 것으로 전해지고 있다.[72] 이처럼 처음 박정희가 독재자인 것처럼 언급된 것은 미국 정부에 의해서였다. 아마도 5·16 혁명 과정을 지켜본 한국 주재 미국 외교관과 중앙정보국(CIA) 관계자들의 정세보고서가 백악관의 우려를 만들어낸 것으로 보인다.
- 미국은 1961년 12월 13일 한국군사정부가 미국과 유엔의 지지를 받고 있는 군사독재정부라는 소련의 비난에 대하여 대한민국을 옹호하였다. 찰스 요스트 미국 대표는 유엔 총회정치위원회에서 12일 한국 정부를 비난한 바레리안 죠린은 한국 실정에 "소식이 어둡다"고 말하였다.[73]
- 미국의회 내에서 극동문제전문가의 한 사람으로 통하고 있는 미네소타주 출신 월터 저드 하원의원은 하원외교위원회 증언에서 "나는

72) 경향신문 1961. 11. 17.(네이버 뉴스라이브러리)
73) 동아일보 1961. 12. 14.(네이버 뉴스라이브러리)

군사정부의 한 요인과 이야기했다. 그는 군인이었다. 나는 그에게 '군사독재는 쉽게 민주주의를 실현하지 못할 것이다'라고 말했다."[74]

- 1962년 6월 6일 최근 한국을 방문한 바 있는 영어신문 저팬 타임스 지 소천(小川) 편집국장은 "박정희 익장과 7의 젊은 동류장교들이 확고부동하게 사태를 장악하고 있다는 데 추호도 의심할 바 없으며, 법을 존중하는 일반 한국인에게는 고압적인 군사독재의 징후가 느껴지거나 보이지 않고 있다"고 말하였다.[75]

- 1963년 3월 21일 한 사람의 군인을 포함하는 일단의 한국인 구정치인들이 미국 대통령관저 앞에서 박정희 장군의 군정 연장제안에 반대하는 시위를 하였다. 6~7명의 이들 한국인은 "군대는 정치에 간섭하지 말라", "박정희 군사독재 타도", "한국인은 군부 정치를 원치 않는다.", "한국인은 진정한 민주주의를 지지한다"는 따위의 플래카드(placard)를 들고 있었다. 백악관 정면 펜실베이니아가를 도보 시위한 이들은 전 육군참모총장 최경록 중장(예비), 강문봉 중장(예비), 전 독일주재 대사 전홍규, 전 민의원의원으로서 외무국방위원장을 지낸 이철승, 전 신민당 원내총무 양일동 씨와 전 주미 대사관 참사관 부인들이다.[76]

- 장준하 씨는 1967년 4월 18일 진주공원에서 가진 유세에서 '4년간 군사독재를 했으며'[77](생략)

- 윤보선 후보는 박정희 대통령이 이끄는 현 정권을 '독재정권'이라고 주장하고 민주주의를 소생시키기 위해 '정권교체를 해야 한다'라고 맞섰다.[78]

- 박정희 대통령의 이번 조치(계엄령)는 통일을 말하면서 자신의 독재적인 영구 집권을 목표로 하는 놀랄만한 반미주적 조치이다.(중략) 나는 박 대통령의 행위가 세계의 여론으로부터 준엄한 비판을 받는 동시에 자유를 열망하면서 이승만 독재정권을 타도한 위대한 한국민의 손에 의해 반드시 실패하리라는 것을 확인하는 바이다. 1972년 10월 18일. 동경에서 김대중.[79]

- 이번 개헌안은 한마디로 말해서 독재적 군림과 영구 집권의 야망으

74) 동아일보 1962. 5. 13.(네이버 뉴스 라이브러리)
75) 경향신문 1962. 6. 7.(네이버 뉴스 라이브러리)
76) 경향신문 1963. 3. 22.(네이버 뉴스 라이브러리)
77) 경향신문 1967. 4. 19.(네이버 뉴스 라이브러리)
78) 경향신문 1967. 4. 19.(네이버 뉴스 라이브러리)
79) 김대중(2010), 『김대중 자서전 1』, 삼인, pp.287~288.

로 불탄 박정희의 목적을 달성시켰고, 직접선거로는 도저히 승리할 가능성이 완전히 없어진 그의 완전한 당선을 노린 일종의 총통제 개헌이다.(생략) 1972년 10월 27일. 동경에서 김대중.[80]

이렇게 하여 박정희는 처음부터 사실상 독재자가 되어 있었다. 오늘날 박정희를 유신 독재자라고 하는 것도 그 연장선에 지나지 않는다. 독재자가 아닌 박정희가 독재자인 것처럼 된 데는 선거 승리를 통해 권력을 획득하려는 야당정치가들의 흑막이 있었다.

(4) 유신헌법과 유신독재 용어 사용

'세 사람만 우겨대면 없는 호랑이도 만들어 낼 수 있다'는 속담이 있다. 셋이 모여 우겨대면 누구나 곧이듣게 된다는 뜻이다. 한국의 민주화운동 주도세력이나 그들이 추종하는 사람들이 돌아가면서 심심하면 박정희 대통령이 유신 독재자라고 말한다. 5·16 혁명을 했고 유신헌법을 만들었기 때문에 그렇다는 것이다. 유신헌법 내용 중에는 국민 기본권을 제한하고 통일주체국민회의 대의원이 대통령을 선출하도록 하는 등 일부 독소조항이 포함되어 있었다. 하지만 국민은 투표를 통해 유신헌법을 통과시키는 선택을 했다.

만약 국민이 유신헌법 내용이 부당한 것으로 판단해 반대쪽에 더 많은 투표를 했으면 유신헌법은 채택되지 않았을 것이고, 박정희도 장기집권하지 않고 물러났을 것이다. 그런데 국민 대다수가 찬성표를 행사해 유신헌법이 만들어졌다. 그것이 어떤 내용이든 민주적 절차와 방법에 따라 선거를 통해 결정된 국민의 선택은 정당한 것이다. 다수의 국민이 선택한 것이 인정받지 못한다면, 선거를

---

80) 김대중(2010), 『김대중 자서전 1』, 삼인, pp.288~289.

통해 선출하는 모든 대통령이나 국회의원 등 선출직 공직자는 자격이 없다. 그리고 그들이 만든 법률도 의미가 없다. 민주화운동 주도세력이 요구한 내용이 수용돼 개정된 1987년 헌법이 정당한 것이라면 유신헌법도 정당한 것이다.

유신헌법 제정 당시 국민은 바보가 아니었다. 국가 안보와 경제 건설을 위해 유신헌법을 찬성한 것이다. 그 이유는 박정희 대통령의 리더십이 필요함을 인정한 결과였다. 헌법은 국민이 원하면 언제든지 개정할 수 있다. 시대 상황에 따라 내용이 달라질 수 있다. 그런데 유신헌법을 만들고 장기집권을 했다고 해서 독재자라고 하는 것은 김대중과 김영삼을 중심으로 한 민주화운동 주도세력의 일방적인 주장일 뿐이다. 적어도 박정희 대통령이 독재자였다고 말하려면 단순하게 자기 생각을 내세워 독재자라는 말만 되풀이할 것이 아니라 독재자로 다수의 국민이 공감할 수 있는 기준과 판단 근거를 제시해야 한다. 그렇지 않으면서 내가 과거 반정부 활동과 시위, 반미 시위를 하다가 핍박받았다고 박정희를 독재자라고 하는 것은 지나치게 자기중심적인 사고를 하는 편협한 행동이고 옹졸한 생각이다.

우리나라 정치가나 언론에서 독재, 독재자라는 용어가 많이 사용된 시기를 살펴보면 대개 선거와 연관이 있다. 특히 대통령선거 직전이라는 공통점이 있다. 이때는 대통령의 임기 말이기도 하다. 이철승과 양일동 등이 1963년 3월 21일 미국에서 박정희 군사독재 타도를 외친 것도 그해 10월 15일 제5대 대통령 선거가 있었기 때문이었으며, 윤보선이 1967년 4월 19일 박정희 정부를 독재정권이라고 한 것도 5월 3일 제6대 대통령 선거를 앞둔 시점이었다. 김대중이 일본에서 독재를 언급한 것은 1972년 11월 21일 유신헌법에 대한 국민투표가 실시되기 전인 10월 18일과 27일이었다.

최규하 대통령이 민주헌법 제정을 통해 1년 이내 정권 이양을 공언한 이후인 1980년, 전두환 대통령의 임기 만료를 앞둔 1987년 6·10 민주화 요구 시위로 6·29가 선언되고 헌법 개정을 통해 그해 12월 16일 제13대 대통령 선거를 앞둔 시점 등이었다. 그리고 헌법 제10호로 1987년 10월 29일 개정되고 1988년 2월 25일 시행에 들어간 현행 헌법에 언론·출판·결사의 자유가 포함되고, 1988년 4월 26일 제13대 총선 결과 여소야대 국회가 형성되어 5공 특위와 청문회가 시작되면서 독재와 독재자라는 말이 널리 사용되기 시작했다. 그러나 독재와 독재자라는 용어 사용이 일반화된 것은 1993년 2월 25일 김영삼이 제14대 대통령으로 취임하고 민주화운동가에 대한 명예회복과 희생자에 대한 보상이 본격화되면서부터였다.

제18대 대통령 선거에서도 예외는 아니었다. 2012년 12월 19일 제18대 대통령 선거를 앞둔 2012년 9월 1일 오후 2시 전주 실내체육관에서 개최된 제18대 대통령 후보자 전북 선출대회 인사말에서 이해찬 대표는 "박근혜 후보가 누구인가. 10월 유신을 찬양했다. 5·16을 '어쩔 수 없는 최선의 선택'이라고 했다. 박정희 대통령은 이 나라 헌법을 3번이나 유린했다. 5·16 쿠데타로 4·19 민주주의를 무너뜨렸다. 이 나라 최초의 군사 쿠데타를 일으킨 것이다. 그것도 모자라서 1969년에 3선 개헌을 했다. 두 번밖에 못 하게 돼 있는 대통령을 더 하기 위해 3선 개헌을 했다. 10월 유신이라는 쿠데타를 또 한 번 했다. 10월 유신은 국회를 해산까지 시켰다. 쿠데타를 해서 10월 유신하면서 국회를 해산시키고 통일주체국민회의를 만들었다. 대통령을 국민이 뽑는 게 아니고 통일주체국민회의가 장충체육관에서 뽑도록 하는 그런 영구독재체제를 만들었다"[81]고 했다. 새누리당 내 대통령 후보 경선에서도 여러 후보가 박근혜 후보의 부친인 박정희 대통령과 연관된 5·16 혁명과 유신헌법에 대해 언급했다.

유신독재라는 말이 생긴 것은 1975년 2월 12일 실시된 헌법 개정 및 정부 신임 국민투표와 연관이 있다. 선거결과가 발표되자 언론, 야당정치가, 상당수 대학생이 유신체제가 굳어지는 것은 아닌가 하는 우려와 위기의식이 작용하여 국민을 자극하기 위한 목적으로 사용하기 시작한 것으로 추정된다. 이미 그 전에 박정희 정부를 독재라고 부르고 있었으므로 독재라는 말을 유신독재라고 한 것에 불과하다. 큰 의미는 없다. 하지만 그 배경과 과정은 살펴볼 필요가 있다. 고려대학교 학생들은 1975년 4월 7일과 8일 연이틀 시위를 벌였다. 7일 시위에는 1,500여 명의 학생이 참석한 가운데 '유신헌법 철폐', '민우', '야생화' 관련 구속학생들의 즉각 석방 등을 외치며 교문에서 기동경찰과 대치, 가스로 저지하는 경찰에 투석으로 맞섰다. 8일 시위에는 2,000여 명이 참가했다.[82]

이에 정부는 '1975년 4월 8일 17시를 기해 고려대학교에 대하여 휴교를 명한다'는 등의 내용이 포함된 긴급조치 제7호를 선포함으로써 유신독재라는 말이 널리 사용되는데 한몫했다. 언론에 유신독재라는 말이 등장한 것은 한국에서 정치활동을 했다는 이유로 1974년 12월 14일 강제로 추방된 연합감리교선교사 조오지 E. 오글 목사가 한국의 인권문제와 관련 12월 20일 미국 하원외교위소위에서 증언한 내용을 동아일보가 입수 1975년 2월 20일 보도한 데서 유래한 것으로 보인다. 유신독재 관련 보도내용을 한번 살펴보자.

---

81) 민주통합당 2012. 9. 1.
82) 동아일보 1975. 4. 8.(네이버 뉴스 라이브러리)

- 박정희 대통령은 스스로 '유신체제라고 부르는 통치체제를 한국민에게 강요하고 있다. 그러나 이 유신체제라는 것은 문자 그대로 개혁이라기보다 옛날 군주 시대에 행해졌던 독재에로의 환원이다.(중략) 1974년 한해는 정부의 폭력이 국민에게 가해진 해였고 유신체제와 중앙정보부는 그 폭력의 주요 무기가 되었다. 유신체제에 반대하는 여러 계층의 사람들은 유신이 독재로 바뀌는 것에 적극적으로 항거하고 있다.'[83]
- 전 국회의원 장준하 씨는 1975년 4월 4일 성명에서 "국난의 본질은 개인적인 영달을 위해 유신독재체제의 존속을 고집하는 소수의 집권세력과 민주헌정의 회복을 열망하는 대다수 국민과의 대립에 있는 것"이라고 주장[84](생략)
- 1975년 4월 4일 양일동 통일당 당수는 신민당과 통일당 양당의 통합 제의에 선뜻 응하게 된 동기에 대해 "유신독재라는 현 정권의 횡포는 이제 한계점에 와 있어요."[85](생략) 이후 1975년에 한동안 사용되던 유신독재라는 말은 정부의 통제 등으로 언론에서는 거의 사용되지 않다가 1979년 10월 26일 박정희 대통령이 서거하고 난 후 다시 등장하였다.

이렇게 우리나라에서 전직 대통령을 독재나 독재자로 멋대로 규정하고, 독재나 독재자라는 용어가 널리 사용된 것은 주로 선거를 앞둔 시점에 야당정치가의 정치 전략에 의해서였다. 그 목적은 선거에서 득표와 지지세력 확대를 유도하기 위해 야당정치가들이 전직과 현직 대통령, 여당 대통령 후보의 도덕성과 리더십 흠집 내기 네거티브 전략[86]에 의한 공격 행위, 군인 출신인 집권 세력에 대한 차별화를 통해 자신들은 문민이나 민주정부라는 점을 강조 부각하여 기존 집권세력의 견제에 활용함으로써 정권 획득 활용, 민주화운동 주도세력의 과거 반정부 시위와 정치보복의 정당화, 명예회복과 보상 이용에 있었다.

---

83) 동아일보 1975. 2. 20.(네이버 뉴스 라이브러리)
84) 동아일보 1975. 4. 4.(네이버 뉴스 라이브러리)
85) 동아일보 1975. 4. 4.(네이버 뉴스 라이브러리)
86) 네거티브(negative) 전략은 선거 등에서 부정적이거나 반감을 살만한 것들을 부각시키는 방법이나 전략.

이승만, 박정희, 전두환을 독재자인 것처럼 만든 것은 항상 정적 관계에 있는 상대 정당 수장을 공격해 비도덕적인 사람으로 몰고 가야 자신들이 집권하고 공적을 평가받는데 유리하다는 야당정치가와 민주화운동 주도세력의 잘못된 인식과 정치 전략에서 비롯되었다. 박정희 대통령이 독재자로 불린 데는 야당정치가나 민주화운동 주도세력들의 책임이 상당하다. 그들은 박정희를 유신 독재자, 전두환을 군부독재를 한 살인마로 몰아가고 만들려고 끊임없이 노력했다. 자신들의 권력 획득 욕구 충족을 위해 대화와 타협보다는 국가 위기를 넘어 발전을 선도하는 대통령과 정부 정책에 대한 반대와 반정부 시위, 의도적인 자극 행위를 통한 리더십과 도덕성에 흠집 내기, 대립과 대결, 투쟁을 통한 희생 유발 전략을 사용하여 내부 결속을 강화하고 지도부의 부족한 리더십을 숨기면서 추종자들의 불만을 고조하여 자극적인 대항을 하도록 유도할 목적으로, 공동의 적으로 삼는 한편 자신들의 행위를 정당화하기 위해 박정희와 전두환을 독재자로 몰고 권력투쟁을 하면서 민주화를 명분으로 내세웠다.

　그럼 왜 주로 야당정치가나 민주화운동 주도세력은 전직 대통령을 독재자라 몰아가고 만들려 하고, 선거철만 되면 그분들의 행적을 언급하면서 독재와 독재자, 쿠데타라는 용어를 자주 언급하는가? 그 이유는 자신들의 부족한 리더십 역량을 감추고, 유권자의 지지 획득과 득표를 하고 더 나아가 권력을 획득하는데 가장 효율적인 방법이라고 생각했기 때문이다. 대개는 전직 대통령의 위법이나 권력남용 등 잘못된 행동을 들추어내면서 언급하므로 도움은 되고 잃는 것은 별로 없는 일로 인식한다. 그 결과 매번 선거철만 되면 상대나 상대 정당 후보를 자극하기 위한 네거티브 전략으로 사용한다. 이렇게 한국의 독재자나 독재정치는 정치가들에 의해 만들어지고 언론에 의해 널리 유포되었으며 정치가들이 반복해서 언급함으로써 다시 회자되고 있다.

(5) 민주화운동 주도세력의 박정희 독재자 만들기 흑막

중앙정보부 설치, 정치가와 민간인 사찰과 도청 그리고 공작정치, 국회 해산과 유신헌법 제정을 통한 장기집권, 잦은 긴급조치 선포와 장기간 운용, 김대중 납치 사건, 언론 · 출판 · 집회 · 결사의 자유 상당 부분 제한, 야당정치가와 재야인사에 대한 정치적 탄압과 가택연금 등은 박정희를 독재자로 인식하게 하는 요소이다. 하지만 여기에는 야당정치가들의 희생 유발 전략과 반정부 투쟁을 통한 자극에 대응하고, 좌파세력이 확장하는 것을 막는 등 국가체제를 수호하고 경제를 발전시키기 위한 명분이 있었다. 그럼에도 한국의 민주화운동 주도세력이나 그들의 추종자들은 박정희 대통령을 독재자라고 즐겨 부른다. 여기에는 흑막이 있다.

한국의 민주화운동 주도세력이 박정희 대통령을 독재자라고 하는 이유는 자신들의 과오를 덮고 동시에 정당화하면서 공적 미화를 통해 우호적인 여론을 조성해 권력을 획득하기 위한 목적 때문이었다. 이를테면 민주화운동 주도세력 입장에서는 박정희를 독재자로 몰아야 자신들이 박정희 대통령 집권 기간에 한 반정부 시위와 투쟁, 각종 저항 활동과 행위를 민주화운동으로 인정받을 수 있는 것으로 착각하기 때문이다. 이를 위해 민주화운동 주도세력은 박정희를 독재자로 만들려고 끊임없이 노력했다. 이승만과 전두환 전 대통령의 독재자 만들기도 이와 비슷하다.

박정희가 독재자로 불리게 된 대표적인 이유 중에는 김대중 납치와 김영삼의 국회의원 제명이 포함된다. 만약 김대중 납치와 김영삼 국회의원 제명이 박정희를 독재자라고 부르는 이유가 되려면 김대중이 결성을 추진하던 한민통,[87] 김대중이 일본과 미국에서 정부를 비판한 일이 합당한가 하는 점부터 따져 김대중에게 잘못이 없어야 한다. 그리고 김영삼의 국회의원 제명도 마찬가지이다. 권력 획득과 유지는 원래 투쟁적인 측면이 있다. 자유민주주의 국가에서는 투쟁이 가져오는 폐해를 막기 위해 선거제도와 법규에 따라 경쟁하게 하고 있다. 그런데 한쪽 또는 양쪽이 민주주의 원리를 존중하지 않고 권력투쟁을 하며 상대에게 자극적인 행동을 했을 때, 패자는 대개 혹독한 대가를 치르기 마련이다.

적어도 박정희를 독재자라고 말하려면 김대중과 김영삼이 흠집 내기를 목적으로 한 정부 정책 반대, 다수의 결정과 대표성 부정 행동, 근거 없는 의혹 확산, 대화와 협상 그리고 타협보다 자극과 대결을 추구한 활동, 희생 유발 전략 등 여러 가지가 고려되어야 한다. 민주주의 원리를 존중하지 않는 투쟁을 하면서 이에 대항하는 다른 사람에게 민주주의를 짓밟은 독재자로 몰아세운다면, 그것은 이중 잣대를 적용하는 자기중심적인 사고에 불과하다. 민주화운

---

87) 한국민주통일연합(韓國民主統一聯合)은 1973년 8월 15일 재일 한국인들이 대한민국의 민주화와 통일을 위해 설립한 단체다. 1973년 한국민주회복통일촉진국민회의(한민통)라는 이름으로 발족했으며, 1989년 조직 개편에 따라 지금의 체제를 갖추고 이름도 현재의 재일한국민주통일연합(정식 명칭)으로 바꿨다. 줄여서 한통련이라고도 부른다. 한통련 출범 준비 단계부터 한국의 통일운동과 김대중의 민주화 운동을 적극 지지하고 후원했다. 특히 출범과 함께 터진 1973년 8월 김대중 납치사건 땐 그의 구출을 위해 적극 나섰다. 이를 시작으로 유신독재 반대 운동, 이어 전두환 정권 반대 운동, 국가보안법 폐지 운동 등을 벌였다. 민통련의 활동에 힘입어 1977년에는 미국과 유럽에 거주하는 한국인들이 도쿄를 방문, 한국민주민족통일해외연합(한민련)을 결성했다. 이 때문에 한통련은 북한을 이롭게 하는 활동을 한다는 이유로 1978년 반국가단체로 지목된 이래 관계자들의 한국 입국이 금지되었다가 김대중 대통령의 재임 기간 중인 2003년에 이르러서야 일시 귀국이 허가됐다. 아직도 판례에 따라 한통련은 국가보안법상의 수사 대상 조직으로 남아 있다.

동 주도세력은 자신들의 유신헌법이나 유신체제 반대 활동을 처음에는 유신 반대 투쟁이라고 했다가 결국은 민주화운동으로 덧칠해 놓았다. 하지만 진실은 감춘다고 감추어지는 것이 아니다.

김대중과 김영삼 그리고 민주화운동 주도세력들은 솔직해질 필요가 있다. 간단하게 말하면 김대중과 김영삼은 박정희이나 전두환 등과 대통령 자리라는 권력을 두고 경쟁과 투쟁을 병행했다. 그런데 당시에는 힘과 실력이 부족해 박정희에게 지고 전두환과는 경쟁도 제대로 해보지 못하고 구박을 받았다. 김대중과 김영삼을 포함한 민주화운동 주도세력은 자신들을 구박한 전두환에게는 5공 특위와 청문회를 통해 여론 재판을 하고 이후 김영삼이 대통령이 되었을 때 역사 바로 세우기 등을 명분으로 내세워 노태우 비자금 사건에 12·12 사건과 5·18 광주사태까지 엮어 전두환과 노태우 등 5공 세력을 대거 구속하고 재판을 받게 하는 정치보복을 했다. 그리고 김영삼은 대통령 퇴임 직전에 그들을 사면해주었다. 그 이후 김영삼과 김대중은 전두환과 노태우에 대해서는 강도 높은 비난이나 비판을 하지 않았다. 그러나 박정희에 대한 태도는 달랐다.

김대중과 김영삼은 구박만 당하고 앙갚음을 못했다. 속된 말로 억울하고 화가 났을 것이다. 그래서 그런지 김대중은 죽은 후 출간된 자서전에서 박정희는 독재자고, 적이었다고 공공연하게 기술했다. 김영삼도 박정희와 연관된 일에 대해 언급할 때는 박정희를 독재자라고 했다. 치졸함을 느끼게 한다. 차라리 전두환은 남자답다. 그는 대통령이 되기 위해 정도를 넘은 행동을 하기도 했다. 하지만 자신의 집권 기간에 일어난 잘못된 일에 대해 모두 내 책임이라고 말하고 재판정에 세우는 것까지 감수했다. 대통령이라는 권력을 두고 자웅을 겨룰 정도의 그릇이라면 패자가 되었을 때 주어지는 고초를 감수할 수 있는 마음가짐이 되어있어야 한다. 그런데 김대중과 김영삼은 너무나 소인배같이 행동했다.

그들이 그렇게 행동하는 이유는 내가 과거에 한 잘못은 잘못이 아니라 정부의 공작정치 결과였고 민주화를 위한 것이었으므로 정당한 것이었다. 즉 자신들이 한 반정부 시위와 정책 반대 투쟁까지도 모두 정당한 것으로 인정받고 싶은 욕심이 작용한 결과다. 박정희를 독재자로 몰지 못하면 자신들의 민주화 공적이 없어지거나 대폭 축소되고, 그동안 겪었던 고초도 의미가 퇴색하기 때문이다. 김대중은 선거를 전쟁으로 생각하고 출마 후보를 장수라고 생각하고 표현했다. 좋은 장수는 상대에 대한 예를 갖출 줄 알아야 한다. 그런데 살아있을 때 김대중에게서 그런 모습은 찾아보기 어려웠다.

3) 전두환 전 대통령은 독재자였는가

박정희가 대통령이 되기 전에 이미 사실상 독재자로 낙인이 찍힌 것과 같이 전두환도 대통령이 되기 전에 이미 5 · 18 광주사태 당시 시위에 참여한 광주시민들에 의해 살인마가 되어 있었다. 전두환 군부독재도 마찬가지이다. 야당정치가와 그들을 추종하는 사람들의 저급한 정치 전략에 의해 전두환도 사실상 집권하기 전에 군부독재자가 되어 있었다. 전두환 전 대통령이 발표한 5공 청문회 관련 사과 · 해명 전문을 보면, 민주화운동 주도세력이 민주화를 요구하며 독재자라고 몰아세운 전두환 군부독재의 실체를 이해할 수 있다.

먼저 저는(전두환), 본인 재임 기간에 있었던 모든 국정의 과오는, 그것이 누구에 의해 착안되었고 어느 기관의 실무자가 시행한 것이건 간에, 모두 최종 결정권자이며 감독권자인 바로 이 사람에게 그 책임이 돌아오는 것이라고 생각합니다. 그런 만큼 이 모든 잘못에 대한 국민 여러분의 심판도 제가 받을 것입니다. 본인이 임기 중에 나름대로 최선을 다하려고 했으나, 그 7년 반의 세월이 국민 여러분에 의해 권위주의와 비리의 시대로 단죄되고 있는 그 모든 책임은 제가 져야 하기 때문입니다. 그러므로 본인이 위임하고 지시했기 때문에 실무에 임했던 모든 공직자에 대해서는 그 잘못이 개인의 사리사욕 추구와 관련된 비리가 아닌 한 국민 여러분께서는 관대히 용서해주시고, 그 허물을 저에게 물어주실 것을 간곡히 부탁드립니다.

최근 국회의 국정감사와 특별위원회 활동을 통해 본인이 국정을 맡고 있던 기간에 빚어진 많은 비리와 과오가 지적되었습니다. 그 가운데서도 많은 사람이 고통과 피해를 본 삼청교육대 사건과 공직자·언론인 해직문제, 인권 침해 사례 등의 실상들이 파헤쳐지는 것을 저도 아픈 마음으로 보고 있습니다. 이러한 일들은 당시 국가적 비상시국 아래에서 아무런 준비와 경험도 없이 국정 관리 업무를 맡게 되었고 또한 오랜 병폐를 하루빨리 뿌리 뽑고 기강을 바로잡아서 사회의 안정과 국가발전을 도모해야 한다는 마음이 앞선 나머지, 시행착오를 가져오게 된 것이라고 솔직히 인정합니다. 그런 만큼 억울한 피해를 본 분들의 아픔은 저에게도 평생을 두고 가슴에 아물 수 없는 상처로 남을 것입니다. 국민의 기본적인 권익을 침해한 이러한 사례 등에 대해 매우 유감스럽게 생각합니다. 이 기회를 빌려 피해당사자 한 분 한 분에게 진심으로 사과를 드리며 이들에 대한 적절한 보상이 이루어지기를 바랍니다.[88](이하 생략)

민주화운동 주도세력이 권위주의나 군부독재라고 한 전두환 정권의 통치 실체는 준비와 경험부족, 개혁에 대한 잘못된 생각과 방법, 국가 발전을 위한 지나친 의욕, 시행착오가 핵심이었다. 군대 운영 방식도 한몫했을 것으로 보인다. 전두환 전 대통령은 이 점에 대해 국민 앞에 사과하고 국민이 내리는 어떤 벌도 달게 받겠다고 했다.

---

88) 경향신문 1988. 11. 23.(네이버 뉴스 라이브러리)

원인이 밝혀지고 처벌을 달게 받겠다는데 더 무엇이 필요하단 말인 가? 그리고 실제 5공 특위와 청문회, 노태우 비자금 관련 구속과 재 판 등을 통해 충분히 대가를 치렀다. 만약 위에 제시된 내용이 독재 의 실체라면 한국의 대통령은 모두 독재자임이 틀림없다.

역대 우리나라 대통령들은 아무도 가보지 않은 길을 스스로 만 들면서 달려가는 가운데 때로는 의욕이 지나치고, 때로는 준비와 경험이 부족하고, 때로는 시행착오 속에서 국가를 발전시키고 국민 을 위한 일도 했다. 동시에 다른 한편에서는 국민을 억압하고 피해 를 주는 일들도 한 것이다. 이러한 현상은 민주화운동을 주도했다 는 김영삼과 김대중 전 대통령도 마찬가지이다. 그분들도 모두 상 당한 시행착오를 겪으면서 국제통화기금(IMF) 위기와 카드 대란으 로 국민에게 많은 고통을 안겨주었다. 즉 모든 대통령은 각각 나름 대로 공적과 과오가 있다. 그러므로 지나치게 과오를 부각하여 폄 훼(貶毁)하거나 공적을 미화해서는 안 된다. 있는 그대로의 공적과 과오를 국민이 평가하게 해야 한다. 그래야 우리나라의 미래 발전 에 도움이 될 수 있다.

4) 민주화운동 세력 박정희 독재자라 말할 자격 있나

한국의 민주화운동 주도세력들은 걸핏하면 박정희를 독재자라고 비난한다. 그러나 그들에게 박정희를 독재자라고 비난할 자격이 있 을까? 없다. 한국의 민주화운동 주도세력이 박정희를 독재자라고 지칭하는 이유는 크게 보면 비합헌적 방법으로 5 · 16 혁명을 했다 는 것, 유신헌법을 통과시켜 장기집권의 길을 열고 국민 기본권을 제한했다는 점, 중앙정보부 등 공권력을 이용하여 정치인과 민간인을 사찰하고 공작정치를 하며 탄압했다는 점이다. 이러한 이유로 박정희를 독재자라고 말하려면 자신들은 그런 일을 하지 않았어야 한다. 그런데 한국의 민주화운동 주 세력들도 박정희와 사실상 거의 같은 행동을 했다. 단지 목적, 방법, 사회상황과 환경, 교묘함 등 기술적인 측면에서 다소 차이가 있는 정도다.

하나하나 그 내용을 살펴보자. 첫째는 비합헌적 방법으로 5 · 16 혁명을 했다는 것이다. 합헌(合憲)은 헌법에 위배되지 아니함, 위배(違背)는 위반, 위반(違反)은 법령 · 약속 · 명령 · 계약 등을 어기거나 지키지 아니함이다. 그러므로 비합헌은 헌법을 어기거나 지키지 않았음이다. 5 · 16 혁명 과정에서 박정희가 비합헌적 방법을 사용해 권력을 장악한 것은 사실이다. 민주주의 국가에서 이러한 방법은 바람직하지 않은 것이다. 하지만 민주화운동 주도세력도 5 · 18 광주사태, 6 · 10 민주화 요구 시위 등 민주화운동 과정에서 비합헌적 방법을 사용했다. 하나같이 위법한 행동을 하거나 법규를 존중하지 않는 무리한 방법을 사용했다. 둘째는 유신헌법을 통과시켜 장기집권의 길을 열고 국민 기본권을 제한했다는 점이다. 민주주의 국가에서 법은 정치 목적 달성을 위해 이용되는 경향이 있다. 유신헌법도 마찬가지이다. 박정희가 유신헌법을 통해 장기 집권하는 길을 연 것은 사실이다. 하지만 그것은 국가와 국민을 위한다는 명분이 있었다. 애초 목적한 대로 중화학공업을 육성해 국가 발전기반을 공고히 했다. 민주화운동 주도세력도 자신들의 정치적 목적 실현을 위해 1987년 대통령 임기를 5년 담임으로 하는 직선제 개헌을 요구, 관철함으로써 자신들이 돌아가면서 대통령이 되는 길을 열었다. 또한 국회법을 개정해 청문회 조항을 신설하고 1993년 8

월 12일 금융실명거래 및 비밀보장에 관한 긴급명령을 발표하는 금융실명제를 제5공화국 세력에 대한 정치보복에 이용한 측면이 있다. 한 사람이 대통령을 오래 하는 것과 여러 사람이 돌아가면서 하는 것은 일장일단이 있다. 셋째는 중앙정보부 등 공권력을 동원하여 정치가와 민간인을 사찰하고 공작정치를 하며 탄압했다는 점이다. 하지만 김영삼과 김대중도 대통령으로 재임할 당시 국가정보원(중앙정보부)을 통해 정치가와 민간인을 사찰하고 공작정치를 했다.

과거 정부의 중앙정보부 운영 실태를 언론을 통해 보도된 내용을 중심으로 간단하게 살펴보면 다음과 같다. 박정희 대통령 이래 정권은 정보기관의 사찰(査察) 능력을 통치에 활용했다. 초기에는 주로 '망원(網員 · 간첩)'을 이용했다. 그러다가 노태우 정권 후반기에 "정보의 질을 높이자"며 본격적으로 도청팀을 운영했다. 이른바 '미림(美林)팀'이다. 팀은 미국산 장비를 들여와 안가(安家)에서 훈련했다. 많은 실패를 거쳐 도청 능력은 상당히 좋아졌다. 노태우 정권은 그러나 정권 이양을 석 달 앞둔 1992년 12월 미림팀을 해체했다. 도청 테이프(tape) 수십 개는 파기했다.[89] 1992년 초원복집 사건[90]을 계기로 통신비밀보호법이 만들어졌지만, 도청은 멈춰지지 않았다. 국가권력자들의 요구와 정보기관의 충성심 경쟁이 빚어낸 결과다.

김영삼 정부 시절 안기부는 도청 전담 조직 미림팀을 운영했다.[91] 김영삼 정권은 문민정부를 외치면서도 미림팀을 버리지 않았

---

89) 중앙일보 2012. 4. 2.

90) 초원복집 사건은 1992년 정부 기관장들이 부산의 '초원복집'이라는 음식점에 모여 제 14대 대통령 선거에 영향을 미칠 목적으로 지역감정을 부추기자고 모의한 것이 도청에 의해 드러나 문제가 된 사건이다.

91) 쿠키뉴스 2011. 7. 20.

다. 부활된 미림팀은 정치인·관료·기업인·종교인·언론인을 무차별 도청했다. 3년여 동안 생산된 도청 테이프는 1,000개에 달한 것으로 추산된다. 정권 이양이 다가오자 김영삼 정권도 미림팀 활동을 중단했다. 도청은 '국민의 정부'라는 김대중 정권에서 가장 강력하고 광범위하게 이뤄졌다. 국정원은 신형 장비까지 만들어냈다. 유선 중계통신망 감청장비 R-2가 개발되면서 도청은 훨씬 쉬워졌다. 전화번호를 대량으로 입력하기만 하면 됐다. 팀은 이동식 휴대전화 감청장비 CAS까지 개발해냈다.

2005년 검찰 수사에서 김대중 정권 때 도청당한 사람은 1,000명이 넘는 것으로 집계됐다. 김은성 전 국정원 2차장은 "김대중 대통령의 숨겨진 딸로 알려진 여성과 그 어머니를 1년간 도청했다"고 증언하기도 했다. 김대중 정권의 도청 책임자 임동원과 신건 전 국정원장은 결국 구속됐다. 노태우·김영삼 정권의 책임자들은 공소시효가 지나 기소되지 않았다. 임동원과 신건은 집행유예가 되기는 했지만, 징역 3년을 선고받았다. 2010년 7월 이명박 정권의 민간인 사찰이 불거졌다. 민주당은 신건 의원을 특별조사위원장에 임명했다. 한국 역사상 가장 방대한 도청으로 감옥에 갔던 이를 '사찰규탄' 위원장에 앉힌 것이다. 스스로 부끄러웠던지 신건은 조용히 물러났다.

노무현 정권도 불법사찰을 저질렀다.[92] 2005년 한화갑 당시 민주당 대표마저 "노무현 정권도 도청하고 있다"고 폭로했다.[93] 국정원 직원은 넉 달 동안 유력 대권 주자를 사찰해 나중에 유죄 판결을 받았다. 총리실은 국회의원을 포함해 다수 민간인을 사찰한 것으로 드러났다. 전임 정권보다 규모가 작다고 해서, 조직적 도청은

---

92) 중앙일보 2012. 4. 2.
93) 쿠키뉴스 2011. 7. 20.

없다고 해서 이명박 정권의 불법 사찰이 면책될 수는 없다. 과거와 비교하면 지금은 민주주의와 국민 의식이 더 철저하기 때문이다. 과거에는 수억, 수십억 원 비리가 횡행했지만, 지금은 수백, 수천만 원 비리로도 감옥에 가질 않는가. 하지만 단죄(斷罪)의 잣대는 공평하게 적용돼야 한다.[94] 이제 도청은 권력기관의 전유물이 아니다. 각종 공사 입찰 현장에서 도청 장치가 발견됐다는 소식은 구문이 돼버렸다.[95]

이렇게 전후 사정을 비교하면 야당이나 여당 모두 같은 사람들이다. 특별히 민주화운동 주도세력이 박정희를 독재자라 말할 자격도 없다. 그럼에도 민주화운동 주도세력들은 박정희 정부의 탄압으로 자신들이 핍박을 받았다고 하면서 다른 한편으로는 자신들은 투쟁했다고 말했다. 이러한 이중성은 지극히 자기중심적인 사고이다. 어느 시대, 어느 국가를 막론하고 투쟁을 하면 결과는 뻔하다. 승자가 되면 권력을 쟁취하지만, 패자가 되거나 힘이 없으면 상대에게 탄압받는다. 그리고 박정희 시대에 이루어진 탄압 대상은 일반 국민이 아니라 투쟁가와 선동가적 성향이 강한 정치가와 재야 인사들이었다.

그들 중에 억울하게 피해를 본 사람이 있다면 국가에서 보상할 필요가 있다. 하지만 그들의 숫자는 그렇게 많지 않다. 피해규모도 마찬가지이다. 김영삼이 정치보복에 골몰하면서 IMF(International Monetary Fund, 국제통화기금) 위기를 발생하게 하여 수많은 국민이 겪은 고초, 김대중이 카드정책을 잘못하여 발생한 자살과 인신매매에 비하면 별것 아니다. 김대중은 스스로 민주화를 위해 노력

---

94) 중앙일보 2012. 4. 2.
95) 쿠키뉴스 2011. 7. 20.

하고 국민 앞에 섰던 사람이라고 했으며 인권 대통령인 것처럼 행동하고 내세웠다. 하지만 우리나라에서 본격적인 인신매매가 이루어진 것은 김대중 정부의 잘못된 카드정책 때문이었다.

정치가에 대한 비판은 국민의 자유다. 본인이 정치가라도 마찬가지이다. 비판에 자격이 필요한 것은 아니다. 하지만 국민과 정치가는 입장이 다르다. 적어도 정치가가 상대 정치가의 잘못을 비판하려면 자신은 도덕적이어야 하고 같은 잘못을 저지르지 말아야 한다. 자신도 도덕적이지 않고 비슷한 잘못을 저지르면서 상대 정치가의 비판을 일삼는 정치가는 저급하다.

5) 박정희 독재자, 김대중 · 김영삼 민주화 선도자인가

오늘날 많은 한국인이 박정희는 유신 독재자이고, 김대중과 김영삼은 민주화 선도자로 생각하는 경향이 있다. 그러나 이것은 잘못된 생각이다. 박정희와 김대중 · 김영삼은 각각 공적과 과오가 있다. 박정희가 한국 민주화에 공적이 있다고 하면 '말도 안 되는 소리를 한다'고 생각하는 사람도 있을 것이다. 그러나 박정희는 한국 민주화에 현저한 공적이 있다. 박정희와 김대중 · 김영삼을 놓고 볼 때, 오히려 박정희가 민주화 선도자이고 김대중 · 김영삼은 민주화 선도자라고 볼 수 없는 측면이 있다. 김대중과 김영삼은 자신들이 마치 한국 민주주의 발전과 민주화를 선도한 것처럼 말한다.

특히 김대중은 인권주의자로 인권 향상을 위해 상당한 일을 한 것처럼 말했다. 하지만 김대중과 김영삼은 민주화 선도자나 인권주의자가 될 수 없는 사람이다. 한국 정치사에 가장 대표적인 계파인 동교동계와 상도동계를 만든 장본인이다. 배타성을 바탕으로 한 이기주의를 추구하는 계파는 민주주의 원리와 보편적 인권 실천에 반한다. 그런데 계파의 수장이 어떻게 민주화를 선도하고 인권주의자가 될 수 있다는 말인가? 한 사람이 두 가지 논리가 배치(背馳)되는 내용을 행하면 아무것도 제대로 되지 않는다. 그런데 김대중과 김영삼은 계파 수장으로 계파정치를 하면서 민주화를 선도하고 인권을 옹호하며 평화주의자인 척했다.

김대중의 행동과 태도가 상황과 입장에 따라 바뀐 이유가 여기에 있다. 배치(背馳)되는 일을 일인이역(一人二役)을 하려고 하니까 야누스96)가 되지 않을 수 없었다. 그래서 국민이 보는 앞에서는 민주화 선도자, 인권운동가, 평화주의자인 척하고 뒤에서는 계파 수장으로 철저하게 배타적으로 행동하며 권모술수(權謀術數)를 사용해 국민을 분열시키고 무시하는 행동을 했다. 김대중이 스스로 지역감정의 가장 큰 피해자라고 하면서, 한편에서는 지역감정을 완화하는데 앞장서는 것처럼 행세하고, 다른 한편에서는 지역등권론을 내세우는 등 대통령이 되기 위해 끊임없이 지역감정을 이용하여 지역분열을 추구했던 것도 타고난 투쟁적 선동정치가의 이중성을 보여주는 한 단면에 불과하다.

민주주의 원리에 반하는 계파정치를 하면서 민주화를 선도할 수 있는가? 없다. 그럼에도 김대중이 민주화를 선도하는 사람처럼 보일 수 있었던 것은, 계파 수장으로서 입신출세와 권력 획득을 위한 이기주의 실현 방법으로 정치 전략상 민주화를 투쟁의 명분으로 이용했기 때문에 사람들이 그 명분을 보고 민주화 선도자로 착각

---

96) 야누스(Janus)는 로마 고대 종교의 신(神). 성문(城門)·집의 문을 지키며 앞뒤로 두 개의 얼굴을 가짐.

했다. 하지만 실제 김대중이 한 행동은 권력 획득을 위한 투쟁 전략의 하나로 국민에게 보여주고 자극하기 위해 한 것이지 민주화 진전 자체를 목적으로 한 것이 아니었다. 그러니 김대중 씨가 집권한 후 한국의 민주화가 진전하는 것이 아니라 계파가 바탕이 된 자기 사람이나 자기 세력 심기를 하여 사회갈등이 증폭하고 진보와 보수 대결 구도가 형성된 것이다. 김대중이나 김영삼은 민주화 선도자라기보다는 투쟁적 선동정치가로 보는 것이 옳다.

박정희의 민주화 진전 추진방식은 경제발전을 통해 경세제민 실천과 부국강병을 이루는 것이었다. 박정희의 민주화 공적 사례를 들어보면 첫째는 6 · 25 전쟁 발발 당시 민간인 신분[97]이었음에도 참전하여 목숨을 걸고 북한의 남침에 맞서 공산화를 저지하는데 상당한 역할을 하는 등 자유민주주의 국가체제를 지키기 위해 싸웠다. 둘째는 보릿고개에 허덕이던 가난한 나라에 경제건설을 통한 발전의 초석을 놓고 국민 삶의 질을 크게 향상시켰다. 셋째는 '하면 된다', '잘살아보세', '중단 없는 전진' 등의 말로 국민을 자각하게 했다. 그러나 여러 가지 과오도 있었다. 박정희는 공적과 과오가 비교적 뚜렷하다. 김대중과 김영삼도 마찬가지이다.

김대중과 김영삼의 민주화 공적은 박정희 정부와 전두환 정부에서 권위주의적 또는 반민주적 통치 요소를 사용한 잘못을 지적하고 민주화 전진을 위해 노력해야 함을 역설한 것이다. 하지만 이들

---

97) 박정희는 1948년 10월 국방군 내 좌익계열의 군인들이 제주 4 · 3 사건 진압을 거부하고 일으킨 여수 · 순천사건이 일어나자 육군 정보사령부 작전참모로 배속되었다. 그해 박정희는 당시 국군 내부 남로당원을 색출하자 발각되어 체포되었으며 군법회의에 회부되어 사형을 선고받았다. 하지만 만주군 선배들의 구명운동과 군부 내 남로당원 존재를 실토한 대가로 무기징역을 언도 받았다. 이후 15년으로 감형되어 군에서 파면되었다. 군에서 파면되었지만, 육군본부에서 비공식 무급 문관으로 계속 근무하다가 1950년 6 · 25 전쟁이 발발하자 소령으로 군에 복귀하였다.

은 과오가 훨씬 더 많다. 민주화를 위한 가장 중요한 일 중 하나가 국가체제 수호이다. 그런데 김대중은 6 · 25 전쟁에 군인으로 참전하지 않았다. 민주화를 자신들의 정권 획득을 위한 정치 전략으로 이용하고, 계파를 만들어 한국 정치발전을 저해하게 했다. 여기서 말하고자 하는 것은 박정희의 공적을 부각하여 두둔하거나 김대중과 김영삼을 폄훼하려는 것이 아니다. 박정희, 김대중, 김영삼 전대통령은 각각 공적과 과오가 있으므로 편견이나 선입견을 버리고 균형을 잡고 공정한 평가를 해야 한다는 것이다. 그래야 우리나라의 현대사를 바로 세울 수 있기 때문이다.

6) 박정희, 유신 독재자라면 야당 · 국민은 책임 없나

박정희 대통령이 발의해 국민투표에 부치고 통과하여 헌법 제8호로 1972년 12월 27일 개정되고 시행에 들어간 유신헌법을 반대한 사람은 야당정치가와 그들을 추종하는 재야인사, 상당수 학생과 국민이었다. 민주화운동을 주도했다는 김대중과 김영삼은 야당의 중심적인 정치가였다. 모두가 아는 것처럼 법률은 그 시대의 산물이다. 당시 여건, 환경요소가 반영되고 통치자의 의지, 정치가들의 노력과 국민의 선택 등이 반영되어 제정되기 때문이다. 정치도 마찬가지이다. 야당과 국민은 국가를 위해서도 그렇지만 자신들을 위해서도 통치자에 대한 견제 의무와 협조 의무가 있다.

유신헌법이 발의되었을 때 야당과 야당정치가들은 자신들이 권력을 획득하는데 유리한 환경을 만들기 위해 반대를 위한 반대에 주력했지만, 다수의 국민이 통치자의 제안을 지지해 유신헌법을 통

과시켰다. 그런데 권력 획득을 목적으로 하는 상당수 야당정치지도
자와 재야인사 그리고 그들을 추종하는 상당수 학생과 국민은 박
정희를 유신 독재자라 했다. 민주화운동 주도세력은 견제 의무와
저항권만 강조하며 격렬하게 반대하고 자극적인 행동을 했을 뿐
민주주의 원리인 다수결의 원칙에 의한 다수의 선택을 존중하지
않았고, 국민으로서 대통령과 정부에 협조해야 할 의무도 제대로
이행하지 않았다.

소수라도 국민이 대통령과 국회의원, 정부와 국회의 대표성을 인
정하지 않으면서 자신들의 저항권과 견제 의무를 주장하는 것은
논리 모순이고, 자기중심적 사고에 의한 편견이다. 내 권리를 법으
로 인정받으려면 다수가 인정한 법과 체제를 일단은 존중해야 한
다. 그 내용에 문제가 있더라도 어느 정도 실시한 후 부작용과 문
제점을 제시하고 절차에 따라 시정이나 개선을 요구해야 한다. 그
런데 민주화운동 주도세력은 유신헌법이 통과되었을 때, 찬반투표
에서 찬성한 사람이 많았을 때도 그것을 존중하지도 인정하지도
않았다. 이것은 민주주의에 대한 이해와 지식이 부족한 저급한 사
람들이나 하는 비민주적인 행동이다.

그들의 주장처럼 박정희가 유신 독재자라고 하자. 그럼 야당정치
지도자와 재야인사 그리고 그들을 추종하는 학생과 국민에게는 책
임이 없는가? 있다. 법률의 제정과 정치는 국민과 통치자가 함께
만들어 가는 것이기 때문이다. 야당정치가와 국민이 순리적인 방법
을 사용했다면 박정희 정부의 대응방식과 행태도 달랐을 것이다. 3
선 개헌 때도 마찬가지였다. 만약 헌법 제7호로 1969년 10월 21일
일부 개정(3선 개헌)될 당시 야당이 3연임이 아니라 4연임을 할 수
있는 4선 개헌을 지지했다면 상황은 크게 달라졌을 것이다. 그런데

야당정치가들은 그렇게 하지 않았다. 여당과 야당은 서로 자기에게 유리한 조문을 삽입하려고 하면서 격돌했고, 결과는 다수결에 의해 박정희가 3연임 하는 길이 열렸다.

박정희 대통령과 여당에도 책임이 있지만, 야당에도 상당한 책임이 있다. 그런데도 민주화운동 주도세력은 자신들의 권력 획득을 위해 3선 개헌을 저지하는 시위를 하고 농성한 것을 민주화운동으로 둔갑시켜놓았다. 자신들의 탐욕은 숨기고 책임은 전가하면서 잘못된 것을 미화시켜 놓은 이러한 민주화운동이 과연 정당한 것이 될 수 있는가? 일부 공감하는 사람들은 있을지 몰라도 정당한 것이 될 수 없다. 그 이유는 자신들이 독재정치를 할 수밖에 없는 원인의 상당 부분을 제공했기 때문이다. 연관된 일에 책임이 있는 사람은 그 일로 다른 사람을 공격하는 일은 자제해야 한다. 그런데도 우리는 피해자이고 잘못은 모두 다른 사람에게만 있다고 말하는 것은 투쟁적인 선동정치가나 할 수 있는 저급한 행동이다. 모든 문제는 항상 일정 부분 나에게 책임이 있다.

제2장

시위와 한국 민주화운동에 대해 갖는 의문

제1절 민주주의와 시위에 대해 갖는 의문

1. 민주화하면 세상이 확 바뀌고 발전하는가

오늘날 우리나라 국민 중에는 민주화에 대한 막연한 환상을 갖고 있는 사람들이 적지 않은 것 같다. 이들은 마치 민주화하면 세상이 확 바뀌고 아주 살기 좋게 발전할 것으로 생각하는 경향이 있다. 하지만 그것은 착각이다. 민주화한다고 엄청나게 바뀌지도 않지만, 살기 좋게 발전하는 것만도 아니다. 자유민주주의 국가체제 내에서 민주화는 더욱 그렇다. 민주화를 통해 기존의 불합리한 문제를 제거하는 조치를 하고, 그에 따라 통치방식이나 국가 운영체계를 바꿀 수는 있다. 이것은 중요하다. 아무래도 좋은 체제나 제도 속에서 살아가는 것이 삶에 도움이 되는 것으로 본다. 도움이 되지 않으면 굳이 새로운 제도를 도입할 필요가 없다.

민주화하여 좋은 체제와 제도를 도입하기 위해 노력하는 이유도 삶에 도움이 되기 때문이다. 하지만 다수에게 유리한 것으로 판단해 선택하고 도입한 제도라도, 그것이 개인인 국민의 삶의 질 향상과 인간 존엄성 실현을 보장하는 것은 아니다. 대체로 국민 중에 수혜자가 많아지지만, 일부는 손해를 볼 수도 있다. 세상에 모든 사람에게 혜택만 줄 수 있는 제도와 방법은 존재하지 않는다. 주어진 사회 환경이나 여건에서 개인의 삶의 질 향상과 인간 존엄성 실현은 각자의 노력과 의지, 능력에 의해 결정된다. 그러므로 모든 국민은 체제와 제도가 자신의 삶에 도움이 되도록 잘 활용하고 열심히 살아야 한다.

인간 자체가 안고 있는 불완전성으로 말미암아 아무리 좋은 체제나 제도라고 생각하는 것도 항상 어느 정도는 문제를 안고 있다. 민주주의도 마찬가지다. 그러므로 운용의 묘가 때로는 좋은 체제나 제도보다 더 중요한 역할을 하기도 한다. 같은 제도와 통치체제 속에서 운용하는 통치자에 따라 성군이 나오기도 하고 폭군이 나오기도 한다. 우리가 좋은 제도로 인식한 것도 통치자가 국민이 아닌 자신을 위해 사용하면, 국민을 위한 정치를 하는데 사용되는 다소 좋지 않은 것으로 인식되는 제도보다 못한 결과를 낳을 수 있다. 민주주의가 발전한 오늘날의 관점에서 보면 안 좋은 제도가 많았던 전제군주 시대에도 백성을 위하는 성군이 있었고, 과거보다는 상대적으로 좋은 제도가 많은 현대 자유민주주의 국가에도 독재정치를 하는 통치자가 적지 않다는 것이 이를 입증한다.

우리가 어떤 국가체제와 통치 그리고 운영방식을 선택하든 그것은 시작일 뿐이다. 국민이 선택한 방식이 국민에게 유리한 것으로 되게 하기 위해서는 제도의 도입 후 치열한 노력이 수반되어야 한다. 민주화도 마찬가지이다. 민주화가 되거나 진전되었다고 손 놓고 있어서는 안 된다. 인생과 같이 민주화, 민주화 진전, 민주주의 발전도 만들어가는 것이다. 단점을 예방하거나 제거하고 장점을 살리기 위한 노력이 지속되지 않으면, 민주주의의 단점은 언제 국민을 혼란과 독재정치의 수렁으로 몰아넣을지 모른다. 우리가 반드시 기억해야 할 것은 민주화한다고 세상이 확 바뀌고 발전하는 것이 아니라 발전적인 변화는 국민이 합심하고 협력하여 좋은 방안을 찾아가는 노력을 계속할 때 이루어진다는 점이다.

2. 자유는 좋은 것이고, 억압과 통제는 나쁜 것인가

영국의 철학자이자 정치사상가로 『리바이어던(Leviathan)』을 저술한 홉스(Thomas Hobbes)가 볼 때 국가는 개인이 자유를 구가하게끔 하기 위해서가 아니라, 개인을 파멸로 이끄는 자유로부터 구하기 위해 형성된 것이다.[98] 하지만 국가는 초월적 세계로부터 그 존재 이유를 확보하고 있다기보다는 인간의 뜻에 따라 이루어진 인위적 기제라고 할 수 있다. 시민 사회의 분자화된 개인들 사이의 갈등 위에 군림하며, 이들의 갈등을 통제하는 객관적인 법질서로 투영되고 있다. 국가는 도덕적 힘뿐 아니라, 물리적 · 도구적 힘, 심지어는 심리적 압력이나 문화적 영향력까지 행사하는 것이 현실이다.[99] 이러한 국가의 영향력 행사는 전체 국민의 권익을 보호하려는 노력의 결과이다.

자유(自由)는 남에게 구속을 받거나 무엇에 얽매이지 않고 자기 마음대로 행동함, 법률의 범위 안에서 자기 마음대로 하는 행위이다. 통제(統制)는 전체적인 목적을 달성하기 위하여 여러 부분을 한 원리로 제약하는 일, 제약(制約)은 조건을 붙여 내용을 제한함 또는 그 조건, 제한(制限)은 한도를 정하거나 그 한도를 넘지 못하게 막음 또는 그 정한 한계를 뜻한다. 억압(抑壓)은 행동 · 자유 따위를 힘으로 억누름이다. 민주주의가 발전하지 못한 국가에서 자유 확대에 대한 요구는, 초기에는 대개 인권에 높은 관심을 갖는 종교계 인사나 권력 획득을 목적으로 하는 야당과 야당정치가 등이 앞

---

98) 박완규(2007), 『리바이어던, 근대국가의 탄생』, 사계절, p.157.
99) 이수윤(1998), 『정치학 개론』, 법문사, pp.105~107.

장서고 그 추종자들이 힘을 합해 민주화를 요구하는 형태로 나타나는 경향이 있다. 이러한 방식은 점차 세력이 확대하면서 민주주의 원리를 존중하는 정상적인 절차와 방법보다는 투쟁과 선동에 의존하는 시위 형태로 발전한다.

통치자는 권력을 남용하는 독재자이고 헌법 등 법규는 지나치게 국민 기본권을 제약한다며 자유 확대와 인권 존중을 요구한다. 하지만 인간은 근본적으로 남에게 구속받는 것을 싫어하는 성향이 있으므로 일차적인 요구가 충족되면 더 많은 자유를 누리려 한다. 그러나 무한대의 자유는 국가체제를 부정하고 혼란을 불러오기 때문에 결국은 억압과 통제를 부르게 되어 있다. 그런데 문제는 자유를 어느 정도까지 할 것인가 하는 기준이 부재하다는 점이다. 일반적으로 통용되는 기준은 당시의 국민적인 합의이다. 그럼에도 기준의 경계 부분에서는 항상 더 많은 자유를 누리려고 하는 사람들과 전체 국민의 권익 보호를 위해 공권력의 활동 여지를 확대하려는 정부 사이에 논란이 발생한다.

억압이나 통제, 자유에 대한 개인 간 인식 차이 문제도 있다. 일반적인 사람들은 통제가 일정한 정도에 이르면 억압으로 받아들이지만, 제약을 싫어하며 자기 마음대로 행동하고 살기를 원하는 사람들은 법규 자체를 억압으로 인식하는 경향이 있다. 그러므로 같은 통제를 하더라도 필요한 것으로 생각하고 그 규정을 지키려고 노력하는 사람도 있고, 부당한 것으로 생각하여 반항하거나 항거하는 사람도 있다. 통제는 대개 일정한 사회적 목적 달성을 목표로 하여 이루어진다. 그런데 정부 통제를 받아들이기를 거부하는 사람들이 무리를 지어 세력을 형성하고 조직적으로 저항하면서 문제를 제기하며 자신들의 요구 사항을 관철하기 위해 시위를 벌이면 해결이 쉽지 않다.

특히 정치권력 획득을 목적으로 하는 투쟁적이고 선동적인 정치가가 저항과 시위를 조장하거나 선도하면 문제는 더욱 꼬인다. 저항과 시위는 공권력과 충돌이 불가피하고 양측이 충돌하면 희생자가 생긴다. 희생자가 늘어날수록 시위는 격화한다. 우리나라의 1970년대나 1980년 민주화운동도 이러한 형태로 시작하고 발전하였다. 사람들은 자유는 좋은 것이고, 억압과 통제는 필요하다는 데 공감은 하면서도 좋지 않은 것으로 인식하는 경향이 있다. 자신의 자유가 억압받고 있으며 통제가 자신을 힘들게 한다는 생각을 하는 사람은 더욱 그렇다. 하지만 자유와 통제가 좋은 것이냐 좋지 않은 것이냐 하는 것은 상황에 따라 다르다.

양자 모두 필요한 것으로 좋은 것이기도 하지만, 정도를 넘어서면 좋지 않은 것이 된다. 그럼에도 사람들이 통제받는 것을 싫어하고 현재보다 더 많은 자유를 갈망하는 이유는 자유로운 존재로 태어났기 때문이다. 그러나 개인이 갖는 천부인권적 자유는 결국 다른 사람과 자신을 모두 해치는 결과를 초래했고, 사람들은 모두가 공존공영하기 위해 법규를 만들고 자유를 제한하는 통제를 시작했다. 오늘날 자유민주주의 국가에서 통제와 자유는 분리될 수 있는 것이 아니라 손등과 손바닥같이 동시에 존재한다. 양자 모두 필요한 것이다. 그러므로 자유를 늘리면 통제의 필요성이 제기되고, 통제를 늘리면 자유의 필요성이 제기되는 것이다.

민주화운동에 관여한 사람들은 대개 법규에 의한 통제보다는 자유의 가치와 필요성을 강조하는 경향이 있다. 하지만 편중된 생각은 바람직하지 않다. 인간이 세상을 살아가면서 발전을 추구하는 초기 단계에서는 대개 자유보다는 통제에 치중할 수밖에 없다. 그리고 통제를 통한 발전은 자연스럽게 자유 확대를 요구하게 하고 자유로운 삶을 살게 하는 흐름을 형성한다. 한국의 1970년대와 1980년대는 경제성장과 국가안보위기를 벗어나기 위해 상당 부분 통제가 필요한 시기였다. 그런데 한국의 민주화운동 주도세력은 순리적인 민주화보다는 정치권력 획득 목표 달성을 위해 민주화를 명분으로 끊임없는 반정부 활동과 시위를 지속했다. 이러한 활동은 장단점이 있지만, 전체적인 측면에서 볼 때 사회발전에 큰 도움이 된 것으로 보기는 어렵다.

국가는 모든 사람의 권익 보호를 위해 사람이 타고난 천부인권적인 자유를 통제하는 법규를 만들어 의무 부담을 강요하고 활동을 일정 부분 제약하는 방법을 사용한다. 이렇게 국가체제 유지와 원활한 통치를 위해 억압은 필연적이다. 이런 억압이나 통제마저 싫으면 지금이라도 우리 인간은 국가를 해체할 수 있다. 그럼에도 국가를 해체하지 않는 이유는 자유가 통제를 통하여 억압되더라도 모든 사람이 공존공영하는 데 도움이 된다고 생각하기 때문이다. 우리는 이러한 사실을 분명하게 인식해야 한다. 여기서 우리가 얻는 교훈은 무한대의 자유 요구와 맹목적인 통제 반대를 지양하고 삶의 질 향상과 인간 존엄성을 실현하는 데 반드시 필요한 자유를 확보하기 위해, 국가와 국민을 위한 필연적인 억압과 통치자 자신의 욕심을 채우기 위해 사용하는 억압을 구분하여 대응해야 한다는 점이다.

3. 간디는 왜 존경받는가

1970년대와 1980년대 한국의 민주화운동이 무엇이 잘못되었는가 하는 점을 가장 쉽게 이해할 수 있게 해주는 것이 간디의 비폭력 불복종운동이다. 간디가 존경받는 이유는 그가 인도 독립을 위해 비폭력 불복종운동을 전개했기 때문이다. 비폭력적인 방법을 통해 리더십을 발휘하고 독립을 쟁취하는 일은 험난하고 힘들었다. 하지만 사람들은 그것이 합리적이고 정당하다는 것을 알았기 때문에 그를 존경하고 따랐다. 어떤 형태가 되든 우리는 모두 폭력은 다른 폭력을 낳는다는 것을 안다. 그리고 대한민국은 정부 수립 이후 항상 체제 내에서 자유민주주의를 발전시키는 방법을 보유하고 있었다.

1970년대와 1980년대 민주화운동 주도세력들은 가장 민주적인 민주주의 발전 방법인 선거를 통한 개선, 다수결의 원칙과 법치주의라는 민주주의 원리를 존중하며 자신들의 주의 주장을 관철하는 방법보다 반정부 시위를 통해 민주화를 추구했다. 그렇다고 민주화운동 주도세력들의 민주화 노력이 의미가 없는 것은 아니지만, 그것은 국가와 시대를 초월하여 존경받을 수 있는 좋은 방법이 아니었다. 민주주의 원리를 존중하는 민주화 노력을 좀 더 기울였더라면 하는 아쉬움이 남는다. 우리는 모두 정상적으로 민주주의를 발전시키는 방법으로 민주화, 민주화 진전, 민주주의 발전을 지향하고 추구해야 한다.

위법 행위와 물리력에 의존하는 반정부 시위를 통한 민주화운동이 왜 좋지 않은 것인가 하는 점은 앞으로도 그런 방법으로 민주화하고 민주주의를 발전시켜나가는 것이 옳은가를 생각해 보면 그 이유는 뚜렷해진다. 우리가 성취하고자 한 가치(價値)가 올바른 것이라 할지라도 그것을 추구한 우리의 노력이 공적이 되고 다른 사람들의 존경 대상이 되려면 동기, 진행과정, 결과 모두에서 시대와 국가를 초월하여 행위의 정당성과 합리성을 인정받을 수 있어야 한다. 민주화 노력도 마찬가지이다. 그런데 한국의 민주화운동은 안타깝게도 정당성과 합리성을 결여한 부분이 너무 많다. 정당성과 합리성을 결여한 인간의 노력과 그 결과는 반드시 비판받게 되어 있다. 그렇게 하지 않으면 발전할 수 없기 때문이다.

4. 민주주의, 피를 먹고 자라는가

발전(發展)은 더 낫고 좋은 상태로 나아감이다. 세상이 현재 상태에서 발전하려면 사람들의 피와 땀, 눈물이 수반되는 노력이 필요하다. 그럼 민주주의도 발전하기 위해서는 피와 땀, 눈물을 흘려야 하는가? 당연하다. 잃은 국가를 되찾을 때, 한 국가체제 내에서 이념적 분열로 공산주의와 민주주의 세력의 대결구도가 펼치질 때, 정치지도자가 자신의 권력 획득을 목적으로 통치자와 정부의 대표성을 제대로 인정하지 않고 선전과 선동을 일삼으며 반정부 시위와 계급투쟁을 지향할 때, 통치자가 대다수 시민의 요구를 수용하지 않고 억압하며 시민이 그러한 통치에 대항하여 시위로 맞설 때는 사회혼란이 가중되어 희생자가 속출하는 등 땀이나 눈물과 함께 피도 흘리게 된다.

그동안 세계적으로 자유민주주의 발전 과정에 많은 시민이 피를 흘리며 희생되었다. 우리나라도 마찬가지이다. 하지만 민주주의가 피를 먹고 자라는 것은 아니다. 민주주의 발전에 대해 잘못된 식견을 가진 사람들은 '민주주의는 피를 먹고 자란다'고 말한다. 이 말은 '민주주의가 발전하기 위해서는 피를 흘릴 수밖에 없다'는 점을 강조하기 위한 표현으로 보인다. 그러나 이것은 적절한 표현으로 보기 어렵다. 투쟁가나 선동가 투쟁적 선동정치가의 잘못된 민주화 또는 민주화운동관을 대변한다.

　민주화 과정에서 피를 흘리는 것은 억압정치를 하는 통치자가 민의 수렴과 수용을 거부하고, 민주화 선도자들이 자신들의 권력 획득 목적 달성이나 요구를 관철하기 위해 위법한 행위를 하며 폭력 등 물리력을 앞세워 질서를 유지하려는 공권력을 넘어서려고 할 때 나타나는 비극이다. 지나친 공권력 남용, 물리력을 사용하는 것 자체가 비민주적인 방법이므로 민주화 과정에서 참여자들이 피를 흘리게 되는 이유는 대화와 타협을 무시하고 민주주의 원리와 이념을 존중하지 않으며 정도를 넘은 강경 진압, 민주화 주도세력들의 민주화에 대한 잘못된 이해, 지식 부족, 권력 획득을 위해 투쟁을 지향하는 태도 때문이다.

　민주주의 원리를 존중하면서 하는 민주화 노력은 힘들고 어렵다. 못된 통치자들의 방해공작도 있을 수 있으므로 대체로 시간이 오래 걸리는 것은 사실이다. 하지만 민주화가 반드시 실현할만한 가치가 있는 일이라면 그 어떤 고난과 시련도 이겨내고 정의 실현을 위해 올바른 길을 가야 한다. 힘들고 어렵고 시간이 오래 걸린다고 좋지 않은 방법을 사용하여 원하는 것을 성취하면 자신들이 사용한 부당성과 불합리성으로 말미암아 바로 새로운 도전에 직면한다. 우리가 일할 때 정당하고 합리적인 방법을 사용해야 하는 이유가 여기에 있다.

그동안 수많은 사람이 피를 흘리고 희생되는 시위와 혁명 등으로 여러 국가에서 정부가 전복되고 정권 교체가 일어났다. 하지만 시위나 혁명이 일어난 원인은 다름 아닌 국민 스스로 제공했음을 알고 이해하는 사람들은 많지 않다. 평상시에 민주화, 민주화 진전, 민주주의 발전을 위해 제대로 노력하지 않고 독재자가 탄생하고 독재정치를 하며 군림하도록 방치했으면서, 인내의 한계에 도달해 특정한 사건을 기회로 일시에 정부를 전복하고 정권을 교체한 일을 민주주의 발전으로 이해하는 것 자체가 잘못이다. 그동안의 민주주의 발전은 피를 흘리는 폭력을 수반한 시위와 혁명보다는 힘들고 어려움을 감내하는 민주적 방식의 노력에 의해 주로 이루어졌다.

인류 역사에서 민주주의가 급속하게 발전하는 데는 통치자나 정치지도자의 민의 수렴과 수용을 통한 발전 지향 노력, 학자들의 더욱 나은 이론 개발이나 발전방향 제시, 일반 국민의 의무 부담과 법규 준수, 통치자에 대한 견제 활동이 훨씬 더 크고 결정적인 역할을 했다. 영국의 철학자이자 정치사상가로 영국 경험론 철학의 시조인 존 로크(John Locke, 1632. 8. 29.~1704. 10. 28.)는 영국의 명예혁명(1688년)에 의한 왕정복고기에 활동했으며, 그 투쟁에 철학자, 경제학자, 정치가로서 참가했다. 영국 명예혁명의 대변자로서 제한된 왕권(王權)과 부르주아 의회의 조화를 꾀하는 입장에서 사회계약설[100]을 제시하며, 인간의 자연 상태를 질서 있는 상호부조의 상태라고 했던 점, 노동 투자에 의한 소유권의 성립을 자연권 속에서 열거하고 있는 점에서, 선행자인 홉스와는 달리 부르주아적 소유에 대한 옹호가 명확히 내세워지고 있다. 또한 일정 한도 내의

---

100) 사회계약설(社會契約說)은 사회 및 국가는 본래 개인이 주체적 의지로써 서로 계약을 맺어 형성하였다고 하는 학설. [준말] 계약설.

혁명권을 인정하고 있다. 그의 사상은 계몽적 영향이 크며 프랑스 인권선언이나 미국 독립선언 속에 살아 있다.[101]

투쟁적인 선동정치가들이 즐겨 인용하는 프랑스혁명은 사실은 사상혁명으로서 시민혁명의 전형이다. 여기서 시민혁명은 부르주아 혁명(계급으로서의 시민혁명)만을 의미하지는 않는다. 전 국민이 자유로운 개인으로서 자기를 확립하고 평등한 권리를 보유하기 위해 일어선 혁명이라는 더욱 넓은 의미를 포함하고 있다. 혁명 이념은 계몽사상가인 몽테스키외(Montesquieu), 볼테르(Voltaire), 루소(Jean-Jacques Rousseau), 디드로(Diderot) 등에 의해 약 반세기에 걸쳐 배양되었다. 그중에서도 특히 루소의 문명에 대한 격렬한 비판과 인민주권론이 혁명사상의 기초가 되었다.[102] 이처럼 단순한 폭동으로 끝나지 않은 프랑스혁명과 영국의 명예혁명 이면에는 민주주의를 발전시키는데 공헌한 학자들의 노력이 숨어있다. 오늘날 대통령제도의 원류가 되고 있는 미국 독립선언과 헌법 제정 및 발전 과정도 마찬가지이다.

5. 악법 안 지켜도 괜찮은가

대한민국의 법이 무력과 불법 앞에 맥을 못 추는 현상은 어제오늘의 일이 아니다.[103] 민주화운동 당시 법을 지키지 않는 일이 비

---

101) 철학사전.

102) doopedia 두산백과.

103) 뉴데일리 2012. 5. 29.

일비재했다. 지금은 절판(絶版)된 상태이지만, 박원순 서울시장은 2000년 3월 16대 총선 직전 『악법은 법이 아니다』라는 책을 저술했다.[104] 그리고 노무현 전 대통령이 현직에서 "악법은 지킬 필요가 없다"고 한 발언에 고무된 사람들이 너도나도 법을 무시하기 시작했다고 주장하는 사람도 있다. 대한민국은 법에 따라 운영되는 법치국가이다. 그럼에도 오늘날 대한민국에서는 법을 잘 지키는 사람만 손해를 본다고 잘못 생각하고, 너도나도 정부에 반항하고, 반대하고, 공권력을 방해하고, 법을 안 지키는 것이 잘하는 것이고 정의로운 일을 하는 것으로 인식하는 위험한 현상이 나타나고 있다.

대한민국 국민이며 대한민국 법으로 보호를 받으면서 사는 이들이 자기들에게 불리하면 법을 무시하고, 대중을 동원하여 무력과 불법으로 공권력을 무력화시키고, 자기들에게 유리하면 법을 지키라고 하는 세력도 있다. 하지만 법은 만인 앞에 평등한 것이다. 유리와 불리를 따라서 지켜도 되고, 안 지켜도 되는 것이 아니란 말이다. 법이란 불리해도 지키고 유리해도 지켜야 하는 것이다.[105] 악법 논란의 대상이 되는 것은 여러 가지가 있지만, 민주화운동과 관련하여 항상 국가보안법이 그 중심에 있었다. 오늘날도 국가보안법은 여전히 논란 대상이다.

악법(惡法)은 나쁜 법률이다. '나쁘다'는 '좋지 않다, 해롭다, 옳지 않다'는 뜻이다. 말뜻 그대로 풀이하면 악법은 좋지 않은 법률, 해로운 법률, 옳지 않은 법률을 말한다. 여기서 세 가지 의문이 생긴다. 첫째는 악법도 법인가? 법이다. 둘째는 악법을 지켜야 하는가? 지켜야 한다. 셋째는 악법에 대해 어떻게 대응할 것인가? 대다

---

104) 중앙일보 2011. 10. 13.
105) 뉴데일리 2012. 5. 29.

수 국민의 상식에 어긋나는 법은 될 수 있으면 고치는 것이 바람직하다. 순리적으로 절차에 따라 폐기하거나 좋은 법으로 대체해야한다. 만약 통치자의 권력 남용으로 악법이 만들어지고 이로 말미암아 피해를 본 사람이 있다면 추후 정권이 교체되거나 법이 개정되었을 때, 국가를 상대로 한 손해배상 소송을 통해 보상받거나 정부에서 피해자들을 구제하는 방안을 모색할 수는 있을 것이다. 하지만 이것은 별개의 문제이다.

악법도 법이고 현행법이면 지켜야 한다는 원칙에는 이론이 있을 수 없다. 대다수의 국민이 현행 법률을 지키지 않으면 국가와 정부, 정권 자체가 부정되기 때문이다. 이런 사태가 발생하면 국민이 모두 피해를 보는 일이 생긴다. 일반적으로 국민은 악법이 인권을 침해한다고 생각하면 저항권[106]을 발휘한다. 악법 개정을 요구하는데도 정부가 자신들의 요구를 수용하지 않고 시간이 경과하면 점차 물리력을 동반한 시위를 하는 경향이 있다. 특히 통치자와 정부에 대해 반감을 강하게 갖고 있는 사람, 권력 획득에 대한 욕구가 강한 투쟁적 선동정치가가 선도하여 악법에 저항할 때는 더욱 그렇다. 하지만 이것은 올바른 방법이 아니다.

국민이 민주화를 위해 저항권을 발휘할 때는 민주주의 원리를 존중하면서 정해진 절차와 방법에 따라 악법을 폐기하거나 대체 법률을 마련해야 한다. 악법을 개정하는 일이 힘들고 어렵더라도 마찬가지이다. 그 이유는 민주화를 하는 올바른 일을 하려고 하면서 올바르지 않은 방법을 사용하는 것은 옳지 않기 때문이다. 국민 모두의 이익을 위해 악법이라고 안 지킬 것이 아니라 합리적인 좋

---

106) 저항권(抵抗權)은 기본적 인권을 침해하는 국가 권력에 대하여 저항할 수 있는 권리이다.

은 법으로 개정하기 위해 평상시에 적극 동참하고 노력하는 것이
마땅하다.

6. 민주주의에서 법규 위반 행위 정당화될 수 있는가

민주사회에서 법은 국가와 국민 상호 간의 약속이라고 볼 수 있
다. 따라서 정부와 시민 모두가 법을 지켜야 한다. 그것이 법치주
의를 실현하는 것이다. 법치주의(法治主義)는 국가의 권력은 국민
의 의사에 따라 제정된 법률에 바탕을 두어야 한다는 근대 입헌 국
가의 정치 원리이다. 대체로 '사람의 지배'가 아닌 '법의 지배'를
의미한다. 국가 권력은 국민의 의사를 대변하는 의회가 제정한 법
률에 따라 발동되어야 한다. 따라서 국가가 국민의 자유를 제한하
거나 국민에게 새로운 의무를 부과하려고 할 때는 반드시 의회가
제정한 법률에 따르거나 그에 합당한 근거가 있어야 한다.

법치주의의 목적은 사회를 구성하고 있는 사회의 주인으로서 시
민의 자유와 권리를 보장하는 것이다. 법치주의를 실현하게 하는
기초적인 조건은 권력분립이며, 그 구체적 내용은 국민의 자유와
권리를 제한하거나 새로운 의무를 부과하려 할 때에는 반드시 의
회가 제정한 법률로 하여야 한다. 행정은 이러한 법률의 존재를 전
제로 그에 따라 행해져야 하며, 사법도 법률의 존재를 전제로 법률
에 따라 행해져야 한다. 그러나 법치주의는 국가가 위기나 비상사
태에 처하면 대통령에게 긴급명령권, 계엄선포권 등을 인정, 일정
한 범위 안에서 제한할 수 있도록 허용하고 있다.

행정과 재판이 의회가 제정한 법률에 적합하게 이루어지도록 요청할 뿐, 그 법률의 목적이나 내용을 문제 삼지 아니하는 형식적 합법주의를 의미하는 형식적 법치주의는 독재가 출현할 때 법률을 개인 권익보호 수단에서 국가권력이 개인을 억압하는 수단으로 악용하게 된다. 이 경우 법치주의는 '법의 지배'가 아니라 법률을 도구로 한 '합법적 독재'를 의미할 뿐이다. 그래서 오늘날에는 국가가 국민의 자유와 권리를 제한하거나 국민에게 새로운 의무를 부과할 때는 반드시 의회가 제정한 법률에 따르거나 그에 근거가 있어야 한다는 형식적 법치주의뿐만 아니라, 법률의 목적과 내용도 정의에 합치되는 정당한 것이 아니면 안 된다고 하는 실질적 법치주의가 요청되고 있다.

　형식적 법치주의가 통치의 합법성을 특징으로 한다면 실질적 법치주의는 통치의 정당성을 특징으로 하며, 이런 실질적 법치가 확립되기 위해서는 최소한 국민이 참여하는 행정의 통제와 사법적 권리구제제도가 완비되어야 한다.[107] 아무리 여러 가지 제도와 법률이 있어도 지키지 않으면 소용이 없다. 인간 사회는 정해진 규범이 100% 작동되는 완전사회가 아니다. 법치주의 실현도 법을 지키려는 치열한 노력 없이는 요원하다. 국가의 이익을 위해 법을 지키지 않는 개인이나 단체, 심지어 그것이 정부라 하더라도 강력한 압력을 행사하여야 한다. 이러한 노력이 없으면 법치주의는 이상에 불과하다.

　법은 때로는 특정인이 이익을 추구하는 수단으로 사용되면서 다른 사람들에게는 손해를 보게 하고 행동을 제약하는 족쇄가 될 수도 있다. 진정한 법치주의가 실현되는 민주주의는 한두 사람 지도

---

107) 김범주(2003), 『법과 사회』, 형설출판사, pp.44~45.

자의 선도적 역할로 달성할 수 있는 일이 아니다. 정해진 절차와 방법에 따른 정당하고 합리적인 법률 제정과 공정한 집행이 이루어지게 하려면 사회구성원 모두의 노력이 수반되어야 한다. 나부터 솔선하여 생활 속에서 법을 준수하고 다른 사람들도 법을 지키도록 유도하는 공동의 노력은 필수적이다. 그리고 무엇보다도 법이 규정하는 개인의 이익도 때로는 공익을 위해 상당 부분 희생하는 자세와 각오가 되어 있을 때 모두가 법치주의 실현의 수혜를 누릴 수 있다.

재판정에서는 오늘도 법의 경계를 넘나들며 치열한 논리경쟁이 이루어진다. 하지만 법이 존속하는데도 불구하고 이해다툼이 극심하고 세상이 시끄러운 것은 법의 경계에서 내가 한 걸음 더 양보하여 손해를 감수하는 단계에 이르러야 경계선이 뚜렷해지고, 경계선에서의 논란이 없어질 수 있다. 지금 우리는 입으로는 모두 법치주의의 중요성을 강조하지만, 실제 사회에서 많은 개인과 집단의 행동은 법의 제한 경계를 넘나들며 각자의 이익을 앞세우려 하므로 갈등과 대립이 격화되고 법치가 도전을 받는 것이다. '정당하다'는 이치에 맞아 올바르고 마땅하다, 바르고 옳다, 이치에 합당하다, 정당화(正當化)는 정당하게 됨 또는 정당하게 되도록 함이다. 폭력은 정당화되지 못한다.

정당성(正當性)은 사리에 맞아 옳고 정의로운 성질, 이치에 합당하고 옳은 (것)을 뜻한다. 민주주의 국가에서 법규 위반 행위가 정당화될 수 있는가? 없다. 만약 법규를 위반하는 것이 정당화되면 법규는 존재 의미가 없다. 사회는 혼란에 빠지고 국가는 존속할 수 없으며, 국민은 보호받지 못한다. 악법에 대한 저항과 공권력 남용에 대한 저항도 마찬가지이다. 악법 폐지를 통한 민주화를 명분으로 집회와 시위에 관한 법률을 위반하여 시위하는 것도 정당화될 수 없다. 자유민주주의 원리와 이념, 국가체계가 허용하는 절차와 방법에 따라야 한다. 우리나라 체제에는 이미 그러한 장치들이 충분히 마련되어 있다.

7. 목적이 정당하면 민주적 절차 무시해도 좋은가

민주주의를 유지하고 발전시키는 국가체계는 정당하고 합리적인 절차가 필요하다. 그런데 한국의 민주화운동 주도세력들은 목적이 정당하면 민주적 절차를 무시해도 괜찮은 것으로 생각하는 경향이 있다. 그리고 실제 위법 행위를 하거나 법치주의 원리를 훼손하는 등 여러 가지 민주적 절차를 무시하는 행동을 했다. 그러나 모두가 공감하는 결과 창출을 통한 민주화, 민주화 진전, 민주주의 유지와 발전을 위해서는 민주적 절차를 지켜야 한다. 민주적 절차를 거치지 않은 의사결정은 그 자체가 정당성과 합리성을 인정받을 수 없기 때문이다. 만약 목적이 정당하더라도 민주적 절차를 무시하고 달성한 결과를 수용하면, 다른 일에서도 사람들은 목적이 정당하면 민주적 절차를 무시하고 결과를 창출하려고 할 것이다. 그렇게 되면 법규의 존재가치가 도전받고 훼손되므로 민주화, 민주화 진전, 민주주의 유지와 발전은 이루어지기 어렵다.

8. 민주화와 민주주의 발전 투쟁 대상인가

투쟁(鬪爭)은 상대편을 이기려고 싸움, 사회 운동이나 노동 운동 따위에서 목적을 이루기 위하여 다툼이다. 김대중과 김영삼 등 민주화운동 주도세력들이 즐겨 사용한 용어 중 한 가지가 투쟁이다. 그리고 그들은 정치와 민주화를 투쟁의 대상으로 인식했다. 정치와 민주화가 투쟁이 되는 때가 있다. ▲빼앗긴 나라를 다시 찾기 위해 노력할 때 ▲국가 내에서 사상적 편향성을 가진 사람들이 세력을 만들어 대립하는 등 극심한 혼란을 종식하려고 할 때 등이다. 우리나라는 일제강점기 독립군에 의한 무장투쟁, 해방 직후 정부를 수립하는 과정에서 주도권을 잡기 위해 좌우 세력 간에 권력투쟁이 이루어진 때가 있었다.

어느 시대나 국가를 막론하고 민주적 해결수단이 있으면 투쟁은 지양해야 한다. 그 이유는 투쟁이 민주주의 발전도 그렇지만 인간 사회를 유지하고 발전하는 올바른 방법이 아니기 때문이다. 정치, 민주화, 민주화 진전, 민주주의 발전은 투쟁의 대상이 아니다. 이기적인 탐욕을 실현하기 위해 권력 획득에 집착하는 타고난 투쟁가와 선동가, 투쟁적 선동정치가들은 정치, 민주화, 민주화 진전, 민주주의 발전이 투쟁 대상이라고 생각하고, 그렇게 말한다. 하지만 그것은 잘못된 것이다. 자유민주주의는 투쟁이 아니라 경쟁을 바탕으로 한다. 경쟁사회에서는 누구에게나 공정한 기회를 제공하고 법규와 절차에 따른 능력 경쟁을 통하여 능력을 인정받고 성취하는 삶을 산다.

성취자는 결과를 독식하는 것이 아니라 자신의 능력을 사회를 위해 봉사하고 헌신함으로써 발전을 선도하고 나눔과 배려를 통해 더불어 사는 사회이다. 자유민주주의 국가체제에는 정치, 민주화, 민주화 진전, 민주주의를 발전시킬 수 있는 여러 가지 장치가 마련되어 있다. 민주주의 이념인 자유, 평등, 인권 존중을 실천하고 민주주의 원리를 존중하면서 투쟁을 하지 않고도 충분히 문제를 해결할 수 있다. 대화와 타협을 통하여 절차에 따라 법률을 제정하고, 권력이 남용되는 것을 견제하고 예방하기 위해 삼권분립 체계가 마련되어 있으며, 주권을 위임받은 정치가가 국가와 국민을 위해 제대로 일을 하지 않으면 선거를 통해 그들을 교체할 수 있고, 법을 어기면 처벌을 받도록 하고 있다.

만약 정치, 민주화, 민주화 진전, 민주주의 발전이 투쟁의 대상이 되어야 한다면, 우리는 앞으로도 투쟁에서 이기기 위해 세력이나 힘에 의존하며 권모술수를 사용할 수밖에 없다. 권모술수가 일반화되면 법은 의미가 없어지므로 모든 구성원은 자신의 편익을 보호받을 수 없다. 힘이 센 사람만 자신의 목적을 달성하는 약육강식 사회구조가 형성되어 상대적으로 힘이 약한 노약자들의 삶은 고달파진다. 힘이 있는 사람도 마찬가지이다. 힘이 있을 때는 수장이 되고 마음대로 할 수 있다. 하지만 힘이 약해지면 언제든지 다른 힘 있는 사람이 자신을 위협할지 모르기 때문에 불안을 없애기 위해 항상 다른 사람들을 경계하고 억압할 수밖에 없다. 그러므로 투쟁은 결코 정치, 민주화, 민주화 진전, 민주주의 발전의 대상이 될 수 없고, 되어서도 안 된다.

9. 투쟁가와 선동가 그리고 투쟁적 선동정치가 이해

1) 투쟁가와 선동가가 주로 사용하는 명분과 용어

대중을 선동하고 자신의 권력 욕구를 실현하기 위해 투쟁하는 투쟁가와 선동가, 투쟁적 선동정치가들이 가장 많이 내세우는 명분과 용어는 자유, 평등, 인권(기본권 또는 기본적 인권, 인권 침해나 유린), 국민 행복, 악법, 국민, 환경, 생존권, 민주화이다. 이들은 공권력이 자신들의 요구를 수용하지 않고 반정부 시위 활동 등에 제재가 가해지면 정치적 탄압이나 야당 탄압, 공작 수사, 정치검찰이나 권력의 시녀, 권력의 앞잡이, 독재정치, 독재자라고 몰아세우며 저항한다. 하지만 투쟁가와 선동가, 투쟁적 선동정치가가 끊임없이 투쟁과 선동을 일삼는 이유는 자신들의 지배동기와 공격동기 실현, 권력 욕구 충족, 권력 획득에 있다.

그들은 자신들의 활동이나 행위를 정당화하기 위해 항상 국민을 명분으로 내세운다. 그리고 더 많은 사람을 투쟁가로 만들기 위해 끊임없이 사람들을 선동하면서 자유와 평등, 인권을 강조하며, 자신들의 활동을 제약하는 법을 악법이라고 주장한다. 국가보안법 폐기 논란이 나온 이유도 여기에 있다. 또한 환경을 파괴해서는 안된다며 국가가 추진하는 개발이나 발전정책, 기반시설 건설을 방해한다. 그러면서 건설된 국가 기반시설을 통해 수혜를 누리는 것은 세금을 낸 국민이 당연히 누려야 할 권리라고 주장한다. 저소득층이나 하위직 노동자들에게는 생존권을 지키기 위해서는 투쟁해야 한다는 생각을 갖게 은연중에 세뇌하고 투쟁에 나서도록 조장한다.

이러한 일련의 활동을 억제하기 위해 공권력이 자신들을 구속하면 민주화운동을 하는 것도 죄가 되느냐며 항변한다. 그리고 민주화운동가인 자신들을 구속하는 통치자를 독재자라고 몰아세운다. 하지만 시위를 통해 기존 권력 타도에 성공하면, 그들은 계파와 세력별로 이합집산[108]하며 본격적으로 권력 획득 경쟁에 돌입하며 본색을 드러낸다. 마침내 원하는 권력 획득 목표가 달성되면 그 후에는 그들은 대부분 더는 권력 투쟁이나 선동을 잘 하지 않는다. 오히려 과거 자신들이 사용한 투쟁과 선동을 다른 정치가들이 사용하여 역공격하는 것을 방어하는 일에 급급하며 정당성에 대한 논란을 벌이기 일쑤다.

2) 투쟁가와 선동가 민주화 선도자 될 수 있는가

투쟁(鬪爭)은 상대편을 이기려고 싸움, 사회 운동이나 노동 운동 따위에서 목적을 이루기 위하여 다툼을 뜻한다. 운동(運動)은 어떤 목적을 이루기 위해 분주히 돌아다니며 조직적으로 활동하는 일이다. 이렇게 투쟁과 운동은 그 뜻이 다르다. 운동은 투쟁이 아니고, 투쟁도 운동이 아니다. 투쟁가나 선동가가 운동가가 될 수 없는 것은 당연하다. 그런데 민주화운동 주도세력들이 규정한 민주화운동의 정의와 민주화운동사 연표를 보면 투쟁가나 선동가 그리고 투쟁적 선동정치가까지 민주화운동가에 포함되어 있음을 알 수 있다.

민주화운동가는 민주화 선도자와 그 성격이 다르다. 선동을 통해 사람들을 다투게 하려고 부추기는 선동가와 투쟁가, 투쟁적 선동정

---

108) 이합집산(離合集散)은 헤어졌다가 모였다가 하는 일.

치가는 올바른 민주화 선도자가 될 수 없다. 민주화 선도자는 민주주의 원리와 이념을 존중하는 정당하고 합리적인 방법과 노력으로 민주화를 이끌어 나가는 사람을 말한다. 하지만 민주화운동가는 민주화운동 주도세력이 정의한 민주화운동 내용에 따라 민주화를 명분으로 반정부 시위나 반미 시위, 자신들의 권력 욕구 충족을 위한 요구사항이나 주장을 관철하기 위해 활동한 사람이기 때문이다. 만약 투쟁이나 선동이 민주화의 방법이라면 우리는 민주화, 민주화 진전, 민주주의 발전을 위해 열심히 투쟁과 선동을 해야 한다. 하지만 투쟁이나 선동은 민주주의 발전의 올바른 방법이 아니다.

민주화를 위해 투쟁이 필요한 때도 있지만, 자유민주주의 국가체제가 갖추어진 상태에서 투쟁은 민주주의 발전에 도움이 되지 않으므로 배격해야 한다. 민주주의를 발전시키는 방법은 민주주의 원리와 이념을 존중하고 실천하면서 좋은 민주정치 문화를 만드는 것이다. 그런데도 민주화운동 주도세력들이 투쟁가와 선동가를 민주화운동가에 포함되게 한 것은 자신들 역시 투쟁가와 선동가 그리고 투쟁적 선동정치가이기 때문이다. 한국 민주화운동이 오류에 빠져있으며, 왜곡될 수밖에 없는 이유가 여기에 있다.

3) 투쟁적 선동정치가 존경 대상이 될 수 있는가

오늘날 민주화 요구와 노력이 격렬하게 일어나는 국가는 모두 후진국이다. 그런 나라에는 반드시 국민을 선동하여 시위와 투쟁에 나서게 하는 투쟁적 선동정치가들이 있다. 투쟁적 선동정치가는 민주화를 명분으로 내세우지만, 실제 목적은 자신들의 권력 획득에 있다. 그들에게 선동을 통한 시위와 투쟁은 지지세력 확대는 물론 자신들을 선전하고 리더십을 발휘할 좋은 기회이다. 투쟁적 선동정 치가는 대개 자유 확대를 외치고 평등을 강조하며, 평화애호가나 인권 운동을 하는 사람처럼 행동하기도 하지만, 그들은 철저하게 자신에게 충성하는 사람들을 측근에 배치하고 조직화하는 계파정 치를 한다.

자신들을 지지하는 사람들과 지지하지 않는 사람들을 구분하여 시위와 투쟁, 대립과 갈등을 유발하는 방법으로 사회분열과 세력 확대를 획책한다. 그러면서도 계파의 수장이 된 자신에게 도전하거 나 자신의 의사에 반하는 행동을 하는 사람은 가차 없이 내친다. 대중 앞에서는 선량이고 자신이 피해자인 것처럼 보이려고 노력하 면서 대중이 보지 않는 곳에서는 권모술수를 서슴없이 사용한다. 또한 대중을 공공연하게 선동하면서 다른 한편에서는 시위나 투쟁 을 자제해야 한다고 말하고, 자신이 필요한 때는 직선제를 강조하 다가 자신에게 불리하면 국민투표를 통한 신임을 반대하고 막는데 앞장서기도 한다.

그러면서 이러한 이중적 태도와 권모술수를 사용하는 것이 드러 나는 것을 막기 위해 다른 한편에서는 결사적으로 노력한다. 간혹 잘못이 드러나더라도 실제로는 모두 보고를 받고 지시를 했음에도 '나는 모르는 일이다'라며 책임을 회피하는 행동을 하면서 측근이 나 참모에게 책임을 돌려 그들이 책임을 지게 하는 꼬리 자르기를 시도한다. 이러한 일련의 내용은 투쟁적 선동정치가들이 취하는 일 반적인 행동과 태도이다. 여기서 우리는 한 가지 의문을 갖는다. 투쟁적 선동정치가가 존경의 대상이 될 수 있는가 하는 점이다. 그 들이라고 반드시 존경을 받을 수 없는 것은 아니다. 사람에게는 누구나 장단점이 있고, 정치가는 공적과 과오가 있다. 국민은 투쟁적 선동정치가들의 실체를 잘 모르므로 개인에 따라 그들이 능력 있는 지도자로 느껴질 수도 있다. 그러므로 국민 중에도 그들을 존경하는 사람이 있을 수 있다.

특히 후배 투쟁가나 선동가들에게 투쟁적 선동정치가들은 발전 모형이나 우상이 되기도 한다. 그러나 투쟁적 선동정치가는 시대를 초월하여 존경받는 사람은 될 수 없다. 투쟁이나 선동이 좋은 정치를 하는 올바른 방법이 아닌데다 자신들이 아무리 잘못을 감추고 추종자들이 공적을 미화하려고 애써도 세월이 지나면 하나씩 잘못한 행동의 흔적이 드러나기 마련이기 때문이다. 사람들은 바보가 아니다. 진실이 가려 우상화된 사람은 가면이 벗겨지고 그 실체가 드러나면 권력을 탐욕한 추악한 정치가로 전락하기 마련이다. 그러므로 누구든 추종자는 자신이 추종하는 사람들의 행적을 미화하기보다는 사실을 있는 그대로 기술하여 좋은 점은 발전시키고 잘못된 행동에서는 교훈을 얻는 일이 중요하다.

10. 시민 시위 · 혁명 · 선거의 승리자인가

정치가 중에는 시위를 통한 요구 사항 관철(貫徹), 의거나 혁명 성공, 선거에서 당선되는 것을 시민이나 민중, 국민의 승리로 표현하는 사람들이 있다. 그러나 이런 표현을 사용하는 정치가들은 대부분 선동가나 투쟁가, 투쟁적 선동정치가이다. 선동과 투쟁을 한 당사자들은 시위를 통한 요구 사항 관철(貫徹), 의거나 혁명 성공,

선거에서 당선을 승리로 생각할 수 있다. 그 목적을 달성하기 위해 투쟁을 했고, 투쟁 결과 그것을 쟁취했기 때문이다. 그러나 시민이나 민중, 국민의 입장에서 볼 때는 승리가 아니다.

시위를 통한 요구 사항 관철(貫徹), 의거나 혁명 성공, 선거를 통한 국민대표 선출은 주권자인 국민으로서 국가와 국민을 위해 당연히 해야 할 일을 한 것이다. 사람들은 살아가는 동안 동기, 과정, 결과가 반드시 정당하고 합리적이라서 수용하는 것만은 아니다. 때로는 정당성과 합리성을 벗어난 측면이 있더라도 더 큰 혼란을 예방하기 위해 수용하고 어쩔 수 없는 선택을 하기도 한다. 시위를 통해 자신들의 요구 사항이 관철되지 않고, 혁명이 성공하지 않고, 선거에서 당선되지 않으면 민중이나 시민, 국민은 패배자가 되는가? 아니다. 시위의 대상이 되는 요구 내용은 대부분 시위 당사자와 상대의 이해관계 조정 문제이다. 상대가 요구 사항을 수용(受容)하면 대부분 끝난다. 시위대를 기준으로 할 때 상대가 요구 사항을 모두 수용해주면 좋지만, 정당성과 합리성에 따라 수용되지 않거나 부분적으로 수용될 수도 있다. 너무 과한 요구와 억지를 모두 수용할 수는 없지 않은가?

의거나 혁명은 대개 사회문제가 누적되어 시민이나 국민의 불만이 한계에 도달하여 잘못된 현실을 일시에 개선하고자 할 때 일어난다. 하지만 의거나 혁명이 항상 정당한 것이나 모든 잘못된 것을 해결할 수 있는 것은 아니다. 인간은 불완전한 존재이므로 문제가 없는 완전한 것을 만들 수 없다. 이런 상황에서 의거나 혁명이 성공하면 시민과 민중, 국민이 승리자가 되고 실패하면 패배자가 되는가? 아니다. 의거나 혁명이 성공하면 성공하는 대로 실패하면 실패한 대로 국민은 항상 발전적인 삶을 위해 노력한다. 그리고 무엇보다 의거나 혁명을 한 이유가 국민의 발전적인 삶을 위한 것이었다. 의거나 혁명이 잘못을 시정하고 발전하는 계기나 전환점은 될 수 있다. 하지만 의거나 혁명의 성공과 실패를 승리자나 패배자로 표현하는 것은 바람직하지 않다. 선거 결과는 더욱 그렇다.

시민이나 국민 입장에서 선거는 국가와 국민을 위해 일을 더 잘할 것으로 생각하는 사람을 선택하는 일이다. 후보자가 있는 이상 누군가는 당선된다. 선거에서 당선은 주권 위임을 통해 국가와 국민을 위해 봉사하고 헌신할 기회를 제공한 것이다. 결코 당선자 자신을 위한 것이 아니다. 그러므로 선거에서 당선이나 당선자를 많이 배출한 정당이 선거에서 승리했다고 표현하는 것은 적절하지 않다. 선거 결과가 어떻게 나오든 정치는 당선과 상관없이 할 수 있는 일이고, 후보자는 국민의 뜻을 겸허하게 받아들여야 한다. 당선하고 싶으면 국가와 국민을 위해 더욱 열심히 봉사하고 헌신하면 된다.

내가 지지하지 않은 후보가 당선되더라도 규칙에 따라 당선자는 모든 국민이 지지하여 대표가 된 것으로 간주한다. 당선자는 지지자의 대표가 아닌 국민의 대표이다. 당선자는 모두 취임 후 전체 국민의 대표로 국민을 위해 일한다. 선거는 축제가 되도록 해야 하고 정권 이양은 절차에 따라 엄숙하게 이루어져야 하는 이유도 여기에 있다. 만약 낙선자와 낙선한 후보자를 지지한 국민이 자신들을 패배자로 생각하고 우리는 당선자를 지지하지 않았으므로 대표성을 인정할 수 없다고 하고 인정하지 않으려 들면, 당선자는 국민의 대표성은 물론 지배 정당성을 인정받을 수 없다. 그러므로 선거에서 당선자는 자신은 물론 당선자를 지지한 지지자들이 '시민이나 국민의 승리'라는 말을 쉽게 사용해서는 안 된다.

국민이나 시민은 시위·혁명·당선과 관련하여 승자와 패배자가 있을 수 없다. 국가 발전, 국민의 삶의 질 향상과 인간 존엄성 실현을 위해 도움이 되는 일로 판단되면 그 결과를 수용하고 선택하고 누리면 되고, 그렇지 않으면 반대하면 된다. 시위·혁명·당선을 승리로 표현하는 사람들은 이기적인 탐욕 실현을 추구하는 선동가나 투쟁가, 투쟁적 선동정치가들이 사용하는 저급한 표현이다.

11. 시위 올바른 민주화 방법인가

시위(示威)는 위력이나 기세를 드러내어 보임, '시위운동'의 준말이다. 시위운동(示威運動, demonstration or demo)은 많은 사람이 일정한 의사(意思)·요구를 표시하며 그 실현을 위하여 집회나 행진 등으로 위력을 보이는 운동을 뜻한다. 합법(合法)은 법령이나 규범에 맞음, 적법이다. 비합법(非合法)은 법률이 정한 바에 위반되는 일을 뜻한다. 일반적인 시위는 내용이나 목적, 상황에 따라 그 대상과 성격이 다르다. 하지만 시위에서 논란은 대부분 합법적이냐 비합법적이냐를 두고 벌어진다. 그것이 정당성, 합리성과 연관이 있기 때문이다.

오늘날 시위는 정치가나 기업가의 부도덕한 행위 규탄, 자신이 사는 지역에 쓰레기 소각장이나 화장장 같은 주민 혐오시설을 설치하려고 할 때, 화력 발전소와 원자력 발전 등 환경 훼손이나 위험시설 설치 반대, 통치자의 권한 남용이나 억압적 통제정치에 대한 반발, 여당의 절차를 무시한 무리한 법규 통과 강행 비판, 정부의 잘못된 정책이나 제도 시행과 관련한 반정부 시위 등 다양하다. 시위가 일어난다는 것은 잘못이나 문제가 있고, 폐단이 드러났거나 드러날 것으로 우려되는데도 해결이 되지 않거나 뚜렷한 해결방안이 제시되지 못한 상태에서 정책이나 사업 추진이 강행될 때이다.

대화와 타협, 양보가 원만하게 이루어지지 않아 시위대의 요구사항이 수용되지 않고 문제가 해결되지 않을 때, 불만을 표출하고 반대의사를 내보이기 위해 시위를 하며 강도가 높아지면 공권력과 대결하는 형태로 발전한다. 정부의 잘못된 대응, 시위대의 지나친 요구와 억지 등 원인이 무엇이든 시위가 발생하는 단계에 이르게 하는 것은 바람직하지 않다. 잘못하면 다수의 특정인 또는 모두에게 피해가 되어 돌아올 수 있다. 시위에는 사회나 정부가 법규로 허용하고 민주주의 원리와 이념을 존중하는 방법에 따라 이루어지는 합법적인 시위와 사회나 정부가 허용하지 않고 민주주의 원리와 이념을 존중하지 않는 방법에 따라 이루어지는 비합법적인 시위가 있다.

합법적인 시위는 시위대의 요구사항이 정당성과 합리성을 가지는 것으로 그것을 관철하기 위해 시위를 할 수 있고 문제도 되지 않는다. 이해 갈등 조정이 필요한 일로 볼 수 있으므로 대부분 민주화나 민주주의 발전에 도움이 된다. 그러나 비합법적인 시위는 민주화와 민주주의 발전에 역행하거나 도움이 되지 않는다. 어떤 것이든 시위는 대개 다수의 세력에 의존하여 문제를 풀려고 하는 경향이 있다. 하지만 이것은 올바른 방법이 아니다. 힘에 의한 문제 해결은 대개 상대도 힘으로 대응하기 마련이다. 시위대와 공권력이 충돌하는 시위는 희생자가 나올 가능성이 크다. 격렬한 시위와 강경한 진압은 더욱 그렇다.

민주화와 민주주의 발전에 대해 잘못 생각하는 투쟁적 선동정치가들은 통치자가 권위주의적인 통치, 억압정치나 독재정치를 할 때는 민주화나 민주주의 발전을 위해 비합법적인 시위를 해도 괜찮은 것으로 생각하는 경향이 있다. 하지만 그것은 잘못된 것이다. 민주주의를 발전시키는 방법이 시위밖에 없어 선택의 여지가 없을 때는 시위가 용인될 수 있다. 하지만 자유민주주의 국가에는 통치자가 권위주의적인 통치, 억압정치나 독재정치를 하더라도 민주화를 이룩하고 민주주의를 발전시킬 수 있는 방법은 여러 가지가 있다. 방법이 있는데도 굳이 비합법적인 시위를 사용하는 것은 바람직하지 않다. 법치주의는 민주주의의 근간이다. 그러므로 법을 어기면서 민주화를 이룩하고 민주의의를 발전시키겠다는 것은 모순이다. 무엇보다 시위를 통한 해결은 순리적인 방법이 아니다.

　권위주의적인 통치, 억압정치나 독재정치를 하는 통치자에 대항하여 저항권을 발휘하더라도 그것이 반드시 시위여야 할 필요는 없다. 시위운동을 통해 독재자를 축출하고 정부를 전복하여 혁명에 성공한 경험이 있는 국가 국민과 시위대를 이끈 지도자들은, 시위가 민주화와 민주주의 발전에 도움이 되는 것으로 말한다. 하지만 그것은 평소 민주화와 민주주의 발전을 위해 제 역할을 하지 않은 자신들과 국민의 책임은 회피하고, 잘못에 대한 모든 책임을 독재자나 권위주의적인 통치자에게 지우려고 할 때 하는 말이다. 평상시에는 통치자가 독재정치나 권위주의적인 통치를 하도록 방치거나 방기했으면서, 어느 날 독재자를 타도한다고 들고 일어나 시위를 하는 것은 바람직하지 않다. 시위를 통해 독재자를 축출하는 데 성공하더라도 그 과정이나 이후에 안정을 찾는데 대개 국민 역시 혹독한 희생의 대가를 치러야 한다.

시위는 독재자나 권위주의적인 통치자를 축출하고 민주화, 민주화 진전, 민주주의 발전의 전환점을 만들 수 있다. 그러나 민주화, 민주화 진전, 민주주의 발전은 결코 시위로 이루어지거나 발전하는 것이 아니다. 민주주의의 가치를 실현하기 위해 평상시에 끊임없이 노력할 때만 만끽할 수 있다. 민주화, 민주화 진전, 민주주의 발전에 가장 큰 역할을 하는 것은 시위가 아니라 모든 국민이 민주주의 원리를 존중하는 가운데 통치자가 경세제민을 실천하며 경제를 발전시키는 일이다. 이것은 인류 역사가 증명한다. 그렇다고 시위가 필요 없다거나 하지 말아야 한다는 말은 아니다. 잘못된 점을 바로잡기 위해 시위를 할 수 있다. 하지만 그것은 합법적인 방법과 절차에 따라야 한다. 그래야 정당성과 합리성을 인정받을 수 있고, 삶의 질 향상과 인간 존엄성 실현에 도움이 되기 때문이다.

12. 시위 · 투쟁 · 혁명 언제 정당성 인정받을 수 있는가

혁명(革命)은 비합법적 수단으로 국체(國體) · 정체(正體)를 변혁하는 일, 쿠데타(coup d'Etat)는 무력으로 정권을 빼앗는 일, 지배계급 내부의 권력 이동으로서, 체제의 변혁을 목적으로 하는 혁명과는 구별된다. 시위, 투쟁, 혁명이 정당성을 인정받을 수 있는 때는 크게 보면 다섯 가지이다. 첫째는 빼앗긴 나라를 되찾기 위해 활동할 때, 둘째는 부정선거 등 지배정당성이 결여된 권력을 국민이 회수하려고 할 때, 셋째는 독재정권이나 독재자가 자신들의 이기적인 탐욕을 실현하기 위해 국민을 지나치게 억압할 때, 넷째는 통치자가 국정을 제대로 장악하지 못하고 무능으로 사회혼란이 극에 달해 안정을 찾기 위한 때, 다섯째는 통치자가 잘못된 정책으로 국가와 국민에게 큰 손해를 입힌 때 등이다. 대개 이런 때에는 시위, 투쟁, 혁명이 자연적으로 발생하고, 그 정당성을 인정받는 일이 많다. 하지만 시위, 투쟁, 혁명은 남발해서는 곤란하다.

어쩔 수 없어 시위, 투쟁, 혁명을 하게 되는 때에도 신중을 기하여 국민의 피해를 최소화하도록 노력해야 한다. 그리고 될 수 있으면 하지 않는 것이 바람직하다. 인간은 불완전한 존재로 모든 통치자는 정도의 차이는 있어도 공적과 과오가 있기 마련이다. 순리적인 경쟁이 아닌 반정부 시위나 투쟁을 통한 세력 확대, 혁명을 통한 권력 획득을 추진하면 필연적으로 공권력을 동원하여 진압에 나설 수밖에 없어 충돌이 불가피하고 희생자가 나오기 마련이다. 대개 희생자는 더욱 격렬한 시위와 투쟁을 유발하는 원인으로 작용한다. 그러므로 올바른 정치지도자는 시위와 투쟁이 아닌 민주적 절차와 방법에 따라 리더십을 발휘해 문제를 해결하고 경쟁을 통한 권력 획득을 추구해야 한다.

그럼에도 투쟁가나 선동가, 투쟁적 선동정치가는 시위, 투쟁, 혁명이 정당성을 인정받기 어려운 때에도 자신들의 권력 획득 기회를 만들려고 일부러 민주주의 이념인 자유와 평등, 인권 존중을 명분으로 내세우면서 정부 정책에 반대하는 반정부 시위와 투쟁을 일삼는다. 통치자의 잘못이나 실수를 물고 늘어지는 등 온갖 수단과 방법을 가리지 않고 시위, 투쟁, 혁명을 일으키려고 하는 경향이 있다. 그러면서 국가체제 수호와 질서 유지를 위해 공권력을 동원하여 시위, 투쟁, 혁명을 저지하고 통제하면 통치자를 독재자나 권위주의적인 통치자로 몰아세운다. 하지만 법규에 따라 위법 행위를 한 투쟁가나 선동가, 투쟁적 선동정치가를 구속하는 일은 정당한 것이다.

13. 헌법 바꾸고 대통령 직선제 도입하면 민주화되나

6·29 선언의 주요 내용은 ① 대통령 직선제 개헌을 통한 1988년 2월 평화적 정권 이양, ② 대통령선거법 개정을 통한 공정한 경쟁 보장, ③ 김대중(金大中)의 사면복권과 시국 관련 사범들의 석방, ④ 인간 존엄성 존중 및 기본인권 신장, ⑤ 자유언론의 창달, ⑥ 지방자치 및 교육자치 실시, ⑦ 정당의 건전한 활동 보장, ⑧ 과감한 사회정화조치의 단행 등이다. 이 선언은 민중항쟁에 의한 급격한 변혁이나 지배층에 의한 점진적인 개혁과는 달리 양자 타협의 산물이라는 점에서 그 의의가 있다.[109] 1980년대 한국 민주화운동 주도세력의 핵심적인 요구사항 중 하나가 대통령 직선제 개헌 요구였다.

선거제도가 중요한 이유는 선거제도에 의해 당선에 유리 또는 불리한 후보자·선거운동·전략이 달라지기 때문에 대통령이나 국회의원·정당·민주주의의 질도 좌우된다.[110] 그러나 민주화라는 측면에서 볼 때 대통령 직선제가 반드시 간선제보다 유리하다고 단정적으로 말할 수 없다. 영국이나 일본이 입헌군주제[111]를 채택하고, 미국이 대통령을 간접선거 방식으로 선출한다고 민주화가 덜

---

109) doopedia 두산백과.

110) 21세기 정치학대사전.

111) 입헌군주제(立憲君主制)는 제한 군주제의 하나. 군주가 헌법에서 정한 제한된 권력을 행사하는 정치 체제.

되었는가? 아니다. 헌법을 개정하고 대통령 직선제를 시행하고 언론·출판·결사의 자유를 보장하고 지방자치제도를 도입한다고 저절로 민주화가 되는 것은 아니다. 자유민주주의 국가체제를 갖추고 있음에도 독재정치가 이루어지고 민주화를 부르짖는 것은 체제나 제도의 문제라기보다는 정치가와 국민의 의지와 노력의 문제이기 때문이다. 제도 도입도 마찬가지이다.

아무래도 좋은 제도를 도입하여 갖추어지면 삶의 질 향상과 인간 존엄성 실현에 도움이 될 가능성이 크다. 하지만 좋은 제도가 삶의 질 향상과 인간 존엄성을 실현해주는 것은 아니다. 그것을 실현하는 것은 정치가와 국민의 의지와 노력이다. 즉 좋은 제도를 도입했다고 하더라도 적절한 노력을 해야 그 수혜를 누릴 수 있다. 인간의 불완전성으로 말미암아 아무리 좋은 제도도 어느 정도 문제가 있기 마련이다. 6·29 선언으로 헌법이 개정되어 대통령 직선제와 지방자치제를 도입하고, 언론·출판·결사 등 여러 가지 자유가 헌법에 명시됐다. 이로 말미암아 좋아진 부분도 있지만, 금권선거와 지자체의 비리 확산 등 그동안 우리는 엄청난 대가를 치렀다. 그 예를 들어 보면 다음과 같다.

노태우 전 대통령은 자신의 회고록에서 김영삼 전 대통령에게 대선자금으로 3,000억 원을 모아줬다고 주장했다. "1987년 내가(노태우) 대통령 후보로 전두환 대통령에게 지원받은 선거 자금은 1,400억 원 규모였다. 여기에 당에서 모은 돈 500억 원을 합치면 2,000억 원 정도였다. (1992년 대선을 앞두고) 내가(노태우) 대선자금 얘기를 꺼냈을 때 김영삼(YS)은 '적어도 4,000~5,000억 원은 들지 않겠느냐'고 했다. 너무 과하다고 생각했다"[112]고 밝혔다. 민주화운동 주

---

112) 동아일보 2011. 8. 11.

도세력이 그렇게 염원하던 대통령 직접선거제도 도입이 1987년 10월 개헌으로 이루어졌다. 그 결과 1987년과 1992년, 1997년(?), 2002년 대선에서 엄청난 금권선거가 공공연하게 이루어졌다.

그동안 제도 보완도 따랐지만, 이렇게 우리나라의 대통령선거제도가 직접선거방식으로 개헌에 반영된 이후 엄청난 폐단이 나타났다. 민주화운동 주도세력이 격렬한 시위를 통해 얻고자 한 것이 스스로 금권선거를 하고, 대중의 인기에 영합하는 과잉공약을 하고, 음해공작 등을 통해 대통령이 되는 것이었을까? 결과적으로 그렇게 됐다. 그러나 아무도 직선제 도입으로 나타난 폐해에 대해 책임을 지거나 국민 앞에 사과하지도 않았다. 김대중은 유신헌법 개정 및 정부 신임 투표를 할 때도 그랬지만, 노태우 중간평가 투표가 거론되었을 때도 여러 가지 이유 같지도 않은 이유를 들어 반대했다. 이를 통하여 민주화운동 주도세력들 자신이 대통령이 되고 권력을 획득하는데 유리한 제도로 직선제 도입을 주장했음을 알 수 있다.

김대중은 1990년 10월 8일 평민당사에서 지방자치제도 도입 등을 위해 무기한 단식투쟁까지 했다. 그가 그토록 도입하려고 애를 썼던 우리나라 지방자치[113)]는 1995년 6월 개막되었다. 그러나 지방자치 시대가 개막된 이후 나타난 비리는 그 내용이 너무 많아 여기서는 그 내용을 언급하지 않는다. 다만 그 시행 10년이 지나기도 전부터 기초자치단체 수장과 의원의 중앙당 공천 폐지를 관철하기 위해 이미 몇 년째 전국의 기초자치단체 수장과 의원들이 집단으

---

113) 우리나라의 지방자치는 제1공화국 시대인 1952년부터 제2공화국이 끝나는 1961년 5 · 16까지 실시되었다가 근 30년 동안이나 중단된 후 1990년 말 지방자치 관계 법률의 제정 및 개정으로 다시 부활하였다. 그리하여 1991년에는 기초자치단체와 광역자치단체의 의회(議會)가 구성되었고, 1995년 6월에는 광역 및 기초 자치단체장(自治團體長) 선거가 실시되어 본격적인 지방자치 시대가 개막되었다.

로 같은 요구를 하고 있다. 하지만 각 정당은 자신들의 지역조직 관리이용 등을 명분으로 받아들이지 않고 있다. 그럼에도 1987년 개헌을 통해 민주화되었다고 민주화운동 주도세력은 주장한다.

2000년대 들어 여러 차례 개헌 필요성 주장과 논의가 있었다. 그런데 헌법 개정의 필요성을 주장하는 사람 중에는 1987년에 현행 헌법이 만들어지는데 일정 부분 역할을 한 사람들이 포함되어 있다. 이는 민주화운동 주도세력들이 주장하는 민주화운동에 따른 민주화 진전의 핵심 내용 중 하나로 자신들이 요구하고 만드는 데 간여했던 개정 헌법 내용에도 문제가 있다는 점을 자인(自認)하는 것으로 볼 수 있다. 여기에 문제의 핵심이 들어 있다. 1987년 당시 민주화운동 주도세력을 대표한 사람들은 김영삼과 김대중을 중심으로 한 야당 정치세력이었다.

즉 헌법 개정과 대통령 직선제를 요구한 사람들은 정치가들이었다. 그리고 2000년대 이후 헌법 개정 필요성을 주장하는 사람들도 대부분 여당과 야당에 몸담은 국회의원과 현직 대통령 그리고 정당 지도부 등 모두 정치가들이라는 사실이다. 결국 헌법을 개정하고 대통령 선출 방법을 바꾸는 것은 국민을 위한 것이 아니라 정치가 자신들을 위한 것이라는 점을 알 수 있다. 1948년 건국 이후 우리나라 헌법은 모두 정치가들의 권력 획득 목적을 위한 용도에 맞게 변형됐다. 헌법은 시대 상황에 따라 바뀔 수 있다. 하지만 개헌을 민주화운동 공적이라고 하면서 자신들이 권력을 획득하는데 유리하게 하려고 다시 개헌을 주장하거나 다른 정당이 개헌하려는 것을 막으려고 하는 것은 자기중심적 사고로 국민을 기만하고 우롱하는 행위이다.

14. 경제발전과 민주화, 어느 것이 우선해야 하는가

경제발전과 민주화 둘 중 어느 것이 더 좋은가? 이 점에 대해서는 각각 가치가 다르고 장단점이 있기 때문에 답을 내기가 쉽지 않다. 그리고 여기에는 여러 가지 변수가 있다. 즉 경제발전이 더 좋다고 하면 '어느 정도 발전하는 것이 좋은가', '민주화는 하지 않는 것이 좋거나 제한해도 좋은가' 하는 점 등이 문제가 될 수 있다. 만족도와 기대치는 사람에 따라 차이가 나므로 각자 생각이 다를 수 있다. 또한 민주화가 더 좋다고 할 때, 민주화가 경제를 발전시켜 주거나 발전시키는 데 도움이 되느냐 하면 그럴 수도 있고 아닐 수도 있다. 자유와 자율이 바람직하기는 하지만, 국가적인 측면에서 인프라(infrastructure, 산업기반 시설)를 구축하는데 제약 요인으로 작용하는 일이 많다. 그리고 경제발전을 통한 경제력이 받침이 되지 않은 민주화는 삶의 질을 향상하고 인간 존엄성을 실현하는데 한계가 있다.

그럼 경제발전과 민주화 중 어느 것이 우선되어야 하는가? 이것은 경제발전이 우선되는 것이 옳다. 그 이유는 먹는 문제 해결이 우선되어야 하기 때문이다. 인간이 천부인권적으로 부여된 삶을 포기하고 국가를 만든 이유도 국가가 천부인권에 따른 개인의 자유를 침해한다는 점을 알면서도 먹는 문제를 해결하고, 사람들 사이에 투쟁이 만연하여 약육강식이 지배하는 사회가 되는 것을 예방하기 위함이었다. 그러므로 경제발전이 우선이다. 하지만 경제발전을 위해 민주화를 일부러 억제하거나 억제해도 좋다는 것은 아니다.

경제발전과 민주화를 동시에 달성할 수 있으면 가장 바람직한데 현실적으로 그것이 어렵다. 두 가지 일을 동시에 추진하면 가치가

상충하는 부분이 있는데다 국가의 에너지가 제한되어 있기 때문이다. 원래 경제발전과 민주화는 분리할 수 있는 것이 아니다. 서로 강한 연관이 있어 경제가 어느 수준 이상으로 발전하면 상거래를 더욱 활성화하기 위해서는 자연적으로 민주화가 요구되고 민주주의를 발전시켜야 한다. 이렇게 민주화는 경제발전을 성숙한 단계로 끌어올리는 데 중요한 역할을 한다. 하지만 경제가 발전하지 못한 초기에는 민주화가 경제발전을 저해하는 역할을 할 수도 있다.

즉 민주화는 경제발전을 저해하는 측면과 도움이 되는 측면을 동시에 갖고 있다. 후진국같이 경제가 낙후한 초기에는 발전의 모멘텀[114]을 만들어내는 것이 가장 중요하다. 이 모멘텀은 대개 의도적인 집중투자를 통한 성장 견인 산업 육성, 교육을 통한 인재양성 등이다. 권위주의적인 통치를 통해 경제발전이 어느 수준에 도달하면 그 후에는 민주화하는 방향으로 나아가 선진국이 되는 것이 바람직하다. 이런 측면에서 보면 한국의 경제발전과 민주화 노력은 상당 부분 조화롭게 이루어진 것으로 볼 수 있다.

15. 계파 수장, 민주화와 인권 신장 선도할 수 있나

민주화와 인권 신장을 선도하는데 계파가 도움이 될 수 있는가? 없다. 이유는 무엇인가? 그것은 계파가 이기심과 이기주의를 바탕으로 하기 때문이다. 이기심과 이기주의는 인간의 타고난 속성으로

---

114) 모멘텀: 『모멘텀 이펙트(The Momentum Effect)』 저자 장클로드 라레슈(Jean-Claude Larreche)는 "모멘텀(momentum)이란 그 자체의 성공으로부터 스스로 에너지를 축적해 기업 성장의 가속 효과를 만들어내는 힘"이라고 말한다.

필요한 것이기도 하다. 하지만 민주주의에서 이기심은 법규가 허용하는 범위 내에서 이루어져야 한다. 특히 정치가와 사회운동가가 이기주의를 추구하는 것은 바람직하지 않다. 생존을 위한 활동과 개인의 입신출세, 권력 획득을 목적으로 한 이기주의는 구분되어야 한다. 사람들은 말로는 쉽게 설명하지 못하더라도 다른 사람이 이기적으로 행동하는지 그렇지 않은지 안다. 모두가 인정하고 공감하는 방법과 범위 내에서 추구하는 이기심은 법으로 허용하고 보호된다. 그러나 정치가가 만든 계파는 개인의 입신출세와 권력 획득을 목적으로 이기심을 노골적으로 드러낸 것이다.

민주주의 국가에서 정도를 넘는 이기주의가 문제가 되는 이유는 민주주의가 지향하는 가치와 배치되기 때문이다. 공존공영, 상호 존중과 상호 만족, 자유와 평등, 인간 존엄성 실현 등 민주주의 주요 원리와 이념, 지향하는 가치는 이기심이나 이기주의가 아니라 이타심과 이타주의를 실천할 때 실현할 수 있다. 계파 수장이 민주화와 인권 신장을 선도할 수 없는 이유도 자신의 탐욕을 채우기 위한 이기주의로 계파를 만들었기 때문이다. 동교동계의 수장이었던 김대중과 상도동계의 수장이었던 김영삼 전 대통령이 한국의 민주화운동을 제대로 선도하지 못한 점, 1987년 이후 한국의 민주주의가 크게 발전하지 못한 점, 국민에게 정치와 정치가들이 혐오를 받는 이유도 계파와 계파를 바탕으로 한 정치활동 때문이다.

그럼 정치가들은 왜 문제가 많은 계파와 파벌을 만드는가? 그것은 수장으로써 영향력을 발휘하고 추종자 입장에서는 공천을 받고 당선을 통한 권력 획득 등 일을 추진하는 데 도움이 되고 효율적이라고 생각하기 때문이다. 개인이 갖는 힘은 한계가 있으므로 실제 일을 진행하고 추진하는 데 계파를 만들고 파벌을 조성하면 상당한 도움이 된다. 계파와 파벌을 만들면 동료의식도 생기고 상호 의지가 되며 직위 분배를 통해 권력에 대한 욕구도 충족할 수 있다. 문제는 계파와 파벌은 그 자체가 이기적인 투쟁을 지향하며 세력 확대를 통해 권력과 부를 획득하고 축적하는 용도로 사용되는 것으로 민주주의 원리에 반한다는 점이다.[115]

그럼 계파 수장은 민주화와 인권 신장을 선도할 수 없는가? 반드시 그런 것은 아니다. 외형상 어느 정도까지는 민주화와 인권 신장 선도를 도모할 수 있다. 하지만 그 결과는 국민에게 내보이기 위한 가식적인 것에 불과하다. 진정한 민주화와 인권 신장은 선도할 수 없다. 그 이유는 계파가 민주의 원리와 보편적 인권 신장에 반하는 것이기 때문이다. 그런데도 계파를 유지하면서 민주화를 선도하고 인권 신장을 도모하는 것처럼 말하는 행동은 지지와 득표, 여론 환기, 수상 목적을 위해 대외적으로 사람들에게 '나는 이런 일을 하는 사람이다' 하고 내보이기 위한 것(show)에 불과하다.

누구나 제대로 일을 하는 모습은 공개적인 자리에서 자주 언급하고, 무엇인가 하는 척 모양을 갖추는 것이 아니라 평소 생활 속에서 실천하고 생활화하는 것이다. 그래야 사람들이 진정성을 의심하지 않는다.

16. 대학생 · 민중의 요구와 목소리 항상 옳은 것인가

지난날을 회상해 보면 해방 이후 오늘에 이르기까지 역사의 어

---

115) 이진호(2012), 『정치지도자론』, 한국학술정보, p.144.

려운 길목마다 대학생들을 중심으로 한 젊은이들이 자유와 정의를 위해 무수히 많은 피를 흘린 것이 사실이다. 그래서 그런 젊은이들의 시위는 결과적으로 역사 발전에 큰 동력을 주었다는 점도 부인할 수 없다. 역사의 방향을 돌리는 역할을 담당했다. 그러나 지난날의 역사적 아픔에 길든 때문인지, 아니면 시위 만능의 향수 때문인지 알 수 없으나, 시위가 필요 없는 때에 시위하는 것은 이해가 안 간다. 오늘의 한국사회는 모든 문제를 시위로 풀려고 한다. 한국사회는 무엇이든지 말로 해서는 안 되고, 반드시 물리적 행동을 보여야 무엇인가 움직인다. 아마 이것도 한국병 중에는 큰 병에 속할 것이다.

민주주의는 민중의 음성을 절대적이라고 생각한다. 인간의 역사는 항상 민주라는 말을 앞에 세우고 민중의 소리를 판단 기준으로 삼는다. 그러나 역사를 살펴보면 민중의 음성이 옳은 것도 있었지만, 그렇지 않았던 것도 많았다. 민주주의는 이제까지 인간이 만든 가장 좋은 정치제도인 것은 사실이다. 하지만 민중의 의견이라고 해서 절대적이 될 수는 없다. 여기에 민주주의의 한계가 있다. 왜냐하면 인간은 모두 불완전하고 자기중심적이기에 그것이 집단이 되었다고 해도 그들의 판단이 항상 옳은 것은 아니다.

여론의 지지가 압도적이라고 해서 반드시 진리일 수도 없고, 모든 사람의 의견이 합치한다고 해서 반드시 선한 것도 아니다. 더구나 다수의 힘을 갖고 폭력으로 밀어붙이는 일이 반드시 정의가 될 수는 없다. 물론 통치자는 민중의 소리에 귀를 기울여야 한다. 하지만 민중의 소리를 듣기 전에 먼저 양심의 소리를 들을 줄 알아야 한다.[116] 그리고 목소리를 내는 민중도 자신의 행동이 올바른 것인

---

116) 경향신문 1993. 6. 21.(네이버 뉴스 라이브러리)

지 반성해야 한다. 올바르지 않은 요구 표출을 통한 시위는 국가와 국민 모두에게 피해만 주는 것으로 그 폐해가 너무 크다.

17. 정부는 민중이 원하면 언제나 민주화해야 하는가

민중(民衆)은 국가나 사회를 구성하고 있는 다수의 일반 국민이다. 흔히 피지배 계급으로서의 일반 대중을 가리킨다. 국민(國民)은 한 나라의 통치권 밑에 같은 국적을 가진 사람을 말한다. 국민은 피지배계급뿐만 아니라 지배계급도 포함하므로 민중은 국민 속에 포함된다. 어느 시대나 국가를 막론하고 정부는 민중이 원하면 그 뜻을 받들어 민중이 원하는 대로 민주화를 해야 하는가? 이 의문에 대해 아마 우리나라 민주화운동 주도세력이나 그들의 추종자, 법규에 구애(拘礙)받지 않고 더 자유롭게 살기를 원하는 사람들은 그렇게 해야 한다고 말할 가능성이 크다. 하지만 정부는 항상 민중이 원한대로 해야 하는 것도 아니지만, 할 수 있는 것도 아니다.

국가는 사람들에 의해 만들어지고 운영되므로 통치자나 정치지도자들은 민중의 요구 사항을 수렴하고 수용하여 그것을 정책에 반영하기 위해 노력해야 한다. 그러나 통치자와 정부가 민중의 요구를 수용하는 데는 한계가 있다. 즉 요구를 수용할 수 있는 때도 있고, 수용할 수 없는 때도 있다. 아무리 민중이 원해도 여건과 형편, 사정이나 환경이 여의치 않으면 하고 싶어도 할 수 없다. 그리고 민중의 요구가 항상 옳은 것만도 아니다. 민중이 원하는 것이 너무 많거나 크면 그것이 오히려 다른 문제를 일으키는 원인으로 작용한다. 민주화도 마찬가지이다. 현실적으로 수용할 수 있는 상황이 아님에도 민중이 자신들이 필요로 하는 것을 관철하기 위해 노력하면 정부의 공권력과 민중은 부딪칠 수밖에 없다. 양측이 접점에서 대화와 타협을 이끌어내지 못하면, 희생자가 발생하는 비극이 만들어지기 마련이다.

자유민주주의 국가체제에서 통치자는 국민의 지지가 필요하므로 장기적인 측면에서는 민중이 원하는 방향으로 국가가 나아간다. 하지만 민중이 원하는 것이 삶의 질을 향상하고 인간 존엄성을 실현하여 행복한 삶에 도움이 되는지 아닌지는 세월이 지나야 알 수 있다. 민중의 요구를 수용할 수 있는 여건과 환경이 조성되었을 때의 요구 수용은 발전하는 방향으로 나아가지만, 그렇지 못한 상황에서 민중의 요구는 오히려 대립과 갈등을 일으키는 원인으로 작용하므로 국가 발전을 저해하고 국민의 부담이 가중되는 방향으로 나아간다. 그러므로 국민 모두의 비극을 막고 발전적인 방향으로 나아가기 위해서는 민중은 정부가 수용할 수 있는 범위 내에서 요구하고, 통치자도 민중의 요구를 적극 수렴하고 수용하여 정책에 반영하는 공동의 노력과 협력이 필요하다.

제2절 한국의 민주화와 민주화운동에 대해 갖는 의문

1. 한국은 민주화되었는가

국민의 대표로 선출된 국회의원이 국회의사당에서 법을 제대로 지키지 않으면서 폭력과 억지, 고함, 멱살 잡기를 하고 의장석이 있는 단상을 점거하는 등 민주주의 원리를 존중하지 않는 국회, 당내 계파 간 힘겨루기로 합리적인 공천과 의사결정이 이루어지지 않는 정당을 두고 한국이 민주화되었다고 할 수 있는가? 국민 각자 생각은 다를 수 있지만, 한국이 민주화되었다고 보기 어렵다. 그이유는 국회의원이 법을 제대로 지키지 않고 계파정치가 상존하고 정당이 비민주화한 상태에서는 국민의 뜻이 국회에서 의사결정과 정부정책에 정상적으로 반영되기 어려운 것으로 보기 때문이다.

민주화운동 주도세력이 민주화되었다고 한 김대중 정부의 2002년 국회 상황은 어땠을까? 예전과 전혀 다를 것이 없었다. 오히려 과거보다 더 못한 측면이 있었다. 당시 한국일보 보도 내용을 한번 살펴보자. 막가파식 행태가 정치판을 휩쓸고 있다. 국회의원들이 입만 열면 '신성한 의사당'이라고 주장하는 곳에서 의원들 자신이 서로 삿대질하며 욕설을 퍼붓고 있다. 뒷골목 불량배가 무색할 지경이다. 한심한 놈, 또라이, 양아치, 인간말종, 능지처참할 놈, 자폭해라, 지랄들 말라고 해, 발악을 하네…. 신문에 인용된 욕설만 해도 이 정도다. 대선이 가까워질수록 정치판은 더욱 이성을 잃고 있다. 어떤 후보도 안심할 만한 지지층을 확보하지 못한 상황에서 상대방에게 치명적인 상처를 입히려는 폭로전, 난타전이 판을 치고 있다. 아무리 막가는 정국이라지만 명색이 정치하는 사람들이라면 할 일, 안 할 일을 가려야 한다.[117]

1966년의 국회 오물 투척사건은 두고두고 화제다. 한국비료주식회사가 사카린(saccharin)을 밀수한 일로 대정부 질문을 받던 국무위원들에게 김두한 의원이 미리 준비한 오물을 투척했다. 이 사건으로 당시 이병철 한국비료 사장은 회사를 국가에 헌납할 것을 선언했다. 2007년 6월에 비슷한 일이 일어날 뻔했다. 자신의 사기 사건에 대한 검찰 처분에 불만을 품은 50대 남자가 "썩은 검찰을 개혁하자"며 국회 본회의장에서 소란을 피우다 방호장실로 끌려나갔다. 그는 방호장실에서 가방에 있던 인분 봉지를 던졌다. 국회 본회의장이 40년 만에 오물을 뒤집어쓸 뻔한 사건이었다. 국민의 대의기구인 국회의 신성성을 생각할 때 오물 투척은 상상할 수 없는 일이다. 그러나 대한민국 국회의 권위는 추락 일로다.

국무위원이나 검찰을 겨냥했던 오물이 국회로 향할 수도 있다. 엄연한 현실이다. 국회가 2008년 5월 31일로 개원 60주년을 맞았다. 환갑의 나이에 접어들었지만, 원숙함을 기대하는 국민의 기대감은 별로 크지 않았다. 60년의 세월 속에서 국회에는 늘 오명이 따라다녔다. 권력의 시녀로 전락하면서 '식물국회'라는 따가운 눈총을 받았다. 입법 활동의 전문성이 결여되면서 '거수기국회'라는 질책도 받았다. 각종 부정 및 비리에 연루된 의원들을 보호하기 위해 '방탄국회'를 남발하기도 했다. 의원 간 욕설과 몸싸움은 예사

---

117) 한국일보 2002. 10. 13.

이고 난투극까지 벌어진다. 본회의장에서 담배를 피울 수 있던 시절, 오죽하면 '다방 재떨이'가 '양은 재떨이'로 교체되고 목재로 만들어졌던 명패가 플라스틱 재질로 바뀌었겠는가.[118]

18대 국회에서도 국민에게 실망을 안겨주기는 마찬가지였다. 18대 국회 키워드(key word: 중심이 되는 단어)는 폭력·무능·최악의 '오명'이었다. 18대 국회는 정치개혁의 기대 속에 출범했지만, 결국 '폭력'과 '무능', '역대 최악'이라는 오명만 남게 됐다. 2011년 11월 22일 한·미 자유무역협정(free trade agreement, FTA) 강행처리에 반대하는 당시 민주노동당 김선동 의원이 최루탄을 터뜨려 국회 본회의장이 아수라장으로 변하기도 했다. 해머와 전기톱, 쇠사슬이 등장하기도 했다. 미디어법으로 충돌한 여야는 한데 뒤엉켜 주먹질을 주고받았다. 핵심쟁점마다 투쟁과 대립이 일상화됐고 민생은 뒷전이었다.

18대 국회에 제출된 법안 가운데 45%, 6,300여 건이 폐기됐다. 법정기한 내에 예산안이 처리된 적은 단 한 번도 없었고 4년 내내 기한을 넘긴 채 여당 단독처리였다. 비리에 연루된 국회의장이 검찰수사를 받고 불명예 퇴진한 것도 헌정사상 처음 있는 일이었다. 자신들의 이익과 관련된 일엔 여야가 한마음이었다. 성희롱 발언으로 파문을 일으킨 강용석 의원 제명 안건은 본회의장 문을 걸어 잠그고 부결시켰다. 의석수를 300석으로 늘리는 선거구 획정 안건은 일사처리로 국회를 통과했다. 그나마 마지막 본회의에서 몸싸움 방지법과 일부 민생법안을 통과시켰지만, 몸싸움방지법이 19대 국회를 식물국회로 전락시킬 수 있다고 우려[119]하기도 한다.

---

118) 대전일보사 2008. 5. 29.
119) MBC 2012. 5. 28.

국회법 제5조 3항은 "국회의원 총선거 후 최초의 임시회는 의원의 임기개시 후 7일에 집회한다"고 규정하고 있다. 그러므로 2012년 5월 30일 공식 임기를 시작한 19대 국회의 7일째 날은 6월 5일이었으나 제때 개원이 이루어지지 않았다. 새누리당과 민주통합당이 상임위원장 배분과 민간인 사찰, 언론사 파업 국정조사 등에 대한 입장 차이를 좁히지 못했기 때문이었다.[120]

국회와 정당은 민주화의 정도를 가늠할 수 있는 중요한 요소이다. 국민을 위한 법률을 만들고, 정부가 국민을 위한 정치를 하도록 예산안을 심의 통과하고, 유능한 사람이 고위공무원에 임용되도록 청문회를 하고, 행정부와 사법부의 공무원이 일을 제대로 하지 못하거나 위법한 일을 하면 탄핵소추권을 발동할 수 있는 등 막중한 권한이 국회에 주어져 있다. 또한 국회의원을 공천하고, 소속 국회의원을 통해 국회운영에 개입하고, 여론 수렴을 통해 국민을 위한 정치를 하는 구심점이 되는 것이 정당이기 때문이다. 그런데 우리나라의 정당은 아직 민주화와는 거리가 멀다. 선거철만 되면 각 정당이 불투명하고 비민주적인 공천 때문에 내홍을 겪는다. 중요한 안건에 대해 정당 내부에서 민주적인 의사결정을 하고 당원들이 지도부의 결정을 수긍하는 일은 그렇게 많지 않다.

2012년 12월 11일 시민통합당과 합당을 결정한 민주당 전당대회는 처음부터 끝까지 욕설과 폭력이 난무한 난장판이었다. 일부 민주당 사수파 대의원은 연단을 점거하고 통합파 대의원, 당직자를 상대로 멱살잡이를 했다. 행사장에는 액젓과 액체비료가 날아다녔다. 이른바 '난닝구(러닝셔츠) 사건'의 장본인인 60대 남성 이 모 씨는 전대 행사장 앞 대의원증 교부처에서 "지문 날인을 왜 하라는

120) 뉴스핌 2012. 6. 4.

거냐”며 여성 당직자의 뺨을 때렸다. 저질 정치의 극치를 보여준 폭력사태에 대해 민주당은 다음날 “법대로 하겠다”고 밝혔다. 그러나 사수파들은 “의결정족수에 대해 법적 논란이 있고 합당은 합의가 안 된 것이다. 힘으로 밀어붙이겠다는데 가만히 있으라는 거냐”고 항변했다. 폭력은 어떤 명분으로도 용납할 수 없는 행위다. 법적 대응도 타당한 조치다. 하지만 생각해볼 것이 있다. 민주당이 자주 보여 온 ‘폭력의 풍경’들이다.

2009년에서 2011년까지 3년 연속 연말마다 민주당은 여당의 예산안 단독처리에 맞서 주먹을 날렸다. 여당 의원들의 목을 졸라 넘어뜨리기도 했다. 본회의장, 국회의장석, 국회 예결위회의장 등에서 어김없이 점거를 반복했다. 2008년 12월 한·미 자유무역협정(FTA) 비준안건 상정 과정에서는 국회 회의장 문을 해머로 부수기도 했다. 민주당은 그때마다 “거대 여당의 ‘힘’에 맞서기 위한 어쩔 수 없는 실력행사”라고 주장했다.121) 폭력은 민주당만의 문제가 아니다. 각 정당이 비슷하다.

서울남부지검 형사6부(부장 전형근)는 2010년 12월 국회 본회의 예산안 처리 과정에서 일어난 국회폭력 사건과 관련해 김성회 새누리당 의원(56세), 강기정 민주통합당 의원(48세), 양당 당직자 등 모두 6명을 불구속 기소했다고 2012년 3월 22일 밝혔다. 검찰은 김성회 의원에게는 상해 혐의, 강기정 의원에게는 상해 혐의와 국회 경위 폭행에 의한 공무집행방해 혐의 등을 적용했다. 또 당직자들에 대해서는 자유선진당 의원들의 본회의장 진입 방해, 국회 경위 폭행에 의한 공무집행 방해, 상해 등 혐의를 적용했다. 검찰 관계자는 “당시 한나라당, 민주당, 자유선진당 등이 모두 6차례에 걸

---

121) 동아일보 2011. 12. 14.

쳐 고소, 고발함에 따라 수사에 착수했다. 새누리당과 민주당은 서로 상대방 의원의 처벌을 원하지 않는다고 했지만, 객관적으로 범죄가 성립한다고 판단해 기소하게 됐다"고 밝혔다.[122]

통합진보당 5·12 중앙위 사태 진상조사위원회가 폭력 행위자에 대한 엄중하고 확실한 징계를 다짐했다. 진상조사위원회는 2012년 6월 14일 오후 국회에서 2차 조사결과를 발표하고 관련자 전원을 당기위원회에 제소할 것이라고 밝혔다. 이홍우 위원장은 의장단의 단상에 접근해 회의를 방해한 행위자 23명과 단상에 올라 회의진행을 방해한 행위자 25명, 단상 및 회의장에서 폭력 등 물리력을 행사한 행위자 17명 등 관련자가 65명에 이른다고 말했다. 아울러 1차 조사결과 밝혀진 인원까지 합해 총 81명을 당기위에 제소하고, 특히 폭력을 사용한 30명에 대해서는 엄중 징계를 요청할 계획이라고 밝혔다.[123]

폭력도 폭력이지만 한국 정치에서 가장 문제가 되는 것은 국민의 대표로 선출된 국회의원이 법률을 제정하는 국회에서 자신들이 만든 법을 제대로 지키지 않는다는 점이다. 그 가장 대표적인 것이 국회 개원과 예산안 통과이다. 2012년 5월 말에 시작된 19대 국회도 여야가 기 싸움을 한다고 법정 개원일을 지키지 않았다. 정당에서 민주적인 절차와 방법에 따른 의사결정과 공천이 이루어지지 않고, 정당 행사와 국회에서 폭력이 일어나고, 국회의원들이 법규와 절차를 제대로 안 지키는데 어떻게 올바른 의사결정이 이루어지고 민주화되었다고 할 수 있겠는가? 그런데도 한국이 민주화되었다고 말한다면 참으로 낯 뜨거운 일이다.

---

122) 머니투데이 2012. 3. 23.
123) 뉴스웨이 2012. 6. 14.

2. 한국 민주주의 우등국가인가

　대공황(大恐慌). 말 그대로 대공황이다. 프랭클린 루스벨트 전 미국 대통령이 "우리가 두려워해야 할 단 하나는 두려움 그 자체"라며 헤쳐 나온, 그런 유의 경제 대공황이 아니다. 2500년 전 페리클레스가 아테네의 아크로폴리스 산정에서 세웠던 다수결의 원리가, "대표 없이 과세 없다"는 근대 영미(英美)의 전통이 일군 대의민주주의가, 피비린내 났던 프랑스 대혁명 이후 유럽에서 꽃피운 정당정치가, 1987년 6월 서울의 함성이 쟁취한 직선 대통령제가 밑바닥부터 흔들리고 있다. 이른바 '민주주의 대공황'이다.

　특히 짧은 시간에 민주화를 달성한 '민주주의 우등생(?)' 한국이 중병을 앓고 있다. 오랜 권위주의 체제의 청산과 함께 개막된 '1987년 체제'가 사반세기 만에 중대한 갈림길에 섰다. 헌정 질서의 상징인 국회 본회의장에서 사상 초유의 '최루탄 테러(terror)'가 자행돼도, 공권력의 상징이나 다름없는 경찰서장이 시위대에게 맞아도, 소셜네트워크서비스[124](SNS)에서는 괴담들이 무한대로 재생산돼도 기성 정치는 속수무책이다. 사실 기성 정치에 대한 도전은 전 지구적인 현상이다. 기존 자본주의는 이제 사회 경제 문제의 해답이 되지 못하고, 그 자본주의를 토양으로 열매 맺은 민주주의가 세계 곳곳에서 흔들리고 있다.

　한신대 윤평중 교수(철학)는 "미국 중심의 세계 질서가 급격하게 무너지고, 무능한 정치에 대한 피로 현상으로 정치의 통제 기능이

---

124) 소셜네트워크서비스(social network service)는 온라인의 가상공간을 통해 인맥을 쌓고, 정보를 공유하는 인터넷 기반의 커뮤니티 서비스를 총칭한다. 대표적인 예로는 미국의 마이스페이스, 트위터, 한국의 싸이월드 등이 있다.

상실됐다. 전 지구적인 자본주의 체제의 모순이 극대화되는 상황이 1929년 대공황을 연상시킨다"고 분석했다. 동아일보는 2011년 12월 1일부터 '2012 민주주의 대공황을 넘자' 연속 기획물(series)을 연재해 한계에 이른 한국 정치의 현실을 진단하고, 이를 극복하기 위한 대안을 제시하고자 했다. 동아일보가 리서치앤리서치에 의뢰해 20~50대 1,000명을 대상으로 11월 23~25일 실시한 휴대전화 임의전화걸기(RDD) 여론조사 결과에 따르면, 우리 사회에서 기성 정당정치에 대한 불신과 실망감은 가히 '분노' 수준인 것으로 나타났다.

정당정치와 대의민주주의에 대해 부정적 평가는 82.2%로 긍정적 평가(15.0%)의 5배 이상으로 나타났다. 이는 진보 성향으로 알려진 20~40대뿐 아니라 보수층이 많은 50대까지 차이가 없었다. 한나라당-민주당의 양당 구조가 변화해야 한다는 데에 대해서도 70.9%가 공감한다고 답변했다. 1 대 99 양극화에 대해서도 81.8%가 공감을 나타냈다. '공정사회'를 내세운 이명박 정부였지만, 이명박 정부 들어와 우리 사회의 투명성, 공정성이 진전됐다고 보느냐'는 질문에 47.3%가 후퇴했다고 답했고, 진전이 있었다는 응답은 14.5%에 그쳤다([표 2-1] 참조).

현실 변화를 선도하기는커녕 뒤따라가지도 못하는 기성 정치체제가 심각한 존립 위기를 맞고 있는 현실이 수치로 확인된 것이었다. 전문가들은 2012년을 단순한 권력교체가 아니라 새로운 민주주의 체제의 기점으로 삼아야 한다고 입을 모았다. 이를 위해선 '공존'과 '공동체', '소통'과 '나눔', '행복'과 '희망' 등을 키워드(key word)로 정치가 완전히 거듭나야 한다고 지적했다.[125] 국민 80%

---

125) 동아일보 2011. 12. 1.

이상이 우리나라의 정당정치와 대의민주주의가 국민의 뜻을 잘 대변하지 못한다고 답을 했는데 한국이 민주주의 우등국가라고 할수 있는가? 한국은 민주주의 우등국가가 아니다. 자국민이 만족하지 못하는 민주주의를 두고 외국에서 경제와 민주화 두 마리 토끼를 잡았다고 말하는 것이 얼마나 의미가 있을까?

[표 2-1] 정당정치에 대한 국민설문 조사 결과

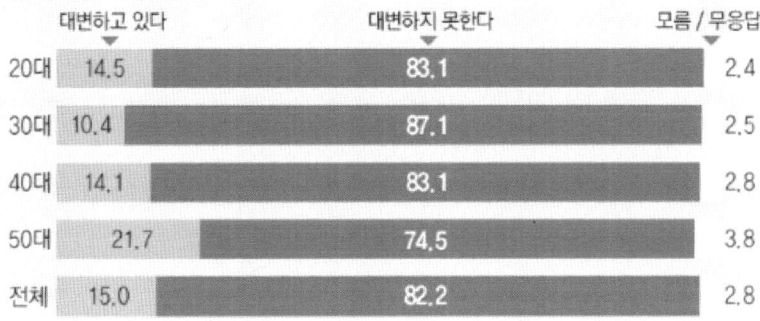

출처: 동아일보 2011. 12. 1.

3. 세계에 내세울 민주화 노력 모형 있는가

한국은 국제사회에서 민수화와 경제개발 성공이라는 두 마리 토끼를 잡았다는 평가를 받기도 한다. 타인에게서 좋은 평가를 받는다는 것은 유쾌한 일이다. 그럼 우리 자신에게 한번 물어보자. 세계에 자랑스럽게 내세울 수 있는 민주화 노력 모형이 한국에 있는가? 여기에 대해서는 자신 있게 대답을 하기 어렵다. 민주화에 기여했다고 생각하는 민주화운동 주도세력조차도 선뜻 대답을 못한다. 수많은 사람이 한국의 민주화, 민주화 진전, 민주주의 발전과 수호를 위해 목숨을 바치는 등 치열한 노력을 했다. 그런데 왜 세계에 내세울 만한 민주화 노력 모형이 없을까? 그것은 민주화운동 진행과정에 사용된 방법이 좋지 않았기 때문이다.

처음부터 민주화가 무엇인지 제대로 이해하지 못하는 상황에서 의욕이 앞섰고 공격동기와 지배동기 실현, 권력획득 목적 달성을 위한 민주화운동을 했기 때문이다. 처음부터 민주화, 민주화 진전, 민주주의 발전을 위한 이상과 모형을 갖고 민주화를 한 것이 아니었다. 그런데다 정치권력 획득을 위한 투쟁을 병행하면서 반정부 시위에 지나치게 의존하였다. 자주국방 달성과 빈곤에서 탈출하기 위해 경제개발을 서두르면서 한편으로는 북한에 맞서 국가체제를 수호해야 하는 대통령과 정부 입장에서는 결국 시위를 강경하게 진압하고 시위 주도자나 배후에서 조종하는 정치가의 활동을 제약하는 조치를 하면서 희생자가 속출하고 탄압으로 여겨질 수 있는 억압적 통제를 하였다.

민주화운동 주도세력들은 이렇게 자신들의 활동을 제약하는 대통령과 정부를 독재자라고 몰아세웠다. 그리고 희생자를 유발하는 시위와 투쟁을 통해 지지 세력을 확장하는 데 성공하여 대통령 직선제 환원과 지방자치제 도입 개헌을 이루어 내고 바라던 권력을 획득해 대통령이 되기도 했다. 그러나 시위를 진압하는 공권력에 맞서 화염병과 쇠파이프, 보도블록 투석 등으로 맞선데다 스스로 가장 비민주적인 계파정치에 의존하는 모순을 안고 있었다. 이렇게 잘못된 폭력적 시위와 자신들이 안고 있던 구조적 모순은 여러 가지 문제를 파생시키며 부작용이 나타났다.

국정 주도권을 장악한 후에도 비민주적인 투쟁적 행동을 일삼으면서 국회에서 세계에 망신까지 당하는 폭력을 행사하면서 국민이 정치가와 정치에 대해 실망하게 했다. 6 · 29 선언과 같이 민주화를 요구하고 그것을 통치자인 대통령이 수용하는 모습은 대단히 훌륭한 것이었다. 그럼에도 6 · 29 선언이 세계에 내놓을 만한 민주화 노력 모형이 되지 못하는 것은 폭력적인 시위와 야당정치가들이 헌법에 명시한 국회의원과 정부가 법을 발의할 수 있는 권리인 입법권 등 민주적인 헌법 개정 절차를 무시하고 세력에 의존한 요구를 한데다, 공적이 전두환과 노태우에게 돌아갈까 봐 전두환 당시 대통령의 공적을 인정하지 않고, 국민이 준 민주화 발전 기회를 정치보복에 이용했기 때문이다.

이러한 잘못된 방법과 행태는 민중화운동 주도세력 스스로 비판의 대상이 되게 하였다. 참으로 안타까운 일이다. 그럼에도 우리나라가 세계에 내세울 민주화 노력 모형이 있다면 그것은 6 · 29 선언이다. 그 이유는 대화와 타협을 통해 민주화를 진전하고 민주주의를 발전하는 계기를 만들었기 때문이다.

4. 객관적인 역사는 있는가

객관적인 역사는 있는가? 오래된 질문이고 대답하기 어려운 질문이다. 어느 면에서 보면 모든 역사 서술은 다 주관적이다. 어떤 사람을 만나 10분 동안 얘기를 하고 헤어져도, 그 상황에 대한 각자의 설명이 다 같을 수가 없다. 하물며 오래전에 일어난 일을, 그것도 온갖 세세한 사실들을 다 숨기고 어느 특정한 사실들만 나열하는 것이 어떻게 사람마다 다 같을 수 있겠는가? 역사가가 아무리 객관적이 되려고 노력해도 결국 자신의 관심과 이익, 취향과 가치관이 그 '객관적인' 역사 기술에 배어들지 않을 수 없다. 그러니 결국 역사는 주관적이다. 역사에 대한 관점 또는 사관이라는 것이 그래서 생겨났다.[126] 한국의 민주화운동은 스스로 승자라고 생각하는 주도 세력들이 정치권력을 획득한 이후 지나치게 그들 중심적인 사고에 의해 주관적으로 미화하여 기술하면서 왜곡했다. 이제 우리는 여기서 제대로 된 우리나라 민주주의 발전을 위해 민주화 노력의 의미를 알고, 그 바탕 위에서 민주화운동을 이해해야 할 필요가 있다.

1) 건국, 우리 현대사에서 '가장 주목할 만한 사건'

지난 20세기에 이루어진 한국의 근현대사에서 가장 주목할 만한 역사적 사건을 꼽는다면 단연 1948년 8월 15일 '대한민국 건국', 즉 '대한민국 정부 수립'이다. 이 사실은 대한민국 정치공동체의 온전한 구성원으로서 정체성과 역사의식을 지닌 시민이라면 당연히 알고 익혀야 할 사실이다. 제헌헌법에 나타나 있는 것과 같이 자유와 인권, 민주주의를 지향하고 있는 대한민국의 건국이념은 제한된 정치권력을 규정한 영국의 '권리장전'이나 프랑스대혁명의 자유·평등·박애의 이상, 미국의 '독립선언서'에 나타난 생명·자유·행복추구권 등의 이상과 같은 맥락의 '문명사적 의미'를 지닌다고 할

---

126) 김영명(2008), 『좌우파가 논쟁하는 대한민국사 62』, 위즈덤하우스, p.252.

수 있다.

1948년 대한민국 건국을 계기로 하여 전근대적 '조선인'과 일제 강점기의 조센진은 근대의 '한국인'으로 탈바꿈하였다. 그와 동시에 개인들의 사회적 협력과 경쟁, 대립 및 통합의 논리와 게임(game) 규칙이 달라졌다. 새로운 질서의 규칙이 도입되고 시장과 시민사회가 약동할 수 있는 계기가 마련되었으며, 전문적 관료기구가 작동하는 등 개인 삶의 비전(vision)이 펼쳐지는 무대와 환경이 일변하였다. 그것은 단순히 명령과 지시를 내리는 중앙집권적 권력 기제가 수립되고 또 일부 정치·사회 세력이 정치권력을 장악했다는 것 이상의 의미를 함축하는 것이다.

서로 다른 이해관계를 갖는 개인과 사회집단을 '이성적인 방식으로' 통합하는 기제를 핵심으로 삼는 민주국가가 출범했다는 것으로, 단순히 공공재[127](public goods) 문제를 해결하는 정부라는 기능적 권력체의 수립을 넘어서서 우리가 이제까지 경험해보지 못했던 정치·사회적 삶의 새 장(章)을 연다는 의미에서 '기념비적 사건'이라고 할 수 있다. 대한민국 이전에는 '국민(國民)'과 '시민(市民)'이 아니라 '신민(臣民)'과 '백성(百姓)'이 있었을 뿐이었다. 신민과 백성은 절대군주의 통치 대상이며, 주권을 갖지 못한 존재다. 대한민국 건국 이후 사상 처음으로 이 땅에 근대적 '개인(個人)'이 탄생할 수 있었다.

엄격한 신분제도가 마침내 사라졌다. 자신의 삶을 자신의 능력과

---

127) 공공재(公共財, public goods)는 사유재(private goods)에 대립하는 것으로서 사유재와는 달리 그것에 대한 소비자들의 선호가 드러나지 않기 때문에 시장 메커니즘에 의한 공급은 불가능하고 투표를 통한 의사결정의 정치적 과정(political process)을 통해서만 공급될 수 있는 성질을 갖는 재화와 서비스를 말한다. 예를 들면 경찰, 국방, 소방, 공원, 도로, 교육 등은 공공재의 대표적인 것들이다.

희망으로 꾸려 나가는 새로운 시대가 열린 것이다. 이것은 과거의 왕조시대와 비교할 때 상전벽해(桑田碧海)라고 표현해도 무방할 만큼 자랑스러운 민족사적 쾌거라고 할 수 있다. 건국과 더불어 장기적으로 실현되어 갈 문명사적 대전환은 우리 민족의 활로에도 중요한 의미가 있으며, 국가공동체가 지향하고 있는 통일과 번영의 실현을 위한 의미심장한 첫걸음이기도 하다.[128] 이처럼 대한민국 민주화 노력의 획기적인 사건이자 가장 중요한 일은 건국이었다. 비록 외세의 힘을 빌리기는 했지만, 대한민국의 건국은 순국선열과 애국지사들의 독립 활동, 선구적인 역할을 수행한 정치가들의 노력 덕분에 가능했다. 이에 비하면 민주화운동은 조족지혈(鳥足之血)에 불과하다.

2) 6 · 25 전쟁의 성격은 무엇인가

6 · 25 전쟁은 우리 민족에게 엄청난 인적 · 물적 피해를 강요했을 뿐만 아니라 민족의 넋 속에 오랫동안 치유되기 어려운 깊은 상처를 남긴 재앙이며 비극이다. 앞으로 이런 불행한 일이 다시 일어나서는 안 된다. 그러나 그렇다고 하더라도 미국이 개입함으로써 통일이 되지 않았다거나 전쟁의 참화가 확대되었다고 생각한다면 6 · 25 전쟁을 왜곡해도 여간한 왜곡이 아니다. 민족 동질성 회복 관점이나 통일 관점 혹은 맹목적인 평화주의 관점에서 6 · 25 전쟁을 '잊혀진 전쟁'으로 조망하는 것이 2세 교육의 관점에서 과연 어떤 의미를 갖는 것일까.

---

128) 자유기업원(박효종, 「역사교과서 논쟁을 정리한다」, 2009. 3. 1.)

'조국 해방'이라는 명목 아래 북한이 전체주의 성향의 사회주의 체제와 이념으로 한반도를 지배하겠다는 의도를 갖고 도발한 전쟁이 6·25 전쟁임을 고려할 때, 당시 대한민국이 건국을 통해 수립한 자유민주주의와 인권, 시장질서가 심각한 위협을 받았다. 민주공화국의 생존 자체가 위기에 처했다는 명백한 사실에 눈을 감게 함으로써 몰역사적 문맹(文盲)을 만드는 결과를 초래할 뿐이다. 비록 휴전으로 귀결되어 전쟁 이전과 별다른 영토의 변화는 없었고, 지금까지 분단 상태는 지속되고 있다. 하지만 6·25 전쟁은 남침한 북한에 맞서 남한이 싸웠다는 민족상잔의 차원을 넘어 또한 냉전 체제하에서 소련과 중국의 공산주의 팽창 의도에 맞서 미국 등 국제연합이 싸운 국제전이라는 성격을 넘어서서 한반도를 적화하겠다는 결의를 다진 북한 전체주의자들의 공격으로부터 남한이 자유민주주의와 인권 및 시장 질서를 방어한 전쟁으로 평가받아야 한다.

  이러한 가치론적 사실을 도외시하고 단순히 전쟁의 인명 피해, 경제적 피해 등만을 강조한다면, 이 전쟁에 참전하고 참전 과정에 죽음을 맞이하거나 부상당한 많은 사람은 결국 그 어떤 의미도 찾을 수 없는 동족상잔의 참극에 연루되어 부조리한 행동과 도로(徒勞)에 그치고 허무한 희생을 한 셈이 된다. 그럼에도 역사교과서 논란의 중심이 되었던 금성교과서 필자들은 6·25 전쟁을 전체주의자들과 자유주의자들의 대결로 평가할 필요는 없다고 생각했다.

  만일 전체주의라는 반문명적 도전에 대하여 자유라는 문명적 가치를 수호하기 위해 싸웠다고 서술한다면, 반제민족해방이나 통일 지향의 민족주의 관점에서 문제가 된다고 우려한 것이 분명하다. 그러나 그렇게 생각한다면 6·25 전쟁을 '실패한 통일전쟁'으로 불러야 한다는 것일까. 그것은 잘못된 민족주의 관점의 과잉이다. 전체주의 세력의 도발에 굴복하지 않고 자유주의 세력이 끝까지 방어에 나섰다는 전쟁의 문명사적 의미를 소홀히 한다면 6·25 전쟁은 부조리한 전쟁이다. 그러나 우리는 자유를 위해 싸웠기 때문에 '정의로운 전쟁'으로 불러야 한다.

'정의로운 전쟁'(라틴어: bellum iustum, 영어: Just War Theory)은 올바른 명분을 가진 '방어적 전쟁'이라는 의미로 중세의 토마스 아퀴나스(Thomas Aquinas)가 규정한 이래 도덕적 가치를 가진 전쟁으로 평가받는 경우이다. 대한민국이 치른 6·25 전쟁은 자유와 인권이라는 헌법적 가치를 유린하려는 공산주의자들의 침략에 분연히 맞서 목숨을 걸고 방어한 전쟁이다. 그것은 수많은 인적·물적 피해에도 독일 등 주축국의 공격에 과감히 맞서 항거한 연합국들의 가치 지향과 일맥상통하는 것이다.

노무현 전 대통령조차 미국을 방문했을 때 "미국이 참전하지 않았다면 나도 수용소에 있었을는지 모른다"라고 술회하지 않았던가. 이처럼 자유의 가치를 지키기 위해 싸웠다는 사실이 교육 과정에서 강조되지 않으면 6·25 전쟁은 무의미하며 몰가치적인 민족 내부의 전쟁으로 전락하여, 참전한 세대는 이른바 '잃어버린 세대(lost generation)'로 전락하고 후세들은 전쟁의 허무주의만을 배우는 결과를 초래할 것이다.[129] 대한민국 민주화 노력에서 건국 다음으로 높은 평가를 받아야 할 것이 우리의 자유민주주의 국가체제를 수호한 6·25 전쟁이다. 오늘날 우리의 삶은 6·25 전쟁에 참전하여 나라를 지키기 위해 목숨을 바친 참전용사들의 희생이 있었기에 가능하다.

---

129) 자유기업원(박효종, 「역사교과서 논쟁을 정리한다」, 2009. 3. 1.)

3) 5·16 혁명 어떻게 볼 것인가

한동안 수면 아래로 가라앉았던 5·16 혁명에 대한 평가 문제가 2012년 박근혜 의원이 새누리당 대통령 후보로 출마하면서 대선 주자들 사이에서 다시 논란의 대상이 되었다. 그 핵심은 5·16이 '구국의 혁명이냐 쿠데냐, 어떻게 평가할 것이냐' 하는 것이었다. 구국(救國)은 위태한 나라를 구하여 냄, '위태하다'는 '형세나 형편이 매우 어렵다, 위험하여 마음을 놓을 수 없다. 안전하지 못하고 위험하다'는 뜻이다. 여기서 중요한 점은 박정희가 5·16 혁명을 일으킬 당시와 그 후 일정 기간 한국이 위태한 상황이었느냐 아니었느냐 하는 것이 판단의 핵심이다. 이 점에 대해서는 각자 생각이 다를 수 있다.

상황을 긍정적으로 보는 사람들은 60만 대군이 있고, 미군이 주둔했으므로 안보상 문제가 없었고 시간이 지나면 장면 내각도 점차 안정을 찾아갔을 것이므로 위태하지 않다고 판단할 수 있다. 그러나 장면의 리더십 역량이 부족한데다 여당인 민주당이 분열하고 시위는 끊이지 않았으며, 정부 운영의 많은 부분을 미국에 의존하고 있었다. 여기에 매년 보릿고개[130]를 넘기기 어려운 세계적인 빈곤 국가였다. 북한의 위협은 상존하는데다 일본은 급성장하고 동남아시아에 공산화의 전운이 감도는 등 위기상황이었다. 미국과 미군은 타국의 안보를 끝까지 보장하지 않는다. 미국이 엄청난 지원을 했던 월남은 미군이 철수를 결정한 지 얼마 지나지 않은 1975년 4월 30일 패망했다며, 당시 상황을 부정적으로 보는 사람들도 있다.

---

130) 보릿고개는 지난날 묵은 곡식은 다 떨어지고 보리는 아직 여물지 않아 농가 생활에서 가장 살기 어려운 음력 4~5월을 이르던 말. 맥령(麥嶺).

양측의 의견이 팽팽하게 대립한다.

각자 생각이나 주장은 다를 수 있다. 하지만 여기에 한 가지 중요한 시사점이 있다. 일본은 한국이 경제개발을 성공적으로 끝내고 이미 세계 10위권의 경제대국이 된 2012년 인공위성 발사용 로켓 기술 분야에서 한국이 1970년대 초 일본의 수준을 벗어나지 못하고 있다고 말했다. 그런데 만약 박정희 대통령이 중화학공업과 국방력을 강화하지 않았다면 어떻게 되었을까? 역사는 가정이 없고 시대에 따라 새로운 영웅이 탄생하기도 하므로 단정적으로 말할 수는 없다. 하지만 아찔함을 느끼게 한다. 박정희가 5 · 16 직후 발표한 혁명 공약[131]의 내용과 실천, 1970년대 한국이 직면한 각종 위기 상황을 고려할 때 5 · 16은 구국의 혁명이라고 할 수 있다.

즉 5 · 16 혁명은 당시 시대 상황을 고려할 때 필요한 것이고 국가발전의 계기를 제공했다는 점은 높이 평가할 수 있다. 하지만 비합헌적으로 이루어진 점에 대한 정당성은 인정받을 수 없다. 민주주의 이념과 원리를 존중하지 않은 방법으로 이루어졌기 때문이다.

---

131) 혁명공약(革命公約)은 5 · 16 거사 직후 군사혁명위원회가 발표한 5 · 16 군사쿠데타의 이념과 성격을 밝힌 6개 항의 성명. 그 내용은 다음과 같다 ① 반공을 국시의 제일의(第一義)로 삼고 지금까지 형식적이고 구호에만 그친 반공 태세를 재정비 강화한다. ② 유엔헌장을 준수하고 국제협약을 충실히 이행할 것이며 미국을 위시한 자유우방과의 유대를 더욱 공고히 한다. ③ 이 나라 사회의 모든 부패와 구악을 일소하고 퇴폐한 국민도의와 민족정기를 바로잡기 위해 청신한 기풍을 진작시킨다. ④ 절망과 기아선상에서 허덕이는 민생고를 시급히 해결하고 국가 자주 경제 재건에 총력을 경주한다. ⑤ 민족의 숙원인 국토통일을 위해 공산주의와 대결할 수 있는 실력배양에 전력을 집중한다. ⑥ 이와 같은 우리의 과업이 성취되면 참신하고도 양심적인 정치인들에게 언제든지 정권을 이양하고 우리는 본연의 임무에 복귀할 준비를 갖춘다.

4) 산업화 어떻게 볼 것인가

한국에서 산업화를 본격적으로 시작한 것은 박정희 정부였다. 박정희 정부가 이룩한 신업화는 기적적이리는 평기를 받는다. 프랑스의 세계적인 사회학자 기 소르망(Guy Sorman)이 "비서구권에서 근대화에 성공한 국가는 일본과 한국뿐이며, 특히 한국은 단기간에 압축성장한 모범국가다"라고 평가했을 정도다. 국내 자본이 부족하고 원료 및 상품시장이 성숙하지 못한 상황에서 수출 주도형 발전 전략을 추구한 박정희 정부의 선택은 시대를 내다본 선견지명(先見之明)의 선택이었다. 그 후 수출 주도형 발전 모형은 발전을 꿈꾸는 제3세계[132]의 모든 나라가 선망하는 전략으로 부상했다.

산업화의 성취는 논란 대상이 될 수 없지만, 산업화와 민주주의의 관계는 격렬한 논쟁의 대상이 되어 왔다. 이와 관련해 박정희 정부와 산업화 시대를 객관적이고 진지하게 평가하려면 먼저 민주주의와 경제발전이 항상 병행하지는 않는다는 사실을 인정할 필요가 있다. 적어도 산업화 초기 단계에서는 국가 주도형 성장이 더욱 효과적이었기에 그런 상황에서 민주적 정치를 실현하기가 어려웠다는 점을 인식해야 한다. 그렇다고 해서 그 시대 수많은 인권 탄압 사례와 자유민주주의로부터의 이탈을 가볍게 보자는 것은 아니다. 또한 지나친 압축성장의 추진 의욕이 국민에게 상당한 희생을 깅요한 측면도 있다.

그것은 결코 작은 허물이 아니며, 이에 대한 도덕적 책임이 있음은 자명하다. 그럼에도 우리는 이 문제를 비교사적 시각에서 더 넓

---

132) 제3세계는 미국을 중심으로 한 자유 진영과 구소련을 중심으로 한 공산 진영 어디에도 속하지 않고 비동맹 노선을 취했던 개발도상국들을 총칭하는 말.

고 긴 안목으로 바라볼 필요가 있다. 농업사회에서 산업사회로 이행하는 과정은 농촌의 붕괴, 전통적 생활양식의 파괴, 노동자 착취 등 참으로 많은 희생을 요구했다. 선발 산업화 국가인 영국이나 후발 산업화 국가인 독일, 일본 등 거의 모든 나라가 이러한 희생을 피할 수 없었다. 영국의 사례를 다룬 오스트리아 출신 미국 사회철학자 폴라니(Karl Polanyi)의 『대변혁(The Great Transformation)』은 바로 이 사실을 정확하게 지적하고 있다. 따라서 산업화시기에 대해서 우리는 산업화에 따른 어쩔 수 없는 손실과 희생이 있었다는 점을 인정해야 한다.

동시에 당시의 절박한 시대적 요구와 국민의 절실한 염원에 대해서도 깊이 생각할 필요가 있다. 그 시절 우리나라는 대다수 국민이 실업과 굶주림으로 고통을 받는 상황에 놓여 있었다. 이런 점에서 '빵'과 '민주주의'는 우열을 가리기 어려운 가치 선택의 문제였다. 물론 민주주의 관점에서 볼 때 빵을 선택한 것을 비판할 수 있을 것이다. 하지만 많은 사람이 직장이 없고 먹을 것이 없어 고통을 받던 상황에서 민주주의가 빵보다 절대적으로 우월한 가치라고 주장할 근거는 찾기 어렵다. 그 무렵 사람들에게 빵은 민주주의라는 가치를 의미 있는 것으로 만드는 선택이었을 수도 있다.

아울러 박정희 시대가 이룬 놀라운 경제 성장이 민주화가 성공할 기반을 마련했다는 점도 중요하다. 그 시대 경제 성장이 낳은 중산층이 1980년대 중반에 있었던 민주화를 이끄는 주역이 되었기 때문이다. 결국 한국이 직면한 당시 상황을 균형적으로 고려할 때 비로소 박정희 정부와 산업화 시대에 대한 평가는 그 온전한 모습을 드러낼 것으로 생각한다.[133)]

133) 자유기업원(박효종,「역사교과서 논쟁을 정리한다」, 2009. 3. 1.)

5) 민주화 노력의 동인은 무엇인가

민주화 진전은 산업화와 더불어 우리 현대사에서 자랑할 만한 업적이다. 대한민국은 제2차 세계대전 이후 독립한 국가 가운데 유일하게 정치적 민주화 진전과 경제 발전에 성공한 나라다. 영국의 한 언론인은 "한국에서 민주주의를 기대하는 것은 쓰레기통에서 장미꽃이 피기를 바라는 것과 같다"라고 말한 바 있다. 그러나 이러한 부정적 인식을 뛰어넘으며 우리는 4 · 19 의거, 6 · 10 민주화 요구 시위와 6 · 29 선언이라는 정치적 대타협을 통해 민주화를 점진적으로 완성해나갔다. 그 이후 여권에서 야권으로 정권이 교체되는 정권교체를 이룩함으로써 민주주의가 공고화되는 단계에 접어들었다.

오랫동안 민주주의는 우리의 염원이었다. 그럼에도 한국의 민주주의가 건국 이후 줄곧 엄청난 시련과 도전을 받았다는 사실을 부인할 사람은 없을 것이다. 그 이유는 무엇인가. 민주주의에 대한 도전은 배타적으로 독재자의 권력욕과 권력 의지로부터 비롯되는 것인가. 만일 그렇게 생각한다면 '단순화의 오류'를 범한다고 할 수 있다. 왜냐하면 민주주의에 대한 도전은 다차원적이기 때문이다. 민주주의가 유지되기 위해서는 우선 외부의 침략 세력에게서 오는 도전을 극복할 수 있어야 한다. 또 민주주의는 경제 발전 수준과도 깊은 연관을 맺고 있다. 특히 경제적 후진성과 절대적 빈곤이 민주주의에 대한 심각한 도전이라는 점은 누구도 인정할 수밖에 없다. 문화적 요인도 빼놓을 수 없다.

서구의 민주주의가 그 문화와 관습, 역사 배경이 다른 나라에 이식되어 제도화되는 데에는 사람들의 인식도 변화해야 한다. 이처럼 민주주의가 만개하는 데에는 수많은 조건과 도전이 엄존하고 있다. 그런데 이 모든 요소를 간과한 채 오로지 독재정권의 출현과 전횡만을 민주주의의 시련으로 접근하는 것은 민주주의라는 의제(agenda)를 너무 단순하게 보기 때문이다. 이로 미루어볼 때, 이 많은 도전을 극복하고 민주화를 진전시켰다는 것은 자랑스러운 일이나, 중요한 점은 이러한 결과는 우연도 아니고 기적도 아니라는 사실이다. 무엇보다 민주주의를 성취하는 과정에서 수많은 사람의 고통과 희생이 있었다.

4·19 의거, 5·18 광주사태, 6·10 민주화 요구 시위가 바로 그것이다. 하지만 민주화운동이 무(無)에서 유(有)를 창조한 것처럼 한국 민주주의에 관한 모든 것을 설명할 수 있는 것은 아니다. 민주주의를 가능하게 만든 사회 구조의 거시·장기적 변화라는 토대가 없었다면 우리의 민주화는 불가능했을 터이다. 자유와 인권, 민주주의와 시장경제를 핵심적 가치로 규정한 제헌헌법의 제정, 위로부터의 농지개혁, 1950년대의 교육혁명 그리고 1960년대 이후 산업화와 경제 성장이 오늘날과 같은 민주주의의 발전과 안정을 위한 굳건한 주춧돌을 놓았던 것이다.[134)

5. 한국의 역대 대통령 어떻게 볼 것인가

나는 우리나라가 수많은 두려움을 극복하고 일어선 나라라고 생각한다. 두려움은 다섯 가지로 정리된다. 망국(亡國), 전쟁, 절대 빈

---

134) 자유기업원(박효종, 「역사교과서 논쟁을 정리한다」, 2009. 3. 1.)

곤, 억압 그리고 상대적 빈곤의 공포다. 나이대에 따라 체험한 공포의 종류와 강도가 다르다. 망국의 공포는 70대는 되어야 되살릴 것이고, 한국전쟁도 60대 이상이라야 무서움을 알 것이다. 50대 이상이라면 절대 빈곤을 진저리치게 겪은 적이 있었을 것이다. 하지만 그 아래 세대에게는 억압과 상대적 빈곤의 공포가 다른 공포보다 더 실감날 것이다. 결과론이라 해도 좋다. 나는 대한민국 역대 대통령들이 그 시대의 '공포'와 맞서 왔다고 생각한다. 그 점에서 우리는 복 받은 국민이다.

이승만의 독립운동과 자유민주주의 국가체제 건국, 세계에서 거의 유일하게 국민을 절대 빈곤에서 해방시킨 박정희, 인권과 자유 신장에 공헌한 김대중과 노무현이 있지 않은가. 그리고 이명박 정권의 탄생에는 절차적 민주주의가 자리 잡은 시점에 대두된 상대적 빈곤에 대한 불만이 크게 기여했다고 본다. 이렇게 보면 역대 한국 대통령들은 연구하거나 배울 것투성이다. 자기 세대의 '공포 경험'을 바탕으로 현재의 과제가 무엇인지 다투는 현상은 어느 나라나 마찬가지다. 그러나 다투더라도 과거 경험을 제대로 정리하고 성찰할 여건은 갖추어 놓고 다퉈야 한다.

이제 60년을 좀 더 넘긴 대한민국 역사조차 제대로 소화하지 못하고 자기 세대의 직접 체험에만 의지해 나라의 현재와 미래를 논하는 것은 어불성설이다.[135] 역대 대통령들을 어떻게 볼 것인가 하는 점은 한국의 미래 발전을 위해 대단히 중요하다. 모든 대통령은 나름대로 공적과 과오가 있다. 그런데 부정적인 시각으로 역대 대통령을 바라보거나 평가하면서 공적은 언급하지 않고 과오를 집중적으로 부각하고 비판하면, 역대 대통령은 추종세력들에 의해 사회

---

135) 중앙일보 2009. 10. 1.

갈등의 원인으로 작용하고 투쟁의 원인으로 작용할 수 있다. 하지만 과오는 그대로 두고 공적만 부각하기 위해 미화하면 사실이 왜곡된다. 그러므로 편중된 접근은 바람직하지 않다.

우리는 한국의 미래를 위해 역대 대통령에 대해 공적과 과오를 사실대로 기술하고, 공적은 계승 발전시키기 위해 노력하고 과오를 통해서는 교훈을 얻을 수 있도록 긍정적인 시각에서 바라보는 자세가 필요하다. 이것은 역대 대통령을 위한 것이 아니라 우리의 미래 발전을 위한 일이다.

6. 한국 온전한 민주주의를 누릴 수 있는 나라인가

'온전하다'는 '본바탕 그대로 고스란하다, 잘못된 것이 없이 바르거나 옳다'는 뜻이다. 오늘날 많은 한국 사람들은 한국이 온전하게 민주주의를 누릴 수 있는 국가로 생각하는 것 같다. 자신이 그렇게 생각한다면 그것이 틀렸다고 말하기는 쉽지 않다. 우리나라의 주어진 환경에서 현재 누리고 있는 민주주의로 충분하다고 생각하는 사람도 있을 수 있기 때문이다. 하지만 오늘날 한국은 온전한 민주주의를 누릴 수 있는 국가로 보기 어렵다. 민주주의(民主主義)는 국민이 권력을 가지고 그 권력을 스스로 행사하는 제도 또는 그런 정치를 지향하는 사상이다. 기본적 인권, 자유권, 평등권, 다수결의 원리, 법치주의 따위를 그 기본 원리로 한다.

국민이 자유민주주의의 수혜를 누리기 위해서는 경제력을 바탕으로 한 자주국방이 가능해야 한다. 그 이유는 민주주의 이념인 자유와 평화, 인권을 보장하기 위해 국가가 국민의 안위를 지켜줄 수 있어야 하기 때문이다. 그런데 우리나라는 아직 그런 상태로 보기 어렵다. 현실적으로 북한이 위협 속에서 스스로 자국을 독자적으로 방어할 수 있는 국방력을 갖추지 못했다. 한국의 안보를 상당 부분 미군에 의존하고 있다는 것은 모두가 아는 사실이다. 그런데 6ㆍ29 선언을 한 1987년과 4ㆍ19 의거가 일어난 1960년의 상황은 더 말해 무엇을 하겠는가? 그렇다고 한국 국민이 민주주의의 수혜를 누릴 수 없다고 말하는 것은 아니다. 오늘날도 나름대로 누리고 있다. 단지 여기서 한국이 온전한 민주주의를 누릴 수 있는 국가로 보기 어렵다는 말은, 경제력이 부족하고 자주국방 체제를 확립하지 못한 상태에서 자유민주주의 발상지라고 할 수 있는 미국이나 프랑스와 같이 누리기는 어렵다는 것이다.

이는 우리나라의 주어진 환경과 여건이 그들과 다르기 때문이다. 그런데도 우리는 그동안 우리가 발전시켜야 할 민주주의 모형을 만들기보다는 너무 미국, 프랑스, 영국, 독일, 일본 등 외국의 민주주의 체계만 바라보고 쫓아가려고 한 경향이 있었다. 하지만 이러한 행동은 바람직하지 않다. 우리의 민주주의 체계나 민주화 정도를 지나치게 미국과 프랑스, 영국의 자유민주주의와 비교하고 따라가려고 할 필요가 없다. 그리고 따라가려고 해도 그렇게 되지 않는다. 다른 나라의 민주주의 체계를 참고할 수는 있지만, 우리나라의 민주주의는 한국적 특수상황을 반영한 자유민주주의 체계를 발전시키고 국민이 그 수혜를 누리게 하는 것이 합당하다.

7. 1987년 민주화되었는가 민주화 진전되었는가

조어(造語)는 새로 말을 만듦 또는 그렇게 만든 말, 실질 형태소에 다른 실질 형태소나 여러 가지 접사를 결합하여 새로운 단어를 만드는 일이다. 민주화운동 주도세력이나 언론이 민주화와 관련하여 만들어 사용한 대표적인 조어 몇 가지를 들어 보면 다음과 같다. 민주화운동, 시민군, 서울의 봄,[136] 안개정국,[137] 신군부,[138] 전두환 살인마,[139] 1987년 민주화, 민주화 투쟁은 정권투쟁이 아닌 구국투쟁, 박정희 유신독재와 유신 독재자, 전두환 군부독재, 5·18 쿠데타(김대중이 자서전에서 한 말), 12·12 쿠데타, 12·12 군사반란, 12·12 군사정변, 김대중 제왕적 대통령, 민중의 승리, 국민의 승리, 민주화 열사, 민주항쟁, 민주화 대부, 민주화의 상징적 인물, 민주화의 별, 서울역 회군[140] 등 여러 가지가 있다.

이들 용어는 이미 대중에게 널리 유포되어 있다. 하지만 한국의 민주화 노력을 왜곡하고 잘못 이해하게 하는데 상당한 역할을 하고 있어 가급적이면 사용하지 않는 것이 바람직할 것으로 생각한

---

136) 서울의 봄: 최규하 대통령에 의해 1980년 2월 29일 김대중을 비롯한 재야인사 678명에 대한 사면·복권 조치가 내려진 이날 이후 이른바 '서울의 봄'이 시작되었다.

137) 안개정국: 최규하 대통령의 개헌 추진 발표 의지에도 불구하고 정부의 개헌구상이 국회 측과 다르다는 점과 1980년 4월 14일 전두환 국군보안사령관의 중앙정보부장서리 겸직 발령 인사에 대해 공화 신민당 의원들이 안개정국이라는 단어를 계속 반복한 데서 유래했다. 정국이 한 치 앞을 예측할 수 없을 정도로 혼미할 때 주로 사용한다.

138) 신군부는 12·12 사건에 참여한 군내 사조직인 하나회 회원과 12·12 사건을 비호한 일부 장성들의 세력.

139) 전두환 살인마: 1980년 5·18 광주사태 당시 시위대가 사용하던 말을 1989년 12월 31일, 5공 특위 청문회에서 전두환 전 대통령이 국회에서 증언 중 평민당 이철용 의원이 증언대로 뛰어나와 팔을 잡으며 "당신은 살인마야"라고 한 것에서 유래함.

140) 서울역 회군: 5·15 서울역 집회는 1980년 5월 15일에 일어난 시위로, 서울역 회군이라는 명칭으로 자주 불린다.

다. 왜 민주화운동 과정이나 이후에 만들어진 조어를 사용하지 않는 것이 바람직한지 한 가지 사례를 들어 보면 다음과 같다. 민주화운동 주도세력과 그의 추종자들은 6 · 10 민주화 요구 시위로 1987년 민주화되었다는 말을 많이 사용한다. 그러나 한국은 1987년 민주화된 것이 아니라 민주화가 진전된 것이다. 만약 한국이 민주화되었다는 표현을 사용해야 한다면, 그것은 자유민주주의 헌법에 따라 1948년에 이루어진 정부 수립이 되어야 마땅하다. 그런데도 1987년 민주화되었다고 하는 표현을 사용하는 것은 건국 이후 민주주의 발전과정은 무시하고 전두환 당시 대통령이 독재자라고 민주화운동 주도세력이 일방적으로 규정하고 자신들의 민주화 요구를 관철한 것을 미화하기 위한 목적 때문이었다.

이러한 일을 억지로 끼워 맞추기 위해 6 · 29 선언이 6 · 10 항쟁에서 '전두환이 항복한 것'이라는 말을 사용하는 사람들도 있다. 하지만 전두환 당시 대통령은 독재자가 아닌데다 항복한 것도 아니다. 국민 여론을 수렴하여 오히려 민주화 진전이 이루어지게 하는데 결정적인 역할을 했다. 결자해지의 측면이 있기는 하지만, 1970년대와 1980년대 한국 민주화 논쟁의 핵심은 대통령의 통치방식과 선출방식이었다. 그런데 1987년 국민의 여론을 수렴하고 수용하여 해결한 것이 전두환 당시 대통령이다. 그러므로 전두환 대통령은 1980년대 한국 민주화운동의 일등 공신이라 할 수 있다.

6 · 29 선언을 한 것은 당시 노태우 민정당 대표이지만, 노태우를 민정당 대표로 선임하고, 6 · 29 선언이 발표되도록 승인하고, 발표된 6 · 29 선언의 내용을 이행한 것은 전두환 대통령이 한 일이다. 노태우 민정당 대표의 공이 상당했던 것은 사실이지만, 총체적인 공적은 노태우 대표와 전두환 대통령의 그것과는 비교할 바

가 아니다. 그리고 민주화운동 주도세력들도 마찬가지이다. 당시의 국가 주요정책에 관한 의사결정 권한과 권력구도를 알면 이 점을 이해할 수 있다. 민주화운동 주도세력들은 6·29 선언에 포함된 내용을 대부분 요구하고 이행 과정에 협상하기도 했다. 하지만 1987년 당시의 전두환 대통령은 단순하게 민주화운동 주도세력의 요구만을 받아들인 것이 아니다.

야당과 대학생들의 요구를 받아들였기 때문에 6·29 선언을 대타협의 결과라고 말한다. 그러나 전두환 대통령은 민정당 그리고 소속 의원들과 당원, 국민, 미국 등의 요구까지 경청하고 수용했으며, 서울올림픽을 고려하여 노태우 대표가 마련한 6·29 선언을 발표하도록 승인함으로써 이루어졌다. 당시 노태우 대표 임의대로 6·29 선언을 발표했다고 하더라도 이행은 대통령에게 달려 있었다. 이렇게 전두환 대통령은 여당과 야당 등 전 국민이 민주화 진전에 참여하도록 길을 열고 6·29 선언 내용을 이행하는데 적극 노력했다.

8. 민주화운동 주도세력 인식 잘못된 부분 많다

1) 민주화 선결 과제 언론 자유인가

한국에서 민주화운동이 활발하게 진행되고 있던 1987년 4월 당시 민주화에 대한 국민의 인식은 상당한 의미가 있다. 그것을 통하여 민주화운동에 대한 이해의 정도를 파악할 수 있기 때문이다. 주도세력이 있을 때 나타나는 여론은 그것을 주도하는 세력의 의사가 국민에게 투영된 결과라 할 수 있다. 민주화 요구 시위가 격화되고 있던 1987년 4월 1일 동아일보는 다음과 같이 보도했다. '언론자유'는 민주화를 이룩하는데 최우선적으로 보장돼야 할 과제다. 그것은 '사회질서 안정', '평화적 정권 교체', '공정 선거'보다도 먼저 해결돼야 할 민주화 성취의 전제조건으로 지적됐다. 또한 우리 사회가 가장 시급히 해결해야 할 당면문제로는 '빈부격차', '농촌문제'에 이어 '언론자유'가 지적됐다.

언론자유는 민주화 성취를 위해서는 첫 번째 과제로, 우리 사회가 처리해야 할 당면과제로서는 세 번째로 부상한 것이다. 이 같은 국민의 인식도는 동아일보사 연구실이 고려대학교 신문방송학과 홍기선 교수팀과 공동으로 실시한 정치, 경제, 사회, 문화 등 각 분야에서 가장 관심을 끌고 있는 문제에 대한 여론 조사결과 드러났다.[141] 언론의 자유는 민주주의 이념인 자유, 인권 존중 등과 연관된다. 그리고 굳이 민주주의 원리와 관련성을 찾으면 국민 주권의 원리, 권력 분립의 원리와 연관될 것으로 보인다. 주권자로서 정책 결정 참여나 선거에서 합리적인 주권 행사를 위해서는 다양한 정보가 필요하고 자기 생각을 자유롭게 발표할 수 있어야 한다.

권력 분립은 그 바탕이 통치자의 올바른 정치를 위한 견제에 있다. 여당의 여론 수렴과 야당의 정부 여당에 대한 견제활동 등 국가기관의 기능분담을 통해 견제와 균형을 실현하고 국민 탄압을 막기 위해서는 기본권 보장이 필요하다. 국민 기본권에는 여러 가지가 있는데 그 중 하나가 자유권이고 자유권 속에 언론·출판·집회·결사의 자유 등이 포함된다. 그러므로 민주주의 국가에서 언

141) 동아일보 1987. 4. 1.(네이버 뉴스 라이브러리)

론자유는 상당히 중요한 의미가 있다. 하지만 언론자유를 민주화 선결 과제로 보는 것은 언론사와 언론계 종사자, 언론자유를 지나치게 신봉하는 사람들의 입장에서는 그렇게 볼 수 있다. 하지만 국가와 전체 국민의 차원에서 볼 때는 지나치다.

언론의 자유는 순기능도 있지만, 역기능도 있다. 언론의 자유는 국민이 자신의 의사를 자유롭게 발표하고, 언론매체가 국민의 알권리를 충족시켜주는데 기여한다. 하지만 언어폭력에 해당하는 저급하고 지나친 개인의 발언, 언론의 지나친 추정보도와 편파보도, 중복 과잉보도 등은 여러 가지 폐해를 만들어 낸다. 1987년 민주화 진전 이후 25년의 세월이 흐른 2012년의 대한민국은 정치가의 저급한 입씨름, 인터넷 공간에서 저급한 댓글이 난무하고, 언론매체는 누구나 인식할 수 있을 정도로 좌와 우로 나누어져 편파적인 보도를 일삼고 있다. 이러한 편파적 보도로 이익을 보는 사람도 있고, 피해를 보는 사람도 적지 않은 것이 현실이다.

문재인 의원(2012 민주통합당 대통령후보)은 "언론의 자유는 민주주의의 기본 토대입니다. 언론자유 없는 민주주의는 없습니다. 민주주의의 모든 것이 나온다고 생각할 수 있는 권리입니다. 언론자유의 출발은 정치권력으로부터의 자유입니다"[142]라고 말했다. 언론의 자유는 민주주의가 제대로 운영되기 위해서는 대단히 중요하다. 하지만 민주주의 기본 토대는 언론자유가 아니라 헌법이다. 그리고 언론자유 없는 민주주의는 없다는 말은 지나친 것이다. 민주주의 원리와 이념이 작동하는데 언론의 자유는 필수적인 요소임이 틀림없다. 하지만 언론자유를 포함한 모든 자유는 무한대가 아니라 법규로 허용하는 범위로 제한된다.

---

142) 한국기자협회 2011. 11. 30.

자유가 전혀 없는 국가도 존재하지 않지만, 무한대의 자유를 누리는 국가도 없다. 자유를 어느 정도로 가지고 갈 것이냐 하는 것이 문제의 핵심이다. 과거와 비교하면 민주화가 많이 진전되었다고 하는 오늘날도 표현에 대한 검열과 제한은 존재한다. 규제가 크게 완화되어 자유로워진 것은 사실이다. 그러나 민주화 선결 과제가 언론자유인가 하는 점에 대한 답은 민주주의 원리와 이념 존중과 실천 없이 또는 계파정치, 정당 비민주화, 국회가 제 기능을 못하는 상태에서 언론자유만 있으면 민주화가 되는가를 생각해보면 답은 간단하게 나온다. 언론자유는 필요한 것이기는 하지만, 선결 과제로 보기는 어렵다.

2) 민주화 투쟁은 정권투쟁 아닌 구국투쟁이었는가

　이민우 신민당 총재는 1986년 1월 18일 당 소속 국회의원과 중앙상무위원 등 250여 명이 참석한 가운데 중앙당사에서 열린 신민당 창당 1주년 기념식에서 기념사를 통해 "가까운 시일 내에 정부 여당이 직선제 개헌을 핵심으로 하는 민주화 일정을 밝히지 않는다면 국민은 4·12 총선에서 명백히 입증된 국민적 합의에 대한 정면도전으로 간주하게 될 것이며, 그로부터 야기되는 분노는 감당하기 어려운 정치적 불안을 초래하고 말 것이다. 민주화 투쟁은 끊임없는 희생에 의해서만 승리를 거둘 수 있다. 신민당원들은 민주화를 위해서라면 내 모든 것을 바치겠다는 창당 때의 항심(恒心)을 잃지 않도록 다짐하자"고 당부했다. 이 총재는 '민주화 투쟁은 정권투쟁이 아닌 구국투쟁'이라고 전제,(중략) 대한민국이 민족통일을

주도할 수 있게 하기 위해 민주화 투쟁을 절대 포기할 수 없다고 말했다.[143]

이렇게 민주화운동 주도세력이 사용한 민주화 방법은 민주화 투쟁이었다. 그 결과 공공연하게 반정부 시위를 통해 정부를 겁박하면서 국민을 선동하고 투쟁에 나서게 하였다. 스스로 민주화를 내세우면서 투쟁을 하는 것이 올바른 방법이 아니라는 생각이 들었던지 민주화 투쟁은 정권투쟁이 아닌 구국투쟁이라고 했다. 하지만 민주화 투쟁은 권력 획득을 위한 정권투쟁이었다. 당시의 이민우 신민당 총재는 상도동계 수장 김영삼이 표면에 내세운 사람에 불과했다. 실제로는 김영삼이 배후에서 조종하고 있었다고 해도 과언이 아니다. 구국(救國)은 위태한 나라를 구하여 냄이다. 그럼 당시 대한민국이 위기였는가? 그리고 나라가 위기에서 구해졌는가? 아니다.

만일 민주화운동과 연관을 지어 위태한 나라를 구했다면, 그것은 민주화 투쟁이나 민주화 요구 시위를 통해 민주화운동 주도세력 자신들이 나라를 위기로 몰아넣었는데 6·29 선언으로 시위를 중단하면서 위기 상황이 끝난 것에 불과하다. 노태우 대통령 재임까지 그런대로 굴러가던 경제가 김영삼이 대통령이 되었을 때, 정부 운영을 제대로 하지 못하고 경제 관리를 엉망으로 하면서 자신들을 억압한 5공 세력에 대한 정치보복으로 허송세월하는 동안 우리나라는 국제통화기금(IMF)에 긴급 구제 금융을 신청하고 각국에 지급 유예(moratorium)를 요청하는 등 국가 부도 위기에 직면했다. 즉 구국투쟁을 했다고 주장한 민주화운동 주도세력들이 나라를 위기에 빠지게 한 것이 한국의 IMF 위기이다.

---

143) 동아일보 1986. 1. 18.(네이브 뉴스라이브러리)

9. 민주화가 무엇인지 제대로 알고 민주화운동 했나

김근태 민주당 상임고문은 2009년 4월 28일 "진실을 규명하는 것은 매우 중요하다. 세상 그 무엇도 '진실'과 바꿀 수는 없기 때문이다"[144]라고 했다. 한국의 민주화운동 주도세력들은 민주화가 무엇인지 제대로 알고 민주화운동을 했을까? 한번 살펴보자. 민주화운동 주도세력도 그렇지만, 오늘날 한국사회에는 민주화가 무엇인지 제대로 모르면서 함부로 글을 쓰고 떠드는 사람들이 너무 많다. 언론에 보도된 기사 내용을 한 가지만 예로 들어본다. '한국의 민주화는 1970년대의 부단한 민주화 투쟁, 1980년 서울과 광주의 봄, 1987년과 1990년 민주화운동을 거쳐 최소한의 절차적 민주주의 시스템을 구축할 수 있었다'[145]고 했다. 여기서 말하는 광주의 봄과 최소한의 절차적 민주주의 시스템이 무엇인가? 도대체 이해하기 어렵다.

만약 최소한의 절차적 민주주의 시스템이 구축되었다면 여론재판을 통한 정치보복을 위해 실시한 5공 특위와 청문회를 하기 위해 법을 새로 만든 것, 직선제를 도입해 엄청난 금권선거를 하게 한 것, 노태우로부터 정치자금을 받은 김영삼과 김대중이 노태우 비자금, 12·12사건, 5·18 광주사태를 엮어 노태우와 전두환을 구속하고 처벌을 받게 한 것, 국정원을 통하여 김영삼과 김대중이 정치가와 민간인을 사찰하고 공작정치를 한 것, 정부는 기업의 시장 독과점을 방지하기 위해 노력해야 함에도 김대중이 개혁을 빌

---

144) 미디어오늘 2009. 4. 28.
145) 헤럴드경제 2011. 3. 9.

미로 강압을 행사하여 사유재산인 대기업의 계열사를 빅딜(big deal: 맞교환)하게 한 것, 김대중이 현대를 통하여 현행법을 어기고 남북 정상회담 성사 등을 위해 북한에 돈을 준 것, 김대중 측이 대선에서 당선하기 위해 전직 병무청 직원으로 하여금 이회창 아들 병역과 관련하여 허위사실을 기자회견을 통하여 발표하게 공작한 것 등 일련의 바람직하지 않은 일은 일어나지 말아야 한다.

민주화가 무엇인지 제대로 알고 민주화운동을 했는지 민주화운동 주도세력 중 한 사람인 김대중의 민주주의에 대한 이해 정도를 『김대중 자서전』을 통해 한번 알아보자.

> 지방 자치 실현을 위해서 끊임없이 노력했다. 나는(김대중) 민주주의는 지방자치제가 시행되어야 비로소 완성될 수 있다는 신념을 지니고 있었다. 1966년 11월 28일 예산안 심의 토론에서 이호 내무부 장관에게 맹공을 퍼부었다. "지방 자치는 국회와 더불어 민주주의를 지탱하는 두 개의 대들보라는 것은 두말할 필요도 없을 것입니다. 민주주의라는 것은 노 보트, 노 텍스(no vote, no tax) 즉 투표하지 않으면 세금도 내지 않는 것입니다. 이것은 민주주의 철칙입니다. 그럼에도 현정부는 지방자치제를 회피하고 있습니다."
> 발언 시간 제한이 없었기에 끝장을 볼 요량으로 질문을 이어 나갔다. "지방자치제는 시행할 겁니까. 하지 않을 겁니까. 장관은 답하시오." "하긴 할 겁니다." "그 답변한 지가 언제인데 아직도 똑같은 답변입니까." "아직 준비가 덜 됐습니다." "그러면 지금까지 준비한 내용을 말해 보시오." 그들에게는 내 질문이 잔인했을지 모르겠지만, 나는 국민의 대표였다. 그리고 지방 자치 확립은 중요했다. 나는 지방자치제를 시행하지 않으면 지방에서 일어나는 부정선거를 막을 수 없고 따라서 정권 교체는 이뤄질 수 없다는 생각을 했다. 물론 지방 주민의 복지 향상도 기대할 수 없다고 생각했다. 지방자치제도는 훗날 13일 동안 단식을 통해 결국 쟁취했다.146)
> 지자제 도입으로 우리 사회는 많이 변했다. 무엇보다 그 지역에 사는 주민이 그곳의 주인이 되었다. 풀뿌리 민주주의에 대한 자연스러운

---

146) 김대중(2010), 『김대중 자서전 1』, 삼인 pp.175~176.

실험은 주권 의식을 고취했다. 중앙에서 일률적으로 부정선거를 획책할 수 없고 지방이 중앙의 눈치를 보지 않고 소신 있게 주민을 위한 행정을 펼칠 수 있게 되었다. 청도의 소싸움과 함평 나비축제 같은 지역 행사가 세계적인 명성을 얻으며 주민의 소득 증대에 기여하는 것도 따지고 보면 지자제 도입의 결과였다. 주민의 투표로 임기가 보장된 일꾼이 어디를 보고 일하겠는가. 당연히 주민의 눈높이에 맞춰 지역을 살필 수밖에 없다.[147]

김대중이 말하는 것처럼 지방자치제도를 도입하여 좋아진 점도 있다. 그럼 지방자치제도를 도입하여 좋아지기만 했을까? 아니다. 그동안 늘어난 예산을 고려하면 지방자치제 도입으로 현저하게 발전했다고 보기 어렵다. 투입한 예산효과를 고려하면 별로 발전한 것이 없다. 일본도 지방자치단체에서 재정이 파탄난 곳이 있지만, 우리나라의 지방 재정도 이미 우려해야 할 수준으로 접근하고 있다.

2012년 8월 현재 우리나라 지방정부의 부채규모는 100조 원을 넘을 것으로 추정된다. 성남시와 인천시 사례를 보면 우리나라 지방정부 재정이 심각한 상태로 접어들고 있음을 알 수 있다. 유로존[148]에서 재정위기를 겪고 있는 지중해 연안 국가들은 조세저항이 심해서 세금징수가 어려웠고, 정치가들이 유권자의 표심을 사기 위해 복지예산을 마구잡이로 늘렸다. 즉 정치 포퓰리즘(populism, 대중영합주의)이 작금의 지방 재정위기를 낳았다. 한국의 지방부채는 원인이 다르게 나타났다. 현재 지방부채는 대부분 자치단체장의 과도한 성과주의와 이로 말미암은 대형사업 투자들 때문이다.

경기장, 지하철, 예술의전당, 도로 확장, 어린이공원, 체육공원, 동물원 등과 같은 시설물에 과도하게 투자하면서 지방부채가 급속

---

147) 김대중(2010), 『김대중 자서전 1』, 삼인 pp.576~577.
148) 유로존은 유럽의 단일화폐 유로(euro)를 사용하는 국가를 일컫는 말로, '유로랜드'라고도 한다.

히 확대되고 있다. 이들 대형 토목 건설 사업에 대한 투자 타당성과 정치적 책임을 물을 수 있는 정치 제도(system)는 존재하는가? 그렇지 못하다. 지방정부가 수주하는 대규모 토목사업을 놓고 자치단체장과 지역 건설사들의 정치적 공모는 공공연하게 이뤄져 왔다. 대전 지하철 사업을 보면 지역 건설사들은 값이 싼 경량전철보다 중형전철을 선호하고, 건설비가 적게 드는 노면 전차보다 건설비가 많이 드는 '고가'나 '지하' 건설을 선호한다.

공사비 규모를 크게 만들면 중앙정부가 보조하는 예산 규모가 커지게 되고, 결과적으로 다수의 지역 건설사들이 나눠 먹을 수 있기 때문이다. 강한 시민사회가 있어 정치적 균형을 만들지 않는 한 자치단체장의 선택은 불 보듯 뻔하다. 올바른 지역 민주주의를 위해서는 비판적 시민이 필요하다. 지역 발전을 위해 장기적 관점에서 공익이 무엇인가를 숙의하고 지방정부를 감시할 수 있는 시민사회 없이 지방정부 부채문제는 쉽게 풀리지 않을 것으로 보인다.[149]

지방자치제도는 민주주의 원리 중 국민자치의 원리에 해당한다. 국민자치의 원리는 국민이 자신을 다스리는 정치, 지배자와 피지배자 동일체의 정치로 직접민주정치와 간접민주정치가 있다. 지방자치제도는 간접민주정치의 한 형태로 국민자치 원리의 핵심이 아니다. 국민이 직접 참여하거나 또는 국민 중에서 대표를 선출하여 국민을 다스리는 것이다. 지방자치제도를 도입하여 시행한다고 민주주의가 무조건 발전하는 것은 아니다. 또한 지방자치제와 국회가 민주주의를 지탱하는 두 개의 대들보는 더욱 아니다. 민주주의를 지탱하는 대들보는 민주주의 원리에 해당하는 국민 주권의 원리,

---

149) 서울신문 2012. 8. 21.

국민자치의 원리, 권력 분립의 원리, 입헌주의의 원리, 다수결의 원리와 자유, 평등, 인간존중 등 민주주의 이념이라 할 수 있다.

민주주의는 투표하지 않으면 세금도 내지 않는 것이 철칙이라는 말은 어디서 주워들었는지 모르겠지만, 말도 안 된다. 그럼 유신헌법 찬반과 연계한 정부 신임 국민투표를 반대하고 노태우 중간평가를 반대하고 막은 김대중의 행동은 무엇인가? 지방자치제를 하지 않으면 부정선거를 막을 수 없다고 했지만, 오히려 지방자치제를 도입한 이후 선거 종류가 늘어나면서 지방의 부정선거와 비리는 엄청나게 늘었다. 호화청사와 무리한 수익사업 등으로 지방재정이 파탄지경에 이른 곳이 나오는 등 부작용이 심각하다. 도입한 제도를 발전적으로 이용하지 못하는 것은 안타까운 일이다.

지방자치제를 하지 않으면 지역 주민의 복지향상도 기대할 수 없다는 말은 또 무엇인가? 종합적인 복지정책은 지방자치제 도입 여부와 상관없이 중앙정부의 몫이고, 국가 경제력에 의존한다. 이러한 일련의 내용이 책을 많이 읽어 박식하다는 소문이 떠돌기도 했던 민주화와 민주주의에 대한 김대중의 식견 중 일부이다. 우리 사회 일각에서 민주화운동을 주도해 민주화의 상징이라고 말하고, 대통령을 지낸 사람의 식견이라기에는 너무나 초라함을 느끼게 한다. 그리고 더 심각한 것은 책임 문제이다. 제도를 도입한 것이 내 공적이라고 한다면 그 제도 도입으로 문제가 생기면 책임을 져야 한다. 그런데 김대중도 그렇지만 우리나라 정치가 중에 자신이 한 일에 대해 제대로 책임을 지는 사람을 보았는가? 너무 저급하다.

10. 5·18 광주사태는 민주화운동인가

　김대중을 중심으로 한 민주화운동 주도세력들은 5·18 광주사태를 민주화운동으로 만드는 것으로 부족했는지 그 묘지를 성역화하고, 희생자들을 국가유공자와 대등하게 취급하고, 동학란을 동학농민운동으로 바꾸고, 이제 일제강점기의 광주학생의거와 대등하게 만드는 작업을 진행되고 있는 것으로 보인다. 정도가 지나쳐도 너무 지나치다. 관련 법률에 따라 순수한 희생자와 민주화운동 관련자로 분류할 수 있는 사람은 보상하고 그들의 묘역은 잘 마련해주고 관리할 필요가 있다. 그러나 민주화운동기념사업회법과 민주화운동 관련자 명예회복 및 보상 등에 관한 법률의 민주화운동 정의를 보면 방화, 불법 무기탈취와 불법 무기 소지, 기업의 트럭과 물자를 탈취한 광주사태 주동자들을 민주화운동 관련자에 포함시킨 김대중 정부는 문맹이 아니면 너무나 오만하고 방자한 정부였다.

　하기야 살아있을 때 수시로 행태를 바꾸고 학력위조 논란의 장본인 중 한 명으로 고등학교를 졸업하고 대학교를 중퇴했다던 김대중이 모스크바대학교 외교대학원 정치학 박사학위를 받는 능력을 갖춘데다 1983년 에모리대학교 법학 명예박사 학위를 비롯하여 법학, 인문학, 경제학, 정치학 등의 분야에서 취득한 명예박사학위 13개를 포함하여 총 14개의 박사학위[150]를 받는 능력을 갖췄으니 민주화운동 관련 법률도 멋대로 해석하고 궤변을 늘어놓으며 보상하고 성역화한 것도 대수로운 일이 아니었는지 모르겠다. 그런데 희한한 일은 이런 엉터리에 대해 대한민국의 지식인과 사회가 침

---

150) 네이버 인물정보.

묵하고 정치권은 표를 얻기 위해 미화와 두둔에 앞장서고 있다. 선거철이 되면 국립대전현충원과 4·19 묘역은 잘 안 찾는 대통령 후보자들도 5·18 묘역은 빠지지 않고 찾고 김대중 정신을 계승하겠다고 다짐하는 저급한 행동을 계속하고 있다.

대한민국은 더는 터무니없는 행태로 정상적인 사람들을 바보로 만드는 '엉터리 천국'이 되어서는 안 된다. 잘못된 감싸 안기와 덮어 주기의 한계가 드러나고 곪은 부분이 일시에 터져 나오기 전에 우리는 대책을 세우고 올바른 민주화 방법을 찾아야 한다. 그래서 사람들이 민주화의 대부라고 했던 김근태가 말한 대로 '진실을 규명하는 것은 매우 중요하다'고 생각한다. 법규와 사실에 근거해 진실하게 우리 자신에게 한번 물어보자. 5·18 광주사태는 민주화운동인가? 아니다. 나는 아니라고 본다. 5·18 광주사태는 민중 봉기와 민주화운동, 항쟁, 민주화 요구 등 여러 가지 성격이 혼재한다. 즉 당시 시위 참여 시민의 요구와 그들이 추구했던 행동이나 활동 방식이 다양했다. 그러므로 5·18 광주사태는 민주화운동 주도세력이 설정한 민주화운동은 물론 누구나 공감할 수 있는 민주화 노력이 될 수 없다.

그 이유는 크게 보면 세 가지이다. 첫째는 민주화 요구나 민주화운동이 되려면 당시 국가 통치자였던 최규하 대통령이 독재정치나 권위주의적으로 통치해 국민을 지나치게 억압했다는 것을 입증해야 한다. 민주화운동기념사업회법 제2조(정의)에서 '민주화운동'이란 1948년 8월 15일 대한민국 정부수립 이후 헌법에 보장된 국민의 기본권을 침해한 권위주의적 통치에 항거하여 국민의 자유와 권리를 회복·신장시킨 활동으로서 대통령령으로 정하는 활동을 말한다[151]고 규정하고 있다. 그런데 이제까지 알려진 바로는 최규하 대통령이 독재정치나 권위주의적으로 통치해 국민을 지나치게 억압한 내용이 없다. 최규하 대통령은 새로운 헌법을 제정하고 조기 선거를 통해 다음 정권에 권력을 이양하겠다고 공언했다. 둘째는 당시 나타난 구호와 활동 내용을 분석할 때, 최규하 대통령과 정부의 대표성을 무시하는 등 민주화 노력이나 요구와 별로 관련이 없다. 5·18 광주사태는 1980년 5월 18일에서 27일까지 상당수 전라남도 도민과 광주시민이 계엄령 철폐와 전두환(全斗煥) 퇴진, 김대중(金大中) 석방 등을 요구하여 벌인 민주화운동[152]이다. 당시 활동과 요구 내용을 보면 1980년 5월 26일 12시 10분경 민주시민투쟁위는 광주시민들이 총을 버리려면 정치적 해결이 선행되어야 한다며 ▲과도정부 퇴진 ▲계엄령 즉각 해제 ▲살인마 전두환 처단 ▲구국과도정부 수립 등을 요구했다.[153] 전두환의 퇴진은 본인과 대통령이 결정할 사항이고, 계엄령은 정해진 방법과 절차에 따라 국회 등에서 처리할 일이었다. 그리고 김대중을 석방하라는 요구는 그의 지지자로서는 할 수 있는 일이지만, 민주화와는 직접적인 연관이 없다. 김대중을 구속한다고 민주화가 안 되고 석방한다고 민주화하는 것이 아니다. 김대중의 구속과 석방 여부는 위법 행위와 연관하여 사법부가 판단하고 결정할 일이다. 아무나 살인마라고 하고, 정부와 대통령의 대표성을 인정하지 않고, 우리 마음에 드는 정부를 수립하라는 것이 민주화운동인가? 이러한 활동은 민주헌정질서 확립에 기여하는 방법이 아니다. 셋째는 무기 탈취와 방화 등 불법 행위는 민주화 방법이 될 수 없다. 방화, 무기 탈취는

151) 민주화운동기념사업회법.
152) doopedia 두산백과.
153) 한겨레 1995. 7. 21.(네이버 뉴스 라이브러리)

민주화운동 정의 내용에 비추어 볼 때도 민주화운동으로 보기 어렵다. 민주화운동 관련자 명예회복 및 보상 등에 관한 법률 제2조 (정의) 1. '민주화운동'이라 함은 1964년 3월 24일 이후 자유민주적 기본질서를 문란하게 하고 헌법에 보장된 국민의 기본권을 침해한 권위주의적 통치에 항거하여 헌법이 지향하는 이념 및 가치의 실현과 민주헌정질서의 확립에 기여하고 국민의 자유와 권리를 회복·신장시킨 활동을 말한다[154]고 규정하고 있다. 헌법이 지향하는 이념 및 가치의 실현과 민주헌정질서의 확립에 기여하려면 불법 행위를 하면 안 된다.

5·18 광주사태의 이해를 돕기 위해 당시 상황을 기술한 아놀드 A. 피터슨 목사가 저술한 『5·18 광주사태』 내용 중 일부를 인용하면 다음과 같다.

> 많은 시내버스와 트레일러와 트럭과 지프(Jeep)들이 학생들과 다른 시민을 이리저리로 이동시키고 있었다. 그들은 막대기와 파이프를 흔들고, 플래카드와 깃발을 날리고, 소리치고, 기뻐하면서 1980년 5월 20일 밤 시위의 결과를 누리고 있었다. 그들이 내세운 표어는 '계엄령 철폐하라', '전두환을 몰아내자', '살인마 전두환을 죽이자!' 그리고 '김대중을 석방하라'와 같은 것들이었다.
>
> 아놀드 A. 피터슨 목사는 5월 20일 밤에 도청을 방위하는 일부 군인들만 제외하고 모두 철수했다는 말을 들었다. 이제 시민과 군인들 사이의 싸움이 도청에서 벌어지고 있었다. 도시의 나머지 부분에 있었던 군인들은 외곽으로 물러났다. 거리에 있는 사람들은 "우리가 이겼다"라고 외쳤다. 시민의 분위기는 거의 축제적인 것이었다.[155] 5월 21일 오후 2시경에는 시민 중 일부기 광주 바로 밑 남쪽에 있는 화순 마을에서 무기를 포획했다. 그때부터 시민 투사 중 많은 사람이 총을 갖고 다녔다. 그날이 지남에 따라 싸움은 거세졌다.[156]

---

154) 민주화운동 관련자 명예회복 및 보상 등에 관한 법률.

155) 아놀드 A. 피터슨(1995) 저, 정동섭 옮김, 『5·18 광주사태』, 풀빛, pp.97~98.

156) 아놀드 A. 피터슨(1995) 저, 정동섭 옮김, 『5·18 광주사태』, 풀빛, p.106.

이렇게 5·18 광주사태는 민주화운동으로 보기 어려운 요소들을 포함하고 있다. 그럼에도 5·18 광주사태를 민주화운동으로 인식하게 하는 점은 4개 항의 수습방안을 제시한 김성용 신부와 시민 또는 학생수습대책위원들이 자진해서 무기를 회수하고 질서를 유지하기 위한 활동을 했다는 것이다. 이것이 5·18 광주사태를 민주화 노력으로 볼 수 있는 핵심적인 요소이다. 이들의 활동으로 엄청난 비극을 모면할 수 있었다.

11. 5·18 희생자 국가유공자와 같이 예우해도 좋은가

황 모 씨는 2012년 6월 초 국가보훈처 광주지방보훈청으로부터 의병장이었던 아버지와 6·25 전쟁 참전 상이군인이었던 형, 5·18 민주유공자인 아들까지 더해 일가가 '3대 보훈 명문가'로 선정됐다는 소식을 들었다. 부친 황 모(1876~1931년) 선생은 을사늑약 직후 포수 100여 명을 모집해 전남 광양시 백운산 일대에서 의병 활동을 했고 이후 만주지역과 상해임시정부에서 독립운동을 했다. 정부는 1968년 건국훈장 독립장을 추서했다. 황 씨의 둘째 형 황 모(1998년 작고) 씨는 광양진상농고 3학년 때 6·25 전쟁이 터지자 친구 6명을 설득해 자원입대했지만, 그 해 12월 양구지구 전투에서 허리 관통상을 입고 고향으로 돌아왔다. 1963년 국가유공자로 인정됐지만, 그의 삶도 순탄하지 않았다.

1980년 당시 광주일고 3학년인 황 씨의 둘째 아들 황 모 씨는 5·18 민주화운동에 참가했다. 1980년 5월 23일 밤차를 타고 전남 화순으로 이동하던 중 공수부대의 집중 사격을 받고 사망했다. 그는 "전날 집에 총을 갖고 왔길래 다시 나가지 말라고 타일렀다"고 한다.[157] 개인적으로는 참으로 안타까운 일이다. 하지만 우리는 여기서 공적인 입장에서 5·18 광주사태 희생자를 국가유공자와 같이 예우해도 좋은지에 대해 생각해 볼 필요가 있다. 우리나라의 웬만한 가정은 일제강점기와 6·25 전쟁을 거치면서 가족 중 희생자가 없는 집안이 드물 정도이다. 이후 국가의 부름을 받고 군대에 입대하여 이유도 모른 채 아들이 죽은 부모도 많기 때문이다. 예우는 공정해야 한다. 5·18 광주사태 관련 희생자에 대해 보상을 해주는 것은 바람직하다. 하지만 그 예우가 너무 지나친 감이 있다.

보훈(報勳)은 공훈에 보답함이다. 법률에서 같은 말은 국가 보훈(국가 유공자의 애국정신을 기리어 나라에서 유공자나 그 유족에게 훈공에 대해 보답을 하는 일)이다, 공훈(功勳)은 나라나 회사를 위하여 두드러지게 세운 공로를 뜻한다. 국가유공자(國家有功者)는 국권 상실 이래 조국의 광복에 공헌한 사람 및 국토방위에 공이 많은 사람, 그밖에 나라를 위하여 공헌하거나 희생한 사람의 통칭이다.[158] 국가유공자는 국가유공자 등 예우 및 지원에 관한 법률에 따라 예우를 받는다. 국가유공자 등 예우 및 지원에 관한 법률 제1조(목적)를 보면, 이 법은 국가를 위하여 희생하거나 공헌한 국가유공자, 그 유족 또는 가족을 합당하게 예우(禮遇)하고 지원함으로써 이들의 생활안정과 복지향상을 도모하고 국민의 애국정신을 기르는 데에 이바지함을 목적으로 한다고 규정하고 있다.

제2조(예우의 기본이념)에서는, 대한민국의 오늘은 온 국민의 애

---

157) 한국일보 2012. 6. 5.
158) 한국민족문화대백과.

국정신을 바탕으로 전몰군경(戰歿軍警)과 전상군경(戰傷軍警)을 비롯한 국가유공자의 희생과 공헌 위에 이룩된 것이므로 이러한 희생과 공헌이 우리와 우리의 자손들에게 숭고한 애국정신의 귀감(龜鑑)으로서 항구적으로 존중되고, 그 희생과 공헌의 정도에 상응하여 국가유공자와 그 유족의 영예(榮譽)로운 생활이 유지 · 보장되도록 실질적인 보상이 이루어져야 한다[159]고 규정하고 있다. 국가유공자는 국가유공자 등 예우 및 지원에 관한 법률에 명시하고 있는 순국선열, 애국지사, 4 · 19 혁명공로자 등이 적용대상이다. 하지만 5 · 18 광주사태 대상자는 이 법에 적용을 받지 않는다.

5 · 18 광주사태 희생자 등 관련자는 5 · 18 민주화운동 관련자 보상 등에 관한 법률의 적용을 받는다. 법률 제4266호로 1990년 8월 6일 제정되고 1990년 8월 17일 시행에 들어간 광주민주화운동 관련자 보상 등에 관한 법률은 법률 제7911호로 2006년 3월 24일 개정되고 시행될 때 5 · 18 민주화운동 관련자 보상 등에 관한 법률로 명칭이 변경되었다. 법률 제7908호로 2006년 3월 24일 개정되고 2006년 9월 25일 시행될 때 광주민주화운동 관련자 보상 등에 관한 법률로 환원되었다가 법률 제8852호로 2008년 2월 29일 개정되고 시행에 들어가면서 현재와 같은 5 · 18 민주화운동 관련자 보상 등에 관한 법률로 바뀌었다.

5 · 18 민주화운동 관련자 보상 등에 관한 법률 제1조(목적)를 보면, 이 법은 1980년 5월 18일을 전후한 5 · 18 민주화운동과 관련하여 사망하거나 행방불명된 자 또는 상이를 입은 자와 그 유족에 대하여 국가가 명예를 회복시켜주고 그에 따라 관련자와 그 유족에게 실질적인 보상을 함으로써 생활안정과 복지향상을 도모하며 나아가

---

159) 국가유공자 등 예우 및 지원에 관한 법률.

국민화합과 민주발전에 이바지함을 목적으로 한다[160]고 규정하고 있다. 이렇게 분명히 적용되는 법규가 다른데도 국가기관인 국가보훈처 광주지방보훈청이 국가유공자와 5·18 광주사태 희생자를 같이 취급하는 것은 문제가 있다. 어떻게 정부가 보유하고 있는 총기를 탈취하여 시민군이라는 이름으로 공권력인 계엄군에 대항한 사람들을 독립운동을 하고 나라를 지키기 위해 국가의 부름을 받아 희생하거나 다친 사람과 같은 예우를 한다는 말인가? 법률의 문구 내용을 읽어 보면 얼마나 잘못된 일인가 하는 점을 금방 알 수 있다.

12. 동학란을 동학농민운동으로 바꾼 저의 무엇인가

동학란(東學亂)은 1894년(고종 31) 동학당이 주동이 되어 일으킨 농민반란이다. 정치의 부패, 탐관오리의 행패, 세금의 과중 등으로 농민이 심한 고통을 받은 것이 주요한 원인으로 작용했다. 동학란은 이후의 역사에 큰 영향을 끼쳐 대내적으로는 위정자의 반성과 각성을 촉구하여 갑오경장(甲午更張)의 정치적 혁신을 가져왔고, 대외적으로는 청·일 양군의 출병을 유발(誘發), 청일전쟁의 직접적인 계기를 마련하였다.[161] 봉기(蜂起)는 벌떼처럼 떼를 지어 일어남, 민란(民亂)은 학정에 대항하여 백성이 일으킨 폭동이나 소요, 반란(叛亂)은 정부나 지배자에 대항하여 내란을 일으킴이다.

난(亂)은 '난리(亂離)'의 준말이고, 난리(亂離)는 전쟁이나 분쟁

---

160) 5·18 민주화운동 관련자 보상 등에 관한 법률.

161) 새국사사전.

따위로 세상이 어지러워진 사태를 뜻한다. 동학란은 민란과 농민을 중심으로 한 동학군을 편성 정부군에 대항한 반란의 성격을 동시에 갖고 있다. 동학란은 처음에는 동학란이라고 했는데 민주화운동 주도세력이 집권한 후 동학란을 동학운동, 동학농민운동으로 표현하는 등 교과서 기술 내용이 달라지기 시작했다. 그리고 동학혁명이나 동학농민혁명이라는 표현을 사용하는 사람들도 있다. 교과서 기술내용을 한번 살펴보자.

- 홍경래의 난은 세도 정치에 시달리던 농민들과 부당한 차별 대우에 불만을 품어 오던 평안도 지방 사람들을 중심으로 하여 몰락한 양반인 홍경래 등이 평안도에서 일으킨 농민 봉기였다.(중략) 홍경래의 난은 평안도의 농민이 하나로 뭉쳐 탐관오리의 착취와 지방 차별에 반대한 농민 항쟁이었다.[162]
- 진주 농민 봉기는 철종 때(1862년 2월 19일) 경상 우병사 백낙신의 수탈에 견디다 못한 농민들이 몰락한 양반 출신 유계춘 등을 중심으로 일으킨 것이다.(중략) 이러한 농민들의 항거는 단순한 반발이 아닌, 삼정의 문란과 탐관오리의 횡포에 항거하여 사회적 불만을 드러낸 농민의 자각 운동이었다.[163]
- 동학운동은 단순한 신앙운동이 아니라, 어지러운 정치와 어두운 사회를 바로잡고 어려운 민중의 생활을 구제하려는 사회운동이라 할 수 있다[164](여기서는 제목 '동학'에 대해 설명한 내용에서 사회운동이라고 표현하였다).
- 봉기 가담자에 대한 가혹한 처벌이 이어지자 전봉준은 전라도 각지에서 3천여 명의 농민군을 규합하여 1894년 3월에 고부읍을 공격하여 점령하였다. 백산으로 이동한 농민군은 격문을 전국 가지로 보내 백성의 호응과 궐기를 촉구하였다. 제1차 동학농민운동 전개도에는 1894년 1월 고부 농민 봉기, 4월 황토현 전투, 제2차 동학농민운동 전개도에는 1894년 5월 6일 일본군 상륙, 5월 5일 청군 상륙, 6월 일본군의 경복궁 침범, 11월 동학 농민군 패전(우금치 전투), 12월 전봉준이 체포되고 1895년 나머지 농

---

162) 국사편찬위원회 · 국정도서편찬위원회(2002), 『중학교 국사』, 교육인적자원부, pp.178~179.
163) 국사편찬위원회 · 국정도서편찬위원회(2002), 『중학교 국사』, 교육인적자원부, pp.178~179.
164) 국사편찬위원회 · 국정도서편찬위원회(2002), 『중학교 국사』, 교육인적자원부, p.182.

민군마저 진압되어 동학농민운동은 끝났다[165]고 기술되어 있다.

여기서 우리는 생각해보아야 한다. 전라도는 원래 곡창지대로 관리의 도색질이 가장 많았던 곳이며 조신밀 고종 때에는 대규모의 민란이 26회나 발생했다. 특히 고부(古阜)의 민란은 동학란의 직접적인 동기를 이루었다.[166] 당시에는 다른 지역에서도 민란이 많이 발생했다. 동학란을 동학농민운동으로 바꾸었으므로 조선과 고려, 삼국시대에 일어난 모든 민란이나 반란을 모두 운동으로 바꿀 것인가? 큰일 날 일이다. 과거에 규정한 역사적 사실이나 내용을 후대에서 일부 사람들의 취향에 맞게 멋대로 변화시키기 시작하면 혼란의 원인으로 작용하고, 지식과 학문은 존재가치가 없어질 수도 있다. 지극히 위험한 발상이다.

조선 말기에 발생한 동학란을 동학운동이나 동학농민운동으로 바꾸고 반란군인 동학군이 관아를 습격하고 정부군에 대항한 것을 동학농민전쟁이라고 표현하는 사람들도 있다. 전쟁(戰爭)은 병력에 의한 국가 상호 간 또는 국가와 교전 단체 간의 싸움을 뜻한다. 동학군 또는 동학농민군이 정부군에 항거한 것을 전쟁이라고 하는 것은 하나의 정부군이나 교전단체로 인정하는 측면이 있다. 민란을 운동이라고 하고, 전쟁을 운동이라고 하는 것이 합당한가? 아니다. 그런데 민주화운동 주도세력들은 동학란에 대해 동학농민전쟁이나 동학농민운동이라는 표현을 자주 사용한다. 왜 그런가? 거기에는 저의가 있다. 시민군이 활동한 5·18 광주사태의 정당성에 대한 역사적 근원을 만들고 싶은 것이다.

---

165) 도면회 외(2011), 『고등학교 한국사』, 비상교육, pp.172~173.
166) 새국사사전.

13. 결정적 시기 한국 민주화 진전 저해한 사람 누구였나

발전에는 중요한 시기가 있다. 민주화, 민주주의도 마찬가지이다. 건국 이후 민주화와 민주주의 발전을 위해 4·19 의거 이후, 10·26 이후, 1987년 대통령 선거 등 중요한 시기가 몇 차례 있었다. 이때 한국 민주화 진전과 민주주의 발전을 가로막은 것은 그동안 박정희의 5·16 혁명이나 12·12 사건으로 인식돼 온 측면이 있다. 하지만 이것은 잘못된 것이다. 결정적인 시기에 한국 민주화 진전과 민주주의 발전을 가로막은 것은 리더십이 부족하고 무능한 사람이면서 국정 운영 책임자가 된 장면, 계파를 만들어 분열 정치를 행하며 자기중심적 사고로 내가 대통령이 되어야 하고, 내 마음대로 정치를 하려 한 김대중과 김영삼 등을 들 수 있다.

1) 무능한 장면

제2공화국 장면 정부가 무너지게 된 이유에 대한 설명은 5·16 혁명 세력들이 제기한 '군사혁명 논리'와 어느 정도 일치한다. 5·16 군부 세력들은 자신들의 정당성을 제2공화국의 사회적 혼란과 그에 대한 장면 정부의 무능에서 찾는다. 즉 반이승만 혁명세력과 구지배세력과의 사회적 갈등 그리고 좌익적 진보세력과 우익적 진보진영과의 이데올로기적 양극화에 의해 사회는 한시도 시위하지 않는 날이 없을 정도였고, 학생들이 남북학생회담을 하자고 나설 정도로 혼란스러웠다는 것이다. 그런데도 장면 정부는 장면 총리 개인의 정치적 통솔력 부족에다 강력한 행정력을 행사할 수 없게 만드는 의원내각제 자체의 제도적 취약성, 거기에 민주당 신·구파의 격심한 파벌투쟁 등에 의해 사회적 혼란을 해결할 능력두 의지도 없었다는 것이다. 이와 같은 분석은 상당한 설득력이 있다.[167]

장면에 의해 발탁돼 장면 내각에서 한동안 대변인을 맡았던 김대중이 자서전에서 밝힌 장면 총리에 대한 평가와 5·16 당시 상황을 살펴보면 장면 총리의 무능함은 더욱 뚜렷해진다.

> 장면 총리는 당시 집무실로 사용하고 있던 시청 광장 근처의 반도호텔(현재 롯데호텔 자리) 808호에 기거하고 있었다. 혁명군이 들이닥쳤을 때는 이미 그곳에 없었다. 장면 박사는 숙소 건너편에 있는 미국대사관으로 몸을 숨기려 했다. 그러나 이른 새벽이라 문이 닫혀 있었다. 당장 갈 곳이 마땅치 않았다. 장 총리는 혜화동 성당 뒤편에 있는 카멜수녀원의 문을 두드렸다. 초췌한 장 총리 부부를 수녀들은 따듯하게 맞았다. 그리고 깊숙한 방에 숨겼다. 총리는 그곳에서 묵상과 기도를 하며 고뇌의 55시간을 보냈다. 그 55시간 동안에 대한민국은 다른 세상으로 기울고 있었다.
> 만일 그때 장 총리가 미국대사관에 피신했다면 참여 병력이 3,600명에 불과한 '엉성한 쿠데타'를 수월하게 진압했을 것이다. 수녀원에 피신해 있더라도 유엔군이나 미국대사관에 연락을 취했다면 상황은 또 달라졌을 것이다. 매그루더(Carter Bowie Magruder) 유엔군 사령관은 백방으로 장 총리를 찾았지만, 그 어디에도 없었다. 그는 할 수 없이 군 통수권을 지닌 윤보선 대통령에게 혁명 진압을 위해 전군에 동원 명령을 내려달라고 요청했다. 그는 마셜 그린 미국 대리대사와 함께 윤 대통령을 방문했다. 혁명을 진압할 뜻을 밝히고 미국 1개 대대와 한국군 제1야전군 일부 병력의 출동 승인을 요청했다. 그런데 대통령의 태도가 기이했다.
> 그(윤보선)는 미국 측의 그러한 요구가 내정간섭이라며 일축해버렸다. 훗날 그는 "국가의 안전보장을 위해 혁명을 인정했다"고 했다. 윤 대통령은 국군 통수권자이며 국가원수인 대통령임에도 정통성을 지닌 합법 정부를 수호하지 않았다. 그보다 민주당 구파의 영수로서 개인적

---

167) 안철현(2009), 『업그레이드 특강 한국현대정치사』, 새로운 사람들, pp.125~126.

인 정치 이해에 따른 선택을 한 것이다. 박정희를 비롯한 혁명 주모자들을 만난 자리에서 대통령은 "올 것이 왔다"고 했단다. 참으로 정략적이며 당리당략적인 발언이었다. 윤 대통령은 미국 측 요구를 묵살했을 뿐 아니라 적극적 행보로 혁명을 지지했다. 야전 부대를 총괄하는 이한림 제1군단 사령관에게 친서를 보내 병력을 움직이지 못하게 했다.

헌법을 온몸으로 지켜야 할 대통령이 군사 쿠데타를 인정해주고 5 · 16 이후 10개월 동안이나 대통령직에 머물렀다. 이는 혁명 세력에게 정치적 정통성을 부여한 셈이다. 대통령은 혁명을 인정하고 총리는 사라졌으니 미국으로서도 어찌해볼 방도가 없었다. 도리 없이 2~3일이 지나가 버렸다. 민주주의가 사느냐 죽느냐의 긴박한 시간이 그냥 흘러가 버렸다. 혁명이 일어난 지 사흘째인 5월 18일 장면 총리가 모습을 드러냈다. 오후 12시 30분 마지막 각료회의를 열었다. 그리고 계엄령을 추인했다. 이렇게 제2공화국은 역사 속으로 사라졌다.[168]

장면 총리는 권력의지의 허약함이 있었다. 1952년 부산정치파동 때도, 1960년 3, 4월 항쟁과 부통령 사임 때도, 그는 그러한 허약함을 보였는데 결정적으로 그러한 허약함이 5 · 16 혁명을 전후하여 드러났다. 그렇게 된 가장 큰 이유는 그가 지도자가 된 것이 자신의 정치투쟁으로 된 것이라기보다 미국의 지원 등 정치 환경이 좋았기 때문이라는데 있다. 그는 중간과정을 거의 겪지 않고 주로 미국에 의해 갑자기 주요 지도자가 되었다. 그것은 한편으로는 그로 하여금 권력의 속성을 냉철히 파악하지 못하게 하였고, 다른 한편으로는 지나치게 미국에 의존하게 하였다.

권력의 속성에 어둡고 지나치게 미국과 미군에 의존한 것은 혁명을 미리 방지할 수 있었던 것을 제약하였고, 그의 나약함은 혁명 당일에는 무책임한 도피로 나타나 민간정부의 붕괴를 초래하였다.[169] 역사는 가정이 없다. 장면이 무능했기 때문에 4 · 19 의거에

---

168) 김대중(2010), 『김대중 자서전 1』, 삼인, pp.137~142.
169) 역사문제연구소(1994), 『한국정치의 지배이데올로기와 대항이데올로기』, 역사비평사, p.166.

서 일군 민주화의 씨앗이 제2공화국에서 제대로 피지 못했다. 만약 장면이 뛰어난 리더십을 발휘했다면 5 · 16 혁명은 일어나지도 않았겠지만, 일어난 5 · 16 혁명도 쉽게 진압했을 것이다. 그런 무기력한 장면을 두고 5 · 16 혁명이 4 · 19 의거가 만든 민주화의 싹을 짓밟았다고 생각하는 것은 잘못된 생각이다. 세상만사는 인과의 법칙이 적용된다.

2) 계파를 만들어 분열 정치를 행한 김대중과 김영삼

(1) 1980년 서울의 봄 짓밟은 김대중과 김영삼

1979년 12월 21일 제10대 최규하 대통령은 취임식에서 "헌법 개정 문제에 대한 본인의 소견으로 첫째는 조국의 분단으로 남북한의 냉엄한 상황 속에서 국가의 계속성을 수호하고 국가보위를 확고히 할 수 있는 헌법, 둘째는 정치권력의 남용과 부패의 발생을 사전에 방지할 수 있는 장치 마련, 셋째는 극단적인 국론의 분열과 사회혼란을 초래할 헌법이어서는 안 되며, 넷째는 사회정의와 형평에 의해 우리가 모두 추구해야 할 가치나 우리 자유경제체제 자체에 도전하는 결과를 초래해서는 안 되며, 앞으로 당면한 난국의 수습과 헌법문제의 중요성 등 제반 문제를 고려할 때 특별한 사정이 없을 때는 일 년 징도면 국민 대다수가 찬성할 수 있는 내용이 남긴 헌법을 마련할 수 있다. 이에 수반되는 필요한 제반 조치를 착실하게 취해서 가급적 이른 시일 내에 공명정대한 선거를 할 수 있기를 바라고 있습니다"라고 말했다.[170]

1980년 서울의 봄을 짓밟은 것은 대개 전두환을 중심으로 한 신군부라고 생각하는 사람들이 많다. 하지만 1980년 서울의 봄을 짓밟은 것은 인과의 측면에서 분석하면, 권력 획득에 집착하며 원인을 제공한 김대중과 김영삼을 포함한 정치가와 재야인사, 학생시위대였다. 이제까지 드러난 사실을 보면 김영삼도 나름대로 역할을 하기는 했지만, 주연은 김대중이었고 김영삼은 조연에 불과했다. 대학생들이 전국적으로 교외 시위에 참여한 이면에는 김대중과 김영삼을 비롯한 재야인사들이 있었다. 특히 김대중은 교묘하게 한편으로는 학생들을 선동하면서 다른 한편으로는 외형상 자제를 요청하는 이중성을 보였다.

이미 1979년 최규하 대통령은 조기 대통령선거 시행 방침을 공식으로 밝힌 바 있고, 계엄령 해제 필요가 있을 때는 국회에서 요청하는 것이 정상적이었다. 그리고 그런 논의가 있었다. 그럼에도 김대중은 자신이 개헌 주도권을 쥐고 그 여세를 몰아 대통령이 되고 싶은 조급한 마음과 탐욕으로 최규하 정부를 협박하는 성명과 선언문을 발표하는 등 선동을 통해 시위를 조장했다. 이는 결국 군부와 최규하 대통령에게 계엄령 확대 빌미를 제공하고 김대중을 비롯한 야당정치가와 재야인사, 시위주도 학생들의 구속으로 이어져 5 · 18 광주사태가 촉발되는 원인으로 작용했다. 5 · 18 광주사태 이후 최규하 정부의 기능이 사실상 무력화되고 전두환을 중심으로 한 군부가 정권을 장악하는 계기가 되었다.

이로써 1980년 당시 김대중, 김영삼, 김종필, 전두환의 권력 획득 경쟁은 전두환의 승리로 막을 내렸다. 김대중과 김영삼이 최규하 대통령이 약속한 1년을 기다렸으면 국민이 원하는 민주화가 이

---

170) 대한뉴스 1979. 12. 27.

루어지는 기회로 작용했을 것이다. 그런데 김대중은 최규하 정부의 대표성조차 제대로 인정하지 않는 듯한 발언을 일삼았다. 당시 김대중의 활동을 한번 살펴보자 1988년 5·18 광주민주화운동 진상조사 특별위원회가 구성되었다. 같은 해 11월 18일 회의록에는 다음과 같은 내용이 있다.

▲심명보 위원: (1980년) 5월 12일 오후 5시경 파크호텔 521호실에서 문익환, 한승헌 등 8명과 만나 시국 전반에 관해 논의하는 자리에서 장기표, 심재권 씨로부터 5월 11일과 12일 이틀 서울대학교 학생회관에서 전국 26개 대학생 대표 45명이 회동한 사실과 이 학생대표들이 '휴교령을 발표할 시에는 단호히 투쟁을 전개한다', '계엄령 해제와 정치일정의 명백한 발표를 요구한다'고 결의한 내용을 보고받았으며, 16일 다시 이화여자대학교에서 학생 대표들이 회합하여 새로운 투쟁방법을 합의하기로 했으며, 학원시위가 확산할 전망이라는 등의 보고를 받았느냐?

▲김대중 증인: 5월 15일 내가 서명하고 다음 날인 16일에 문익환이 언론사에 배포한 '제2민주화촉진국민회의 선언문'에 국민투쟁행동강령으로 첫째, 민주애국시민은 민주화 투쟁에 동참하는 의사표시로 검은색 '리본'(ribbon)을 가슴에 단다. 둘째, 비상계엄은 무효이므로 우리의 군은 비상계엄에 근거한 일체의 지시에 불복하라. 셋째, 전 국민은 집회와 시위를 통한 민주화 투쟁을 과감히 전개하라. 넷째, 정당·사회단체·종교단체·근로자·농민·학생·공무원·중소상인·민주애국시민들은 나흘 후인 5월 20일 정오에 서울에서는 장충단공원에, 지방에서는 각 시청 앞 광장에서 민주화추진국민대회를 개최한다 등이다. 요구사항으로 '군인들은 총을 놓고 부대에서 전부 나와서 합류해라' 이런 말이 있어서 '계엄령 해제 그리고 정치일정을 조속히 발표할 것' 등 당시 일반적으로 주장한 것으로 고쳐서 서명했다.

비상계엄 아래에서 더구나 그 무렵 대규모 학생 시위로 사회혼란이 극한상태에 이르러 수도 서울의 치안과 질서가 무너지고 무정부상태라고까지 표현할 수 있는 그런 상황에서 김대중이 언론에 발표한 국민투쟁행동강령에 따라 군중시위나 집회를 강행하게 되면 국민의 생명과 신체에 중대한 위험을 초래할 수 있으며, 만일 대한민국의 존립을 해칠 의도를 가진 불순세력이 개입하게 되면 국가의 안위가 문제될 수 있는 일이었다. 그러나 김대중은 지나치게 낙관적이었다.[171]

(2) 1987년 양 김씨 대통령 후보 단일화 못한 이유

1987년 대통령 선거를 앞두고 재야인사들은 누구보다 김대중과 김영삼 등 양 김씨의 대통령 후보 단일화를 기대했다. 그러나 그것은 애초부터 가능한 일이 아니었다. 한국 계파정치의 주역인 김대중과 김영삼은 그 뿌리가 다르다. 1987년을 기준으로 볼 때 양 진영은 최소 25년 이상 경쟁과 대립을 일삼아 왔다. 물론 대통령과 여당에 대응하기 위해 연합전선을 형성하며 이합집산(離合集散)했으므로 때로는 협력한 일도 있었다. 하지만 그것은 짧은 기간 상호 이해가 일치할 때였다. 그런 그들이 국가 최고 권력을 획득할 기회가 제공되는 대통령 후보를 두고 양보한다는 것은 있을 수 없는 일이었다.

1987년 양 김씨가 대통령 후보 단일화를 이루어내지 못한 이유는 크게 보면 두 가지이다. 첫째는 김대중과 김영삼 양 김씨의 권력에 대한 탐욕 때문이었다. 두 사람은 1971년 대통령 후보를 두고 일전을 벌였다. 그때는 1차 선거에서 김영삼에 뒤져 2위를 한 김대중이 이철승과 밀약을 통하여 지지표를 얻어내는 꼼수를 사용하여 2차 선거에서 대통령 후보가 되고 김영삼은 김대중을 위해 적극 유세를 했다. 김대중은 선거에서 패배하고도 거물정치인으로 인식

---

171) 조문숙(2010), 『전두환 vs 광주혁명』, 도서출판 be, pp.37~38.

되었지만, 김영삼에게 돌아온 것은 거의 없었다. 여기다 두 사람은 화합할 수 없는 사람들이었다. 평생 두 사람은 앙숙처럼 지내다가 김대중이 죽기 직전 김영삼이 문병하면서 화해를 선언했지만, 그것은 다분히 사람들에게 보여주기 위한 것으로 형식적이었다. 둘째는 김대중의 동교동계와 김영삼의 상도동계의 계파 이해 때문이었다. 한번 주도권을 내주면 다음을 기약하기 어렵다는 위기의식이 작용했다. 결국 동교동계와 상도동계 내부에서 자기 계파 수장이 대통령 후보가 되어야 한다는 주장이 지배적으로 형성되자 지지자와 당원, 국민의 여론을 수렴하는 방식으로 김대중과 김영삼은 각자 대통령 후보로 출마하기로 했다. 결국 노태우에게 패했다. 이렇게 양 김씨는 권력 욕심이 앞섰다. 1987년 대통령 선거에서 양 김씨의 낙선은 그 후 정국운영에 커다란 변화를 가져왔다.

14. 한국 민주화운동 주도세력 무엇을 잘못했는가

  민주화운동은 한국 민주화에 상당한 기여를 했음에도 잘못 이끌어진 부분과 행동으로 비판에 직면했다. 그럼 한국 민주화운동 주도세력은 무엇을 잘못했는가? ▲민주화운동이라는 용어를 만들고, 이 말로 반정부 시위와 반미 시위를 포장했다. ▲시위 과정에서 민주주의 원리와 이념을 존중하시 않고 화염병 투척, 투석, 철제 파이프와 각목 등으로 공권력에 대항하는 등 불법적이고 폭력적인 시위에 많이 의존했다. ▲정당성을 인정받기 어려운 일도 권력 획득을 위해 했다. 억지를 일삼고 저항권을 남용한 부분이 있다. ▲

통치자인 대통령과 정부의 대표성을 제대로 인정하지 않고 권위에 도전하는 행위를 하기도 했다. ▲투쟁을 효율적이고 좋은 민주화 방법으로 인식했다. ▲종북 활동을 한 사람들이 많이 포함되어 있었고, 종북주의자들의 확산에 크게 기여했다. ▲근거 없이 독재자라는 용어를 만들어 역대 대통령을 부정적으로 인식하게 했다. ▲국민으로 하여금 정부에 대한 불만을 표출하고 자신들의 편익을 실현하기 위해서는 대화와 타협보다는 억지와 고성, 물리력을 앞세운 시위를 하는 행동이 도움이 된다는 생각을 하게 만들어 시위가 사회 곳곳에 확산하는 원인을 제공했다. ▲국민의 민주화 여망을 권력 획득을 위한 여론재판과 정치보복에 이용했다는 것 등이 대표적이다.

이러한 일련의 잘못된 활동은 민주화운동 주도세력들이 한 행동은 정당하고 합당한 것처럼 인식하게 하고, 사회질서 유지를 통해 국민의 안정과 안전을 확보하기 위한 공권력 행사를 부당한 것으로 착각하게 하고, 경제개발을 주도한 세력의 민주화, 민주화 진전, 민주주의 발전 기여도를 폄훼하게 할 우려가 있다.

15. 한국 민주화운동 잘못 이끌어졌다

정치가가 민주화를 하는 가장 좋은 방법은 발전적인 방향으로 나아가도록 좋은 법과 제도적 장치의 틀을 만들어 정착시키고, 예산을 잘 분배하여 국민의 삶의 질이 향상되고 인간 존엄성을 실현할 수 있도록 민주주의 원리와 이념 등 민주주의 가치를 존중하고 준수하면서 국민을 위한 정치를 하는 것이다. 이를 위해서는 법과 규칙을 지키면서 절차에 따라 대화와 타협을 하며 주권을 행사하거나 의사를 표출하는 문화를 만들고, 그러한 문화 위에서 발전을 추구해야 한다. 올바른 민주화가 되게 하려면 민주주의적 가치나 규범을 준수하는 가운데 타인을 신뢰하고, 집단의 모임에 자주 참여하고, 함께 공공정책을 만들고 실행한다는 사회적 신뢰의 높음을 나타내는 행동이[172] 장기간 이루어지는 과정을 거쳐 민주적 정치문화를 만들어야 한다. 민주화는 하루아침에 이루어지는 것이 아니다. 투쟁을 통해 이루어지는 것은 더욱 아니다. 그런데 한국의 민주화운동 주도세력은 공공연하게 민주화 투쟁이었다고 말했다.

투쟁은 투쟁 참여자와 여론에 의지하여 잘못된 정책, 제도, 권력을 남용하는 통치자에 대해 항의나 시위를 통해 주의를 환기하고, 올바른 일을 하도록 경각심을 갖게 하거나 새로운 정책이나 제도의 틀을 만드는 기회를 제공할 수는 있다. 하지만 위법이나 불법 행동이 수반된 투쟁은 민주적 정치문화가 아니라 정치 하위문화에 속하는 것이다. 불법 행동이 수반된 투쟁 방법을 통한 민주화는 모순을 내재하므로 민주화나 민주주의의 올바른 발전을 선도할 수 없다. 민주화를 위해서는 정치 하위문화를 제거하고 민주적 정치문화를 개발하고 정착시켜야 한다. 한국의 민주화운동이 민주화 진전에 상당한 이바지를 했음에도 비판에 직면하고 잘못 이끌어진 것으로 여겨지는 이유는 민주주의 이념과 원리, 민주적인 절차와 방법을 제대로 존중하지 않고 위법 행위를 하며 폭력을 수반한 시위에 의존했기 때문이다.

---

172) 21세기 정치학대사전.

16. 한국에서 민주화운동이 일어난 배경은 무엇인가

한국에서 민주화운동이 일어난 배경은 여러 가지가 있다. 그중에서 가장 대표적인 세 가지를 말하면 다음과 같다.

1) 급속한 경제성장의 딜레마

민주화에 대한 요구와 기대는 주로 통치자와 통치체계, 경제문제에 대한 국민의 만족도에 의해 결정된다. 국민의 만족도가 높으면 민주화를 요구하는 목소리가 약하지만, 만족도가 낮으면 민주화를 요구하는 목소리는 커지는 경향이 있다. 그러나 국민의 만족도는 경제가 발전한다고 반드시 높아지는 것은 아니다. 경제발전에 따른 빈부격차 심화, 치열한 경쟁 유발, 실업 문제, 물가 상승 등 여러 가지 환경 요인과 여건, 국가가 처한 상황 등에 따라 표출되는 목소리의 크기와 요구 방식이 다르다.

장기간에 걸쳐 완만한 경제성장이 이루어질 때는 이러한 문제들이 서서히 나타나고 정부도 대책을 마련하기 쉽다. 하지만 급속한 경제성장이 이루어지면 국민적인 관심 대상이 되는 사회문제로 발전하기도 한다. 그런데 1960~1980년대 한국은 이전에 사상 유례가 없는 급속한 경제성장을 했다. 이러한 급성장은 물가상승 등 여러 가지 사회문제를 발생시켰다. 특히 인플레이션과 빈부격차 문제 등으로 인해 대통령과 정부에 대해 고조된 불만은 반정부 시위나 민주화운동에 많은 시민이 참여하는 원인으로 작용했다. 시민이 시위에 참여한 이유는 민주화도 연관이 있기는 했지만, 그보다는 쌓인 불만을 표출하고 변화를 통한 안정을 원했다. 이것은 대체로 민주화 요구가 일어나는 원인 중 근대화론과 맥을 같이 하는 것이다.

2) 김대중과 김영삼의 탐욕 그리고 투쟁과 선동정치

정치는 혼자 하는 것이 아니다. 김대중과 김영삼 등에 대해 매끄럽게 대응하지 못한 박정희나 전두환 전 대통령에게도 상당한 책임이 있다. 그러나 김대중과 김영삼의 책임도 만만찮다. 그들은 대통령과 정부 그리고 여당의 리더십에 흠집을 내고 자신들의 세력 확대를 위해 정부 정책 반대, 대화와 협상, 타협보다 자극과 대결, 투쟁을 선택했다. 그 이유는 리더십 부족이 결정적인 원인이었다. 뛰어난 리더십을 발휘하여 당을 장악하고 국민의 지지를 얻으면 권력은 자연히 자신들에게 돌아가게 되어 있다. 그런데도 민주주의 원리를 존중하고 절차를 따르는 순리적인 방법보다 시위를 통한 투쟁과 대결을 지향한 것은 정상적인 방법과 실력으로는 대통령이 되기 어렵다는 것을 알았기 때문인 것으로 보인다. 그 결과 희생자를 유발하는 격렬한 시위를 통한 투쟁을 추구했고 많은 고초를 겪었다. 민주화라는 좋은 명분을 가지고 민주화 진전에도 상당한 기여를 했다. 그럼에도 존경받는 인물이 되지 못하는 이유는 민주화를 격한 시위와 투쟁을 통해 이루려고 했기 때문이다.

3) 미국의 한국 집권자 견제 및 분열정책

1979년 6월 29일 일본 도쿄에서 열린 7개국 경제정상회담 참석차 일본을 방문한 미국 카터 대통령은 막강한 동맹국일 뿐 아니라 자기네 군 병력이 주둔하고 있는 한국에 들르지 않을 수 없었다. 카터는 '한국을 방문해주는 대가'를 박정희로부터 받아낼 생각을 한다. 첫째는 긴급조치 9호를 해제하고 구금 중인 민주인사들을 석방할 것, 둘째는 한국 방문 동안 김대중을 면담하게 해 줄 것 등을 희망했다.[173] 이렇게 미국은 한국의 민주화에 대해 정부 수립 이후 줄곧 관심을 가져왔으며 많은 도움을 주었다. 거기까지는 괜찮았다. 그런데 미국은 어느 때부터인가 한국의 통치자인 대통령을 견제하기 위해 야당정치가들을 이용하기 시작했다. 그러한 사례는 여러 가지가 있는데 그중에서 가장 대표적인 것이 김대중 납치사건 개입과 5공화국에서 사형을 선고받은 김대중을 도미하게 하고 입국을 도와준 일이다.

김대중에게 대단히 신세 진 일도 없는 미국이 한국 정부와 껄끄러운 관계가 되는 것을 감수하면서까지 김대중 구원(救援)에 왜 그토록 적극적이었을까 하는 의문이 생긴다. 여기에는 크게 보면 두 가지 이유가 있다. 첫째는 미국의 국가 이익과 오만이다. 미국은 제2차 세계대전 이후 소위 말해 초강대국이 되면서 세계 질서를 본격적으로 통제하기 시작했다. 이러한 미국의 정책은 주로 자국에 순종하지 않는 국가 지도자들에 대한 압력 행사나 정권 교체로 나타났다. 한국도 그 대상 중 하나였다. 즉 미국에 고분고분한 정부

---

173) 경제풍월 2012. 5. 14.

를 만들기 위해 경제와 군사 부문을 중심으로 한 원조와 교육훈련 지원, 정보 제공이라는 당근과 순종을 위한 채찍을 동시에 들었다. 그것은 순종적인 정부를 만들어 미국의 국가이익에 부합하게 하려는 것이었다. 둘째는 박정희 대통령의 뛰어난 역량과 한국민의 저력 문제이다. 박정희 대통령의 뛰어난 리더십 발휘로 한국 국민이 단합하고 경제가 급성장하면서 점차 자주적인 행동을 하기 시작했다. 이러한 행동은 미국이 의도하고 요구하는 것과 일치하지 않는 일이 많아졌다. 이 문제를 해결하기 위해 미국은 한국의 야당지도자를 지원하기 시작했다. 그 대표적인 사람이 김대중과 김영삼이었다. 그리고 김대중과 김영삼도 미국을 이용하려고 노력했다. 특히 1970년대 박정희 대통령의 핵무기 개발 움직임과 미사일 개발은 미국이 추구하는 긴장 완화와 배치되는 것이었다. 동북아 지역의 긴장이 고조될 수 있다는 우려와 한국이 미국의 통제에서 벗어날지 모른다는 우려를 하게 하기에 이르렀다. 이때 취한 미국의 김대중과 김영삼에 대한 지원은 박정희 중심으로 굳어지는 권력을 분산시키고 국민을 분열 대립하도록 하는 효과를 발휘했다. 전두환전 대통령 때도 마찬가지였다. 미국이 자신에게 도움을 주고 있다는 생각을 한 김대중과 김영삼은 대통령과 정부에 더욱 자극적으로 대항했다. 이렇게 미국은 한국에 대해 한편에서는 주둔군을 파견하여 안보 유지에 도움을 주고 외교 분야 등에서 지원을 아끼지 않았지만, 다른 한편으로는 경제를 중심으로 자국의 편익을 추구하며 통제력을 유지하는 당근과 채찍정책을 사용했다.

17. 민주화운동 민주화 노력 기여도 어떻게 볼 것인가

오늘날 우리 국민 중에는 민주화 노력과 민주화운동을 같은 것으로 착각하는 사람들이 많다. 하지만 이것은 분명히 다르다. 우리가 일반적으로 말하는 민주화 노력은 건국 그리고 건국 이후 주권이 국민에게 있으며 국민에 의해 국민을 위하여 정치를 행하는 주의라는 민주주의(民主主義)의 뜻에 포함된 내용이 더 잘 실현되게 하려고 애를 쓰고 땀을 흘려 노력한 제반 활동이나 일을 말한다. 하지만 민주화운동은 기본적으로 2000년 1월 12일 법률 제6123호로 제정된 민주화운동 관련자 명예회복 및 보상 등에 관한 법률 제2조에서 정의하고 있는 내용, 민주화운동사 등에 속하는 활동으로 볼 수 있다. 여기에 포함된 내용 중에는 민주화 노력에 포함되는 것도 있고 포함되지 않는 것도 있다.

민주화 노력에서 기여도를 살펴보는 일은 상당한 의미가 있다. 올바른 기여도를 알면 그동안 진행해온 민주화 내용의 평가도 달라지기 때문이다. 우리가 민주화 노력의 기여도를 제대로 알기 위해서는 헌법 제정과 정부 수립, 정부가 존재할 때와 존재하지 않을 때 등 세 가지로 구분하여 생각할 필요가 있다. 첫째는 정부가 존재하지 않을 때이다. 여기서는 정부가 존재하더라도 정상적인 통치가 이루어지지 못하는 임시정부나 망명정부도 정부가 존재하지 않을 때에 포함한다. 이때 민주화 노력이 가장 절실하다. 정부가 없을 때 민주화 목표는 정부를 수립하는 일이다. 정부 수립은 일정 지역에 거주하는 주민이나 민족의 사활(死活)이 걸린 문제로 투쟁과 운동 등 가능한 모든 수단과 방법, 노력이 포함된다. 대한민국의 최고 민주화 공로자들은 광복이 이루어지기까지 독립투쟁과 독립운동을 주도하거나 조력하고 참여한 모든 사람, 애국지사와 순국선열이다. 이분들의 민주화 노력은 숭고하고 지대하다. 둘째는 헌법 제정과 정부 수립이다. 이 시기는 국가가 없는 상태에서 있는 상태로 연결되는 과도기이다. 헌법이 국가체제를 결정한다. 헌법에서 어떤 국가체제의 내용을 구성하느냐 하는 것은 어떤 국가를 만들 것이냐 하는 일과 직결된다. 즉 공산주의 국가와 자유민주주의 국가의 갈림이 헌법에서 결정된다. 그리고 헌법에서 제시하는 정부가 수립되어야 비로소 헌법의 실질적인 가치가 발휘되는 것이다. 그러므로 민주화 노력에서 핵심이 되고 가장 중요한 일은 헌법 제정과 정부 수립이다. 광복 이후 자유민주주의 헌법 제정과 정부 수립에 참여한 모든 사람, 특히 이승만과 미국, 유엔이 기여한 바가 크다. 셋째는 정부가 존재할 때이다. 정부를 수립하고 국민이 선출한 대통령이 국가를 통치할 때의 민주화 노력은 국가체제를 수호하고, 경제를 발전시키고, 민주주의 원리와 이념을 존중하는 가운데 민주주의를 발전시키는 일이다. 우리가 6·25 전쟁에서 전사한 국군 유해를 발굴하고 포로 송환에 마지막 한 분까지 온 힘을 기울여 자유대한의 품에 안기게 해야 하는 이유도, 그분들의 자유민주주의 국가체제 수호 노력 덕분으로 오늘의 대한민국이 존재하기 때문이다. 그리고 경제 문제 해결은 인간이 국가를 만들게 된 이유로 경제발전은 민주화의 핵심적인 요소이다. 소련이 붕괴한 것도 경제 문제가 핵심적인 원인이었다 어느 나라를 막론하고 올바른 민주화 노력은 민주주의 원리와 이념을 존중하는 가운데 민주주의를 발전시키는 것이어야 한다. 이렇게 한국의 현대사에서 민주화 노력 기여도를 평가한다면 상대적인 측면에서 볼 때 민주화운동은 그 기여도가 별로 크지 않다.

18. 이승만과 김대중 · 김영삼 민주화 공적 누가 더 큰가

1970년대와 1980년대 민주화운동에 참여했다고 생각하는 사람과 그 추종자 중에는 김대중과 김영삼의 민주화 공적이 대단하다고 생각하는 사람들이 상당히 많다. 아마 이들에게 이승만과 김대중 · 김영삼 중 누가 민주화 공적이 더 큰가 하고 묻는다면 김대중 · 김영삼이라 말할 가능성이 있다. 하지만 이승만과 김대중 · 김영삼의 민주화 기여에 관한 공적을 비교한다는 것 자체가 유치하기 짝이 없다. 공적이 너무 현저하게 차이가 나기 때문이다. 김대중과 김영삼의 민주화 노력은 이승만의 그것에 비하면 바닥 수준을 넘기 어렵다. 정부를 수립하는 일과 유지관리 하고 살기 좋게 꾸미는 일은 차원이 다르다. 이러한 관점에서 한국의 민주화 노력에 대한 기여 평가를 올바로 정립해야 할 필요성이 제기된다.

민주화운동에 참여한 사람들이 이승만보다 김대중 · 김영삼의 민주화 기여에 관한 공적이 크다고 생각하는 이유는 크게 보면 네 가지이다. 첫째는 이승만 정부에서 사사오입 개헌과 3 · 15 부정선거를 했고, 그가 독재자라는 것이다. 둘째는 민주화운동 주도세력이나 그 추종자들이 정권을 장악한 후에 진행한 명예회복과 보상 과정에서 반정부 시위와 반미 시위 등이 포함된 민주화운동을 마치 정상적인 민주화 노력보다 더 의미가 있는 일을 한 것처럼 지나치게 미화하여 자신들의 공적을 일방적으로 홍보하고 부각한 점을 들 수 있다. 셋째는 헌법 제정과 정부 수립, 6 · 25 전쟁에서 자유민주주의 국가체제를 수호한 점 등의 중요성과 정부 수립 초기에 필연적으로 나타나는 혼란에 대한 이해 부족이다. 넷째는 민주화 노력과 민주화운동 양자에 대한 이해 부족과 구분 능력 미흡 때문이다.

여기서 우리가 유의해야 할 점이 있다. 그것은 공적과 과오를 구분하는 것이다. 이승만은 공적도 크지만, 과오도 상당하다. 과오를 고려하더라도 이승만의 민주화 기여 공적은 타의 추종을 불허할 정도로 크다. 김대중은 김구를 존경한다는 말을 했던 것으로 기억한다. 그럼 김구와 김대중 중 한국의 민주화 기여에 관한 공적이 누가 더 크겠는가? 당연히 김구다. 이 점에 대해 이의를 제기하는 사람은 많지 않을 것으로 생각한다. 그럼 김구와 이승만 중 누가 한국의 민주화에 기여한 공적이 더 큰가? 당연히 이승만이다. 그 이유는 이승만이 헌법을 제정하고 대한민국 정부를 수립하는데 결정적인 역할을 했으며, 초대대통령으로서 6·25 전쟁 때 소련과 중공의 지원을 받는 북한 공산군의 침략에 맞서 대한민국의 자유민주주의 국가체제를 지켜냈기 때문이다.

같은 이유로 김대중과 김영삼이 한국 민주화에 기여한 공적은 이승만 대통령에 비하면 바닥 수준을 넘기 어렵다고 하는 것이다. 김대중과 김영삼은 일제강점기에 민족의 염원인 우리나라를 세우기 위해 목숨을 걸고 독립운동도 하지 않았고, 1950년 6·25 전쟁 때 나라를 지키기 위해 군인으로 참전하지도 않았다(김영삼 학도병으로 참전). 목숨을 걸고 독립운동을 한 이승만과 자신들이 대통령이 되고 싶은 권력 욕구를 채우기 위해 반정부 시위와 민주화 투쟁을 한 김대중·김영삼의 노력을 어찌 공적으로 비교할 수 있겠는가? 특히 김대중은 광복 후 혼란기에 좌파 정당인 건국준비위원회와 조선신민당에서 활동했다. 김대중은 『김대중 자서전』에 다음과 같이 기술하고 있다.

나는 건국준비위원회(건준) 목포 지부에 가담했다. 우리 민족이 독립하여 새로운 나라를 세운다는데 망설일 아무런 이유가 없었다. 기쁜 마음으로 참여했다. 목포 지부는 이데올로기를 따지지 않고 좌우익 모두가 참여했다. 당시 건준은 전국에 145개 지부를 두고 있었는데 목포 지부도 그 중 하나였다. 목포 지부는 처음 이남규 목사를 중심으로 조직했지만, 곧 공산주의자들이 점차 조직을 장악해 나갔다. 공산주의자들은 일본 제국주의 시대에 독립 투쟁을 주도적으로 전개했고, 투옥된 애국지사 중 상당수가 공산주의 사상에 심취해 있었던 만큼 해방 공간에서 그들의 입지는 넓었다. 그것은 부인할 수 없었다. 당시 청년층 대부분은 공산주의에 별다른 거부감이 없었고(김대중 생각임), 일부에서는 일본 강점기에 공산주의자들이 독립운동을 하였다고 하여 호감을 나타내는 경향도 있었다.

나 또한 공산주의에 특별한 거부감을 가지고 있지 않았다. 솔직히 일제라는 암흑시대를 겪고 난 후 나는 민주주의가 무엇인지, 공산주의가 무엇인지 잘 알지 못했다. 오직 새 나라에 대한 희망과 내 나라에 대한 열정으로 건준에 참여했다. 나는 목포 지부의 선전부 과장을 맡아 기쁘게 일했다. 조직 재건에 청춘을 바친다는 것은 생각만 해도 벅찬 일이었다. 이보다 보람찬 일이 어디 있단 말인가. 건준 위원장은 여운형이었다. 그는 전국인민대표자대회를 1945년 9월 6일 서울에서 소집하였다. 그리고 국가 명을 '조선인민공화국'이라 선포했다. 중앙인민위원으로는 독립운동 지도자들을 선출했다.[174]

나는 좌우 합작을 표방한 신민당에 입당하였다. 신민당은 중국 연안에서 돌아온 '독립동맹' 참가자들이 만든 정당인데 김두봉, 최창익 등이 전면에 참여하고 있었다. 독립동맹은 평양에 본부를 두고 주로 북에서 활동하고 있었는데 1946년 2월 '조선신민당'이란 이름으로 활동을 시작했던 것이다. 조선신민당에 들어간 것은 이미 밝혔듯이 '좌우 합작'을 천명했기 때문이다. 그런데 신민당 내의 당원 일부가 공산당을 추종하는 세력이라는 것을 곧 알게 되었다. 나는 당시 정세에 어두웠고 우후죽순처럼 생겨나는 정당들의 색깔이나 이념적 성향을 꿰뚫기가 정말 어려웠다. 한마디로 혼돈과 혼란 그 자체였다. 1946년 9월 5일 신민당은 공산당 노선을 지지하여 조선인민당의 일부 세력과 함께 공산당과의 합당을 발표했다. 한편 북측의 북조선신민당은 이미 그해 8월, 공산당과 합당하여 북조선노동당(북로당)을 만들었다. 물론 김일성이 전권을 장악했다.[175]

---

174) 김대중(2010), 『김대중 자서전 1』, 삼인, p.59.

이렇게 김대중은 이 땅에 공산주의 국가를 건설하려고 했던 좌익 계열 정당 활동에는 적극 참여하였지만, 자유민주주의 국가를 건설하려고 한 우익 계열 정당이나 정부 수립과 연관된 일에는 적극 참여하지 않았다.

19. 전두환은 증오 대상, 김대중은 존경 대상인가

오늘날 상당수 한국인의 전두환과 김대중 두 전직 대통령에 대한 생각은 뚜렷하게 대별되는 경향이 있다. 전두환은 독재자이고 학살자이며, 김대중은 민주화의 상징인물로 인권 신장을 위해 노력한 사람이라는 것이다. 하지만 이것은 착각이다. 김대중과 김영삼을 비롯한 민주화운동 주도세력의 여론재판과 정치보복, 국민의 잘못된 인식이 그렇게 만들었다. 김대중이 구술한 것으로 알려진 『김대중 자서전』에 기술된 내용을 바탕으로 실례를 들어보자.

첫 번째는 전두환 정권에서 이루어진 박종철 사망 사건이다. 1986년 초 서울대생 박종철 군이 치안본부 대공분실에서 고문으로 사망하는 사건이 발생했다. 나(김대중)는 분노와 슬픔을 금할 길이 없었다. 부모의 심정은 어떨 것인가. 언제까지 악의 정권이 계속될 것인가. 악한 정부는 호랑이보다 무섭다지만, 그 악한 정권 아래 살고 있는 백성의 재앙은 호환(虎患)보다 컸다. 나(김대중)는 전력을 다해 싸우기로 했다.[176] 두 번째는 김대중 정권에서 일어난 살

175) 김대중(2010), 『김대중 자서전 1』, 삼인, pp.61~63.
176) 김대중(2010), 『김대중 자서전 1』, 삼인, p.513.

인 용의자 사망 사건이다. 서울지검 청사 안에서 검찰이 살인 용의자를 폭행하여 숨지게 한 사건이 발생했다. 나(김대중)는 경악했다. '인권 정부'에서 일어날 수 없는 일이었다. 인권을 지켜야 할 검찰이 피의자를 구타했다니 도저히 용서할 수 없었다. 법무부 장관과 검찰총장이 사표를 제출했다. 이를 수리했다. 2002년 11월 8일 후임 법무장관에 심상명 전 대한법률구조공단 이사장을 임명하고 검찰총장에는 김각영 법무차관을 내정했다.[177]

박종철이 수사를 받게 된 데는 이유가 있었다. 박종철은 1986년 노학연대 투쟁에서 활동하던 중 1986년 4월 1일 청계피복노조 합법화 요구 시위로 구속되었다가, 1986년 7월 15일 징역 10개월(집행유예 2년)을 선고받고 출소했다. 출소 이후에도 학생운동에 적극 참여했던 박종철은, 언어학과 3학년에 재학 중이던 1987년 1월 13일 자정 무렵 하숙집에서 치안본부 대공분실 수사관 6명에게 연행되었다. '대학문화연구회' 선배이자 '민추위' 지도위원으로 수배를 받고 있었던 박종운을 잡기 위해 연행한 것이었다. 취조실에 연행해간 공안 당국은 박종철에게 박종운의 소재를 물었으나, 박종철은 순순히 대답하지 않았다. 이에 경찰은 잔혹한 폭행과 전기고문, 물고문 등을 가하여 끝내 1987년 1월 14일 치안본부 대공수사단 남영동 분실 509호 조사실에서 사망했다.[178] 사망 후 민주화운동 주도세력들에 의해 박종철은 열사라고 불렸다.

살인 용의자 사망 사건의 경우, 용의자(容疑者)는 범죄의 혐의가 뚜렷하지 않아 정식으로 입건되지는 않았으나, 내부적으로 조사 대상이 된 사람이다. 그런데 김대중은 자신이 법무부 장관과 검찰총

177) 김대중(2010), 『김대중 자서전 2』, 삼인, p.508.
178) 위키백과.

장을 임명하고 그들에 대한 관리 책임이 있음에도, 자신은 제대로 사과하지 않고 검찰을 용서할 수 없다고 했다. 김대중의 언행과 생각이 너무나도 저급하고 천박함을 알 수 있다. 이런 일이 박정희나 전두환 대통령 재임 기간에 일어났다면, 김대중은 어떻게 했을까? 답은 독자의 상상에 맡긴다. 그런데도 국민은 김대중에 대해서는 지나치게 관대하고 아량을 베풀면서 전두환 전 대통령에 대해서는 지나치게 질타하고 야박하게 대했다. 지금도 마찬가지이다. 심지어는 어린아이까지 전두환 전 대통령을 조롱한다. 잘못되어도 크게 잘못되었다.

김대중과 전두환 전 대통령에게 차이가 있다면, 각자 자신의 권력에 대한 탐욕을 실현하는 방법, 국민의 대통령과 정부에 대한 태도가 달랐다는 점 정도다. 가령 전두환이 집권하는 과정이나 집권하고 난 이후 피해를 본 사람 측면에서 볼 때, 전두환은 '죽일 놈'으로 여겨질 수 있다. 하지만 김대중의 잘못된 카드정책으로 인신매매를 당하고 가족이 자살을 한 사람들 측면에서 볼 때, 김대중 역시 '죽일 놈'이기는 마찬가지이다. 전두환이 대통령으로 재직하는 동안 정치자금을 조성하고 가족이 부정부패했지만, 김대중도 마찬가지였다. 차이가 있다면 규모, 모금과 관리 방법 정도다.

전두환은 민주화운동을 빙자한 권력 획득을 위한 투쟁가들과 선동가, 투쟁적 선동정치가들을 탄압했지만, 김대중은 자신이 구조조정을 하도록 강요하는 것에 반대하는 노동운동가들을 탄압했다. 전두환이 하나회라는 계파를 활용하여 권력을 잡았고, 김대중은 동교동계를 이용해 권력을 잡았다. 전두환이 언론 통폐합을 했다면, 김대중은 대기업 빅딜(big deal: 큰 거래, 사업 맞교환)을 강요했다. 국가정보원(중앙정보부)을 이용해 정치가와 민간인 사찰을 한 것도 같다. 김대중은 IMF(국제통화기금)를 극복했지만, 전두환은 제2차 오일쇼크[179] 영향에 의한 1980년 고유가 시대 경제위기를 잘 극복하고 재임 기간에 높은 경제성장을 이룩했다.

이외에도 유사한 점은 더 나열할 수 있다. 물론 일부 차이 나는 점도 있다. 김대중이 최대 치적으로 내세우는 것 중 하나가 인터넷 강국이다. 하지만 이것도 사실은 전두환 대통령이 집권할 때 당시 오명 차관을 중심으로 기초 작업이 시작됐다. 전두환은 김대중이 사형선고를 받도록 일정한 역할을 했고, 김대중은 전두환에게 5공 특위 청문회를 통해 5·18 광주사태 책임자로 낙인을 찍으려고 하는 등 정치보복을 했고, 전두환이 사형 선고를 받는데 김대중이 일정한 역할을 했다. 김대중은 전두환을 용서했다고 하면서 군부독재자라고 몰아세웠다. 북한에 퍼주기를 통해 노벨상을 받았다. 이외에도 김대중의 잘못과 가식적으로 행동한 사례는 많이 있다.

전두환은 묵묵히 자신의 잘못을 감수했다. 벌도 받았다. 지금도 자신의 잘못에 대한 국민의 비판과 비난을 묵묵히 감수하고 있다. 하지만 거시적인 측면에서 보면 이중 잣대가 아닌 하나의 기준을 적용하면 전두환이라고 증오할 이유도 김대중이라고 존경할 이유도 없다. 다 같은 사람들이다. 모두 자신들의 권력 획득과 향유를 위한 탐욕을 실현하기 위해 노력했다.

---

179) 제2차 오일쇼크(第二次石油危機)는 1978년 12월 26일부터 1979년 3월 5일까지 이란의 석유 수출정지에 기인한 석유수급의 긴박, 가격상승, 세계경제의 혼란을 가리킨다. 이란의 석유 수출정지는 유전 노동자가 팔레비왕정 타도를 외치면서 파업에 돌입한 것을 계기로 우선 원유의 현물가격이 폭등, 계속해서 장기계약에 기초한 원유가격 급상승을 유발, 30달러 원유(1배럴당) 시대의 개막을 고했다. 다만 1981년 이후 소비국의 수요감퇴가 표면화하고 세계적인 석유수급이 대폭 완화됐다.

20. 김영삼과 김대중 한국 민주화 상징될 자격 있는가

민주화운동 주도세력들이 민주화가 이루어졌다고 말하는 1987년 이후, 여러 언론이나 언론사에 종사하는 사람들이 김영삼과 김대중이 마치 한국 민주화의 상징인 것처럼 보도했다. 그 결과 이제는 상당수 국민이 김대중과 김영삼을 한국 '민주화의 상징적인 인물'이라고 생각하는 것 같다. 하지만 김영삼과 김대중은 한국 '민주화운동의 상징'이 될 수 있을지는 몰라도 한국 '민주화의 상징'이 될 자격은 없다. 김영삼과 김대중을 한국 민주화의 상징적인 인물이라고 하는 사람들은 민주화 노력과 민주화운동, 민주화의 상징과 민주화운동의 상징을 구분하지 못하는 것이 틀림없다. 한국의 민주화 상징이 될 자격이 있는지 이해를 돕기 위해 김대중과 관련된 글 하나를 소개하면 다음과 같다.

전체적으로 본다면 한국 민주주의를 제도적으로 한 단계 발전시키기 위한 깊이 있는 정치개혁이 김대중 정부시기에 이뤄진 것은 별로 없는 것 같다. 통치 방식(style)으로 볼 때 김대중 대통령은 미래지향적인 새로운 관행을 만들어내지 못하고 오히려 과거의 통치 방식을 반복했다는 평가를 받아야 할 것 같다. 우선 김대중 대통령의 정당 운영 방식을 예로 들 수 있다. 평화민주당, 민주당, 새정치국민회의, 새천년민주당 등이 모두 김대중이 '만든' 정당들이다. 정치적 필요에 따라 이합집산을 거듭해가며 새로운 당명을 내걸었지만, 사실 당내 구성이나 지지층의 변화는 없는 '외형만의' 새 정당이었다. 그리고 김대중은 지역주의를 기반으로 정당을 사실상 사유화했다.

정당이 하나의 지속성을 가진 조직으로 제도화되지 못하고 정치가 개인의 권력 추구를 위한 도구로 전락했던 셈이다. 더욱이 호남 지역은 당의 공천이 사실상 당선을 의미하는 상황에서 당 총재에 대한 충성심이 정치 생명을 좌우하게 되면서 당내 구성원의 자율성은 극도로 제약되었고 김대중은 이른바 '제왕적 당 총재'가 되었다. 정당 간 권력 교체, 권력에 대한 제도적 견제와 균형, 정책 결정의 참여와 투명성 제고 등 정치체계 전반의 민주화를 위해 애를 썼지만, 정작 자신이 이끈 정당 내부의 민주화에 대해서는 소홀했던 것이다. 김대중은 한국 민주화운동의 상징적 인물이었지만 동시에 제왕적 당 총재이자 제왕적 대통령이었다.180)

이렇게 제왕적 총재·대통령이라고 불리는 사람이 한국 민주화의 상징적인 인물이 될 수 있는가? 되어서는 안 된다. 김대중은 민주화운동의 상징적 인물로는 몰라도 한국 민주화의 상징적인 인물로는 부적합하다. 김대중의 행적을 살펴보면, 그가 제대로 민주화 노력을 했다고 보기 어렵다. 그는 권력 획득을 위한 치열한 투쟁과 선동을 일삼는 투쟁적 선동정치가였다. 만약 한국에 독재자가 있다고 하면 정당을 사유화하고 계파정치를 일삼은 김대중이 가장 가까운 인물 중 한 명에 해당할 것으로 보인다. 한국 현대정치사에 자신이 수장 노릇을 하는 독자적인 계파를 만들고 정당을 사유화한 사람은 김대중밖에 없다. 김영삼도 비슷한 일을 했지만, 약간의 차이가 있다.

한국 민주화의 상징적 인물이 되려면 자유민주주의 대한민국의 헌법 제정, 정부 수립, 6·25 전쟁에서 북한 공산군의 남침을 막아내고 자유민주주의 국가체제를 수호하여 시장경제가 작동하게 하

---

180) 프레시안 2011. 3. 25.

는데 기여한 일 등 세 가지 상징적 일이나 사건에 깊이 관여하거나 주도적인 역할을 해야 한다. 그리고 여기에 추가한다면 4·19 의거를 들 수 있다. 그러나 4·19 의거는 상당한 의미가 있음에도 위의 세 가지와 비교할 수 있는 것이 아니다. 일련의 네 가지 일과 사건에 김영삼과 김대중이 얼마나 기여했는가? 김대중은 기록상 4·19 의거 당시 이승만 정부의 부정선거를 규탄하는 행동을 일부 한 것으로 알려진 정도의 지극히 미미한 것이었다. 4·19는 민주당이 주도한 것이 아니라 학생들이 주도했다.

박정희가 대통령이 된 이후부터 전두환 대통령 재임 기간까지 김영삼과 김대중은 권력 획득을 목표로 끊임없는 반정부 시위와 투쟁을 전개했다. 1960년대 말의 투쟁은 3선 개헌 저지였고, 1970년대에는 1972년 12월 17일 국민투표로 확정된 헌법(유신헌법) 통과 후 유신헌법 반대 투쟁이 주류를 이루었다. 1980년 이후에는 민주화 투쟁으로 바뀌었다. 그리고 1987년 6월 민주화 요구 시위로 6·29 선언이 발표되고 1988년 여소야대 국회가 형성되자 전두환을 중심으로 한 제5공화국 세력에 대한 여론 재판과 정치보복, 다른 한편에서는 민주화운동 관련자에 대한 명예회복과 보상을 추진했다.

김영삼과 김대중 세력이 주도하여 만들어낸 용어인 민주화운동에 비추어보면 김영삼과 김대중은 민주화운동의 상징적인 인물은 될 수 있을지 모르겠다. 하지만 반정부 시위, 유신헌법 반대 투쟁, 민주화를 명분으로 한 권력투쟁을 민주화운동으로 포장한다고 해서 한국 민주화의 상징적인 인물이 될 수 있는 것은 아니다. 만일 김영삼과 김대중이 한국 민주화의 상징적인 인물이 된다면 우리는 앞으로 반정부 시위, 권력 획득을 위한 필요에 따른 헌법 개정 반대와 요구, 권력투쟁을 일삼는 사람 모두에게 민주화 노력 공적이 있는 것으로 인정하고, 계속 투쟁을 벌여야 한다.

폭력을 수반한 시위와 투쟁은 올바른 민주화 방법이 아니다. 만약 한국 민주화의 상징적인 인물을 선정해야 한다면, 3·15 부정선거 등의 과오가 있음에도 헌법 제정, 정부 수립, 6·25 전쟁에서 중요한 역할을 한 이승만이다.

21. 한국 민주화운동 주도세력의 실체는 무엇인가

오늘날 김대중과 김영삼 그리고 김근태는 민주화운동을 주도해 한국의 민주화를 진전시키는 데 기여한 사람으로 평가하는 사람들이 적지 않다. 하지만 이들의 공통점은 투쟁적인 선동정치가이다. 민주화를 명분으로 민주화 투쟁을 주도했지만, 실제로는 민주화의 진전에 별로 기여한 것이 없다. 기자회견 등을 통한 정부 비판, 강연 등을 통한 민주화 필요성 역설, 민주화운동을 배후에서 조종하고 가끔은 거리 시위에 참여하기도 했다. 하지만 그러한 활동은 자신들의 권력 획득 욕심을 채우기 위한 것으로, 끊임없는 반정부 시위를 부채질하고 사회 불안을 가중시켰다. 무엇보다 민주화에 대한 개념 이해가 부족했다.

만약 김대중과 김영삼, 김근태가 민주화가 무엇인지, 그 개념을 제대로 이해하고 그것을 위해 운동을 했다면 자신들이 집권하여 대통령이 되거나 정당 또는 정부 부처의 수장이 되었을 때, 민주화 진전을 위해 무엇인가 다른 점을 보여주었어야 했다. 하지만 그들도 자신들이 과거 독재자로 비난한 이승만과 박정희, 전두환과 크게 다르지 않았다. 여전히 국가정보원을 통한 사찰과 공작정치를 했다. 그리고 김대중은 독도를 중간수역에 포함하고 우리 어민들의 터전인 넓은 바다를 일본에 내주었다.

민주당 손학규 전 대표는 2012년 7월 3일 오전 국회에서 열린 민주당 재야출신 의원들의 모임인 민주평화국민연대(민평련) 주최의 정책토론회에서 과거에 "김대중 김영삼 노선에 대해 (김근태 전 열린우리당 의장과) 치열하게 논쟁한 적이 있다. 나(손학규)는 김영삼도 민주주의자라고 했지만, 김근태는 한 틀에 놓고 얘기할 수 없다고 했다"고 말했다.[181] 김근태는 민주화운동 주도세력(주로 김근태 추종자)이 말하는 민주화의 대부이고, 김영삼은 다른 민주화운동 주도세력(주로 김영삼 추종자)이 민주화운동 선도자라고 말한다. 그런데 손학규의 말에 따르면 김근태가 김영삼을 김대중과 '한 틀에 놓고 얘기할 수 없다'고 주장했다는 것이다.

이것은 상당히 의미가 있다. 그럼 도대체 한국의 민주화운동 주도세력의 구심점은 누구인가? 특별히 한 사람의 구심점은 없다. 김대중이 구심점이라고 하면 김영삼이나 김근태, 독자적으로 활동하며 추종세력이 있는 재야인사나 종교계 인사 등이 반발할 것이고, 김영삼이 구심점이라고 해도 마찬가지이다. 그러므로 비슷한 생각을 하고 활동한 사람들이 각각의 이해관계를 달리하는 가운데 교류하면서 필요에 따라 이합집산한 것으로 볼 수 있다. 여기서 민주화운동을 한 사람으로 대표되는 김영삼, 김대중, 김근태가 어떤 정치활동을 했는지 한번 살펴보자.

---

181) 내일신문 2012. 7. 4.

1) 민주주의에 대한 열망보다 집권 욕심 앞선 김영삼

김대중은 김영삼 정권의 실정을 자신이 정계 은퇴를 번복하는 명분의 한 가지로 내세웠다. 『김대중 자서전』에 나타난 김대중의 김영삼 정부에 대한 평가를 보면, 과연 김영삼이 '민주화운동을 한 사람이 맞나? 이것이 한국 민주화를 선도했다는 사람의 모습인가?' 하는 점에 대해 의구심을 갖게 한다. 김대중이 평가한 김영삼은 민주주의에 대한 열망보다 집권 욕심이 앞선 사람이고, 쿠데타를 한 사람이고, 민의를 배반한 패륜적인 사람이다. 김대중이 김영삼을 어떻게 평가했는지 『김대중 자서전 1』의 내용을 인용하면 다음과 같다.

> 김영삼 정권은 집권 2년째인 1994년부터 심각한 부작용이 나타났다. 대통령은 "중단 없는 개혁"을 외쳤지만, 개혁에 대한 기대는 싸늘하게 식어갔고, 국민은 점점 등을 돌렸다. 김 대통령은 동력이 꺼진 배에서 홀로 깃발을 휘두르는 선장이나 다름없었다. 김영삼 정권은 5·6공 군사정권과의 야합으로 권력을 획득했기에 태생적 한계가 있었다. 김 대통령은 "인사(人事)가 만사(萬事)"라고 외쳤지만, 정작 국가 요직에는 정실에 끌린 인사가 판을 치고 세인들은 "인사가 망사(亡事)"라며 이런 행태를 비웃었다. 그러다 보니 공직 기강이 흔들렸고 공무원들은 연고를 찾아 줄서기에 바쁘다는 세평이 자자했다.
>
> 국민과 함께, 민주세력과 함께 국정을 협의하지 않고 어느새 보수 수구 세력과 손을 잡고 있었다. 더 이해할 수 없는 것은 나에 대한 과도한 견제와 탄압이었다. 문민정부 시절에 경찰, 안기부, 청와대가 연계된 '김대중 전담 부서'가 있었다면 사람들은 믿지 못할 것이다. 김 대통령은 나를 민주 사회를 완성해 나가는 데 조력자로 생각하지 않았다. 나의 재기를 용납하지 않으려 했다. 김 대통령은 김종필 자민당 대표도 쫓아냈다. 상도동계는 김종필 대표가 '세계화'의 이미지에 맞지 않다고 공개적으로 공격했다. 당시 국내에는 세계화라는 광풍이 불고 있었다. 준비는 전혀 하지 않고 대통령이 어느 날 '세계화'를 외쳤

다. 실무 부처들은 후속 조치를 마련하느라 허둥거렸다. 이벤트성 정치 쇼에 다름없었다.

나는 김영삼 정권의 위선적 행태를 꾸짖었다. "소위 문민정부라는 김영삼 정권이 한국통신 노사분규를 국가 변란으로 과장하여 민심을 동요시키고 있습니다. 또 명동성당과 조계사에 대한 공권력 행사는 참으로 개탄스럽습니다. 일제강점기나 군사독재에서도 감히 엄두를 못 낸 성소(聖所)임에도 이 정부가 난입하여 짓밟았으니 문민이란 이름이 참으로 가증스러울 뿐입니다."[182] 1990년 1월 22일 오전 10시 노태우 대통령과 김영삼, 김종필 총재가 청와대에서 기자회견을 열고 민주정의당과 통일민주당, 신민주공화당 3당 합당을 선언했다. 3당이 통합하여 만든 민주자유당은 2월 9일 합당 대회를 열었다.

청와대는 "헌정사 40년 만의 명예혁명", 노태우는 "역사의 사면", 김영삼은 "하느님의 뜻", 김종필은 "구국의 결단"이라고 했다. 하지만 이는 민의를 배반한 쿠데타였다. 국민이 투표로 정해준 정치 구도를 지도자 몇 명이 인위적으로 뒤엎은 패륜이었다. 그 어떤 여론의 수렴도 없이 밀실에서 이뤄진 야합이었다. 6월 항쟁이 국민의 힘으로 완성을 보지 못하고 노태우의 6·29 선언과 모호한 타협을 해 이런 최악의 결과를 가져왔다는 생각도 들었다. 그 쿠데타의, 야합의 주역이 김영삼 씨였다는 데 나는 충격을 받았다. 물론 그에게도 그럴 만한 이유가 있었겠지만, 왜 역사에 버림받을 길을 선택했는지는 한때의 민주화 동지로서 지금도 안타깝다. 민주주의에 대한 열망보다는 집권 욕심이 앞섰다고밖에 볼 수 없었다.[183]

박태준 전 포스코 명예회장은 노태우 대통령이 김영삼(YS)·김종필(JP) 총재와 3당 합당 후에도 그는 민정계를 대표하는 정치인이었다. 하지만 14대 대통령 선거 직전이었던 1992년 중반부터 김영삼(YS)과 갈등을 빚으며 같은 해 10월 민자당을 탈당했다. 결국 박회장은 1993년 문민정부 출범 직후 심한 정치적 박해를 받았다. 포철 명예회장직을 박탈당하고 뇌물수수 혐의로 기소된 그는 일본으로 건너가 4년간 '정치적 망명' 생활을 했다.[184] 당시 포스코에 외

182) 김대중(2010), 『김대중 자서전 1』, 삼인, pp.646~651.
183) 김대중(2010), 『김대중 자서전 1』, 삼인, pp.570~571.

부 출신이 회장으로 들어오고, 포항공장에서는 그가 심은 기념식수마저 뽑히기도 했다.[185]

2) 민주화와 거리가 먼 제왕적 총재 · 대통령 김대중

반면교사(反面敎師)는 사람이나 사물 따위의 부정적인 면에서 얻는 깨달음이나 가르침을 주는 대상을 이르는 말을 뜻한다. 타산지석(他山之石)은 다른 산의 나쁜 돌이라도 자신의 산의 옥돌을 가는 데에 쓸 수 있다는 뜻으로, 본이 되지 않은 남의 말이나 행동도 자신의 지식과 인격을 수양하는 데에 도움이 될 수 있음을 비유적으로 이르는 말로 『시경』 소아(小雅)에 나오는 말이다. 김대중은 그의 자서전에서 역대 한국의 대통령에 대해 모두 부정적인 평가를 했다. 심지어는 1995년 정계복귀와 신당 창당의 명분으로 김영삼 정부의 실정과 민주당의 견제 비판기능 상실[186]을 들었다. 그렇다면 김대중은 김영삼보다 나은 것, 잘하는 것이 무엇인가 있어야 한다.

김영삼의 잘못을 반면교사나 타산지석으로 삼을 수 있었기 때문이다. 그런데 김영삼이 IMF(국제통화기금) 위기를 맞도록 한 것과 김대중이 IMF 위기를 극복하게 한 차이는 있다. 하지만 수많은 사람이 자살하고 인신매매로 팔려가게 한 카드정책 실패를 고려하면 김대중이 김영삼보다 크게 나은 것이나 잘한 것이 없다. 오히려 더 비민주적이었다. 김대중이 김영삼 정부를 비판한다면 그것을 교훈 삼아 자신은 좀 더 잘해야 하는데 전혀 그렇지 않았다. 도청을 통

184) MK뉴스 2011. 12. 13.
185) 데일리안 2012. 5. 16.
186) 동아일보 1996. 3. 7.(네이버 뉴스 라이브러리)

한 공작 정치를 하고, 검찰에서 피의자가 심문 도중 사망하게 하고, DJP 연합을 통한 정무직공무원 자리 나누어 갖기 등의 이해교환은 김대중 자신이 긴영삼을 비난할 때 말한 것처럼 집권 욕망이 앞섰음을 보여주는 사례이다. 민주화운동은 대통령이 되기 위해 한 것이고, 대통령이 된 후에 인권, 평화를 존중하는 것처럼 행동한 점은 노벨상을 받기 위한 행위에 지나지 않았다.

김대중은 자서전에서 "우리는 국민의 선두에 섰던 사람들입니다. 국민의 선두에 섰던 사람들은 끝까지 인생을 마치는 날까지 국민을 위해서, 국민의 자유와 인권과 정의와 행복을 위해서 우리가 노력을 다할 책임이 있다고 생각합니다",[187] "국민의 정부는 정치보복이나 차별·특혜도 용납하지 않겠습니다",[188] "진정한 정체성이란 국민이 원하는 바를 하는 것입니다. 과거 야당에서 고생한 후보가 있음에도 국민이 그 사람보다는 이 사람이 좋다고 하면 그것을 받드는 것이 정체성입니다. 국민의 뜻에 따라 모든 문제를 해결해나가는 정권, 국민을 하늘과 같이 생각하고 받드는 자세, 이것이 바로 국민의 정부 정체성입니다"라고 김대중은 말했다.[189] 김대중이 자신의 말처럼 행동하며 진정으로 민주화를 위해 노력하고, 인권과 평화를 존중한 사람이었는지 한번 살펴보자.

◆ 대우차 노조 과잉 진압 국가 배상책임 판결

2004년 8월 20일 서울중앙지법 민사합이 21부는 2001년 대우자동차 부평공장 농성 사태와 관련해, 경찰의 과잉 진압으로 다친 김

187) 김대중(2010), 『김대중 자서전 2』, 삼인, p.374.
188) 경향신문 1998. 2. 26.(네이버 뉴스 라이브러리)
189) 김대중(2010), 『김대중 자서전 2』, 삼인, p.77.

모 씨 등 61명이 국가를 상대로 낸 소송에서 1인당 30만~50만 원씩 모두 5천5백만 원을 지급하라고 판결했다. 재판부는 판결문에서 "시위 당시 원고들은 아무런 저항을 하지 않았는데, 경찰이 구타한 것은 과도한 강제력을 행사한 것"이라고 밝혔다.[190]

◆ 영장 없이 계좌추적 90% 넘어

국회는 2001년 4월 19일 법사 · 재경 · 국방 · 보건복지위 등 5개 상임위와 실업대책특위를 열어 대우차 노조원 폭력진압 문제, '총풍' 사건 2심 판결, 현대건설 특혜 의혹 및 대우차 매각 문제 등을 추궁하고 반부패기본법 등 계류 법안을 심의했다. 법사위에서 한나라당 이주영(李柱榮) 의원은 "1997년 9만 6,000여 건이던 계좌추적 건수가 2000년 상반기만 10만 4,000여 건에 달했다"면서 "특히 세무서, 선거관리위원회, 공직자윤리위원회, 금융감독원 등에서 영장 없이 이뤄진 계좌추적은 총 건수의 88~89%에 이르던 것이 2000년 상반기에는 91%를 넘어섰다"고 주장했다.[191]

◆ 삼권분립 원리 무시

정부공직자윤리위원회는 1998년 4월 23일 김대중 대통령을 비롯한 1급 이상 공직자 중 신규등록자 52명과 퇴직자 69명 등 총 130명의 재산등록 내용 및 변동사항을 공개했다.(중략) 한편 지난 2월 말 재산등록을 한 국회의원 겸직 국무위원 10명 중에는 ▲이정무 건설교통부 장관이 47억 4천여만 원으로 가장 많았으며 ▲김종필 국무총리서리가 24억 5천4백만 원, ▲신낙균 문화관광부 장관 24

---

190) SBS 2004. 8. 20.

191) 한국일보 2001. 4. 19.

억 7천9백만 원 ▲김선길 해양수산부 장관 17억 7천8백만 원 등의 순이었다.[192] 국회의원의 중요한 역할 중 한 가지가 정부 견제인데 사상 유례가 없이 많은 국회의원을 정부 부처 수장을 겸직하게 했다. 이는 김대중의 민주화 개념이 부족한 것으로 볼 수 있다.

◆ "비자금 수사 땐 망명 각오… DJ, YS 협박"

김대중 정부의 청와대 국정상황실장 출신인 장성민 전 의원은 2011년 10월 2일 중앙선데이(SUNDAY) 기고문에서 "1997년 15대 대선 직전 김대중(DJ) 당시 민주당 대통령 후보는 김영삼(YS) 당시 대통령에게 '검찰이 (DJ 비자금) 수사를 하면 김 대통령은 퇴임 후 망명을 각오해야 할 것'이라는 메시지(message)를 전달했다"고 공개했다. 장 전 의원에 따르면 1997년 10월 16일 김대중은 조선호텔 7층 객실에서 극비리에 김광일 당시 청와대 정치특보를 만나 김대중 비자금 사건 수사와 관련, "만약 검찰이 수사하면 광주를 비롯한 전국에서 민란이 일어날지도 모르고, 나도(김대중) 김영삼과 전면 투쟁을 하는 수밖에 없다"며 이 같은 의사를 전달했다고 한다.

당시 김대중은 "만일 대통령이 중립이라면 검찰에 수사 중단을 요청하라"며 "이번 선거에서 대통령이 중립을 표방하고 신한국당을 탈당해 최초의 정권 교체가 이뤄진다면 김영삼의 퇴임 이후 안정적인 생활을 책임지고 보장하겠다"고 덧붙였다고 한다. 장 전 의원은 "한마디로 퇴임 후 안전을 보장할 테니 중립을 지키라는 일종의 협박이었다"고 설명했다. 김대중은 김광일 특보를 만난 다음 날인 17일 김영삼에게 경제 침체와 관련한 영수회담을 제의했었다. 장 전 의원은 "아무리 힘이 빠져도 현직 대통령인 이상 어떻게든

192) 경향신문 1998. 4. 24.(네이버 뉴스라이브러리)

김영삼을 중립에 있게 해야 한다는 게 김대중의 판단이었다"고 회고했다. 이후 김태정 당시 검찰총장은 19일 김영삼을 만나 김대중 비자금 수사 불가론을 폈고, 김영삼이 동의하자, 21일 신한국당이 고발한 김대중 비자금 사건 수사를 대선 이후로 늦춘다고 발표했다.[193]

◆ 유신헌법 찬반투표 노태우 중간평가 거부

박정희 대통령은 유신헌법 찬반투표를 제안했다. 그리고 그 결과를 자신의 신임과 연계했다. 유신 체제에 대한 안팎의 비난을 모면하기 위한, '반대의 자유'를 거세하기 위한 사기극이었다. 민주 세력은 국민투표 자체를 거부했다. 나(김대중)와 김영삼 신민당 총재가 긴급회동했다. 그리고 공동 기자회견을 통해 국민투표 거부 행동 강령을 발효했다. 윤보선 전 대통령도 이에 서명했다. "박 정권은 막대한 국민의 혈세로 억압 체제를 유지하기 위해 국민투표라는 이름의 정치 연극을 벌이고 있다. 오는 12일 국민투표일을 '국민투표 거부의 날로 선포한다."

국민투표일인 1975년 2월 12일 김대중은 성명을 발표했다. '이번 국민투표는 군부 독재에 대한 국내외의 비판을 견디지 못해 실시하는 것이며, 미리 계획된 것을 발표할 것이므로 그 결과를 인정할 수 없다. 국민투표 과정을 통한 불법의 실태를 너무나도 생생하게 목도한 우리 국민은 결단코 발표된 결과를 인정하지 않을 것이며, 세계의 여론 또한 같은 판단을 내릴 것이다.' 성명을 발표한 후 주한 일본 특파원, 프랑스 르 몽드(Le Monde), 워싱턴 포스트, 뉴욕 타임스, LA 타임스, 서독 텔레비전 기자들과 연쇄 회견을 했다. 다

---

193) 중앙일보 2011. 10. 3.

음날 정부는 79.8% 투표율에 73.1%가 찬성했다는 국민투표 결과를 발표했다. 이것이 국민의 뜻이라며 긴급조치로 구속된 인사와 학생들을 석방했다.[194]

나(김대중)는 중간평가를 둘러싸고 정파 간 패싸움을 벌이는 소모전에 종지부를 찍어야겠다고 생각했다. 그것은 노 대통령과의 담판이었다. 3월 10일 청와대에서 3시간가량 회담을 했다. 그리고 중간평가를 신임과 연계시키지 않는 단순 정책 평가로 시행해야 한다는 데 합의했다. 대신 전두환 씨의 국회 증언, 광주 문제 해결 방안, 지방자치제 시행 등에 대해서도 전향적인 합의를 이끌어 냈다. 나는 이것이 가장 합리적인 선택이라고 생각했다.

그러자 김영삼 총재와 민주당은 단순 정책 평가를 하더라도 노 대통령에 대한 불신임과 퇴진 운동은 계속 전개하겠다고 했다. 나와 김영삼 총재는 결국 민심이 어디에 있는지를 물어야 했다. 평화민주당과 통일민주당이 중간평가를 두고 장외 집회를 열었다. 우리는 중간평가가 시기상조라는 것이고, 저쪽은 강행해야 한다는 입장이었다. 3월 18일, 평민당은 경기도 부천에서, 민주당은 충남 온양에서 각각 장외 집회를 열었다.[195] 결국 중간평가는 흐지부지되었다.

김원기 전 국회의장은 2008년 6월 2일 평민당 원내총무 시절이던 1989년 3월 21일 신라호텔에서 당시 집권당이었던 민정당 김윤환 원내총무와 단독면담한 뒤 작성한 비밀각서 사본을 공개했다. 고 김 총무가 친필로 쓰고 두 사람이 서명한 각서는 "양당은 우리 정국이 당면한 중대 과업에 대처하기 위해 현재 시점은 중간평가를 할 시기가 아니라는 데 합의한다"며 "5공 핵심인사의 공직 사

194) 김대중(2010), 『김대중 자서전 1』, 삼인, pp.346~347.
195) 김대중(2010), 『김대중 자서전 1』, 삼인, p.552.

퇴와 전(두환), 최(규하) 전직 대통령의 국회 증언 등을 조속한 시일 내에 실시한다"고 합의했다. 각서는 또 "이상 조치의 처리 또는 실현이 합의됐을 때 (국회의) 광주 및 5공 비리특위는 위증자에 대한 고발조치를 한 뒤 특위 임무를 종결하고 5공 청산 문제는 완결된 것으로 간주한다"는 내용을 담고 있다.

각서에는 1980년 광주 민주화운동의 무력 진압에 관여했던 정호용(전 특전사령관) 씨의 공직 사퇴와 이희성(전 계엄사령관) 씨의 공개사과문 발표, 허문도·이상재 씨 중 1인에 대한 처벌, 5공 비리와 관련한 이원조 전 의원의 공직 사퇴 등 구체적 합의내용도 적혀 있었다. 각서는 A4 6장 분량으로, 노 전 대통령은 각서가 작성되기 하루 전인 1989년 3월 20일 대국민 담화에서 대선 공약인 중간평가를 실시하지 않겠다고 발표했다. 각서의 존재에 대해서는 당시 야당에서도 서명 작성의 당사자인 김 전 의장과 평민당 총재였던 김대중 전 대통령 정도만 알 정도로 극비에 부쳐진 것으로 알려졌다.[196]

중간평가는 노태우 대통령 후보의 선거공약이었다. 국민에게 직접 신임을 평가받겠다는 대통령 후보의 선거공약을 야당 총재가 반대해 이면 협상까지 하며 적극 반대하고 막는다는 것이 온당한가? 그리고 국회 5공 특위와 청문회 결과에 따라 처리해야 할 책임자 처벌을 밀실협상을 통해 사전에 결정하는 것이 바람직한가? 그럼 5공 특위와 청문회는 여론재판을 통해 정치보복으로 가기 위한 명분을 쌓기 위한 쇼였는가? 이것이 김대중이 말하는 인생을 마치는 날까지 국민을 위해, 국민의 자유와 인권과 정의와 행복을 위해 노력을 다할 책임이 있는 사람이 해야 할 일일까? 이렇게 김대중은

---

196) 뉴스한국 2008. 6. 2.

국민을 멋대로 기만하고 우롱했다. 참으로 기가 막힌 일이다. 그런데도 여전히 많은 국민이 김대중의 실상을 모른다.

국민의 의사를 확인하고 정책에 반영하는 가장 좋은 방법은 직접선거를 통한 의사결정이다. 민주주의 원리에 국민주권의 원리와 다수결이 포함되어 있다는 것은 모두가 아는 사실이다. 그런데 김대중은 민주화를 위해 투쟁까지 한 사람이라면서 국민에게 신임을 묻는 투표 자체를 거부하도록 선동했다. 국민 찬반투표를 '반대의 자유'를 거세하기 위한 사기극이라고 했다. 어떻게 이런 해괴한 주장을 할 수 있는가? 그것은 민주화가 김대중에게는 권력을 획득하기 위한 투쟁 수단에 불과했기 때문이다. 즉 김대중이기에 권력 획득을 위해서라면 필요에 따라 언제든지 말과 행동을 바꿀 수 있었다.

잘못된 행동은 관례를 만든다. 2011년 8월 서울시 무상급식 선거 실행 여부를 둘러싸고 민주당과 일부 시민단체가 반민주적인 선거 불참운동을 벌인 것도 그들 중에 김대중을 추종하고 계보를 잇는 사람들이 있었기 때문이다. 민주주의는 국민 다수의 뜻에 따라야 한다. 그런데 김대중은 그 결과까지 인정하려고 하지 않았다. 그러면서 자신이 당선되었을 때는 넙죽 대통령직을 수락했다. 즉 김대중은 나에게 유리한 것은 찬성하고 불리한 것은 반대한 것으로 볼 수 있다.

◆ 내 마음대로 내각제 반대와 추진

1990년 10월 8일 평민당사에서 김대중은 지방자치제 시행, 내각제 포기, 보안사와 안기부의 정치 사찰 중지, 민생 문제 해결을 내세우며 무기한 단식 투쟁에 돌입했다. 국민을 무시하는 기만적 술수에 더는 끌려갈 수 없었다. 단식은 어느 때보다 비장했다.[197] 이렇게 김대중은 1990년에는 여당에서 실시하려고 하는 내각제에 대해 포기를 종용했다. 하지만 1997년에는 태도가 돌변했다. 모두가 아는 것처럼 내각제 도입을 명분으로 DJP 연합을 이루고 내각제를 대선 공약으로 내걸고 대통령에 당선되었다.

DJP 연합은 김대중과 김종필이 연합한 사건이다. 1996년 4월 11일에 치러진 대한민국 제15대 총선에서 새정치국민회의를 창당한 김대중 총재는 79석이라는 저조한 성적을 기록하며 대권 가도에 적신호가 켜진다. 당시 김대중 총재의 정책참모기구였던 아태재단의 상임고문인 이강래는 호남고립구도를 깨기 위해서는 김종필의 자민련과 연합하는 방안을 보고서 형식으로 조언한다. 김대중 총재는 이를 적극 수용하고 1996년 중순부터 자민련과 정책 공조를 추진하기에 이른다.

자민련은 표면적으로는 김종필 총재가 장악하고 있었지만, 세부적으로는 3개 계파로 나뉘어 있었다. 김종필 총재의 친위세력이었던 충청계, 김영삼 대통령의 견제에 밀려 탈당한 TK(대구·경북) 민정계 그리고 중립파였다. 충청계의 수장은 김용환 부총재였고, TK 민정계의 수장은 박철언 의원, 중립파의 수장은 한영수 부총재였다. 중립파와 충청계 대부분은 DJP 연합에 부정적이었으나 TK 민정계는 DJP 연합에 매우 찬성하는 입장이었고 박철언 의원은 적극 나서게 된다.

신한국당의 강삼재 사무총장이 김대중 총재 비자금 사건을 터뜨렸고 국민회의는 일촉즉발의 비상이 걸렸다. 김대중 총재는 이에 자극받아 김종필 총재에게 대대적인 정치적 양보를 하게 되고 김종필 총재는 공동정부를 구성하는 대가로 대선후보 자리를 양보하

197) 김대중(2010), 『김대중 자서전 1』, 삼인, p.574.

고 충청표를 몰아주기로 약속을 한다. DJP 연합 내용은 ▲대통령 후보는 김대중 총재로 하고 초대 국무총리는 김종필 총재로 한다. ▲16대 국회에서 내각제 개헌을 하기로 합의하며 실세형 총리로 한다. ▲경제부처의 임명권은 총리가 가지며 지방선거 수도권 광역 단체장 중 한 명을 자민련 소속으로 한다는 것 등이었다.

김대중은 1992년 대선에서 얻은 804만 표에 무려 228만 표를 더하여 제15대 대통령에 당선되었다. 특히 열세지역이었던 대구·경북에서 14대 대선보다 5% 많은 14%의 득표를 기록하여 반김대중(DJ) 감정을 어느 정도 극복하는 데 성공했다. 충청지역에서 무려 43만 표를 벌려 영남 몰표를 어느 정도 차단하는 데 성공했다. 자유민주연합과 새정치국민회의(이후 새천년민주당)는 연립정부를 구성하였고, 대한민국 제16대 총선에서 자민련이 17석을 획득, 단독으로 교섭단체등록을 할 수 없게 되자 새천년민주당은 의원직 꿔주기를 하여 당적을 옮겨주기도 했다. 그러나 내각제 개헌 약속은 지켜지지 못했다.[198]

◆ 독도 중간수역에 포함하고 국민 반발 억압

김대중 정부 시절인 1999년 1월 신한일어업협정을 체결 독도를 중간수역에 포함했다. 그리고 1999년 12월 독도에 독특한 식물들이 자라고, 화산폭발로 만들어진 섬으로 지질적 가치 또한 크고, 섬 주변의 바다생물들이 다른 지역과 달리 매우 특수하므로 '독도 천연보호구역'으로 명칭을 변경했다.[199] 이로써 한동안 특정한 극히 제한된 행정기관이나 단체 외에 일반인은 물론 어민까지 독도

---

198) 위키백과.
199) 남북한의 천연기념물.

입도가 사실상 차단되었다. 1999년 3월 울릉도 어부들이 독도에 배를 대는데 "즉각 떠나지 않으면 총을 쏘겠다"는 경고방송에 혼비백산한 일이 있었다. 이후 김대중 정부 시절에는 어부들이 독도에 내리지 않고 배가 파도에 떠내려가지 않게 밧줄만 걸어 놓고 배 위에서 밥을 지어먹어도 경찰이 와서 밧줄을 걷어 배로 던져 버렸다.

어찌 어부들뿐이랴! 새천년 해돋이 방송을 중계하려던 방송 관계자들이 독도 입도를 금지당해 울릉도에서 해돋이 중계를 할 수밖에 없었던 사건도 있었다. 2000년 1월 새천년맞이를 한국에서 가장 먼저 해가 돋는 독도에서 하려고 울릉도에 간 사람들이 있었다. 그러나 경찰의 엄중한 감시와 불법적인 방해로 독도에 가지 못하게 막았다. 외교부만 일본영사관 노릇을 하는 게 아니라 경찰도, 관공서도 자기 영토를 사랑하려는 국민을 방해물 취급하는 것을 업으로 삼은 셈이다. 2000년 3월에도 울릉도 어민들이 험한 날씨를 피해 독도에 간 적이 있는데, 내리자마자 경고 방송이 계속됐다. "즉각 퇴거하지 않으면 발포하겠다"고 위협했다.

혼비백산한 어민들이 다시 배를 타고 험한 바다로 내쫓겼다. 높은 파도에 시달리는 게 총을 맞는 것보다 생명을 보전하는데 더 유리했기 때문이다. 나쁜 날씨를 피해 피난하는 데는 국적이 필요하지 않다. 하물며 자국 영토에 자국민이 피난하는데 발포가 무슨 말인가. 김영삼 정부 시절까지만 해도 어부들이 독도에 가면 경비경찰이 통을 들고 달려 내려왔다. 고기나 미역을 얻기 위해서였다. 그러나 한국 경비경찰의 임무는 김대중 정부가 집권한 이후 독도에 한국인이 오는 것을 감시하고 막는 것으로 바뀌었다. 누구를 위해서인가?[200]

---

200) 독도역사찾기운동본부(2003), 『독도는 한국 땅인가』, 백산서당, pp.19～58.

2000년 9월 20일 한국방송(KBS) 텔레비전(TV) 대담에서 일본 총리 모리 요시로가 "독도는 분명한 일본의 영토"라는 발언을 하였으나, 21일 '모리 요시로 · 김대중 한일정상회담'에서 이 사건을 잘 알고 있었을 한국의 대통령은 이 문제를 거론조차 하지 아니하여, 심각한 부작위(不作爲)를 기록하였다.[201] 2000년 12월 10일 관보를 통해 정부는 독도를 천연기념물로 지정했다. 2003년 2월 28일 한치(오징어 일종) 잡이를 간 울릉도 고깃배들이 독도 선착장에 배를 대자 경찰이 내려와 밧줄을 벗겨 배로 던져 어부들과 시비가 붙었다. 이런 일이 독도경비대의 단독 행위라고는 아무도 믿지 않을 것이다.

독도경비대는 신문기사에서 "어민들의 심정은 이해하나 상부의 지시라 어쩔 수 없다. 접안 시설은 문화재보호법에 따라 보호를 받고 있으므로, 이 시설을 이용하려면 관계 당국의 허가를 받아야 한다"고 난감한 입장을 밝히기도 했다.[202] 신한일어업협정의 독도 영유권 훼손 가능성을 지적하고 신한일어업협정 폐기를 주장하는 학자와 독도 관련 단체의 주장에 맞서 국제법 학자 40여 명이 신한일어업협정 폐기를 반대하는 성명을 발표하고, 울릉도에서는 어민들의 출입도 제대로 할 수 없는 상황에 대해 울릉군민들의 궐기대회가 일어나기도 했다.[203]

◆ 한일어업협정 비준안 등 66건의 안건 변칙 처리

국회는 1999년 1월 5일에 이어 6일에도 국민회의 자민련 두 여

201) 김영구(2006), 『독도 영토 주권의 위기』, 다솜출판사, pp.26~27.
202) 독도역사찾기운동본부(2003), 『독도는 한국 땅인가』, 백산서당, pp.19~58.
203) 이진호(2011), 『독도 영유권 분쟁 과거 현재 그리고 미래』, 한국학술정보, p.295.

당이 본회의를 강행해 교원노조설립법, 한일어업협정 비준안 등 66
건의 안건을 국회의장 직권으로 상정, 변칙 처리했다. 재석 의원이
152명이 돼 간신히 의결정족수를 넘기자 김봉호 부의장은 곧바로
안건을 일괄 상정 한일어업협정 비준동의안 등 주요 법안 순으로
안건 65건을 15분 만에 처리했다. 그러자 한나라당 의원들은 의장
단상 아래에서 "무슨 짓이냐", "날치기하지 마라"며 고함을 질렀다.
이들은 또 안건을 처리하면서 "이의 있습니까"라고 물을 때마다
"이의 있습니다"라고 소리쳤으나 김 부의장은 이를 무시했다.[204]
국회 의안 통과 과정에서 의원이 이의를 제기하는 것을 의장이 무
시하고 통과한 법률은 위헌 논란 소지가 있다.

◆ 국가정보원 도청

김대중은 『김대중 자서전』에서 '안기부의 전신인 중앙정보부(중
정)는 한국 공작정치의 소굴이었고, 그 이름만으로도 공포였다. 안
기부로 바뀐 뒤에도 달라지지 않았다. 매수, 협박, 도청, 감시는 물
론이고 심지어 구속 고문, 납치를 일삼기도 했다. 나(김대중)는 정
보기관의 가장 큰 피해자였다. 그들은 1973년 도쿄 납치 살해기도
사건에 개입했고, 가택 연금 때에도 동교동에 있는 우리 집 옆집을
사들여 나를 감시했다. 요원들이 상주하며 나의 일거수일투족을 살
폈다. 지금의 연세대학교 김대중도서관 자리가 바로 안가 중 한 곳
이었다. 중정과 안기부는 선거 때마다 간첩 사건을 조작하여 선거
전을 집권당에 유리하게 만들었다. 나(김대중)를 빨갱이로, 거짓말
쟁이로 매도하는 흑색선전 자료를 만들어 배포했다'[205]고 기술했

---

204) 동아일보 1999. 1. 7.(네이버 뉴스 라이브러리)
205) 김대중(2010), 『김대중 자서전 2』, 삼인 p.50.

다. 그러면 적어도 김대중 자신이 대통령이 되어 통치할 때는 그런 일을 하지 말아야 한다. 과연 그랬을까?

김대중 정부는 공식적으로 도청은 없었다고 발표하였다. 그러나 김영삼 정부와 마찬가지로 김대중 정부에서도 광범위한 도청이 행해진 것으로 드러났다. 김대중 정부가 정보기관을 정권의 사유물처럼 생각하고, 그 책임자를 임명하고 조직을 활용하였던 것은 독재 정권과 별반 다르지 않았다. 정보기관의 책임자가 북한을 방문하여 비밀 협상을 벌이고 뉴스의 초점이 된 것은 박정희 정권이나 김대중 정권이나 비슷하였던 것이다. 김대중 정부 시절 국가정보원장인 임동원, 신건의 재직 당시 국가정보원은 1,800명의 국내 주요 인사들을 대상으로 불법 도청을 자행하였다.

이들에 대한 정보를 수집하여 대통령에게 보고하였다. 주요 인사로는 정치가는 물론 관료, 언론사 대표, 기자, 노동계 인물 등이 광범위하게 포함되어 있었다(중앙일보 2005. 11. 16.). 이처럼 국민의 정부에서 국민의 기본 인권인 통신과 사생활이 도청되고 있었다는 것은 한국의 정부 운영에서 아직도 고전적 자유주의의 기본 인권들이 보장되지 않고 있었다[206]는 것이다. 불법 도청이 드러났을 때 김대중의 반응을 한번 보자. 『김대중 자서전』에 당시 상황이 잘 드러나 있다.

국가정보원이 국민의 정부에서도 불법 도청이 있었다고 발표했다. 김영삼 정권에서 요인들을 불법 도청했던 안기부 내 '미림팀' 수사의 불똥이 엉뚱한 곳으로 튀었다. 어처구니가 없었다. 나(김대중)는 그토록 불법 도청을 근절하라고 지시했는데 국정원장들이 이를 무시했다니 믿기지 않았다. 불법 도청의 가장 큰 피해자는 누가 뭐래도 나(김대중)였다. 2005년 8월 5일 최경환 비서관을 통해 나(김대중)의 입장

---

206) 정정길(2007), 『작은 정부론』, 부키, p.216.

을 정리해 발표토록 했다. "중앙정보부, 안기부의 최대 희생자로서 도청, 정치 사찰, 공작, 미행 감시, 고문을 없애라는 지시를 역대 국정원장에게 했다. 아울러 일체의 불법적인 정보 수집 등을 하지 못하도록 지시했다. 당선되자마자 도청팀을 해체하도록 했다. 또한 국정원장이 보고할 때에도 이를 강조했으며, 그 어떤 불법 활동도 보고받은 바 없다."

검찰은 임동원, 신건 전 국정원장에 대해 통신비밀법 위반 혐의로 사전 구속영장을 청구했다. 다시 비서관을 통해 이를 통박했다. "국민의 정부는 도청팀을 구조 조정하고 도청 기구도 파괴한 정부이다"[207] 라고 기술하고 있다.

김대중은 대단히 비겁하고 저급하다. 다른 정권에서 국정원(중앙정보부)이 도청하고 공작정치 한 것은 대통령이 지시해서 했다고 비난했으면서, 자신이 대통령으로 재임 중에 발생한 국정원의 도청에 대해서는 그것을 인정하고 사과하기보다 자신이 피해자라며 검찰을 통박하고 나섰다. 통박(痛駁)은 통렬하게 공박함, 공박(攻駁)은 남의 잘못을 논란하고 공격함이다. 김대중과 전두환의 모습은 너무나 대조적이다. 전두환은 5공 특위 청문회에서 모든 부하의 잘못에 대해 자신에게 책임이 있다고 했다.

전두환의 이런 모습은 인사권을 갖고 관리 책임이 있는 통치자로서 당연한 자세다. 그런데 김대중은 자신이 사람을 잘못 보고 불법행위를 한 사람을 국정원장으로 임명하고 관리도 제대로 하지 못했다. 직접 국정원장에게 불법행위를 하지 말라고 지시를 했다고 하지만, 실제 그렇게 지시했는지도 의심스럽다. 도청 사실이 드러났는데도 대통령이었던 자신은 피해자이고 전직 국정원장을 구속한 검찰의 행위를 잘못으로 생각하여 논란하고 공격하는 행동을 했기 때문이다. 김대중의 이런 저급한 행동은 과거 국민이 무슨 행

---

207) 김대중(2010), 『김대중 자서전 2』, 삼인, p.542.

동을 해도 동정으로 보아주고 민주화운동으로 곱게 보아주었던 점을 악용해 다시 그러한 기대를 하고 한 행동으로 보인다. 이외에도 김대중이 국민을 기만하거나 무시하고 말과 다른 행동을 한 사례는 얼마든지 더 있다.

3) 김근태 민주화운동 대부인가

김근태가 사망했을 때 많은 언론에서 김근태를 '민주화운동의 대부, 민주화의 큰 별, 민주주의자, 재야 대부'라는 표현을 사용했다. 그러나 김근태는 민주화운동의 대부가 아니라 투쟁적 선동정치가였다. 먼저 김근태가 민주화운동의 대부인지 뉴데일리를 통해 보도된 양동안 한국학중앙연구원 명예교수 겸 뉴데일리 객원논설위원의 글을 한번 살펴보자. 김근태가 민주화운동의 대부라고 하는 것은 북한의 국호에 '민주주의'라는 단어가 들어가 있으므로 북한을 민주국가로 호칭해야 한다고 주장하는 것과 같은 황당한 말장난이라고 양 위원은 말한다. 그러면서 양 위원은 얼빠진 보수언론에 대해 '북한도 민주국가냐'고 물었다.

> 2011년 12월 30일 사망한 김근태 민주통합당 상임고문에 대한 추모의 열기가 대단히 뜨거웠다. 그의 빈소와 추도식장 및 장례식장을 찾아간 인원수가 매우 많았고, 특히 언론매체들이 보여준 그에 대한 추모의 표현은 최상급이었다. 김근태 씨가 사망한 날 그의 추종자들이 '그의 이름이 민주주의였고, 그의 삶 자체가 한국 민주주의의 역사'라고 김 씨를 높이 띄우자, 언론매체들은 김근태 사망기사를 보도하면서 일제히 김씨를 '민주화운동의 대부'라고 칭송했다.
> 김근태 칭송 캠페인(campaign)에는 소위 '보수적인' 신문들도 동참했다. 김근태 관련 기사를 보도하면서 조선일보는 김근태 씨의 사망을

'민주화운동의 대부, 신사정치의 상징을 잃다'라는 제목을 붙였다. 중앙일보와 동아일보는 한 술 더 떴다. 재벌의 신문인 중앙일보는 반재벌의 투사인 김근태 씨를 '좌도 우도 존경했다…민주화 투쟁 시대의 큰 형'이라는 제목을 달았고, 동아일보는 김근태 추모기사를 보도하면서 '좌도 우도 하나 되어'라는 제목을 달았다. 중앙일보와 동아일보는 우익진영 인사 중 누가 김근태를 존경하거나 추모했는지를 밝히지 않은 채 그런 제목을 붙였다.

김근태 씨는 참으로 '민주화운동의 대부'였을까? 김근태 씨가 '민주화운동의 대부'였는지 여부를 판단하려면 그의 행적을 살펴봐야 한다. 서울대학교 상과대학을 졸업한 김씨는 1970년대 중반부터 경인지역에서 육체노동자로 위장 취업하여 혁명적 노동운동을 전개했고, 1983년에는 학생운동자 출신자들을 규합하여 혁명운동 단체인 민주화운동청년연합(민청련)을 만들었다. 민청련 의장으로 활동하면서 남한에서의 당면혁명(궁극적인 목표로 가기 위한 중간단계의 혁명)을 민족민주혁명(NDR)로 규정하는 일을 선도했다.

김씨의 민족민주혁명론은 대학가의 운동권 학생들에게 접목되었으며, 후일 운동권 학생들은 자기들이 실현하려는 당면혁명을 민족해방민중민주주의혁명(NLPDR)으로 정립했다. 민족해방민중민주주의혁명이란 북한이 1970년대부터 남한에서 일으킬 혁명으로 제시해온 민족해방 인민민주주의혁명과 내용이 동일한 것이다. 단지 남한의 법집행 기관과 대중을 기만하기 위하여 북한이 사용한 '인민'을 '민중'으로 바꿨을 뿐이다. 혁명운동권 구성원에게 민족해방 민중민주주의혁명은 궁극적으로 사회주의혁명을 실현하기 위한 중간단계의 혁명이다.

김씨는 1985년 투옥되었다가 3년 후 출옥하여 전국민족민주운동연합(전민련) 결성을 주도하여, 그 단체의 집행위원장이 되었다. 전민련은 당시 대학생과 노동자 및 청년들의 혁명운동과 연결된 반(半)합법 운동단체였다. 그는 민족해방 민중민주주의혁명을 일으키기 위해 투쟁하는 세력들 가운데 친북 파벌인 민족해방(NL)파이거나 아니면 그와 가까운 관계에 있는 핵심적 인물 중의 하나로 평가되던 사람이었다. 김씨는 1990년 국가보안법 등의 위반으로 다시 투옥되었다. 2년 후 석방되자마자 민주 대개혁과 민주정부 수립을 위한 국민회의를 결성하여, 그해 12월에 치른 대통령선거에서 김대중 씨를 당선시키기 위해 적극 노력했다.

김대중 씨가 1990년 대선에서 패배한 직후 정계 은퇴를 선언하고 외유를 떠난 뒤 김근태 씨는 국내에서 통일시대 민주주의 국민회의라

는 단체를 만들었다가 김대중 씨가 정계 은퇴 선언을 번복하고 1995
년 새정치국민회의라는 새로운 정당을 창당할 때 그에 가담했다. 그리
고 1996년 서울 도봉구에서 국회의원에 당선되어 정계에 입문했다.
김씨는 정계에 입문하면서 자신의 과거 혁명운동에 대한 반성을 말하
거나 사상전향을 선언한 바 없다.

　김씨는 정계에 입문한 후 학생운동권의 민족해방파가 주도하는 친
북 이적단체 한총련의 합법화를 지속해서 추진하고, 국가보안법 폐지
투쟁을 선도하고, 북한의 핵무기 개발이나 대남도발 및 인권탄압에 대
해서는 침묵하고, 북한의 핵무기 개발이나 대남도발을 응징하려는 미
국과 대한민국의 조치들에 대해서는 앞장서 비난해왔다. 이상과 같은
김근태 씨의 행적에 비추어볼 때 그를 '민주화운동의 대부'라고 호칭
하는 것은 전혀 타당하지 않다. 그가 추구해온 민족민주주의 혹은 민
중민주주의라는 것은 정상적인 의미의 민주주의가 아니기 때문이다.
그것은 김근태 씨나 그의 동지와 추종자들에게는 민주주의일 수도 있
겠지만, 정치학에서 보편적으로 사용되는 의미로서의 민주주의일 수
는 없다.

　더구나 자유민주주의를 정치이념으로 하는 대한민국에서는 자유민
주주의와 반대되는 내용을 가진 민족민주주의나 민중민주주의는 민주
주의의 적으로 간주할 수는 있어도 민주주의로는 인정될 수 없다. 그
런 점에서 볼 때, 민족민주주의나 민중민주주의를 실현하기 위해 '운
동'해온 김근태 씨를 민주화운동의 대부라고 호칭하는 것은 대한민국
을 부정하는 행위와 같다. 김근태 씨의 사망과 장례식에 관한 기사를
보도하면서 그를 민주화운동의 대부라고 호칭하는 이 나라의 언론매
체들은 김씨가 실현하기 위해 '운동'해온 민족민주주의나 민중민주주
의에는 민주주의라는 단어가 포함되어 있기 때문에 그를 민주화운동
의 대부라고 호칭하는 것에 잘못이 없다고 주장할지도 모른다.

　그런 주장은 북한의 국호에 '민주주의'라는 단어가 들어가 있으므
로 북한을 민주국가로 호칭해야 한다고 주장하는 것과 같은 황당한
말장난이다. 이치가 이러함에도 수많은 사람이 김근태 씨의 빈소나 장
례식장 등을 찾아가 그를 민주화운동의 대부로서 존경하는 마음을 표
시하고, 언론매체들이 입을 모아 그를 민주화운동의 대부로 칭송한 것
은 어찌 된 영문인가? 대한민국의 국적을 가진 사람들 가운데 민족민
주주의 혹은 민중민주주의를 민주주의라고 주장하는 김씨의 노선을
따르는 사람들이 매우 많고, 민주주의의 의미도 김근태 씨의 실체도
모른 채 덩달아 빈소나 장례식을 찾아가고 기사를 쓰는 사람들이 매

우 많아서 그런 상황이 빚어지고 있는 것이다.[208]

위의 내용에서도 알 수 있듯이 김근태는 민주화운동의 대부가 아니라 투쟁적 선동정치가였다. 여당 중진의원 시절에는 노무현 전 대통령이 아파트 분양원가 공개 문제에 미온적인 태도를 보이자 "계급장을 떼놓고 논쟁하자"는 발언으로 논란의 중심에 서기도 했다.[209] 김근태의 발언에 대해 2004년 당시 한 언론은 '요즘 정부·여당 쪽 사정을 들여다보면 바야흐로 총체적 야자타임[210]에 들어선 느낌이다. 정부는 정부대로, 당은 당대로 그리고 정부와 여당 간에 속된 말로 서로가 '맞짱 한번 뜨겠다'는 분위기에 휩싸여 있기 때문이다.

권위주의를 청산하는 것도 좋고 수평적 리더십을 세우는 것도 좋다. 그러나 권위주의의 청산이 질서유지에 필요한 최소한의 권위까지 무너뜨리고, 수평적 리더십이 아래위도 없는 무규범사회로 가는 것이 되어서는 안 된다. 어느 학자가 얘기했듯이 권위주의는 명분 없는 강제력의 행사이지만, 권위는 명분과 강제력을 함께 갖춘 정당한 권력이다. 그러나 권위주의 청산과정에 필요한 최소한의 권위마저 곧잘 무너진다는 데에 문제가 있다[211]고 꼬집었다.

2011년 10월에는 김근태의 요즘 생각 '2012년을 점령하라'[212]는 글을 남겼다. 이글은 사망 후 언론을 통하여 보도됨으로써 널리 알려졌다. 민주통합당은 2012년 3월 28일 고(故) 김근태 상임고문의

---

208) 뉴데일리 2012. 1. 4.

209) 미디어오늘 2009. 4. 28.

210) 야자타임은 나이를 완전히 무시하여 상대편을 높이지 않고 말하기로 서로 간에 미리 정해 놓은 시간.

211) 경향신문 2004. 6. 16.

212) 한겨레 2011. 12. 30.

묘소에서 선후배 정치인 20여 명이 모인 가운데 4 · 11 총선 승리를 위한 출정식을 열고 결의를 다졌다.213) 부인인 인재근 후보는 4 · 11 총선 서울 도봉갑 출마를 선언했다. 인 후보는 2012년 2월 22일 민주통합당 최고위원회의에서 당의 1호 전략공천자로 확정된 뒤 기자회견을 하고 "이 자리에 김 전 고문이 같이 있어야 하는데 혼자 이렇게 서 있어서 가슴이 아프다. '2012년을 점령하라'는 그의 유언을 실천하기 위해 이 자리에 섰다"고 밝혔으며214) 당선해 국회의원이 되었다.

점령(占領)은 일정한 땅을 차지하여 제 것으로 함, 다른 나라의 영토를 자기 나라의 군사적 지배하에 둠이라는 뜻이다. 선거에서 승리를 점령으로 표하는 것은 자기중심적 사고를 하는 투쟁적 선동정치가나 할 수 있는 말이다.

22. 1980년대 한국 민주화운동 정당한 것인가

1980년대 한국 민주화운동의 화두는 크게 보면 두 가지였다. 첫째는 5 · 18 광주사태 책임자 규명과 처벌을 위한 진상조사 요구였다. 5 · 18 당시 많은 희생자가 난데 대해 5 · 18 관련 단체들, 상당수 정치가와 대학생들은 전두환을 비롯한 5공 핵심 세력에게 그 책임이 있다고 생각하는 분위기였다. 둘째는 간선제로 선출된 전두환 당시 대통령의 도덕성과 정통성 결여 그리고 비민주성을 비판

---

213) 뉴시스 2012. 3. 28.
214) 아주경제 2012. 2. 22.

하고 직선제로 개헌하자는 것이었다. 1985년 2·12 총선 이후 야당과 재야세력은 간선제로 선출된 제5공화국 대통령 전두환(全斗煥)의 도덕성과 정통성의 결여, 비민주성을 비판하면서 줄기차게 직선제 개헌을 주장하였다.

이에 전두환은 1987년 4월 13일 일체의 개헌논의를 금지하는 호헌조치를 발표하였다. 이러한 상황에서 서울대학생 박종철(朴鍾哲)이 경찰의 고문으로 사망한 사실이 알려지면서 정국은 대결국면으로 치달았다. 6월 10일 전국 18개 도시에서 민주헌법쟁취국민운동본부가 주최하는 대규모 가두집회가 열리고, 학생과 시민의 시위가 연일 계속되었다. 26일 전국 37개 도시에서 사상 최대 인원인 100여만 명이 밤늦게까지 격렬한 시위를 벌였다. 경찰력이 마비되자 정부는 한때 군 투입을 검토하였으나 온건론이 우세하여 국민의 직선제 개헌요구를 받아들이기로 하였으며, 6·29 선언이 발표되었다. 10월 27일 국민투표로 직선제 개헌이 이루어졌고, 12월 16일 대통령선거에서 민정당 후보 노태우가 36.6%의 지지를 얻어 당선되었다.215)

5·18 광주사태 책임자 규명과 처벌을 위한 진상조사는 13대 국회에서 이루어졌다. 1988년 4월 26일에 시행된 제13대 국회의원 선거에서 집권여당이 과반수 의석확보에 실패함에 따라 이른바 '여소야대'(與小野大)의 정국이 형성됐다. 13대 국회는 여소야대를 바탕으로 제5공 특위와 청문회 활동을 개최하여 5·18 광주사태에 대한 책임 규명을 시도하였다. 그동안 5·18 관련 단체들을 중심으로 끊임없이 강경 진압과 발포 명령이 신군부와 전두환 전 대통

---

215) doopedia 두산백과.

령을 비롯한 5공 핵심세력이라는 주장이 제기됐다. 하지만 김대중을 비롯한 평민당, 유족 등 일부 광주광역시민과 상당수 대학생, 5·18 관련 단체들이 주장과는 달리 청문 결과 진압과 발포는 현장 지휘관의 판단, 계엄사령관의 자위권 발동 언급으로 이루어진 것으로 드러났다.

김대중은 그의 자서전에서 광주특위 활동은 초기에는 비장하기까지 했지만, 갈수록 힘이 빠졌다. 백담사에서 내려온 전두환 전대통령은 1989년 12월 30일 광주청문회 증언대에 섰다. 예상은 했지만, 증언이 아닌 거짓을 무한정 쏟아냈다. 광주청문회는 그 끝이 매우 가늘었지만, 국민은 누가 거짓말을 하고 누가 역사의 죄인인지 알 수 있었다[216]고 말했다. 만약 김대중의 말처럼 전두환이 거짓을 무한정 쏟아냈다면, 김대중은 전두환이 거짓말을 했다는 증거를 제시하면 될 일이었다. 그런데 김대중에게는 애초부터 그런 증거가 없었다.

김대중은 6월 29일 제1 야당의 총재 대표 연설을 통해 "광주 항쟁 때 군인이 아무 무기도 갖지 않은 시민에게 일방적으로 발포한 것은 용서하기 어렵습니다. 집단 살인과 다름없습니다. 시민에게 발포명령을 누가 내렸는지가 가장 큰 문제입니다. 그 발포 책임자는 당시 국민의 생사여탈권을 쥐고 있던 합동수사본부장인 전두환 전 대통령입니다"[217]라고 말하며 전두환을 5·18 광주사태 책임자로 낙인을 찍으려고 했다. 김대중의 이러한 의도는 여론재판을 통해 5공 세력에게 정치보복을 함으로써 상당 부분 성공한 측면이 있다. 하지만 사실은 거짓말을 한 사람은 증거를 제시하지 못하면

---

216) 김대중(2010), 『김대중 자서전 1』, 삼인, p.549.
217) 김대중(2010), 『김대중 자서전 1』, 삼인, pp.547.

서 전두환이 거짓을 쏟아냈다고 말한 김대중이었다.

민주화운동 주도세력과 대학생들은 전두환 당시 대통령을 군부 독재라고 몰아세우며 격렬한 반정부 시위를 하고, 시위를 통해 진압 공권력과 시위대의 충돌로 희생자가 발생하면 더욱 격렬하게 시위를 진행했다. 하지만 그것은 김대중과 김영삼을 중심으로 한 민주화운동 주도세력의 희생을 통한 세력 확대 전술과 전략에 기인한 것이었다. 헌법에 규정하고 있는 간접선거를 통한 대통령 선출은 전두환 당시 대통령의 도덕성과 정통성 결여로 볼 수 없다. 5·18 광주사태와 연관 지어 책임을 지우려 했지만, 그것도 전두환 전 대통령에게 책임을 물을 실체를 규명하지 못했다.

삼청교육대 운용, 공직자 퇴출, 언론사 통폐합 및 해직자 등과 연관된 비민주성은 어느 정도 인정되지만, 그것은 직선제 개헌과 직접 연관이 없다. 만약 국민 기본권 확대를 위한 개헌이 필요하다면 그것은 법에 정한 절차와 방법에 따라 하면 될 일이었다. 이렇게 1980년대 한국의 민주화운동은 민주화를 진전시키기 위한 민주화운동 명분의 정당성을 찾아보기 어렵다. 그렇다고 당시 민주화 요구와 노력이 의미가 없다는 것은 아니다. 명분이나 구호와 상관없이 실제 행동은 항상 나름대로 가치가 있다. 대통령과 여당의 독주를 견제하고 국민의 관심을 유도했으며, 6·29 선언을 이끌어내는 등 민주화를 진전시키는 데 상당 부분 이바지했다.

23. 민주화운동 주도세력 민주화 기여한 점 무엇인가

오늘날 한국이 과거와 비교하여 달라진 것이 있다면, 공권력이 비교적 법규에 근거하여 법을 집행하고 국민의 자유가 확대되었다는 점이다. 이것은 국민이 민주화 노력을 하고 경제가 발전한 결과이다. 따지고 보면 한국의 민주화운동 주도세력이 특별히 공적으로 내세울 수 있는 민주화 진전에 기여한 내용은 많지 않다. 그들은 민주화 진전 이후 정치보복과 자신들의 공적 미화, 권력 획득에 열을 올렸다. 공적은 국민이 한 것이 아닌 자신들이 한 것이어야 한다. 김대중과 김영삼이 공동으로 한 것은 6·29 선언을 통한 대통령 직선제 개헌과 언론·출판·결사의 자유 확대 요구, 지방자치제도 도입과 시행이 대표적이다.

직선제 개헌으로 엄청난 금권선거와 부정선거가 있었다. 그리고 언론사 설립이 자유로워지면서 좌와 우로 편향된 언론사가 출현하고 동일한 내용의 과잉 반복보도로 국민은 뉴스에 싫증을 느끼고 있다. 심지어는 한 언론사에서 동일한 뉴스 내용을 10회 이상 반복해 뉴스 시간마다 내보내는 일도 있을 정도다. 개인의 언론 자유에 해당하는 악성댓글이 사회문제가 된 지 오래다. 그리고 지방자치제 도입 이후 엄청난 비리와 부정부패가 발생하는 원인으로 작용하고, 국민 혈세로 조성된 예산을 호화청사를 짓는 데 사용하고, 수익사업을 한다며 재정을 낭비한 일이 한둘이 아니다. 정책은 도입한다고 모두 공적이 아니다. 부작용이 뚜렷하게 나타나는 것은 실패한 정책이다.

김대중이 대통령으로 집권하는 동안 세운 공적 중 가장 대표적인 것이 국제통화기금(IMF) 위기 극복이다. 그것도 국민의 금 모으기, 기업과 국민의 위기의식에 바탕한 협력과 노력이 결정적인 역할을 했다. 하지만 김대중이 대통령이었으므로 그의 공적이라고 하자. 그리고 과거사진상규명위원회를 통한 제주 4 · 3 사건 등에 대한 조사 등으로 인권 신장에 기여했다고 할지 모르겠다. 하지만 그것은 노벨상을 받기 위한 꼼수와 자기 추종세력 결집을 위한 것이었다. 만일 진짜 김대중이 누구나 공감할 수 있는 인권 신장 기여자라면 북한에 생존하는 6 · 25 전쟁 포로와 전사자 유해발굴을 통한 송환, 제2연평해전 전사자에 대한 행태는 무엇인가? 김대중의 행태는 지극히 편향되어 있다. 자신이 그러한 일을 통해 달성하려는 목적이 있었기 때문이다.

결국 김대중의 가장 큰 업적은 경제와 관련된 것이다. 경제성장이나 발전이 왜 민주화 진전과 민주주의 발전에 중요한가 하는 점을 이해하는 것은, 한국 민주화 진전에서 박정희의 기여도를 재평가해야 하는 문제와 연관된 일로 대단히 중요하다. 김대중은 대통령 취임사에서 "국민의 정부는 민주주의와 시장경제를 병행시키겠다. 민주주의와 시장경제는 동전의 양면이고 수레의 양 바퀴와 같다. 결코 분리해서는 성공할 수 없다"[218]고 했다. 그랬으면서도 김대중은 다른 곳에서는 박정희를 유신 독재자라고 했다. 이것은 김대중의 행동에 뚜렷하게 나타나는 이중적 태도의 사례 중 하나에 불과하다.

그동안 민주화운동 주도세력이 민주화 과정에서 한 일은 대부분 이승만과 박정희, 전두환 전 대통령을 독재자로 몰아세우고, 공작정치와 사찰로 민주인사를 탄압한다며 정부와 통치자인 대통령을 비판하고, 대통령과 행정부 그리고 여당이 추진하는 정부 정책에

---

218) 중앙일보 2009. 8. 19.

반대하고, 언론 자유와 국민 기본권 확대를 요구하고, 대통령 직선제와 반공법 폐지를 요구하는 등 크게 보면 정부정책에 대한 반대와 요구기 주류를 이루었다. 그것을 관철하기 위해 반정부 시위를 일삼았다. 그러나 민주화운동 주도세력들의 요구가 수용된 것은 전두환 대통령의 결단이 있었기에 가능했다. 정부 견제와 민주화 요구 목소리가 상존한다는 것을 보여준 것은 상당한 의미가 있었지만, 시위에 의존함으로써 자신들의 노력을 허사로 돌리고 공적이 비판에 직면하게 했다.

이렇게 민주화운동 주도세력이 민주화에 기여한 내용이 그렇게 많지 않은 이유는 무엇인가? 그것은 민주화, 민주화 진전이 민주화운동으로 이루어지는 것이라기보다는 민주주의 원리와 이념을 존중하는 가운데 실질적인 노력을 통하여 실현될 수 있는 것인데, 시위 과정에 이러한 가치들을 제대로 존중하지 않았기 때문이다. 만약 민주화가 민주화운동을 통하여 발전하고 이루어지는 것이라면 우리는 지금도 민주화운동을 해야 한다. 그럼에도 우리가 민주화운동을 하지 않는 것은 민주화가 민주화운동이나 운동으로 이루어지는 것이 아니라 현실정치에 참여하고 노력하여 만들어가야 한다는 점을 알기 때문이다.

24. 민주화운동의 공적

한국 민주화운동의 공적을 정리하는 것은 대단히 어려운 일이다. 민주화운동에 참여한 주도세력들이 추구한 가치가 각각 다르기 때문이다. 여기서는 민주화운동 중 민주화 노력과 연관된 부분만을 발췌하여 대표적인 내용을 정리하면 ▲대통령의 권력 남용과 억압적인 통치에 대한 저항을 통한 반대의사 표출 ▲정부와 여당의 독주 견제 ▲부정선거에 대한 책임자 처벌요구 등 사회정의 실현 추구 ▲민주주의 원리 존중과 이념 실현 등을 위한 민주화 요구와 민주주의 발전 지향 ▲잘못된 정부 정책에 대한 비판 ▲ 대통령 직선제 개헌과 언론·출판·결사의 자유 확대, 지방자치제도 도입과 시행 기여 등이다.

이러한 요소들은 독재자가 탄생하는 것을 방지하고 민주주의를 발전시키고 국민이 생활 속에서 민주주의의 혜택을 누리는데 대단히 중요한 의미가 있다. 이렇게 한국 민주화운동 주도세력들은 뛰어난 공적과 고귀한 희생에도 불구하고 위법적이고 폭력을 수반한 시위에 많이 의존하는 잘못된 민주화 요구 방법을 사용함으로써 자신들을 비판받게 하고 스스로 공적의 가치와 명예를 훼손하는 행동을 했다. 참으로 안타까운 일이다.

25. 개헌 반대와 개헌 요구 올바른 민주화 노력인가

한국의 민주화운동 주도세력은 그동안 자신들이 이룬 민주화운동의 최대 공적으로 1987년 6·10 민주화 요구 시위를 통해 6·29 선언을 이끌어 내고 같은 해 10월 29일 개정된 헌법을 든다. 개정된 헌법의 핵심은 민주화운동 주도세력들의 줄기찬 요구에 따라 대통령 직선제를 도입하고 언론·출판·결사를 비롯한 여러 가지

자유를 명시했다. 1987년에 개정된 헌법은 상당한 의미가 있다. 의미가 있는 것과 공적으로 생각하는 것은 그 개념이 다르다. 만약 헌법 개정이 민주화의 최대 공적이라면, 그 헌법은 길이 보전해야 하는 것이 마땅하다. 그런데 민주화운동 주도세력 중 한 사람인 김대중은 자신들이 가장 대표적인 공적으로 생각하는 그 헌법에 대해 불과 3년이 지난 시점에서 다시 개헌 필요성을 언급했다.

김대중 평민당 총재는 1990년 11월 12일 "부통령제를 신설하고 결선투표제를 도입하는 내용의 개헌을 다음 총선 공약으로 제시하겠다"고 밝혔다. 김 총재는 이날 마포당사에서 가진 창당 3돌 기념식에서 "정부 내각제를 포기한 만큼 1992년에 대통령 선거가 이루어지게 됐다"며 지역화합과 과반수 국민이 지지하는 정권창출을 위해 개헌을 추진하겠다고 말했다. 그는 민생문제 해결을 위한 초당적 대책기구 구성을 제의하고 "대표성이 상실된 13대 국회를 해산하고 조기총선을 실시하라"고 촉구했다. 그는 또 "정국안정을 위해서는 만악(모든 악)의 근원인 민자당이 해체돼야 한다"면서 "민자당의 내분수습은 미봉책이며, 결국 어느 한쪽이 굴복하거나 분열될 것"이라고 주장했다.[219]

그럼 김대중은 왜 민주화운동 주도세력이 최대 공적이라고 생각하는 개정 헌법이 제대로 안착도 하기 전에 다시 개헌하려고 했는가? 그 이유는 헌법 개정이 민주화를 위한 것이 아니라 자신의 정치권력 획득에 유리한 방법으로 선택하고 추진했는데 상황 변화로 다음 선거에서는 김대중 자신이 대통령이 되는데 불리한 것으로 판단했기 때문이다. 즉 김대중이 볼 때 5공 당시에는 직선제 개헌이 유리한 것으로 판단하고, 3당이 합당한 후에는 결선투표제를 도

219) 한겨레 1990. 11. 13.(네이버 뉴스라이브러리)

입하는 것이 김대중 자신이 대통령 선거에서 당선하는 데 유리한 것으로 판단했다. 여기에 개헌 언급을 통해 국민을 자극하고 여론의 관심을 끌기 위한 목적도 있었다. 이렇게 김대중에게 개헌은 권력 획득을 위한 목적 달성을 위한 전략이나 수단 중 하나였다.

김대중 스스로 '정권창출을 위해 개헌을 추진하겠다'고 말한 것이 이를 입증한다. 이는 한국 민주화운동의 목적과 가치가 민주화 진전에 있었던 것이 아니라 권력 창출을 위한 것이었음을 자인한 것이다. 그리고 이후 노무현 정권과 이명박 정권에서도 대통령과 국회의원 등 정치가들이 수십 차례 이상 개헌 발언을 했다. 민주화운동을 주도했다는 사람들이 보기에도 한국의 민주화운동 공적이 얼마나 형편없으면, 이렇게 끊임없이 개헌을 요구하는 목소리가 나올까 하는 생각이 들게 한다. 하지만 개헌 요구는 민주화 공적과는 상관이 없다.

그 이유는 개헌은 시대 상황에 따른 국민의 선택사항일 뿐이기 때문이다. 필요와 다수의 합의에 따라 해야 할 일이다. 그동안 한국의 개헌은 민주화 진전이나 민주주의 발전보다는 정치가들의 정치권력 획득 목적 달성을 위해 공공연하게 이루어졌다. 여야를 막론하고 자신들이 당선하는데 유리하면 수단과 방법을 가리지 않고 개헌을 요구하고, 불리하면 온갖 억지를 부리며 저지하려고 했다. 박정희나 김대중이 전혀 다를 것이 없었다. 그런데도 민주화운동 주도세력은 이른바 3선 개헌(헌법 제7호, 1969. 10. 21. 일부 개정 및 시행)을 저지하기 위해 활동한 것을 민주화운동 공적으로 명시하고 있다.

그럼 우리는 여기서 의문을 가진다. 제헌헌법 이후 9차례의 헌법 개정이 이루어졌는데, 그때마다 찬성과 반대가 있었다. 그리고 현

행 헌법에 대한 개정 논의와 반대도 있다. 이 모든 활동이 민주화
운동이 되어야 하는가? 아니다. 자신들이 개헌을 반대하는 것도, 개
헌하지고 억지로 밀어붙이는 것도 모두 민화운동이라고 하는 것은
한국 민주화운동 주도세력들이 얼마나 오만함하고 민주화에 대한
개념이 부족했는가 하는 점을 잘 보여준다.

26. 유신헌법 부당하고 87년 개정 헌법 정당한 것인가

오늘날 한국 민주화운동 주도세력들은 마치 헌법 제8호로 1972
년 12월 27일 전부 개정된 유신헌법은 부당하고, 헌법 제10호로
1987년 10월 29일 전부 개정된 헌법은 정당한 것으로 생각하는 경
향이 있다. 그럼 민주화운동 주도세력들이 생각하는 것처럼 유신헌
법은 부당하고 1987년에 개정된 헌법은 정당한 것인가? 아니다. 헌
법 개정 절차에 따라 국민 투표를 거쳐 채택된 헌법은 모두 정당한
것이다. 헌법 내용은 논란 대상이 될 수 있다. 하지만 어떤 헌법도
완벽하지 않다. 그러므로 시대 상황의 변화에 따라 국민 다수가 필
요성을 인정하고 합의하면 헌법 개정이 이루어진다.

유신헌법도 문제가 된 내용이 있었다. 하지만 1987년 개정되어
현재 시행되고 있는 헌법도 문제가 되는 내용이 있어 끊임없이 개
정 필요성이 제기되고 있다. 그런데 민주화운동 주도세력들은 왜
유신헌법만 부당한 것처럼 말하는가? 그것은 크게 보면 국민 기본
권을 제한하는 독소 조항과 간접선거에 의한 대통령 선출제도 도
입 때문이다. 그것이 야당의 정권 획득, 야당정치가와 재야인사, 상

당수 학생의 활동을 제약하는 것으로 해석했다. 유신헌법에 바람직하지 않은 조항이 있는 것은 사실이다. 하지만 당시 국내외적인 상황을 고려한 국민의 선택이었다.

그럼 1987년 개정 헌법은 정당하고 직선제와 국민 기본권을 확대하면 좋은 것인가? 그것은 단정할 수 없다. 모든 제도는 일장일단이 있다. 민주주의와 헌법은 완전한 것이 아니다. 시대 상황과 환경요소 변화에 따라 개정될 수 있고, 문제가 되는 부분이 있으면 개정하면 된다. 유신헌법도 문제가 있으면 좋은 내용으로 개정하면 그만이다. 유신헌법에 좋지 않은 내용이 있어 국가 발전을 저해하고 국민의 기본권을 침해하였다면, 그것을 고쳤으면 되었다. 이것도 저것도 모두 국민의 선택이었다. 우리나라 헌법은 제1호로 1948년 7월 17일 제정되어 시행에 들어간 이후 9차례[220] 개정되었다.

그럼에도 민주화운동 주도세력들이 유독 유신헌법과 관련하여 유신독재, 유신 독재자라는 해괴한 용어를 만든 것은 박정희 대통령을 공격해 공적을 폄훼하고 자신들의 민주화를 명분으로 한 반정부 활동과 권력 획득을 위한 투쟁의 정당성을 확보하고 공적을 미화하기 위한 목적 때문이었다.

27. 민주화운동 주도세력 왜 시위를 선택했는가

정상적이고 가장 좋은 민주화 방법의 하나는 리더십이 뛰어난 정치가를 선출하고, 국회가 제 역할을 하도록 하는 것이다. 대통령

---

220) 헌법.

이 국가를 통치하고, 국회가 예산안 심의와 통과 그리고 감사를 통해 행정부를 견제하고, 좋은 법률을 제정하여 사법부가 합리적인 판단을 하게 하는 바탕을 제공하기 때문이다. 만일 야당의 정치지도자인 김대중과 김영삼이 정상적이고 올바른 민주화 방법에 따라 민주화를 추구했다면, 그들은 자신들의 리더십을 육성하고 국회가 정상적으로 운영되는데 심혈을 기울여야 했다. 그런데 김대중과 김영삼을 중심으로 한 민주화운동 주도세력은 정부 정책 반대와 반정부 시위를 통한 민주화 투쟁을 추진했다.

자신들이 직접 시위에 참여하는 때도 있었지만, 주로 학생들과 재야세력이 전위대 역할을 하며 시위에 나서도록 배후에서 역할을 했다. 특히 김대중은 1980년 한편에서는 학생들이 시위하도록 선동하고 부추기면서 다른 한편에서는 학생들에게 시위 자제를 호소하는 이중적 행태를 보였다. 그럼 김대중과 김영삼은 왜 자신들의 리더십 역량을 키우는 일, 국회가 제 역할을 하게 하는 정상적인 민주화 방법을 두고 시위와 투쟁을 선택했을까? 여기에는 세 가지 이유가 있다. 첫째는 리더십 개념이 부족했다. 리더십이 무엇인지, 어떻게 육성해야 하는지 몰랐던 것으로 보인다. 둘째는 소수당의 한계와 잘못된 실력 향상 방법 선택이었다. 국회에서 소속 정당의 의석이 상대적으로 적은 소수당으로 정부의 거수기 역할을 하는 여당에 대응해 자신들의 목적을 달성할 수 없다는 한계를 절감했을 것이다. 능력이 부족하고 의석수가 적을수록 더욱 치열하게 노력해 국민이 공감할 수 있는 실력을 키워야 한다. 그런데 가장 손쉽고 효율적인 방법으로 정부 정책 반대와 반정부 시위를 통한 세력 확대를 선택했다. 셋째는 반정부 시위와 활동을 정당화하기 위해 대통령을 독재자로 몰아가는 희생자 유발 전략에 따라 폭력적 시위를 선택하고 사용했다. 시비를 걸거나 상대 자극을 통해 피해가 발생하게 하는 희생자 유발 전략은 투쟁가들이 책임을 상대에게 전가하고 공격 명분을 축적하기 위해 보편적으로 사용하는 방법 가운데 하나다. 정부 정책에 대한 반대와 반정부 시위는 얼마든지 법규에서 정한 절차와 방법에 따라 민주적이고 평화적으로 할 수 있다. 그런데 문제는 그런 방법으로는 국민을 자극하고 관심을 유인하고 세력을 확대하기 어렵다는 점이다. 이런 문제를 극복하고 자신들의 권력 획득 목적 달성을 위해 시위와 반정부 활동의 강도를 높여 자극적인 억지와 지나친 요구, 폭력적인 시위 방법을 사용하게 하여 대통령과 여당의 리더십에 흠집을 내고 정부에서 공권력을 동원하여 강경 진압을 하도록 유도했다. 정부가 불법 시위를 허가한 일은 한 번도 없다. 하지만 민주화운동 주도세력들은 민주화라는 명분을 내세워 언제든지 시위를 강행하고 일삼았다. 결국 쌍방의 충돌은 구속자와 희생자가 나오게 하였다. 구속자와 양측의 희생자는 시위를 더욱 격화시켰다. 그에 맞서 공권력의 진압도 더욱 강경해져 갔다. 시간이 지나면서 희생자가 늘어나자 국민의 태도가 달라지기 시작했다. 민주화하면 아무래도 자유가 많아지므로 민주화를 요구하는 시위대를 지지하고 강압 진압은 정권 유지를 위한 것으로 인식하는 국민이 많아졌다. 시위가 빈발해지고 격렬해질수록 그렇게 김영삼과 김대중의 지지 세력은 늘어났다.

민주화운동 주도세력들은 자신들이 민주주의 원리를 제대로 존중하지 않으면서도 민주화를 요구하는 것은 정당하다고 주장하며, 자신들의 잘못된 활동을 제약하는 대통령을 독재자로 몰아갔다. 그것은 어느 정도 성공하는 것처럼 보였다. 그리고 세월이 흘러 마침내 민주화운동 주도세력들이 권력을 획득했다. 법규를 위반하는 시위를 진압하는 일은 당연한데도 민주화운동 주도세력은 한 번도 그것이 잘못되었다고 제대로 말하지 않았다. 오히려 자신들의 명예 회복을 위해 노력했다. 여전히 자신들이 추구한 민주화운동과 민주화 요구는 정당한 것이고, 잘못된 정책을 실행하는 대통령과 정부에 대한 반정부 시위는 당연한 국민의 저항권 행사라고 주장했다.

그랬으면서 김대중은 자신이 대통령이 되었을 때는 점잖은 척하며 법이 허용하는 집회와 시위를 해야 한다며 불법시위에 대해서는 단호하게 대처하겠다고 하면서 노총의 구조조정 반대시위를 공권력을 동원해 강경 진압했다. 누가 통치자가 되든 국민이 무리를 지어 억지를 부리고, 자신에게 피해가 우려되는 정책마다 반대하고, 잘못된 정책마다 시위로 대항하면 통치자는 곤혹스러울 수밖에 없다. 그런데도 김대중과 김영삼을 중심으로 한 민주화운동 주도세력들은 박정희 정부와 전두환 정부에서 정부 정책에 대해 사사건건이 물고 늘어지고, 그것도 부족하면 독재자라고 몰아세우며 민주화를 명분으로 내세워 시위를 계속했다. 그 이유는 권력 획득의 가장 효율적인 방법이 시위를 통한 투쟁이라고 생각했기 때문이다.

28. 민주화 투쟁이었나 아니면 민주화운동이었나

'민주화운동 주도세력에 의한 1980년대 한국의 민주화 추진과 노력이 민주화운동이었나? 아니면 민주화 투쟁이었나?' 하는 점을 살펴보는 것은 상당한 의미가 있다. 결과에 따라 그 후 민주화와 민주주의 발전이 정체되고, 한국 정치가 세계에 망신을 당하고, 상당수 국민이 정치가와 정치를 혐오하게 하는 원인을 밝히는 데 중요한 역할을 하기 때문이다. 어느 나라를 막론하고 순리적인 방법에 따른 민주화 노력으로 올바른 민주화가 이루어지면, 그 후 민주화와 민주주의는 급속하게 발전하고 정치와 정치가가 국민의 호평을 받고 존경 대상이 되기 마련이다. 그런데 한국은 1987년 민주화 진전 이후 민주화와 민주주의 발전이 정체되고, 한국 정치가 세계에 망신을 당하고, 상당수 국민이 정치가와 정치를 혐오하게 하는 현상이 나타났다.

이는 1980년대 한국의 민주화 요구 시위가 순리적으로 이루어진 것이 아니었다는 점을 입증한다. 실제 순리적인 방법에 따라 이루어진 노력이 아니라 민주화 투쟁이었다. 그것은 당시는 물론 현재에도 민주화운동 주도세력들이 그렇게 말하고 있는 점이기도 하다. 1980년대 민주화운동 주도세력 중 한 사람인 이민우 신민당 총재는 1986년 1월 18일 민주화 투쟁은 끊임없는 희생에 의해서만 승리를 거둘 수 있다. "신민당원들은 민주화를 위해서라면 내 모든 것을 바치겠다는 창당 때의 항심(恒心)을 잃지 않도록 다짐하자"고 당부했다.[221] 또한 대학생들과 연관된 삼민투쟁위원회[222] 활동, 박

---

221) 동아일보 1986. 1. 18.(네이브 뉴스라이브러리)

222) 삼민투쟁위원회(三民鬪爭委員會)는 제5공화국 시절 학생운동 단체인 전국학생총연합 산하의 투쟁조직이다. 약어는 삼민투이다. 설립 시기는 1985년 4월 17일이며, 설립 목적은 3민(민족통일, 민주쟁취, 민중해방) 이념의 실현이다. 소재지는 서울이고, 규모는 전국 30여 개 주요 대학 내에 결성되어 군사정권 타도, 미국 규탄 시위 · 농성 등의 활동을 하였다. 전두환(全斗煥) 정권 시절인 1985년 2 · 12 총선에서 야당인 신민당(新民黨)이 승리하면서 학생운동의 투쟁 열기는 고조됐다. 같은 해 4월 전국 대학생들의 대표조직인 전국학생총연합(전학련)이 발족했고, 그 산하에 3민(민족통일 · 민주쟁취 · 민중해방) 이념의 구현을 행동목표로 하는 상설 투쟁조직인 '민족통일민주쟁취민중해방투쟁위원회'(삼민투쟁위원회)가 결성됐다. 전국 주요 대학에도 명칭이나 조직 형태는 달라도 비슷한 노선을 걷는 삼민투위 조직이 잇따라 만들어졌다. 같은 해 5월 23일 삼민투위 산하 '광주학살원흉처단투쟁위원회' 소속의 서울대, 고려대, 서강대 등 5개 대학 학생 73명이 서울 미국문화원을 점거하고 광주학살 진상 규

종철 사망 사건과 연관된 민주화추진위원회사건을 보면 민주화 투쟁이었다는 것을 알 수 있다.

민주화추진위원회사건(民主化推進委員會事件)은 1985년 10월 29일 검찰이 서울대학교 학생운동의 비공개 조직인 민주화추진위원회를 이적단체로 규정해 관련자 26명을 구속한 사건이다. 민주화추진위원회는 서울대학교 학생운동의 비공개 지도조직으로, 약칭은 '민추위'이다. 산하에 노동문제투쟁위원회, 민주화투쟁위원회, 홍보위원회, 대학 간 연락책 등 4개 기구를 두고 1985년 3월 삼민투쟁위원회(삼민투)를 결성, 5월의 서울 미국문화원 점거농성사건 등을 주도하였다. 또 청계피복노조 합법성 쟁취대회, 대우어패럴 동조 시위 등 민중 지원투쟁을 전개하였다.

한편 1984년에는 민추위 활동에 대한 평가, 올바른 운동방법, 정치 상황에 대한 분석 등을 내용으로 하는 정치적 성향의 신문 '깃발'을 두 차례에 걸쳐 발행하기도 하였다. 이로 말미암아 전두환(全斗煥) 정권은 깃발 전담반을 설치하고, 미국문화원 점거농성사건 이후에는 서울 용산구에 있는 치안본부 남영동(南營洞) 대공분실에서 전담하게 하였다. 이어 1985년 10월 29일 검찰은 민추위를 국가보안법상의 이적단체로 규정한 뒤, 관련자 26명은 구속, 3명은 불구속 입건하고, 17명은 지명 수배하였다.

검찰은 민추위 관련자들을 자생적 사회주의자들로 규정하였는데, 이후 이 사건과 관련해 민주화운동청년연합(민청련) 의장 김근태(金

명과 미국의 사과를 요구하며 72시간 동안 농성을 벌였다. 검찰은 농성을 주도한 삼민투위를 용공 이적단체로 규정하고 서울대 삼민투위원장 함운경, 고려대 총학생회장 허인회 등을 구속함으로써 삼민투위는 사실상 해체됐다. 그러나 1986년 '반제반파쇼 민족민주 투쟁위원회'(민민투)와 '반미자주화 반파쇼민주화 투쟁위원회'(자민투)가 결성되면서 조직이 재건됐다.

權泰)가 구속되어 고문 기술자 이근안(李根安)으로부터 물고문·전기고문 등을 받았다. 또한 수배자 박종운(朴鍾雲)의 소재지를 파악한다는 이유로 서울대생 박종철(朴鍾哲)이 대공수사관들에 의해 불법 연행되어 조사를 받다가 고문·폭행 등으로 사망한 사건, 즉 박종철 고문치사 사건도 민추위사건에서 비롯된 것이다.[223]

투쟁가와 선동가, 투쟁적 선동정치가 등 투쟁을 일삼는 사람들은 민주주의 원리를 존중하지 않으며, 목적인 승리 달성을 위해 수단과 방법을 가리지 않는다. 그리고 목적이 달성되었을 때 그들은 잘못된 수단과 방법을 정당화하려고 노력한다. 그러므로 투쟁을 통해 민주화를 했다고 하더라도, 그 이후 민주화는 크게 발전할 수 없다. 그 이유는 자신들이 사용해온 종래의 잘못된 방법에 대해 대개 반발하고 저항하는 세력이 형성되어 논란이 발생하거나 정당성에 대한 시비가 일어나고, 잘못된 방법으로는 민주주의를 더 발전시킬 수 없기 때문이다.

정당성에 대한 시비는 정쟁 등 새로운 갈등을 유발하고 대립하게 하는 원인으로 작용하므로 끊임없이 소모적인 대립과 논란이 이어진다. 국민은 정치와 정치가에 대해 실망하기 마련이다. 그런데 오늘날 한국 국회와 정당을 비롯한 정치권에는 투쟁적 선동정치가가 너무 많다. 정쟁이 끊이지 않는 이유가 여기에 있다.

223) doopedia 두산백과.

29. 민주화운동, 민주화 투쟁이 될 수밖에 없었던 이유

1980년대 민주화운동은 추진 주도세력을 중심으로 볼 때 민주화 운동이 아닌 민주화 투쟁이었다. 아니 민주화 투쟁이 될 수밖에 없었다. 그 이유는 무엇인가? 그것은 민주화운동 주도세력들이 권력 획득을 목적으로 하는 계파에 기반을 둔 정치세력이었기 때문이다. 계파(系派)는 정당이나 기타 집단의 내부에서 출신·연고, 특수한 이권 등에 의해 결합된 배타적 모임이다. 배타(排他)는 남을 배척함, 배척(排斥)은 거부하여 물리침을 뜻한다. 계파는 그 속성상 배타적인 성격을 갖기 때문에 투쟁을 지향한다. 즉 민주화를 명분으로 하고 민주화운동을 한다고 하였지만, 그 주도세력이 계파로 형성되어 있었기 때문에 실제 행동은 계파 속성에 맞게 한 것이다.

민주화운동 주도세력이 스스로 계파의 속성에 대해 제대로 이해하고 있었는지 알 수는 없다. 하지만 그들 스스로 자신이 민주화를 명분으로 하는 활동을 민주화 투쟁이라고 공공연하게 말했다. 지금도 마치 과거 민주화 투쟁이 자랑스러운 행동이었던 것처럼 생각하는 발언을 한다. 국민이 어떻게 생각하든, 정당성이 어떻든 자신들은 그러한 민주화 투쟁을 통해 대대적으로 정계에 진출하고 권력을 획득하고, 정부 부처 수장을 하는 등 사회적 명망을 쌓을 수 있었기 때문이다. 그러나 오늘날의 관점에서 볼 때, 1980년대 민주화 투쟁은 크게 자랑스러울 만한 것도 그렇다고 의미가 없는 것도 아니다. 그 시대 상황에서 민주화 진전을 위한 그들 나름의 선택과 노력이었다.

30. 항쟁과 투쟁을 운동이라고 하면 운동이 되는가

  항쟁(抗爭)은 맞서 싸움이고, 투쟁(鬪爭)은 상대편을 이기려고 싸움, 사회 운동이나 노동 운동 따위에서 목적을 이루기 위하여 다툼이다. 운동(運動)은 어떤 목적을 이루기 위해 분주히 돌아다니며 조직적으로 활동하는 일이다. 항쟁과 투쟁은 비슷한 말이지만, 운동은 엄연하게 다른 말이다. 한국의 민주화운동 주도세력은 스스로 민주화 투쟁을 했다고 말하면서 그들이 국정을 주도하게 되었을 때, 민주화운동이라는 말을 만들었다. 실제로는 투쟁을 했으면서 말을 만들어 운동한 것이라고 하면 그렇게 되는가? 어이가 없는 일이다. 반정부 시위와 반미 시위를 포장하여 민주화운동이라고 한다고 무엇이 달라지는가? 항쟁은 항쟁, 투쟁은 투쟁, 시위는 시위이고 운동은 운동이다. 세력에 의존하여 세 치 혀로 사람들을 현혹할 수는 있어도 본질적인 내용과 진실은 변화하지 않는다.

31. '민주화운동'이라는 용어 왜 만들었는가

  어느 시대와 국가를 막론하고 투쟁가나 선동가, 투쟁적 선동정치가는 공익을 명분으로 내세워 자신들의 권력 욕구를 추구한다. 오늘날 한국의 민주화운동 주도세력들은 스스로 투쟁했다고 자랑스럽게 말하는 경향이 있다. 투쟁했으면 투쟁을 했다고 하는 것이 옳다. 그런데 여전히 투쟁했다고 하면서 다른 한편에서는 민주화운동을 했다고 말한다. 그럼 민주화운동이라는 용어는 왜 만들었을까? 그 이유는 민주화 투쟁을 미화하여 명예로운 일로 만들고, 희생자들에 대한 보상을 해주고, 자신들이 한 일(과거 반정부 시위)에 대한 정당성을 부여하여 권력 획득에 이용하기 위한 목적 때문이었다.

자신들이 민주화 노력을 한 것이 아니라 반정부 시위와 반미 시위 같은 민주화 투쟁을 했다고 하면 그 동기와 목적에 대한 논란이 일어난다. 하지만 공익을 위해 사회 운동을 했다고 하면, 그 일을 한 사람들의 노력에 국민은 찬사를 보낸다. 희생에 대해서는 애석함을 느끼고 희생자에게 보상을 해주는 점에 대해서는 대체로 수긍하고 반발하지 않는다. 사회발전을 위해 필요한 측면이 있기 때문이다. 이러한 사실을 민주화운동 주도세력들도 알고 있었다. 그렇기에 자신들의 행위를 정당화하고 미화하면서 국민의 반발은 무력화시키고 내부 결속은 다지면서 권력 획득에 이용하기 위해 민주화운동이라는 말을 일부러 만든 것이다.

32. 왜 민주화운동 관련자 탈을 쓴 종북주의자가 많은가

민주화운동 주도세력, 민주화운동가, 민주화운동 관련자라는 탈을 쓴 사람 중에는 종북주의자가 많다. 그 대표적인 사람들이 주사파 출신이다. 민주화운동가의 탈을 쓴 종북주의자 사례는 얼마든지 들 수 있다. 여기에서는 노수희를 예로 들어본다. 뉴데일리에 보도된 권혁태 시민 논설위원의 글을 인용하면 다음과 같다.

정부의 허가 없이 베이징을 통해 북한을 방문, 삼대독재를 일삼는 김일성 부자(父子)를 찬양하고 이적행위를 일삼은 노수희라는 작자가 판문점을 통해 귀국한 즉시 경찰에 체포됐다. 노수희뿐만 아니라 그를 도운 혐의를 받고 있는 범민련 사무처장 원진욱에 대해 경찰과 국가정보원 합동조사단이 구속영장을 신청했다. 노수희는 2012년 68세로 민주화운동이란 미명하에 재야에서 일관되게 친북, 종북 활동을 펼쳐온 원로급 인물이다. 1990년 범민련 출범 때부터 조직에 관여해왔고, 2011년 12월 국가보안법 위반 혐의로 징역형을 선고받은 이규재 범민련 남측본부 의장의 대행 역할도 해왔다.

그는 여느 좌파 인사들과 다름없이 친북·반미와 국가보안법 폐지를 외치고, 중요한 국민 선동을 위한 자리에는 어김없이 이름을 올리고 참석했다. 그가 참석한 집회를 보면 각종 자유무역협정 (FTA) 반대, 평택 미군기지 이전 반대, 외국 파병 반대, 미국산 쇠고기 수입 반대 시위, 이명박 정권 퇴진 운동 등으로 주로 반시장, 반민, 반정부 집회를 주도했다. 2010년 12월에는 청와대 분수대 광장에서 '2011년 통일부 업무보고'에 대응해 남북관계를 악화시킨다는 이유를 들며 흡수통일을 반대하는 1인 시위를 하기도 했다. 한마디로 대한민국의 발전을 가로막고 사회를 분열시키는 일에는 발 벗고 나선 종북좌파다. 노수희는 북한을 무단 방문하고 북한 체제를 찬양하는 등 국가보안법상 잠입·탈출, 고무·찬양, 이적·동조 혐의를 받고 있다. 북한을 노골적으로 편드는 이적행위를 저지른 노수희를 범민련에서는 석방을 주장하며 국가보안법 철폐를 외치고 있다.[224)]

그럼 민주화운동가 중에는 왜 노수희와 같은 종북주의자들이 많

224) 뉴데일리 2012. 7. 15.

은가? 그것은 민주화운동의 잘못된 방법 또는 전략과 연관이 있다. 처음부터 민주화를 목적으로 한 순수한 민주화를 달성하기 위한 노력이나 운동을 했다면 투쟁가나 선동가인 종북주의자들이 끼어들 여지가 없었을 것이다. 그런데 권력 획득을 목적으로 민주화를 명분으로 내세운 민주화 투쟁을 하였기 때문이다. 권력 획득에는 세력이 큰 것이 도움이 되고, 제각기 본심을 숨긴 투쟁가와 선동가들은 자신들의 세력을 확장하기 위해 민주화 투쟁 과정에서 자연스럽게 연합 세력을 형성했다.

민주화운동 주도세력 중 김영삼계는 종북주의자들을 상당히 경계했지만, 주로 김대중계는 권력 획득 목적 달성을 위해 종북주의자들을 활용하는 것이 필요하다고 생각했다. 그 결과 종북주의자들은 민주화운동 과정을 거치면서 거대한 세력으로 성장했다. 이들 중에는 일부 사상 전향을 한 사람도 있지만, 여전히 민주화운동가, 민주화운동 관련자라는 가면을 쓰고 투쟁을 지향하며 종북주의자, 좌파, 진보세력으로 활동하는 사람이 많다.

33. 주사파와 종북주의 활동도 민주화운동인가

주사파(主思派)는 북한 김일성이 창시했다는 이른바 주체사상을 신봉하는 남한 내 운동권 집단이다. 1980년대 말부터 약 10년간 주사파는 대학 운동권을 장악했다. 일부 핵심 인사들은 간첩선을 타고 북한에 가 밀봉교육을 받고 오기도 했다. 하지만 이들의 일탈 행위는 민주화라는 거대한 흐름에 파묻혀 주목받지 못했다. 명백한 간첩행위에 대해서도 '양심범' 칭호가 부여됐다. 공안사범에 대한 감형과 사면, 복권도 다반사로 이뤄졌다. 그럼에도 2000년 이후 주사파는 쇠퇴의 길에 들어섰다. 북한의 실체가 공개되면서 대학가에서도 운동권은 힘을 잃어갔다. 그러나 1980년대와 1990년대에 '주체의 세례'를 받았던 일부는 여전히 사회 곳곳에서 '진보'를 앞세워 목소리를 높이고 있다. 2012년 봄에 터져 나온 통합진보당 폭력사태는 대한민국이 과연 주사파를 어떻게 다뤄야 하는지에 대한 근본적인 의문을 제기했다. 대한민국 사회가 처음으로 주사파, 그들이 과연 누구인지에 대해 묻기 시작한 것이다.[225]

1) 주체사상파

주사파(主思派)는 남한의 사회주의화를 추구하는 혁명세력 가운데 북한의 김일성 주체사상을 혁명투쟁의 지도사상으로 받드는 파벌,[226] 민족해방 계열의 하나로 조선민주주의인민공화국(북한)의 지도이념인 주체사상을 지지하고 그것에 따른 정치 운동을 하는 사람을 가리키는 말이다.[227] 정식명칭은 주체사상파(主體思想派)이며, 주사NL(민족해방)파, 자주파 등으로도 불린다.[228] 1994년 7월 18일 서강대학교 박홍 총장이 당시 김영삼 대통령과 대학 총장들이 점심을 먹는 자리에서 대학에 주사파가 깊이 침투해 있다고 발언한 후 '주사파'라는 용어가 널리 퍼지게 되었다.[229]

---

225) 중앙일보 2012. 5. 20.
226) 한국민족문화대백과.
227) 위키백과.
228) 한국민족문화대백과.

1980년대 이전 대한민국의 사회 운동에서 소련 공산주의적인 마르크스주의 이념은 큰 비중을 차지하지 못하였다. 이승만 정권의 반공을 앞세운 탄압과 6 · 25 전쟁을 거치면서 남한에서 소련 공산주의를 신봉하는 세력의 대부분은 죽거나 북한으로 탈출하였다. 대한민국 정부는 북한에 관한 정보를 통제하고, 전 국민을 대상으로 어릴 때부터 반공 교육을 시행하였다. 하지만 일부 사회 운동가 중에는 이러한 남한 정부의 움직임에 반대해 역으로 북한이 사실은 1970년대 당시의 남한보다는 살기 좋은 곳일 수도 있다는 주장을 하는 세력이 있었다.

이러한 세력들이 북한의 주체사상을 받아들이게 된 시기는 1970년대 중반에서 1980년대 초반이었고, 본격적으로 활동한 계기는 1985년 발표된 김영환의 강철서신230)이었다. 김영환은 자신을 '한 노동 운동가'로 소개하면서 주체사상을 학생 운동가들에게 알기 쉽게 풀어 설명하였다. 이를 계기로 사회 운동 세력 중에 북한의 우리식 사회주의를 지지하는 세력이 늘어났다.231)

주사파는 1986년 초부터 학생운동권 및 노동운동권에서 본격적으로 형성되기 시작했다. 학생운동권의 주사파는 대학별로 '반미자주화 반파쇼민주화투쟁위원회'(자민투)를 조직하여 민족해방민중민주주의혁명(NLPDR)론을 선전하면서, 대중적 반미투쟁을 선동했다. 주사파는 자민투를 앞세워 1987년 봄부터 주요 대학에서 학생운동 주도권을 장악했으며, 대학생들의 합법조직인 학생회를 통해 일반

---

229) 위키백과.

230) 김영환은 1980년대 중반 대학가 주체사상 교범이었던 <강철서신>의 작가로 국내에 주사파 이론을 처음 소개한 인물이다. 서울대 공법학과 1982학번인 김 씨는 교내 동아리인 '고전연구회'에 가입하면서 학생운동에 투신했고 1985년 8월 서울대 민주화추진위원회 사건에 관련돼 지명 수배되자 도피, 제적됐다.

231) 위키백과.

학생들을 자기들의 혁명투쟁에 동원하는 데 성공했다. 주사파의 주도하에 대학생들은 1987년 6월 민중항쟁 기간 중 개헌을 요구하는 대중투쟁의 선봉에 섰으며, 6·10 민주화 요구 시위 요구사항을 관철하는데 상당한 역할을 했다.

주사파에 의해 주도되는 대학의 학생회는 그해 8월 전국대학생대표자협의회(전대협)를 결성했다. 전대협은 당시 한국 사회 최대의 군중동원력을 가진 조직이었다. 대학생들의 전국적 조직으로 전대협을 계승하여 결성된 한국대학총학생회연합(한총련)도 주사파가 주도한 조직이었다. 학생운동권에서 주사파의 세력이 급속하게 성장하자 청년운동권 및 기타 성인운동권에서도 주사파의 영향력이 크게 확대되었으며, 1980년대 말과 1990년대 초에 이르러 한국사회의 전체 운동권에서 주사파의 주도권이 확립되었다. 그러나 노동운동분야에서는 민족해방투쟁 우선론이 노동자들에게 호소력을 갖지 못하여 주사파의 세력 확산이 느리게 진행되었다.

노동운동분야에서의 주사파 주도권은 1990년대 후반부터 확립되었다. 주사파는 1987년 12월 대통령선거에서 김대중 후보를 지지한 이래 대통령선거와 국회의원선거에서 김대중 후보와 그가 이끄는 정당을 지지했다. 주사파는 1994년 김일성이 갑자기 사망하고, 1995년부터 북한이 심각한 식량난에 처해있다는 사실이 외부세계에 노출되면서 한때 사기저하 및 세력 위축의 곤란을 겪었다. 주사파는 남한 혁명운동권의 주도권을 장악하고 있는 다수파로 민족해방(NL, national liberation)파의 한 분파이다.

민족해방파라는 명칭은 그들이 한국을 사회주의화하기 위한 혁명 투쟁을 전개하면서 민족해방투쟁을 우선시해야 한다는 입장을 취하고 있는 데서 비롯되었다. 민족해방파는 북한정권이 제시한 남한 혁명의 성격 및 그 혁명의 실천을 위한 전략·전술론을 수용하여 민족해방투쟁 우선론의 입장을 취해왔다. 북한정권은 남한사회의 성격을 식민지 반봉건(반자본주의)사회로 규정한다. 한국사회는 미국에 정치·경제·군사적으로 완전히 예속된 식민지로서 자본주의 경제가 불완전하게 발전한 사회이며, 민중이 미국으로부터 직접 탄압을 받고 있는 사회라는 것이다.

김대중 정권 출범 이후 주사파의 활동공간이 확대되고, 김대중-김정일 정상회담과 6·15 성명 발표 이후 남북교류가 확대되면서 주사파의 규모와 활력도 크게 회복되었다. 규모와 활력이 회복되면서 운동권에서 주사파의 주도권은 더욱 강화되었다. 운동권 내에서 주사파의 주도권 강화는 운동권의 다른 파벌로부터 반발을 초래했다. 그 대표적인 사례가 2008년 초에 발생한 민주노동당의 분당사태이다. 운동권을 대변하는 합법정당인 민노당은 애초 노동계급 정당 조직을 주장해온 평등파(민중민주파)의 선도로 창당되었으나, 시간이 가면서 운동권의 다수파인 자주파(민족해방파)가 민노당에서도 다수파를 차지하게 되었다.

다수파로 민노당의 당권을 차지하게 된 자주파는 평등파로부터 민노당의 노선을 종북성향(從北性向)으로 기울어지게 하였다는 비판을 받았다. 민노당의 소수파로 전락한 평등파는 당권파인 자주파에 대해 종북노선(從北路線: 북한추종노선)의 청산을 요구했으며, 그러한 요구가 수용되지 않자 민노당으로부터 집단 탈당하여 진보신당을 결성했다. 2009년 현재 주사파는 남한 운동권 주요 단체 지도부에서 주도권을 행사하고 있으며, 사회 여러 분야에 침투하여 친북적 영향력을 행사하고 있는 것으로 알려졌다.[232]

---

232) 한국민족문화대백과.

2) 종북주의

종북주의(從北主義) 또는 종북(從北)은 대한민국에서 사용되는 표현으로, 북한의 집권 정당인 조선노동당과 그 지도자인 김일성 전 국가주석, 김정일 전 국방위원장 등의 외교 방침을 무비판적으로 추종하는 경향을 일컫는 말이다. 단순한 친북(親北)과 구별하기 위해 1990년대 말부터 사회당이 이 용어를 사용하기 시작했다. 2001년 사회당 등에서는 종북주의자와 함께할 수 없다는 의사를 발표함으로써 본격적으로 알려졌다.

1차 종북주의 논쟁은 2001년 11월 30일 민주노동당 황광우 등이 민주노동당 기관지와 인터넷 홈페이지 등에 '사회당 동지들에게 드리는 7가지 질문'이라는 글 등을 싣고 "조선노동당은 사회당의 적이냐"고 묻자 12월 11일 한국사회당은 모든 종류의 테러(terror)나 전쟁에 반대하며 "남한의 노동계급을 이끌고 북한에 쳐들어가 조선노동당을 물리치는 일이 국가 간 전쟁의 범주에 속한다"고 반박하는 한편, "조선노동당의 사회관이 관철되는 통일에는 단연코 반대한다"고 밝힘으로써 시작되었다. 이후 다시 '한국사회당'과 '민주노동당' 계열 사이에 '반(反)조선노동당', '종북주의'에 대한 논쟁이 발생하였다. 반조선노동당 논쟁에 참여했던 사회당의 원용수 등은 12월 21일 이후 '민주노동당' 통합 제안에 반대, 종북주의 노선에 참여하지 않겠다고 발표하였다.

2차 종북주의 논쟁은 2006년 민주노동당 내 일심회 사건 관련자들을 은폐하거나 감싸준 일이 드러나면서 논란이 발생하였고, 2008년 '민주노동당' 중 민중민주계열에서 '종북주의'와 관련하여 대대적으로 문제 제기를 시작하였다. 이 과정에서 조승수, 노회찬, 심상정 등이 '종북주의 반대'를 천명하며 '민주노동당'을 탈당, 진보신당을 창당하였다. 이것을 평론가 진중권은 "고작 '도로 민노당'이냐, '따로 진보당'이냐 수준…상상력 한계"라고 비판하였다.[233]

3) 민족해방(NL)과 민중민주(PD)에 대한 이해 제고

(1) 민족해방

민족해방 또는 엔엘(NL, national liberation)은 레닌주의 또는 스탈린주의의 연장선으로 6·25 전쟁 때 존재했던 좌파 운동이면서, 1960년 12월에 81개국 공산계열이 '민족민주주의 혁명론'을 제시하면서 남한 좌파 내에 존속해왔다. 자주파라고도 부른다.[234]

◆ 정의

민족해방파는 1980년대 이후 정국으로만 국한할 때, 한국 사회를 '식민지반(半)자본주의'로 평가하는 단체(group)로, 이것은 대한민국 사회를 미국 제국주의의 식민지로 보는 견해이다. 1960년대 6·3 학생운동의 '서울대' 대자보부터 1970년대 반유신 운동, 민청학련 등을 거쳐 10·26에 이르기까지 남한 좌파 운동에서 남한 침략과 수탈의 본질적 제국주의는 '미국'이었고, 광주사태에 대한 무력진압을 미국이 묵인했다는 인식이 확산하면서 '반미'로 표적(target)이 옮겨지게 됐다. 이러한 인식을 기반으로 민족해방민중민주주의혁명론에 따른 사회 변혁을 주장한다. 민족해방파는 민중민주(PD) 단체

233) 위키백과.
234) 위키백과.

(group)와 대척점에 서 있었다. 민중민주파는 민족해방파에 비하여 자본가와 노동자의 계급 모순을 강조하며 마르크스주의 전통에 충실하자는 집단이다. 민중민주파는 한국 사회를 신식민지국가독점자본주의 체제로 보면서 민족 모순을 계급 모순의 하위 개념으로 파악했다.[235]

◆ 이념

민족해방파는 제국주의 대 민중을 대립관계로 보고 모든 투쟁에서 항상 반미 자주화를 기본적 투쟁으로 설정하였다. 조선노동당의 지도이념인 주체사상을 수용하여 형성된 주체사상파 또는 주사파가 다수를 차지하고, 정파 내 소수파인 '비주사 민족해방(NL)' 또는 'NL-left(민족해방 좌파)'는 이와 달리 본래 제헌의회파(CA) 계열이었다. 1980년대로만 국한했을 때 민족해방파는 식민지반자본주의라는 한국의 특수한 현실에서 민족 모순이 계급 모순에 우선한다고 보며, 학생 운동 및 변혁 운동의 초점을 반미주의와 남북문제로 보아 마르크스-레닌주의 전통과는 거리가 멀다.

민족해방파의 이념은 식민지반자본주의론과 민족해방민중민주주의혁명론이 양 축을 이룬다. 이 중 식민지반자본주의론은 현실 모순의 인식이며, 민족해방민중민주주의혁명론은 그 모순을 타개하는 방법론이다. 민족해방민중민주주의혁명론에서는 식민지반봉건사회 또는 식민지반자본사회를 민중 혁명으로 타파하고 민주주의 제도를 수립할 것을 촉구한다. 민족해방민중민주주의혁명은 제국주의에서 해방되는 민족해방 혁명과 계급해방을 달성하는 민중민주주의혁명이 독자적이면서도 통일적인 유기체를 이루는 것이다. 그러한 통일로 이루는 이

---

235) 위키백과.

념은 북한(조선민주주의인민공화국)의 공식 체제 이념이기도 하다. 민족해방민중민주주의 혁명을 달성하기 위해 반미자주화와 반파쇼민주화, 조선노동당에 연결돼 제국주의에 결속한 대한민국 지본가 세력을 타도하는 의미로서의 남북통일을 투쟁 노선으로 설정한다.[236]

◆ 구성

민족해방파 내부에도 좌파에서부터 우파까지 다양한 이념적 스펙트럼(spectrum)이 있다. 노동자 계급과 민중에 정치적 무게 중심을 두고 자주, 민주, 통일 이념을 실현하는 쪽이 좌파, 우파적 이념인 민족주의를 우선시하는 쪽이 우파를 이룬다. 민주노동당이 대표적인 좌파 민족주의 정당이다. 여기에는 주체사상파와 비주사 민족해방파가 있다. 주체사상파는 북한(조선민주주의인민공화국)의 국가 이념이자 조선노동당의 지도 이념인 주체사상을 신봉하며, 민족해방 계열의 영향력 있는 파벌 중 하나이다. 1985년 발표된 김영환의 강철서신 이후 대한민국 운동 조직 내에 일정한 세력을 형성해왔다. 주체사상파는 자생적인 친북주의자들로 북한의 단파방송을 몰래 청취하여 북한 입장의 정세 분석과 이론을 수용했다.

1990년대 후반 이후로는 학생 운동의 전반적 쇠퇴와 북한에 대한 정보 공개로 냉전 시대와 같은 독점적 지식 향유가 불가능해지면서 점차 힘을 잃어가고 있다. 주체사상파가 아닌 민족해방파는 '비주사 민족해방(NL)'으로 불리면서 민족해방 계열 내에서 좌파를 구성한다. 민족해방 좌파라는 의미에서 'NL-left'라고도 불리며 정파 내에서는 다수인 주체사상파에 맞서는 소수파이다. 이들은 본래 1980년대 변혁 운동에서 한 갈래를 차지하며 제헌의회 구성을 주

---

236) 위키백과.

장했던 제헌의회파에 속했으며, 민족해방의 민족해방민중민주주의 혁명론과 달리 민족민주혁명론을 주장하던 단체이었다. 이들 가운데 민족해방의 이념인 민족 모순 우선론에 공감하는 정파가 비주사 민족해방으로 형성된 것이다.[237]

◆ 조직

민족해방파의 대표적인 조직에는 민주주의민족통일전국연합과 한국진보연대가 있다. 민주주의민족통일전국연합(약칭 전국연합)은 1991년 12월에 결성된 대한민국의 정치단체다. 1989년 1월 결성된 전국민족민주운동연합이 내부 논쟁과 정권의 탄압으로 약화하자 여러 재야운동세력이 재결집해 만든 민족민주진영의 단체였다. 전국노동조합협의회(전노협), 전국농민회총연맹, 전국대학생대표자협의회(전대협) 등 14개 운동단체와 13개 지역운동단체 등이 포함돼 있었다. 그러나 2006년 한국진보연대 출범으로 전국연합은 2008년 2월 공식적으로 해산됐다. 한국진보연대는 2007년 대선을 앞두고 민주주의민족통일전국연합의 발전적 해체로 창립되었으며, 진보연대로 줄여 부르기도 한다. 한·미 자유무역협정(FTA) 저지, 비정규직 철폐, 평화협정 체결-주한미군 철수, 국가보안법 철폐 등 4대 과제를 내걸고 창립됐다.[238]

◆ 역사

광주사태를 노동자투쟁으로 해석한 민중민주 계열과 달리 민족해방 계열은 미국이 전두환을 지지하여 폭력 진압을 방관했다고

---

237) 위키백과.
238) 위키백과.

해석했으며, 미국의 정체를 바로 보자면서 반미를 강조했다. 민족 해방 단체는 미국과의 심정적 결별과 과학적 학생운동론의 등장 이후, 1985년 말경에 고려대학교와 서울대학교에서 시작되어 통일 운동에 앞장서면서 학생운동권의 주류로 등장했다.

1980년대 중반 자민통 세력이 민족해방파에 속한다. 이들은 학생 운동에서 주도권을 차지하여 전대협과 한총련의 주도 세력이 되었고, 재야 정치 세력인 전국연합, 범민련 등을 구성하였다. 1986년부터 1989년까지 학생운동권 주류는 민족해방(NL)파였다. 1980년대 이래 민중민주(PD)파와 치열한 논쟁과 사상 투쟁에서 우위를 보이며, 학생 운동 전체에 큰 영향력을 행사했다. 특히 1980년대 후반까지 민중민주파와 치열한 노선 투쟁을 거치며 이론과 조직 양면에서 학생 운동을 비약적으로 성장시켰다. 학계에서는 사회과학 논쟁인 식민지반자본주의사회론(식반론) 대 신식민지국가독점자본주의론(신식국독자론) 논쟁, 일명 사구체논쟁도 활발하게 진행되어 민족해방(NL)파와 민중민주(PD)파 양측의 이념적 토대가 되었다.

현실 정치에서는 1987년 대한민국 대통령 선거 이래로, '비판적 지지', '범민주후보론', '당선 가능한 야당 지지' 등을 주창하며 기존 야당 세력에 활발히 접근하여 연대를 추진한 바 있다. 일부는 기성 정당에 입당하여 제도권 정치에 진출해왔다. 이△영, 우△호, 오△식, 임△석, 최△성 등 주로 민족해방(NL)파 세력이 주도권을 쥐고 있던 전대협 출신 간부들도 제도권 정당으로 들어갔다. 민주노동당이 민주노총 등의 지원을 받으며 성장하자, 제도권 정당에 참여하지 않은 민족해방(NL)파 세력이 집단 입당하여 수적 우위를 바탕으로 다수파가 되었다. 민주노동당과 통합진보당의 당내 세력인 자주파가 민족해방(NL) 계열이다.[239)]

(2) 민중민주

민중민주 또는 피디(PD, people's democracy)는 1980년대 대한민국에서 시작된 진보주의 운동의 한 갈래이다. 평등파라고도 한다. 대한민국 사회를 신식민지국가독점자본주의로 규정하고, 사회 변혁 방법으로는 민중민주주의혁명론에 따르며, 사상적으로는 마르크스주의의 영향을 받았다. 단일한 지도 이념에 따라 통일된 조직을 형성한 민족해방(NL) 계열과 달리, 본래부터 단일 정파는 아니며 몇개 정파가 독립적으로 형성되어 조직적으로 나뉜 양상을 보여 왔다. 또한 민족 모순을 대한민국 사회의 주요 모순으로 파악하는 민족해방 계열에 반해, 민중민주 계열은 이를 민족 모순이 아닌 계급 모순으로 파악한다.

계급 운동의 관점에서 주로 노동 운동을 중심으로 사고하여 북한(조선민주주의인민공화국)에 대해서도 대체로 비판적인 입장을 밝혀 민족해방 세력과 대립했으나, 민족해방 세력은 반미주의 등의 민족주의를 바탕으로 대중적 지지를 얻어냈다. 하지만 이 세력은 그렇지 못하여, 대한민국의 진보 진영에서도 한동안 소수파로 남게 되었다. 이후 한국사회당 다수와 민주노동당 일부를 이루게 되었는데 민주노동당의 옛 평등파, 즉 진보신당이 민중민주 세력에 속한다. 민중민주 계열의 이념적 기반이 되는 신식민지국가독점자본주의론은 민족해방 계열의 식민지반자본주의사회론에 맞서는 이론이다.

대한민국과 제국주의 사이의 종속성을 부정할 수는 없지만, 대한민국의 식민지성은 일제강점기와 다르기에 신식민지라고 주장한다. 또한 대한민국 사회의 자본주의가 국가와 결탁하고, 독점이 강화되

---

239) 위키백과.

는 양상을 띠었다고 본다. 더불어 대한민국 사회의 모순을 민중 대 파쇼 체제, 또는 모든 노동 대 모든 독점자본 사이의 모순이라고 파악한다. 신식민지국가독점자본주의론의 맹아는 1980년대 민주화 운동 단체인 민청련 내부의 C.N.P(시민적 민주변혁-민족민주변혁-민중민주변혁) 논쟁에서 발견할 수 있다.

1985년『창작과 비평』통권 57호(부정기간행물) '한국 자본주의 논쟁'에 실린 박현채의 논문 「현대 한국사회의 성격과 발전단계에 관한 연구(I)-한국 자본주의의 성격을 둘러싼 종속이론 비판」은 국가독점자본주의론의 출발점이 되었다고 평가된다. 1980년대 말 윤소영 교수를 비롯한 현실과 과학 집단이 '독점 강화 종속 심화' 테제[240]를 중심으로 신식민지국가독점자본주의론의 핵심 명제를 구체화했다. 당시 '이정로'라는 필명을 쓰던 백태웅도『노동해방문학』에 실은 '한국 사회의 성격과 노동자 계급의 임무'라는 글에서 '신식민지국가독점자본주의론'을 주장했다. 다만, 이 글에 대해 "이론적 배경이 튼튼했던 것은 아니었다"는 평가가 있다.[241]

34. 국가보안법 시비와 논란 계속하는 저의 무엇인가

법률 제10호로 1948년 12월 1일 제정되어 시행에 들어간 국가보안법은 그동안 여러 차례 개정되었다. 현재 시행되고 있는 국가보안법은 법률 제11042호로 2011년 9월 15일 개정된 법률이다. 제1

---

240) 테제(독 These)는 철학에서 정립(定立). 정치적 · 사회적 운동에서 그 기본 방침을 규정한 강령(綱領). 운동 방침.

241) 위키백과.

조(목적 등) ① 이 법은 국가의 안전을 위태롭게 하는 반국가활동을 규제함으로써 국가의 안전과 국민의 생존 및 자유를 확보함을 목적으로 한다. ② 이 법을 해석 적용함에 있어서는 제1항의 목적 달성을 위하여 필요한 최소한도에 그쳐야 하며, 이를 확대해석하거나 헌법상 보장된 국민의 기본적 인권을 부당하게 제한하는 일이 있어서는 아니 된다. 제2조(정의) ① 이 법에서 '반국가단체'라 함은 정부를 참칭하거나 국가를 변란할 것을 목적으로 하는 국내외의 결사 또는 집단으로서 지휘통솔체제를 갖춘 단체를 말한다242)고 규정되어 있다.

우리나라에 시행되고 있는 법률 중 폐지 논란이 가장 오랫동안 지속되고 있는 법률이 국가보안법이다. 국가보안법은 일반 국민의 생활과는 큰 상관이 없다. 주로 종북주의자, 선동가나 투쟁가, 투쟁적 선동정치가, 진보적인 정치가나 학자들과 연관되는 문제이다. 법률은 국가체제 구축과 유지, 사회문제 해결, 이해관계 조정, 질서유지 등 여러 가지 목적 달성을 위해 제정한다. 국가보안법은 제1조에 그 목적이 나타나 있다. 그런데도 국가보안법을 폐지해야 한다고 끊임없이 주장하는 사람들이 있다. 그들은 대부분 종북주의자, 민주화운동 주도세력 중 국가보안법으로 말미암아 피해를 보았다고 생각하는 사람들, 인권이나 국민 기본권에 관심이 많은 학자를 포함한 국민, 일부 외국인 등이다.

이들은 '국가보안법을 폐지해도 문제가 될 것이 없다. 인권을 침해한다. 외국에는 국가보안법이 없다. 국가보안법을 폐지하고 형법으로 대체해야 한다'고 주장한다. 그러나 이러한 주장들은 문제가 있다. 첫째는 국가보안법을 폐지해도 문제가 될 것이 없다는 주장

---

242) 국가보안법.

이다. 현재 국가보안법이 존재하고 시행되는 것은 남북한이 대치하는 특수성을 고려하여 다수의 대한민국 국민이 그 필요성을 인정하기 때문이다. 법률의 제정과 개정은 다수의 국민 의사에 따른다. 다수의 국민이 필요성을 인정하는 것은 유지하는 것이 합당하다. 둘째는 인권을 침해한다는 주장이다. 국가보안법은 인권을 침해할 목적으로 만들어진 법률이 아니다. 만약 인권 침해가 이루어진다면, 그것은 법률을 남용하는 것이다. 이미 이러한 문제에 대비하여 제1조 2항에 안전장치가 마련되어 있어 크게 문제가 될 것이 없다. 그럼에도 인권 침해를 주장하는 사람들은 자신들이 국가보안법에 저촉되는 활동을 하고 있으며, 인권 침해를 내세워 그러한 활동을 자유롭게 하는데 장애가 되는 국가보안법을 해체하고 싶은 마음을 드러낸 것이다. 국가보안법에 저촉하는 행동을 하지 않으면 인권 침해를 명분으로 가져다 붙일 이유가 없다. 셋째는 외국에는 국가보안법이 없다는 주장이다. 세계에 우리나라와 같이 한 민족이 자유민주주의와 공산주의 국가체제로 분단되어 대치상태를 유지하고 있는 나라는 없다. 특수성을 인정하지 않고 일반적인 사례만을 비교 대상으로 하는 것은 합당하지 않다. 넷째는 국가보안법을 폐지하고 형법으로 대체해야 한다는 주장이다. 동일한 내용으로 대체할 것 같으면, 대체한다고 달라질 것이 없다. 그럼에도 국가보안법을 폐지하고 형법으로 대체해야 한다고 주장하는 것은 사실상 국가보안법을 폐지하거나 무력화시키자는 말과 같다.

그럼 국가보안법은 폐지해야 하는가? 그것은 국민 다수가 원하고 국가체제를 유지하고 수호하는 데 문제가 없을 때는 폐지해도 좋다. 하지만 남북한으로 분단되어 대치상태가 지속되고 있는 상황에서 북한을 고무 찬양하고 이적단체를 만드는 것을 허용하면 자유민주주의 국가체제를 위협하는 직접적인 요인으로 작용할 수 있다. 그러므로 국가보안법은 현행대로 유지하는 것이 바람직할 것으로 보인다. 국가보안법 폐지는 특히 종북주의자들의 강력한 희망 사항이라는 점을 고려할 때 더욱 그렇다. 국가보안법 폐지를 주장하는 사람들은 국가와 법규의 제약을 받지 않고 내 마음대로 활동하고 싶다는 것이다. 이는 대단히 위험한 발상이다.

사람은 자신의 목적 달성을 위해 다른 사람을 세뇌시킬 수 있다. 어느 시대와 국가를 막론하고 아무리 법으로 규제해도 항상 혹세무민(惑世誣民)하는 사람들이 있는데 규제를 하지 않으면 어떻게 되겠는가? 투쟁가와 선동가, 투쟁적 선동정치가, 사기꾼 등 혹세무민하는 사람들이 활개를 치고 다닐 것이 틀림없다. 모든 국가는 불온한 사상 전파와 불온한 단체 설립 등으로 특정한 이념과 사상이 확산하는 것을 사전에 경계하고 차단하는 노력이 필요하다. 특히 우리나라와 같이 남북한이 자유민주주의와 공산주의 이념으로 대립하고 있는 상황에서는 더욱 그렇다.

35. 한국 민주화운동 1987년에 끝났는가

오늘날 많은 사람이 한국의 민주화운동은 1987년 6·10 민주화 요구 시위 요구내용이 수용된 6·29 선언으로 끝난 것으로 착각하고 있다. 그러나 한국의 민주화운동은 1987년 6·10 민주화 요구 시위로 끝난 것이 아니다. 1987년 한국은 민주화에 큰 진전이 있었지만, 그것은 단순하게 민주화운동 주도세력의 민주화운동에 의한 것만은 아니었다. 민주화운동 주도세력 측면에서 볼 때, 1987년은 하나의 대전환점이었다. 국회 밖에서 하던 장외 시위와 투쟁을 국회 안으로 들어가 원내 투쟁, 권력 획득을 위한 여론재판과 정치보복으로 전환한 것에 불과했을 뿐, 민주화운동 세력 그들만의 방식에 의한 민주화운동이나 민주화 투쟁은 계속되었다.

민주화운동사 연표와 민주화운동 정의를 통해 볼 때, 한국의 민주화운동은 제5공화국 정치세력에 포함되는 노태우 대통령의 집권까지로 해석할 수 있다. 그러나 민주화운동 주도세력의 민주화 투쟁 목적이 권력 획득이었다는 점, 김대중과 김영삼이 투쟁적 선동 정치가였다는 점을 고려할 때, 민주화운동 주도세력에 의한 민주화운동은 김영삼의 관점에서 보면 자신이 집권하기 전인 1992년 말 또는 현재 진행형, 김대중을 기점으로 보면 1997년 말 또는 사망 시점인 2009년 8월로 볼 수 있다.

왜 이런 해석이 나오는가? 퇴임 후 김대중의 이명박 정부에 대한 발언과 유언, 김영삼의 박정희에 대한 발언 등을 살펴보면 김대중과 김영삼에게 있어 민주화 투쟁이나 민주화운동은 1987년에 끝난 것이 아님을 알 수 있다. 이것은 당연한 측면이 있다. 한 사람이 갖는 성격은 대개 죽을 때까지 유지되는 특성이 있다. 또한 국민이 만족하지 않는 한 민주화는 끝이 없다. 지금도 민주화 노력은 지속되고 있다. 그런데 민주화운동과 민주화 투쟁은 김대중이나 김영삼 방식의 민주화 노력이기 때문이다. 퇴임한 지 15년이 지난 김영삼에게 민주화 투쟁은 끝난 것인가? 각자 생각은 다를 수 있다. 하지만 그의 발언을 유심히 지켜보라. 그러면 아마 여전히 김영삼에게 민주화운동이나 민주화 투쟁의 잔영이 남아 있음을 알 수 있을 것이다.

36. 민주화운동보다 더 우선되어야 할 일은 무엇인가

한국의 민주화운동으로 분류되는 4·19 의거와 5·18 광주사태, 1987년 6월 민주화 요구 시위는 국가 위기를 초래할 수 있는 지극히 위험한 행동이었다. 특히 5·18 광주사태는 더욱 그랬다. 미국, 미군의 존재와 노력이 북한의 호전적인 행동을 억제하는데 결정적인 역할을 하였다. 그러나 민주화운동 주도세력들은 국가안보와 체제수호를 크게 고려하지 않았다. 만약 그들이 국가안보와 체제수호를 고려했다면, 민주화운동 방법은 민주주의 원리를 존중하고 법규가 허용하는 방법에 따라 이루어졌을 것이다. 민주화운동 주도세력이 법규가 허용하는 방법이 아닌 시위에 의존한 것은 그들이 통치자가 아닌데다 자기중심적인 사고를 했기 때문이다.

민주화운동에 참여한 사람들은 대개 민주화나 민주화운동이 가장 우선되어야 할 가치로 생각하는 경향이 있다. 또한 자유와 인권, 국민 기본권 확대의 중요성이나 필요성을 내세우기도 한다. 하지만 한 국가에서 가장 우선되어야 할 일은 헌법이 정한 국가체제 수호이다. 발전으로 생각하는 사람도 있지만, 발전은 체제를 유지하면서 하는 것이다. 이것은 공산주의 국가나 자유민주주의 국가 모두 마찬가지이다. 모든 국가는 그 체제를 유지하는 노력을 하게 되어 있다. 그리고 체제가 붕괴하기 전에는 기존 국가체제를 유지하기 위해 노력하는 일은 정당한 것이다. 체제(體制)는 사회적인 제도나 조직의 양식을 뜻한다. 대한민국이 헌법에 명시된 자유민주주의 국가체제를 유지하려고 하는 것은 당연한 일이다.

민주화나 민주화운동, 국민 기본권과 자유 확대, 인권 신장은 체제가 유지되는 가운데 법률의 제정이나 개정, 새로운 정책 시행이나 제도 도입, 경제발전을 통해 추구해야 할 일이다. 그런데 한국의 민주화운동 주도세력들은 민주화나 민주화운동, 국민 기본권과 자유 확대, 인권 신장이 자유민주주의 국가체제 수호보다 더 우선하는 것처럼 생각하는 경향이 있다. 국가보안법에 대한 끊임없는 시비와 논란, 민주주의와 자유민주주의 논란이 그것을 입증한다. 하지만 우리가 분명히 알아야 할 것은 민주화나 민주화운동, 국민 기본권과 자유 확대, 인권 신장보다 헌법이 정한 국가체제 수호가 우선되어야 한다는 점이다.

국민이 원하는 국가가 존재하지 않을 때 어떤 삶을 살게 되는지, 우리는 일제강점기에 충분히 경험했다. 우리가 민주적 절차와 방법에 따라 민주화를 하고 민주주의를 발전시켜야 하는 이유가 여기에 있다.

37. 한국 민주화운동 미화할 때인가

김영삼 전 대통령은 1999년 5월 17일 4·19 국립묘지 참배를 마친 뒤 한나라당 박종웅 의원을 통해 발표한 성명에서 '박정희 정권에 대한 역사적 평가는 아직 남아 있으며, 결코 미화될 때가 아니다'라고 김대중 대통령의 박정희 전 대통령에 대한 재평가 발언을 비판했다.[243] 같은 논리로 한국 민주화운동은 역사적 평가가 모두 끝나고 미화할 때인가? 아니다. 한국의 민주화운동에 대한 평가

---

243) 경향신문 1999. 5. 18.(네이버 뉴스 라이브러리)

는 아직 제대로 시작도 되지 않았다. 그런데도 그동안 명예회복과 희생자 보상을 명분으로 너무 지나치게 미화해 놓았다. 미화를 통해 편중된 것을 바로 잡으려면 상당한 시간이 필요할 것으로 보인다. 좋은 마음을 갖고 민주화운동에 참가한 사람들은 자부심을 품을 수 있다. 하지만 평가는 국민과 역사의 몫이다. 치적으로 생각하는 것은 국민이 평가해 줄 것이지, 스스로 자랑할 일은 아니다. 대통령의 업적은 국민이 평가하는 것이다. 당대이거나 후대이거나 역사의 평가는 분명 있을 것이다.[244] 민주화운동도 마찬가지이다.

38. 민주화운동 보상 이대로 좋은가

민주화운동 관련자 명예회복 및 보상심의위원회는 법률 제6123호로 2000년 1월 12일 제정되고 5월 13일 시행에 들어간 민주화운동 관련자 명예회복 및 보상 등에 관한 법률 제4조(민주화운동 관련자 명예회복 및 보상심의위원회) ① 이 법에 의한 관련자 및 그 유족에 대한 명예회복과 보상금 등을 심의 · 결정하기 위하여 국무총리소속하에 민주화운동 관련자 명예회복 및 보상심의위원회를 둔다[245]는 규정에 근거하여 설치되었다.

---

244) 데일리중앙 2011. 7. 11.
245) 민주화운동 관련자 명예회복 및 보상 등에 관한 법률.

1) 국민에게 부담만 안겨주는 지나친 보상

오늘날 한국사회에서는 민주화라는 말만 가져다 붙이면 과거에 어떤 행동을 했던 심지어는 공산주의 활동이나 종북 행동을 했더라도 민주화운동을 한 것으로 인정하고 보상해주는 잘못을 범하고 있다. 이러한 일은 민주화, 민주화 노력, 민주화운동의 실체에 대한 이해 부족, 민주화운동 주도세력들의 지나친 공적 미화에서 비롯되었다. 민주화를 제대로 이해하면 민주화운동이 민주화 노력에 해당하는지 구분할 수 있다. 그런데 그것을 제대로 이해하는 사람들이 드물다. 대개 실체도 모르고 민주화운동이 한국 민주화 진전에 도움이 되었고 필요했던 것으로 인식하는 경향이 있다.

그 결과 민주화운동 주도세력은 민주화운동 전력을 자랑스럽게 내세우게 되었으며, 자신들의 과오를 덮고 공적을 부각하기 위해 이해하기 어려운 반정부 시위와 반미 시위 등 정부 정책에 반대한 활동까지 민주화운동이라는 용어를 가져다 붙여 미화하면서 민주화 공로로 인정하는 경향이 있다. 이러한 잘못된 행위가 사회에서 계속 받아들여지자 민주화운동 관련자 명예회복 및 보상심의위원회는 이미 김영삼과 김대중 정부에서 사실상 민주화운동 관련자에 대한 보상이 끝났음에도 노무현 정부에서 2005년 5월 31일 진실·화해를 위한 과거사정리 기본법을 제정하고 이후 진실·화해를 위한 과거사정리위원회의[246]를 설치하여 공산주의 활동을 한 사람들까지 민주화운동가로 둔갑시키고 보상을 해주는 상황이 되었다.

---

246) 진실·화해를 위한 과거사정리 기본법.

2) 민주화운동 명예회복 및 보상심의위 해체돼야

국가기관은 그 역할을 다하면 해체되어야 한다. 대통령과 국무총리의 정책 수행을 위한 자문 역할을 담당하는 위원회는 더욱 그렇다. 민주화운동 관련자 명예회복 및 보상심의위원회는 이미 그 역할을 다했다. 그런데 우리나라의 모든 위원회가 그렇듯이 한번 만들어지면 그 역할을 다해도 기구를 계속 유지하려고 한다. 그 결과 엉뚱하게도 자신들의 존속을 위해 새로운 일을 만든다. 민주화운동 관련자 명예회복 및 보상심의위원회도 마찬가지이다. 그 역할을 다했으면 해체되어야 하는데도 해체되지 않고 있으니까 진실·화해를 위한 과거사정리위원회의 활동과 연계하여 종북주의자까지 민주화운동가로 둔갑시키고 그 역할을 하는데 앞장서고 있는 것이다.

제3장

민주주의에 대한
접근과 이해

제1절 민주주의와 연관된 주요 용어 이해

1. 정당성

정당성(正當性)은 사리에 맞아 옳고 정의로운 성질, 이치에 합당하고 옳은 (것), '정당하다'는 '이치에 맞아 올바르고 마땅하다'는 뜻이다. 인간이 하는 모든 행위는 '올바른 것이냐 아니냐', '이치에 맞느냐 맞지 않느냐'에 따라 해도 괜찮은 행동과 해서는 안 되는 행동으로 구분된다. 자유민주주의 국가에서 정당성 판단의 기준은 대부분 법과 규칙, 관습이다. 정당성(正當性, legitimacy)은 '정의'나 '법' 등 다양한 측면에서 언급된다. '정치'의 문맥에서 '정당성'은 '지배'와의 관련이 중요하다.

정치적 지배는 관습이나 물질적 이해 또는 정서적인 동기에 의해, 공공연한 폭력이나 강제로 그 명령을 시인하도록 하는 근거를 획득하는 때도 있다. 그러나 그것만으로는 안정적인 지배를 확립할 수 없다. 지배를 안정적인 것으로 하기 위해서는 피지배자 측의 일정 복종 의욕이 필요하다. 피지배자의 복종을 얻은 정치적 지배는 정치적 권위를 획득하고 또한 그것을 지지하는 정당성의 신뢰를 환기·교육히는데 힘쓴다. 정당성은 이상과 같이 획득된 지배질서 및 그 타당성에 대한 신념을 말한다.

막스 베버(Max Weber)는 정당성이 뒷받침된 지배를 합법적 지배, 전통적 지배, 카리스마적 지배의 3가지로 정리하고 있다. 이것들은 이념형으로 지배질서를 정당하다고 생각하는 사람들의 신념

방향에 따라 구별한 분석 개념이다. ▲합법적 지배는 형식적으로 정당한 절차에 의해 결정된 제정규칙에 따른 지배이다. 정당성은 제정법에 대한 신뢰가 뒷받침되어 있으며, 복종은 개인의 인격에 대해서 이루어지는 것이 아니라 제정된 규칙에 대해 이루어진다. 명령자일지라도 이 규칙에 구속되고 지배권도 규칙에 따라 확정된 즉물적인 권한의 범위 내에서 행사된다. 개인적 동기나 감정적 영향의 작용을 받지 않고, 사람에 의한 차별을 하지 않고, 형식주의적으로 합리적 규칙에 따르는 즉물적인 합목적성의 견지에 따른다. ▲전통적 지배는 종래부터 존속하는 질서와 지배 권력의 신성성에 의해 정당성을 갖는 지배이다. 지배권의 행사는 전통에 의해 구속되며 전통을 무시한 명령은 지배의 정당성을 위기 상황에 빠뜨린다. 전통적 규범에 반하는 새로운 법을 만드는 것은 원칙적으로 불가능하다. ▲카리스마적 지배는 지배자 개인이 갖는 독특한 자질(카리스마)에 대한 정서적 귀의에 의해 정당성을 갖는 지배이다. 예언자, 군사적 영웅, 선동정치가에 대표되는 비(非) 일상적·개인적 자질에 정서적으로 매력을 느낌으로써 복종이 이루어진다. 카리스마적 지배가 계속 존재하거나 후계자의 문제가 발생하면 지배관계는 일상화하여 합법화나 전통화의 길을 걷게 된다. 어느 유형이든 정당성은 일방적으로 지배자 측에서 획득하는 것이 아니라 지배자와 피지배자의 상호 승인으로 성립한다.[247]

지배정당성(支配正當性, legitimacy to rule)은 지배는 물리적인 차원으로 환원하면 강제력을 행사하는 것이다. 강제력의 행사는 폭력의 발동을 시사하고 공감을 통하여 복종을 확보하는 것이다. 폭력의 발동에는 동의, 동조를 전제로 하지 않는다. 지배가 한 시점

247) 21세기 정치학대사전.

에서만 성립한다면 폭력을 발동하는 것에도 이유가 없는 것은 아닐 것이다. 그러나 지배는 지속적인 과정이기 때문에 장기간 폭력을 계속 발동할 수는 없다. 또한 폭력의 발동은 큰 비용을 필요로 한다. 비용은 폭력의 발동으로 사망자가 발생하기 쉽다는 것을 의미한다.

그것에 의해 폭력의 발동에 대한 반대, 저항이 높아지기 쉽다. 또한 강제적으로 진압하고, 계속 억압하는 것으로 발생하는 비용은 많이 증가한다. 그리고 거기에는 애초 폭력의 행사로 지배를 계속하는 것에 대해 큰 우려가 환기된다. 그것은 지배가 정당화될 수 있는가 어떠한가에 강한 의문이 던져지는 것을 의미한다. 지배정당성은 지배에 필요한 비용을 최소로 하는 이데올로기적인 장치이다.[248] 정치권력의 획득과 공권력 행사에서 정당성은 아주 중요하다. 정당한 방법에 따르지 않는 정치권력 획득과 공권력 행사는 국민의 저항에 직면하고 사회를 혼란에 빠뜨리는 원인으로 작용할 수 있다.

2. 보편타당성

보편성(普遍性, universality)은 모든 것에 두루 미치거나 통하는 성질, 특수성을 가진 여러 개체가 공유(公有)하고 있는 특성이다. 그 특성에 의해서 여러 개체가 하나의 집합을 성립시킨다. 그러므로 보편성은 한 집합을 성립시키는 원소들이 공통으로 가지고 있

---

248) 21세기 정치학대사전.

는 특성이라고 할 수 있다. 그 집합의 개념을 우주(宇宙)에 적용할 때, 모든 존재하는 사물이 공유(公有)하고 있는 궁극적 특성을 일컫는 것이 된다. 플라톤(Platon)은 보편성은 이데아(Idea, 이념)이며 그것은 존재하는 실체라고 생각하였으나, 유명론자(唯名論者)들은 보편성은 일반성을 나타내는 개념에 불과할 뿐 결코 실체로 존재하는 것이 아니라고 하였다.249)

타당성(妥當性, validity)은 사물의 이치에 맞는 옳은 성질, 어떤 판단이 가치가 있다고 인식되는 일이다. 곧 어떤 판단이 진실인 경우에 그 판단은 타당성이 있다고 한다. 또한 타당성은 어떤 판단의 인식가치(認識價值)를 의미하는 말로서, 보편적인 시인(是認)을 하게 되는 것을 뜻한다. 진리를 인식했을 경우, 우리가 그것을 생각하건 생각하지 아니하건 진리라는 확신이 따르는데, 이렇게 언제 어디서나 승인되어야 한다고 생각되는 진리의 성질이 타당성이다. 일반적으로 시간적·공간적 한정(限定)을 넘어 그 자체로서의 한정성을 주장할 수 있는 성질을 가리킨다. 때로는 진위(眞僞)를 문제 삼는 대상이 판단인 데 비해서, 추리(推理)를 대상으로 그 옳고 그름을 따지는 것을 타당성이라 하기도 한다. 로체(R. H. Lotze)에 의해서 처음 쓰인 말로, 그는 이것을 논리적 타당성의 의미로 해석했다. 이것을 기틀로 신칸트학파는 타당성이라는 개념을 중요시하였다.250)

보편타당성(普遍妥當性)은 개인적이며 주관적인 사고나 지각과 관계없이 모든 사고나 인식에 타당한 성질, 대상(對象) 전체에 예외 없이 유효한 것을 말한다. 일반적으로는 보편타당성을 가진 인

---

249) 교육학 용어사전.
250) 교육학 용어사전.

식을 진리라고 한다. 주관적 관념론(主觀的觀念論)에서는 인간 경험의 조직형태를 진리라고 하고, 그 타당성을 더 많은 사람이 주관적으로 승인한다는 경험적 현상에서 구한다. 그러나 객관적 관념론에서는 이것을 인식형식의 선천성(先天性)에서 구하고, 당위(當爲)로서의 가치에 보편타당성의 근거를 둔다.[251]

우선은 시류나 세력에 의존하면 자신의 주장이 한때 통용되고 사람들에게 받아들여지게 할 수는 있다. 하지만 사람이 살다 간 자리에는 화석처럼 흔적이 남는다. 보편타당성을 갖추지 못한 행동은 결국은 비판받고 허구성이 드러나기 마련이다. 올바르지 않은 일을 해놓고 올바른 일을 한 것처럼 꾸미는 데는 한계가 있다. 언젠가는 반드시 진실이 거짓을 이긴다. 그러므로 정치가는 역사 앞에 승부를 겨뤄야 한다.

3. 편견

편견(偏見, prejudice)은 공정하지 못하고 한쪽으로 치우친 생각을 말한다. 흑인이나 외국인 등 어떤 특정의 집단이나 개인에 대해 충분한 지식이나 경험을 갖기 전에 형성된 나쁜 감정, 부정적인 평가, 적대적인 언동의 총체(總體)이다. 즉 부정적인 감정이다. 그 특징은 첫째는 불충분하고 부정확한 근거에 기초하고 있으며 특정의 선입관에 강하게 영향을 받는 태도이다. 만일 잘못된 예측을 하였지만 새로운 사실이나 증거에 기초하여 잘못을 수정할 수 있으면 그 예

---

251) 교육학 용어사전.

측을 편견이라고 할 수 없다. 그러나 편견은 그 뒷받침이 되는 근거 등에 관심을 두지 않고 새로운 정보 등의 영향도 부정하고 고집적이다. 둘째는 대상에 가치 판단이 포함되어 있다. 즉 어떠한 가치기준에 기초한 상태에서 실제보다 긍정적으로 높게 평가하거나 부정적으로 낮게 평가하는 태도가 나타난다. 셋째는 비논리적이고 감정적인 태도이다. 따라서 태도로서는 강고(强固)하며 논리적이고 현실적인 비판에 대해서는 강하게 감정적인 저항을 나타낸다. 넷째는 집단적 현상이다. 올포트(Gordon Willard Allport)의 정의에 의하면 편견은 경험이나 분석 이전에 집단에 대해서 갖는 판단이라고 한다. 편견은 사회를 범주(category)화하여 일면적인 인과관계를 기초로 단순화한다. 그리고 그것을 공유하는 사람들 간에 집단적인 정체성을 만들어내는 사회적 통합의 기능을 가질 수도 있다. 편견의 유사어로는 선입 태도(bias), 틀에 박힌 사고방식(stereotype) 등이 있지만, 상기의 특징에 비추면 선입 태도는 감정적인 것만은 아니며, 틀에 박힌 사고방식은 나중의 수정이 비교적 용이하다는 등의 점에서 다르다.

편견은 생활환경 속에서 사회적으로 학습되어 간다. 아도르노(Theodor Wiesengrund Adorno) 등은 편견은 고립적 요인이 아니라 인격(personality)을 형성하는 체계 속에 통합된 것이라고 하였다. 인간은 각종의 경험에 기초하여 사회적 태도(social attitude)를 형성하지만, 이러한 태도가 고정화되고 습관화되어 유연성을 상실하면 어떠한 대상에 특정의 시점이나 가치기준의 입장에서, 인지(認知), 판단하기 때문에 정확한 이해를 할 수 없어 편견이라는 태도가 형성된다.

편견의 심리적 배경에는 적의(敵意)나 자기방위 등이 있다. 인간은 특정의 인종이나 사회계층 등의 집단에 속함으로써 안심하고 또한 어떤 집단으로의 귀속이 높아짐에 따라 대립하는 집단으로의 대항 의식이나 적의가 발생하게 된다. 집단으로의 귀속 의식 뒤편에는 과시와 동시에 다른 집단으로의 적의가 포함되어 있으며, 그 집단 전체가 갖는 편견에 동화되어 간다. 한편 인종적 편견 등의 부정적인 태도는 상대를 무시함으로써 자기의 안정을 도모한다는 투사(projection)의 심리에 기초한 경우가 많다. 사회적으로 불우하였거나 지위가 낮은 사람일수록 인종적 편견이 강하다는 연구결과도 보고되어 있다.

인간은 알고 있는 것에 대해서는 친근감을 갖지만, 알지 못하는 것에 대해서는 방위적인 태도를 보이기 때문에 미지의 문화나 사회에 대한 공포감도 편견의 원인이 될 수 있다. 일반적으로 사회의 혼란은 편견을 낳기 쉽다. 이러한 상황에서는 공포심이나 불만, 적의 등이 강해지고 더욱 약한 집단에 대해 자기방위를 도모하고자 하기 때문이다. 전쟁이나 재해 같은 경우에는 그것이 더욱 현저하게 나타나고 소수민족이나 이교도에 대해서 평상시에는 생각하지 못한 잔혹한 행위가 발생하는 경우가 있다. 또한 지배자의 선동(煽動)이나 여론조작 등에 의해 국가적인 규모의 편견이 나타나는 때도 있다.[252]

편견은 사고와 사물을 판단하는 균형을 잃게 하므로 문제를 유발하는 원인으로 작용한다. 편견을 가진 사람들이 정치지도자가 되면 사람들을 잘못된 방향으로 이끌어 억지를 부리게 부추겨 사회혼란과 대립, 갈등을 양산하고 투쟁을 일삼게 하는 등 정치 하위문화를 확산하는 원인으로 작용한다. 우리가 갈등 현장에서 볼 수 있는 과다한 요구는 모두 이기심이 편견과 결부되어 나타난 억지이다.

---

252) 21세기 정치학대사전.

4. 자본주의

오늘날 대부분의 국가는 정치체제로서 자유민주주의, 사회경제체제로서 자본주의를 운영 축으로 한다. 국민의 삶의 질을 향상하고 인간 존엄성을 실현하기 위해서는 국가운영체제의 두 가지 축인 자유민주주의와 자본주의가 조화를 이루면서 발전하여야 한다. 민주화, 민주화 진전, 민주주의 발전은 그 자체로도 가능하지만, 경제력이 받침이 되지 않으면 빈약한 발전을 면할 수 없다. 제대로 된 민주화, 민주화 진전, 민주주의 발전을 위해 경제건설이나 성장이 필연적으로 요구되는 이유도 여기에 있다.

1) 자본주의 개념 이해

자본주의(資本主義, capitalism)는 생산 수단을 자본으로 소유한 자본가가 이윤 획득을 위하여 생산 활동을 하도록 보장하는 사회경제체제이다. 자본주의 개념은 근대경제체제의 구조와 그 운동법칙을 밝히기 위하여 마르크스(Marx) 등 사회주의 경제학자들에 의해 만들어졌다. 역사적으로는 16세기부터 시작하여 18세기 후기 이래 산업혁명을 계기로 서구사회에 일반화되어 아메리카대륙에 파급되었으며 현재에는 아시아, 아프리카대륙에까지 이르게 된 근대사회 특유의 사회경제체제이다. 그동안 많은 학자가 자본주의에 대해 연구를 하여 그들 나름대로 정의를 시도하였으나, 아직 다양한 측면에서 명확하고 논박의 여지가 없는 정의를 내린 사람은 없다.

그러나 자본주의에 대한 정의에 나타난 공통된 특징과 그 역사적 변천 과정을 정리하면 다음과 같다.

자본주의 특징으로 일반적으로 인정되고 있는 내용은 ▲사유재산제도의 인정: 소비재는 물론 자본재에 대해서도 그 사적소유와 자유처분의 원칙이 인정되고 있다. ▲자유경쟁주의 또는 경제활동의 자유: 개인의 경제적인 자유가 허용되어 소비선택의 자유와 직업선택의 자유를 인정한다. ▲영리주의: 자본주의체제 내에서 모든 경제활동은 이윤획득을 목적으로 이루어진다는 것이다. ▲교환경제 또는 시장경제: 사유재산제도가 기본이 되어 모든 재화는 상품으로 생산되어 이윤획득을 목적으로 시장에서 교환되고 그 재화의 가격이 결정되는 것이다. 따라서 모든 경제활동은 시장에서 결정된 가격을 중심으로 이루어지고 있다. 이것은 자본주의 경제체제 내에서 가격이 각 경제활동에 대해 매개변수적인 기능(parametric function of price)을 하기 때문이다. ▲노동력의 상품화: 자본주의는 생산수단을 소유하고 있는 자본가와 노동자라는 2대 계급으로 되어 있어 노동자는 자기의 노동을 시장에서 자유로이 판매하고, 자본가는 이들을 고용하여 상품을 생산하게 되는 것이다.

위의 내용을 종합, 요약하면 자본주의는 생산수단인 자본을 소유하고 있는 자본가가 노동자를 고용하여 시장에서 가격의 매개변수적인 기능을 통해 최대의 이윤획득을 위하여 상품을 판매하는 경제체제라 할 수 있다. 그러나 이러한 자본주의의 특징은 경쟁형태의 변화, 대내외적 발전의 불균등성, 기업에서 소유와 경영의 분리, 기술진보와 자본저축양상의 변화 등으로 자본주의는 창조적 균형 파괴과정을 통해서 자기회복능력을 상실한 채 국가통제의 의존도가 커지고 이에 따라 생산수단의 사적소유가 제한을 받고 이윤동기의 억제, 기업경영에 노동자와 정부의 간여 등으로 수정, 변천하게 되었다.

자본주의체제의 역사적 변천 과정을 살펴보면 다음과 같다. 서구사회에서 16세기에 발생하여 18세기 후반부터 19세기 전반에 걸친 산업혁명으로 확립된 자본주의는 시대의 변천과 함께 초기의 그것과는 대단히 다른 성격상의 변화를 가져왔다. 그 변천 과정은 ① 초기자본주의 시대인 상업자본주의 시대 경제체제 내부에서 자본주의적 요소가 성장하기 시작한 16세기부터 산업혁명에 이르는 시기이다. 상품의 유통과정에서 이윤을 추구하는 이 상업자본주의는 15세기 말 지리상의 발견시대 이후 신항로의 개척, 신개척지로부터의 원료획득, 금·은의 유입, 판로의 확대 등으로 활발하게 발전되어 16세기 이래 서구사회에 새로운 기풍을 조성하였으며, 당시 절대 왕조의 부국강병이라는 중상주의 경제정책의 비호 아래에 더욱더 비대해져 원료의 독점과 자금 대출을 통해 국내 생산업자를 지배하면서, 자본주의 성립의 전제조건인 자본의 본원적 축적이 본격적으로 이루어진 시기이다. ② 산업혁명을 거쳐 산업자본이 확립된 산업자본주의 시대로 상업자본 대신에 산업자본이 그 주도권을 장악한 시기다. 상업자본의 활발한 전개로 원시적 자본축적이 이루어져 가내수공업 형태에서 공장제수공업(manufacture)으로 바뀌었으며, 이것은 다시 기술혁신에 따른 산업혁명으로 대량생산이 가능해져 합리적인 경영 아래 본격적인 공업생산이 종전까지의 주문생산 또는 제한된 수요를 목표로 한 한계생산에서 특정한 수요자를 위한 생산이 아니라, 국내외의 시장을 통하여 판매될 것을 예측하고 상품생산이 이루어지게 되었다. 이러한 형태는 산업자본주의의 생산조직 및 경제체제를 자유주의 원칙에 입각하여 존재하게 한 것이며, 어떠한 상품을 생산하든 국가나 기타 어떤 단체도 이를 간섭하지 않는다. 이 시대에는 또한 중상주의 대신에 자유주의가, 절대주의국가 대신에 야경국가와 값싼 정부(cheap government)가 시대의 요구로 나타났으며, 자본주의의 전형적인 특징이 가장 뚜렷하게 나타난 시기이다. ③ 독점자본주의 시대는 19세기 말 이후 20세기에 이르는 시기를 말한다. 자유주의에 입각한 자유경쟁은 군소약소기업을 도태시키고 대기업만이 생존경쟁에서 살아남아 대기업 간의 경쟁으로 나타나, 그 경쟁이 격심해져 마침내 이를 피하고 서로의 이윤확보를 위해 상호독점을 결성하게 되었다.

이처럼 자유경쟁은 무너지고 자본의 집중, 기업결합 등에 의한 독점기업의 출현, 독점자본과 결합한 은행자본이 지배적인 역할을 하게 되었다. 그러나 마침내 자본주의는 그 자체 내에서 많은 사회적인 문제점을 노출하게 되었으며, 가격의 자동조절작용 기능은 불가능해졌다. 국가가 간섭하여 자유화 원칙에 대하여 통제를 하거나 계획화를 실시하게 되었다. 경제에 대한 국가통제는 자본주의 초기에는 예외적이었으나 자본주의가 발달함에 따라 일반화되어 오늘날 국가와 경제는 밀접한 관계를 갖게 되었다.

20세기 후반부터는 이러한 자본주의의 변모에 대한 재인식이 현대자본주의론으로 많은 경제학자에 의해 이론적인 전개를 보기에 이르렀다. 자본주의의 현재 단계는 그 변모를 인식하는 관점에 따라 수정자본주의(modified capitalism), 인민자본주의(people's capitalism), 관리자본주의(managed capitalism), 혼합경제(mixed economy) 등으로 불리고 있다. 그러나 현대자본주의는 정통적 자본주의에 입각한 산업자본주의에 대해서는 큰 변동을 의미하나 자본주의 자체를 부정하는 것은 아니다.[253]

오늘날 자유민주주의 국가체제는 자본주의를 바탕으로 하고 있다. 그러므로 민주주의와 자본주의 또는 민주화와 경제는 둘이 아니라 하나로 결합하여 있어 양자의 가치를 동시에 고려해야 민주주의 발전과 민주화를 올바르게 이해할 수 있다. 민주화와 민주주의 발전을 선도하는 것은 경제이다. 경제발전은 필연적으로 민주화와 민주주의 발전을 요구하고 수반하지만, 민주화가 선행된 상태에서는 급속하게 경제를 발전시키는 일이 용이하지 않다. 특히 후진국에서는 더욱 그렇다. 그러므로 민주화가 진전하기 위해서는 경제성장이 선행하고 받침이 되어야 하는 것은 당연한 일이고 순리이기도 하다. 이제까지 경제가 발전하고 경제력의 규모가 큰 선진국에서 민주주의가 발전하지 않은 나라가 없다는 점이 이를 입증한다.

2) 자본주의 체제가 안고 있는 문제점

자본주의 체제가 초기 200여 년 동안 대두시킨 큰 문제 중 하나는 기본적으로 배타적인 체제라는 점이다. 자본주의는 일차적으로 계약 관계를 기준으로 세워진 만큼 그 적용이나 결과물의 공평한 분배 과정에 너무 많은 사람을 배제해 왔다. 단순히 금전적인 보상의 문제가 아니다. 많은 사람이 자본주의 체제에서 일하면서 의미 있는 참여 기회마저 박탈당하고 있다. 자본주의는 이제까지 인간이 만든 가장 좋은 체제에 속한다. 그러나 자본주의 체제는 포용의 관점 아래에서 이론과 실제의 모든 측면에서 개선될 필요가 있다. 그렇게 결과를 개선하는 것도 중요하지만, 그것이 일차적인 목표는

---

253) 경제학사전.

아니다. 진정한 목표는 인간의 인격을 옹호하는 것이다.

인격을 옹호하기 위해서는 포용적 체계에 기초를 두어야 한다. 모든 사람이 집단에 이바지하는 바가 있다는 믿음은 가능한 많은 사람을 포용하게 한다. 다양성의 본질적 가치를 믿는다면 포용이야말로 공존공영을 위해 우리 인류가 나아가야 할 길이다. 자본주의 체제는 입장을 고수하는 한 오래 존속하지 못할 수도 있다. 오늘날의 사회 구조를 보면 우리에게는 독립적 지위가 부여되는 것이면 무엇이든 취하고 싶어 하는 끝없는 욕구가 있다는 것을 믿지 않을 수 없다. 그 뒤에는 나 혼자만 소유하면 된다는 생각이 도사리고 있다. 자신만 챙기려는 것이다. 하지만 곰곰이 생각해보면 이러한 태도는 단순히 이기주의의 발로에 지나지 않는다.

배타성은 결국 이기주의를 낳을 뿐이다. 그러므로 우리 인간은 공존공영을 위해 아름다움과 다양함의 타당성으로 통하는 상호 의존성을 모두 확인하기 위해 몰두한다. 그 결과 우리는 배타성을 거부하고 포용성을 갈망한다. 우리는 모두 필요한 존재들이다. 각자 내면에는 세상을 향해 발휘할 재능이 숨겨져 있다. 우리는 모두 사회적 존재이며, 우리가 몸담고 있는 조직은 사회적 단위이다. 마음속에는 조직을 위해 무엇인가를 하고 싶은 뿌리 깊은 욕망이 자리한다. 포용적 체제 안에서는 구성원 모두가 내부자가 되어야 한다. 인간은 상호 의존적이라서 혼자서는 절대로 생산적인 존재가 될 수 없다. 그러므로 충분한 커뮤니케이션(communication)이 필요하다. 충분한 커뮤니케이션과 배타적 진행은 서로 모순된다.[254]

---

254) 맥스 드프리 저, 이영진 옮김(2010), 『성공한 리더는 자기 철학이 있다』, 북플래너, pp.32~52.

(1) 승자독식효과

승자독식효과(勝者獨食效果, winner-take-all effect)는 정보통신기술의 발전 등 경제구조의 변화에 따라 생산요소의 미세한 능력차이가 막대한 한계생산의 가치로 전환되는 현상을 말하며 수퍼스타효과(superstar effects)라고도 한다. 이러한 현상은 생산과정에서 재화나 서비스 공급이 광범위한 다수에게 이루어질 수 있는 특성이 있어야 하는데 주로 상업적 스포츠나 연예분야에서 쉽게 찾아볼 수 있다. 예컨대 테너가수의 성악을 과거에는 공연 중인 극장 내에서만 소비할 수 있었으나 현대에는 방송, 콤팩트디스크(compact disk, CD) 등으로 전 세계 소비자의 동시 소비가 가능하게 됨에 따라 세계 최정상인 2~3인의 테너가 대부분의 시장을 차지하게 됨으로써 이들과 능력이 바로 아래 단계에 속하는 가수는 현격한 차이를 보이게 되는 것이다. 테니스와 골프 등 상업적 스포츠 분야에서도 동일한 이론이 적용된다.[255]

(2) 승자독식사회와 20 대 80 법칙

승자독식사회(The Winner-Take-All Society)는 로버트 프랭크와 필립 쿡의 책 『승자독식사회』(The Winner-Take-All Society)에서 나온 말로 20 : 80의 사회를 넘어 소수의 사람이나 소수의 회사가 사회의 거의 전부의 부를 차지하게 되는 사회로 나가는 현상을 표현하는 말이다.[256] 20 대 80 법칙은 전체 인구 중 20%가 전체 부의 80%를 차지하고 있다는 이론이다. 19세기 영국의 부와 소득 유형

---

255) 경제학사전.
256) 위키백과.

을 연구하던 중에 발견한 부의 불균형 현상이다. 이탈리아 경제학자 빌프레도 파레토(Vilfredo Pareto, 1848~1923년)가 처음 주창했다. 이후 20 대 80 법칙은 1997년 한스 피터 마르틴과 하랄드 슈만이 쓴 『세계화의 덫』이라는 책을 통해 세간에 널리 알려졌다. 이 이론에 따르면, 세계화 시대에서는 전 세계 인구 중 20%만이 좋은 일자리를 가지고 안정적인 생활을 유지하는 반면 대다수인 나머지 80%는 사실상 20%에 빌붙어 살아가야 한다. 즉 빈곤층 80%와 부유층 20%로 사회가 양분된다는 설명이다.[257]

3) 자본주의 체제의 단점 보완 방법

인간은 불완전한 존재이므로 인간이 만든 모든 제도는 장단점이 있다. 그러므로 만들어진 모든 제도는 운영과정에서 그 단점을 보완하기 위한 노력이 수반되어야 한다. 자본주의도 마찬가지이다. 자본주의 체제의 단점을 보완하기 위해서는 크게 보면 집단이나 사회단체, 국가 차원에서 해야 할 일과 개인이 해야 할 일이 있다. 집단이나 사회단체, 국가 차원에서 해야 할 일은 빈부 격차를 줄이기 위한 재분배와 복지정책 강화 등 공생발전 체계를 구축하여 제도적으로 노약자와 사회 빈곤층을 지원하는 것이 필요하다. 개인이 해야 할 일은 자원봉사와 나눔 등 이타주의를 실천하는 일이다.

---

257) 매일경제.

(1) 공공의 이익을 추구하는 공생발전 체계 구축

대통령 직속 미래기획위원회와 경제·인문사회연구회는 2012년 2월 23일 한국개발연구원(KDI) 주관으로 서울 중구 소공로 롯데호텔에서 '글로벌 코리아 2012'를 공동 개최하고 세계(global) 금융위기 이후의 새로운 자본주의 발전 방향과 대응 전략으로 공생발전[258]을 제시했다. 이 회의에 참석한 세계적 석학들은 국제금융위기 이후 나타난 시장만능주의의 한계를 극복하기 위해서는 정부의 역할과 함께 합리적 분배를 통한 소득 양극화 문제 해결이 중요하다며 새로운 경제 이론적인 틀(paradigm)을 세울 시점이라고 밝혔다.

개막 좌담회에 참석한 석학들은 공생발전을 위해서는 시민사회 참여와 파트너십(partnership)을 창출할 수 있는 새로운 경제 패러다임을 통해 공공의 이익을 추구해야 한다고 입을 모았다. 크리스토퍼 피사리데스 런던정경대 교수는 "시장과 자본주의에 대한 사람들의 인식 자체가 근본적으로 변하고 있다. 소수의 욕심이 아니라 절제와 협력을 바탕으로 하는 새로운 경제 패러다임을 만들어야 한다"고 강조했다. 그러면서 그는 "제도, 법규, 인식, 관습, 사고, 관념, 가치관 모두 탐욕을 억제하고 절제와 조화를 중시하는 정신에 부합하는 방향으로 달라져야 한다"고 덧붙였다.

빔 콕 전 네덜란드 총리는 "가장 조화롭고 성공한 사회란 정부, 민간부문, 노동조합을 포함한 시민사회 등이 공동의 이익을 위해 함께 일할 준비가 된 사회이다. 경제 발전의 개념은 사회 내 요구를 충족시키는 데 도움이 될 수 있지만, 이것이 사회 및 생태계 부

---

258) 공생발전(Ecosystemic Development)은 66주년 광복절 경축사의 핵심어이다. 경쟁이 최우선시되는 시장만능주의를 극복하는 한편 정부의 재정에 크게 의존하는 복지 지상주의와도 거리를 두자는 개념의 신조어다.

문으로까지 의미가 확대되거나 광범위한 집단이 공정한 혜택을 받을 수 있는 경우 더 나은 결과를 가져올 수 있다"고 말했다.

'지속가능한 성장(자본주의 성장 동력의 회복)'이라는 주제로 진행된 토론에서는 지속가능한 성장을 위한 자본주의 성장 동력의 회복 방안으로서 동반성장의 가치와 중요성이 강조됐다. '월가 점령 시위'와 같이 세계적으로 확산하고 있는 자본주의에 대한 불만은 시장 실패의 결과며, 대립적이기보다는 국가와 시장이 조화롭게 결합한 새로운 패러다임(paradigm)을 찾기 위해서는 현재의 불평등 구조를 개선하는 것이 시급하다는 얘기다. 또한 소득격차를 해소하기 위해 '급격한 누진 소비세'를 도입해야 한다는 정책적 제안도 제시돼 눈길을 끌었다.

로버트 프랭크는 "소득격차는 거의 모든 사람에게 막대한 비용 부담을 안겼다. 이 비용을 줄일 수 있는 정책적 선택 사항으로 '급격한 누진 소비세'를 제안한다"고 밝혔다. 이 밖에도 라젠드라 시소디아 미국 벤틀리대 교수는 "현 상황을 타개할 조금 더 나은 방법이 '깨어 있는 자본주의'다. 이는 건전한 정책, 제한적이지만 보편적인 규제, 철저한 투명성, 교육 개혁, 기업 진입 장벽 철폐, 공정하고 합리적인 세제 등을 통해 이뤄질 수 있다"고 강조했다.[259]

(2) 자원봉사와 나눔 통한 이타주의 실천

자원(自願)은 어떤 일을 자기 스스로 원함, 봉사(奉仕)는 국가 사회 또는 남을 위해 헌신적으로 일함, 자원봉사(自願奉仕)는 어떤 일을 대가 없이 자발적으로 참여하여 도움 또는 그런 활동, 자원봉사자

---

259) 파이낸셜뉴스 2012. 2. 23.

(自願奉仕者)는 무료 봉사로 자진해서 어떤 일에 참여하는 사람을 말한다. 이타주의(利他主義)는 다른 사람의 복지 증가를 행위의 목적으로 하는 생각이나 행위, 이기주의(利己主義)는 자기의 이익만을 행위의 규준으로 삼고, 사회 일반의 이익은 염두에도 두지 않는 주의이다. 쾌락설과 개인적 공리설(功利說)의 두 가지가 있다. 또한 남을 돌보지 않고, 자기 이익만 차려 멋대로 행동하는 일이라는 뜻도 있다.

이기주의와 이타주의는 반대말이다. 이기주의자가 많은 사회는 자신만 욕심을 채우고 잘살면 된다는 이기적인 생각을 하므로 갈등이 만연하고 빈부격차가 심화한다. 그러나 이타주의자가 많은 사회는 상대적으로 가진 것이 많은 사람이 어렵고 힘든 사람들에게 자신이 가진 것을 나누어 주고 더불어 잘 살 수 있도록 도움을 제공하므로 갈등은 줄어들고 살기 좋은 사회가 된다. 예산에 의해 운용되는 국가가 어려운 사람이나 빈민을 구제(救濟)하는 데는 한계가 있다. 그러므로 국가도 좋은 사회를 만들기 위해 노력해야 하지만, 이웃과 함께 더불어 살려고 하는 개인의 노력이 아주 중요하다. 민주주의와 자본주의 국가운영체제의 한계를 극복하고 단점을 보완하는 가장 좋은 방법은 모든 사람이 이타주의를 실천하는 것이다.

5. 시위와 시위운동 그리고 데모

시위(示威)는 위력이나 기세를 드러내어 보임, 시위운동의 준말이다. '무력시위, 반정부 시위, 시위에 참가하다'는 말로 많이 사용된다. 시위운동(示威運動)은 많은 사람이 일정한 의사(意思)・요구를 표시하며 그 실현을 위하여 집회나 행진 등으로 위력을 보이는 운동, 많은 사람이 공공연하게 의사를 표시하여 집회나 행진을 하며 위력을 나타내는 일이다. 영어로는 demonstration(dèmɔnstréiʃ∂n: 데모, 시위운동)이다. 데먼스트레이션의 약어가 데모이고, 데모(demo)는 시위운동이므로 같은 말이다. 시위와 시위운동은 내용에 따라 잘 구분해서 사용해야 한다.

우리가 시위와 시위운동에서 주목해야 할 점은 '무력시위'와 '반정부 시위'라는 표현은 널리 사용하지만, '무력시위운동'이나 '반정부 시위운동'이라는 표현은 일반적으로 사용하지 않는다. 그 이유는 시위와 시위운동은 같은 뜻도 있지만, 시위에 고유의 뜻이 있어 쓰임이 용도에 따라 다르기 때문이다. 두 용어의 차이는 운동에 있다. 운동은 폭력을 수반하지 않는다. 그런데 시위는 무력이나 폭력을 수반하는 것도 있고 수반하지 않는 것도 있다. 시위운동은 시위에 포함되지만, 시위운동은 무력이나 폭력을 수반하지 않는다. 즉 같은 시위를 하더라도 시위대가 무력이나 폭력을 사용하거나 수반하느냐 하지 않느냐에 따라 시위와 시위운동으로 구분할 수 있다.

같은 시위를 하더라도 시위대 측이 무력이나 폭력을 사용하거나 수반하는 것은 시위, 무력이나 폭력을 사용·수반하지 않는 것은 시위운동이나 시위로 볼 수 있다. 그러므로 무력이나 폭력을 사용·수반한 것은 처음에 시위운동으로 시작되었더라도 시위라고 표현하는 것이 합당하다. 간단하게 말하면 같은 시위를 하더라도 무력이나 폭력을 사용·수반하면 시위이고, 그렇지 않으면 시위운동이다. 한국 민주화운동 주도세력이 자신들이 한 반정부 시위, 민주화투쟁, 항쟁, 민주화 요구 시위를 민주화운동으로 둔갑시킨 행위는 시위와 시위운동에 대한 부족한 개념 이해에 따른 오류 또는 반정부 시위와 민주화 투쟁을 미화하기 위해 운동이나 시위운동을 멋대로 원용한 것이다.

6. 투쟁과 항쟁 그리고 운동과 민주화운동의 차이점

운동(運動)은 어떤 목적을 이루기 위해 분주히 돌아다니며 조직적으로 활동하는 일을 뜻한다. '선거운동, 절수ㆍ절전운동' 등의 표현이 널리 사용된다. 운동은 목적을 달성하기 위한 행동을 하는데 폭력을 사용하거나 수반하지 않는다. 그런데 한국의 민주화운동은 그것을 주도한 세력들이 스스로 말한 민주화 투쟁과 항쟁이었다. 투쟁(鬪爭)은 어떤 대상을 이기거나 극복하기 위한 싸움, 사회 운동이나 노동 운동 따위에서 무엇인가를 쟁취하고자 견해가 다른 사람이나 집단 간에 싸우는 일, 항쟁(抗爭)은 맞서 싸움을 뜻한다. 이렇게 투쟁과 항쟁은 싸움이나 싸우는 일이다. 투쟁, 항쟁, 시위, 시위운동, 운동은 각각 고유의 뜻이 있다. 투쟁과 항쟁은 시위운동이나 운동과 다른 것이다.

투쟁이나 항쟁을 운동이라고 하는 것은 합당하지 않다. 그럼에도 한국의 민주화운동 주도세력들은 자신들의 행적을 미화하기 위해 민주화운동을 법률로 규정해 항쟁이나 투쟁을 민주화운동으로 부를 수 있게 했다. 2000년 1월 12일 법률 제6123호로 제정된 민주화운동 관련자 명예회복 및 보상 등에 관한 법률 제2조(정의),[260] 2001년 7월 24일 법률 제6495호로 제정된 민주화운동기념사업회

---

260) 민주화운동 관련자 명예회복 및 보상 등에 관한 법률.

법 제2조(정의)[261]에 민주화운동의 내용을 명시했다. 그러나 모두가 아는 것처럼 법률은 영구적인 것이 아니다. 필요에 따라 새로 제정되거나 폐지할 수 있다. 시위운동과 운동의 뜻 속에는 폭력을 사용하거나 수반한 행동이 포함되지 않는데도, 한국의 민주화운동 주도 세력이 폭력을 사용하거나 수반한 민주화 투쟁이나 민주화 요구 시위를 민주화운동으로 정의한 것은 올바른 행동이 아니다.

7. 인권과 기본적 인권

1) 인권

인권(人權)은 인간이 인간으로서 당연히 갖는 기본적 권리, 사람이 개인 또는 나라의 구성원으로서 마땅히 누리고 행사하는 기본적인 자유와 권리이다. 인권에 관한 관념과 제도는 근대시민혁명을 계기로 하여 정립되었다. 인간과 시민을 권리의 주체인 인격으로 인정하여 모든 인간의 이름으로 인권을 선언, 제도화한 것은 근대 시민사회에서 이룩된 위대한 진보이다. 그 전형적인 사건이 1789년의 프랑스혁명이며, 이 혁명의 이념과 목표를 천명한 것이 '인간과 시민의 권리선언'이다. 이 시민혁명의 사상은 한마디로 근세 자연법사상이다.

자연법은 실정법(實定法)이 있기 이전에 그리고 실정법의 존재와 관계없이 존재하는 바른 질서의 법이라는 관념이다. 로크(Locke)는

---

261) 민주화운동기념사업회법.

실정법이 제정되기 이전 상태, 다시 말해서 국가(정부)가 있기 이전의 자연 상태에서도 자연법이 있었으며, 그 자연법에 근거한 자연권의 내용은 생명 · 자유 및 재산의 권리라고 하였다. 그러한 천부인권262)(天賦人權)을 더욱 잘 보장하기 위하여 인민 사이에 동의를 얻어 정부를 세운다. 따라서 정부가 그러한 설립취지에 따른 구실을 못하면 정부를 폐지하고 새로운 정부를 세울 수 있다고 저항권(抵抗權)의 사상을 분명히 하였다. 1776년 미국의 독립선언이나 1789년 프랑스 인권선언 제2조가 바로 그러한 내용을 명시하였다. 근대시민헌법은 미국의 독립이나 프랑스시민혁명을 통하여 표출된 자연법사상의 성문화라고 하여도 지나친 말이 아니다. 시민혁명이 철저하게 수행되지 못한 나라의 헌법체제를 외견적 입헌주의(立憲主義)라고 하는데, 이러한 헌법체제 아래에서는 자연법사상이 부정되고 실정법 위주의 법사상, 법실증주의(法實證主義)로 대체된다. 여기에서는 천부인권과 저항권은 부정된다.

자연법사상을 계승한 체제에서 인권의 성질은 다음과 같다. ▲인권은 모든 사람이 누려야 하는 권리라는 점에서 보편성을 지니고 있고 ▲인권은 사람으로서 태어난 사람은 본디부터 가지고 있는 권리라고 하는 점에서 고유성을 지니고 있으며 ▲인권은 사람이 한때 누리는 권리가 아니라 항구적으로 누리는 권리라는 점에서 항구성이 있으며 ▲인권은 정부권력 등 외부의 침해를 당하지 아니한다는 뜻에서 불가침성이 있다. 그런데 인권은 어느 시대, 어느

---

262) 천부인권사상(天賦人權思想)은 17~18세기 유럽의 부르주아 혁명기에 제창되었고 인간의 '자연'과 '합리성'의 실현을 표현한 자연법사상의 영향 아래에서 주장되었던 것으로, 인간이 태어나면서부터 자유와 이성을 가지며, 이것에 기초하여 인간으로서의 생존 · 복지를 얻을 권리가 있다고 하는 인권사상이다. 인간은 남에게 침해받지 않을 기본적 권리를 태어나면서부터 가진다는 사상을 말한다. 이러한 사상은 자연법론자인 로크와 루소가 주창했다.

사회를 막론하고 사람으로서 또는 나라의 구성원으로서 누리고 행사해야 할 자유와 권리를 말하는 것이기 때문에 시대와 사회가 변동하여 새로운 문제가 제기될 때에 그 내용이 추가되고 변하기도 한다.

근대시민국가의 기본과제는 정치권력의 자의적 침해로부터의 자유에 있다. 그런데 현대자본주의사회에 이르면서는 정치권력에 의한 인권침해 이외에 사회 계급·세력 간의 갈등과 거기서 일어나는 인권침해문제가 심각한 문제로 제기된다. 이에 대하여 수정자본주의 나라의 헌법은 사회권을 추가하고 있다. 제1차 세계대전 후의 바이마르헌법[263]이 그 예이다. 제2차 세계대전 후에는 이를 보다 강화한다. 특히 1970년대에 들어서면서 자본주의 나라의 헌법에서는 정보화·산업화에 따른 문제에 대응하여 프라이버시(privacy)의 권리, 정보공개청구권(알 권리) 및 환경권 등이 추가된다.

한편 제2차 세계대전 이후의 인권문제는 자본주의 사회와 체제를 달리하는 공산주의·사회주의 나라와 제3세계에서 각기 다른 모습을 띠고 전개되고 있다. 이러한 체제 사이의 인권문제가 각기 제기되고 있을 뿐만 아니라 인권의 국제적 보장이 모색되어, '국제인권규약'으로 제도화되고 있다. 인권은 사람을 존중하는 정신을 바탕으로 개개인의 주체적 권리를 제도화한 것이다. 사람을 존중하는 사상은 비단 근세에 있는 것만은 아니지만, 권력에 대한 관계를 상호 거래관계이 계약이라고 하는 대결관계로까지 제도화시킨 것은 근대적 인권에서 비롯된다. 그것은 각 개인이 자유의지의 행사

---

263) 바이마르헌법(Weimarer Verfassung)은 1919년 8월 11일에 제정된 독일공화국의 헌법으로, 바이마르헌법이란 명칭은 바이마르에서 열린 국민 의회에서 헌법이 제정된 데서 유래한다. 국민 주권주의에 입각해 보통·평등·직접·비밀·비례 대표 등의 원리에 따라 의원 내각제를 채택하였지만 직접 민주제적인 요소도 다소 인정하였다.

자로서 신분적 제약을 인정하지 않는 자연 상태를 가정함으로써 가능한 권리를 말한다.[264]

2) 기본적 인권

기본적 인권(基本的人權)은 개인의 사상·표현·신교(信敎) 등의 정신적 자유와 고문·불법 체포 등을 당하지 않는 육체적 자유 및 사유 재산권의 보장 등 인간이 인간으로서 살아나가기 위해 불가결한 기본적인 권리, 기본권이라고도 한다. 기본적 인권은 태어나면서부터 가지는 권리이고, 법률로 부여된 것이 아니라고 하는 사고에서 자연권, 천부인권이라고도 한다. 사람이 기본적 권리를 가진다고 하는 사상은 인간이 자아(주체적인 존재)를 자각하게 된 근세에 이르러 비로소 널리 주장되었다. 미국의 독립, 프랑스의 혁명을 비롯하여 근대민주국가의 정치에 대한 기본적 인권의 확립이 주요한 목적이었다. 따라서 그러한 근대국가의 헌법에는 예외 없이 기본적인 권위 불가침이 명시되어 있다.

기본적 인권은 크게 나누어 자유권적 기본권과 사회적 기본권으로 설명할 수 있다([표 3-1] 참조). 자유권적 기본권은 국가의 불간섭으로 획득·보호되는 권리이며, 사상의 자유·언론의 자유·종교의 자유 등 이른바 19세기적 권리이다. 사회적 기본권은 실업·빈곤 등 자본주의 경제사회의 압력에 의하여 압박당하는 인간을 국가의 사회적·정책적 방법에 따라 구제·보장하는 제도를 두게 되었는데, 이와 같은 정책적 보장으로 확보되는 권리를 말한다. 생

---

264) 한국민족문화대백과.

존권, 노동권, 근로단결권, 단체교섭권, 단체행동권 등이 있으며 이른바 20세기적 권리라고 한다.[265]

여기서 중요한 점은 기본적 인권은 헌법에 명시하는 등 국가가 법률로 보장할 때 의미가 있다. 그러므로 한국 민주화운동처럼 대통령의 대표성을 필요에 따라 인정하지 않고, 법을 존중하지 않거나 지키지 않는 행위를 하면서 기본적 인권을 보장하거나 확대하라고 요구하는 것은 모순된 행동이다.

[표 3-1] 기본권의 분류

구분	내용	특징
기본권의 일반 규정	인간의 존엄과 가치, 행복 추구권	기본권의 이념 규정
평등권	법 앞의 평등, 기회의 균등	불합리한 차별을 받지 않을 권리
자유권	신체의 자유(가장 기본적인 자유권), 주거 및 사생활의 자유, 언론·출판·집회·결사의 자유 등	포괄적이며 소극적인 권리, 적법 절차의 원리 중요
사회권	인간다운 생활을 할 권리, 교육받을 권리, 환경권, 근로의 권리	적극적이고 현대적인 권리, 복지 국가에서 중요
청구권	국가에 대하여 일정한 청구를 할 수 있는 권리(청원권, 국가 배상 청구권 등)	기본권 보장을 위한 기본권, 열거적, 적극적 권리
참정권	정치에 참여할 권리(선거권, 공무 담임권, 국민 투표권)	능동적 권리

출처: Basic 고교생을 위한 사회 용어사전.

---

265) 법률용어사전.

8. 저항권과 시민불복종

1) 저항권

저항권(抵抗權, right of resistance)은 기본적 인권을 침해하는 국가 권력에 대하여 국민으로서 저항할 수 있는 권리를 말한다. 저항권은 실정법상으로 승인된 국민의 권리는 아니다. 초기의 권리조항에서 권리조항의 보장을 위한 담보로 삽입된 바가 있었다. 예를 들면 미국의 독립선언, 프랑스의 인권선언, 1793년의 프랑스 헌법 등이 그것이다. 그러나 이러한 저항권은 그 후의 권리조항에서는 점차 사라졌다가 파시즘 · 나치즘의 비극을 거친 제2차 세계대전 후의 권리조항에서 저항권에 관한 규정이 다시 출현하게 되었다(예: Hessen헌법 제147조). 이것은 합법적인 독재로부터 인권을 수호하기 위한 필요에서였다. 우리 헌법상 최종적인 '헌법수호자'는 대통령(제66조 2항)과 헌법재판소(제111조)가 있을 뿐이므로 국민의 저항권은 헌법 밖의 문제로 생각할 수밖에 없다([표 3-2] 참조). 제9차 개헌 때 잠시 국민의 저항권을 헌법의 전문에 규정해야 한다는 견해가 있었다.[266]

[표 3-2] 저항권의 인정 여부

학설	긍정설	헌법 제10조와 제37조 제1항에서 저항권을 간접적으로 인정하고 있고, 헌법전문은 저항권의 표현이라고 할 수 있는 3 · 1 운동과 4 · 19 민주이념의 계승에 관하여 규정하고 있음을 논거로 긍정하는 견해이다.
	부정설	헌법이 저항권을 인정하는 명문의 규정을 두고 있지 않고, 이러한 개념은 법적 안정성을 파괴할 위험이 있음을 이유로 부정하는 견해이다.

---

266) 법률용어사전.

판례	대법원 (부정설)	대법원 1980·5·20·선고 80도306 판결: 현대 입헌 자유민주주의 국가의 헌법 이론상 자연법에서 우러나온 자연권으로서의 소위 저항권이 헌법 기타 실정법에 규정되어 있든 없든 간에 엄존하는 권리로 인정되어야 한다는 논지가 시인된다 하더라도 그 저항권이 실정법에 근거를 두지 못하고 오직 자연법에만 근거하고 있는 한 법관은 이를 재판규범으로 원용할 수 없다고 할 것인바, 헌법 및 법률에 저항권에 관하여 아무런 규정이 없는 우리나라의 현 단계에서는 저항권이론을 재판의 근거규범으로 채용, 적용할 수 없다.
	헌법재판 소(긍정설)	헌재 1997·9·25·97헌가4 전원재판부: 저항권은 국가권력에 의하여 헌법의 기본원리에 대한 중대한 침해가 행하여지고 그 침해가 헌법의 존재 자체를 부인하는 것으로 다른 합법적인 구제수단으로는 목적을 달성할 수 없을 때에 국민이 자기의 권리·자유를 지키기 위하여 실력으로 저항하는 권리이므로, 국회법 소정의 협의 없는 개의시간의 변경과 회의일시를 통지하지 아니한 입법과정의 하자는 저항권 행사의 대상이 되지 아니한다.

출처: 법률용어사전.

2) 시민불복종

시민불복종(市民不服從, civil disobedience)은 특정의 법률이나 정책이 올바르지 않다는 판단에 서서 정부에 대해 이의를 신청하는 정치행태를 말한다. 시민불복종은 첫째는 소수파가 다수파의 정의(正義) 감각에 호소한다. 둘째는 일반의 시선을 끌기 위해 공공연하게 실행된다. 셋째는 종종 위법한 수단(보통은 불법 시위·연좌농성 등의 비폭력 수단)에 소구(訴求)한다는 특징을 가지고 있다. 그것은 법률이나 정책의 정당성(합법성을 초월하여)을 물음으로써 법질서나 정의감각의 갱신에 기여하는 경우가 많다.[267]

---

267) 21세기 정치학대사전.

3) 불복종·저항권 행사 위법 방법 사용해도 괜찮은가

특정 정치가가 정당성이 결여된 방법에 의존하여 국가 최고 권력을 획득하고 통치를 하거나 선거를 통해 주권을 위임받은 정치가가 잘못된 정책을 수행하며 국민을 억압할 때, 국민은 불복종하거나 저항하게 된다. 이때 불복종하거나 저항하는 국민이 위법적인 방법을 사용해 자신들의 의사를 표출하거나 목적을 달성하는 것이 바람직한가? 바람직하지 않다. 위법적인 방법을 사용하면 정당성이 결여되므로 목적을 달성하더라도 새로운 문제가 발생하기 때문이다. 민주화운동도 마찬가지이다. 그러므로 정당성을 인정받기 위해서는 잘못을 시정하는 것도 법규에서 정한 절차와 방법에 따라야 한다. 오늘날 한국 민주화운동이 논란의 대상이 되고 정당성을 인정받지 못하는 이유 중 하나도 위법한 방법을 많이 사용했다는 점이다.

사회 속에서 인간 대 인간의 투쟁은 사회가 발전할수록 더욱 진전되고 그것이 해결되지 않으면, 만인(萬人)에 대한 만인(萬人)의 투쟁 상태에 도달해 사회를 해체상태로까지 이르게 할 수도 있다. 인간은 그러한 상태를 미리 방지하기 위해 정치적 역할을 통해 사회질서의 조직화를 시도하고 사회가 분열과 파쟁(派爭)으로 마비되거나 파국 상태에 이르지 않도록 질서를 확립해 나간다. 국가의 기본기능은 국가 구성원의 갈등을 완화해 내부 질서를 지키고 외부의 침해로부터 안전을 유지하는 데 있다.

이처럼 국가는 안정된 질서를 요구하는 개인들이 있기 때문에 존재한다.[268] 그러나 개인의 자율성과 국가의 권위 사이에는 심각한 갈

---

268) 박완규(2007), 『리바이어던, 근대국가의 탄생』, 사계절, p.151.

등과 대립이 존재한다. 국가의 권위는 개인에게 판단을 정지하고 국가의 판단에 따르라고 요구한다. 이와 같은 성격의 국가권위에 복종할 때 개인의 가장 중요한 의무, 즉 매 순간 개인이 옳다고 판단하는 것을 선택해야 할 자율성의 의무와 배치되는 문제를 불러일으킨다. 그러므로 통치자나 정부에 의한 국가권위에 대한 무조건적 복종행위 요구는 시민불복종운동을 만들어낸다. 시민은 법을 따라야 할 의무가 있음에도 문제의 법이 부당하다고 판단할 때, 이에 불복한다.

시민불복종운동은 통치자나 공권력이 심각한 수준으로 법규와 정의, 도덕의 규범을 위배할 때는 그 오류를 시정하는 데 기여하는 등 합리적인 지배가 이루어지도록 하는 중요한 요소이다. 따라서 지배와 복종의 관계를 안정시키기 위하여 지배자 쪽에도 피지배자 쪽에도 그들의 관계가 정당한 것이라 하여 피차에 인정하는 지배 정당성의 근거에 대한 신념이 필요하다. 합법적 지배는 제정된 법질서가 가지는 합법성에 지배·복종의 근거를 두는 것으로서, 기본적으로는 법의 지배를 의미한다. 법의 지배(rule of law)는 사람에 의한 자의적 지배를 부정하고 법에 의한 지배를 강조하는 원리이다. 이 경우 법질서는 인간의 주체적인 정치적 활동으로 창조되고 변경될 수 있다는 신념이 전제된 것이다.

국가의 권위가 도덕성을 띤 정당한 권위인지, 다수의 동의에 입각한 법적인 권위인지에 관한 한, 항상 불확실성이 내재해 있다. 그러나 이러한 불확실성에도 국가에 대한 복종을 결정하는 것은 '나'이다. 정치적 복종은 국가에 대한 문제가 아니라 '나'에 대한 문제인 셈이다. 국가의 권위가 도덕적 차원이나 법적 차원에서 불확실성에도 '내'가 복종하기로 한다면, '나'의 불완전성과 이기주의적 속성을 고려할 때, 그것은 의미 있는 결단이다.[269]

제2절 민주주의 개요 이해

1. 민주주의에 대한 사고 확장

민주주의(民主主義, democracy)는 국가의 주권이 국민에게 있으며 국민에 의해 국민을 위하여 정치를 행하는 주의이나 정치제도 또는 그러한 정치를 지향하는 사상,[270] 의사를 결정할 때 시민권을 가진 모두 또는 대다수에게 열려 있는 선거나 국민 정책투표 등의 방법을 통하여 전체적인 구성원의 의사를 반영, 실현하는 사상 및 정치 사회체제이다. 일반적으로 국민 개개인이 나라의 주인이 된 힘, 즉 주권을 행사하는 이념과 체제라고도 표현된다.[271] 귀족제나 군주제 또는 독재체제에 대응하는 뜻이다. 민주주의라는 말은 그리스어(語)의 'demokratia'에 근원을 두고 있는데, 'demo(국민)'와 'kratos (지배)'의 두 낱말이 합친 것으로 '국민의 지배'를 의미한다. '국민의 지배'라는 민주주의는 여러 갈래로 해석됐다.

초기 그리스에서는 시민권을 가진 남자들의 다수결 원칙 아래 정치적 결정에 직접 권한을 행사하는 정부형태를 의미하였다. 이 제도를 '직접민주주의'라 한다. 한편 국민 개개인이 직접 정치결정 과정에 참여하지는 않고 다만 국민이 선출한 대표들을 통하여 정치결정 권한을 대리하게 하는 방식도 있다. 이것을 '대의민주주의'

---

269) 박효종(2001), 『국가와 권위』, 박영사, pp.26~61.
270) doopedia 두산백과.
271) 위키백과.

라 한다. 또 정부의 형태가 민주주의든 아니든 간에 사회적·경제적 평등에만 관심을 기울이는 민주주의도 있다. 불평등한 개인의 소유재산을 평등하게 조정한다는 것으로서 '사회적 민주주의' 또는 '경제적 민주주의'라고도 한다. 이처럼 민주주의의 해석에는 여러 갈래가 있을 수 있으나 기본원칙에는 변화가 없다.[272]

민주주의는 근대사회에서 서구의 자유민주주의나 사회민주주의와 동의어처럼 사용되었으나 '반자유주의적 민주주의' 국가도 분명히 존재하고 있다. 이런 맥락 속에서 '자유주의적'이라는 수식어는 엄밀히 말하며 입헌주의적인 자유주의와 각인(各人)의 평등한 인권 보장을 지칭한다. 그러나 민주주의는 다른 견해를 기술하는 데에도 널리 사용된다. 어느 경우에든, 민주주의 이념이 사회와 정치 문화에 대한 합리적 견해들을 포괄하는 것으로, 그 의미가 무한 확장될 수 있다. 민주주의에 대한 가장 간결한 정의로, 링컨의 "국민(people)의, 국민에 의한, 국민을 위한 정치"가 통용된다. 이는 민주주의의 핵심요소로 인민주권과 시민자치, 복지주의를 담고 있다.[273]

1) 민주주의 기원

민주주의 기원은 고대 그리스의 도시국가(polis)에서 유래하였는데, 고대 그리스어 데모크라티아(democratia, 국민에 의한 지배)가 민주주의(democracy)의 어원이다. 그러나 고대 로마의 민주주의는 각 폴리스에 한정된 '자유 시민'에게만 참정권을 인정했을 뿐이었

---

272) doopedia 두산백과.
273) 위키백과.

다. 예를 들면 여성이나 노예는 자유 시민으로 인정되지 못하였다. 또 그리스인이라 하여도 다른 폴리스로부터 이주한 사람에게는 시민권이 주어지는 일이 드물었다. 아테네를 비롯한 민주제는 군주제, 과두제의 국가와 경쟁하며 혼재하는 양상을 띠었다.[274]

2) 민주주의 근본이념

민주주의 근본이념은 인간존중이다. 인간은 인간이라는 그 자체만으로 존중받을 가치가 있다. 인간존중 실현을 위해서는 자유와 평등이 보장되어야 한다.[275] 하지만 여기서 말하는 자유는 법률이 허용하는 범위 내에서의 자유이고, 평등은 법 앞에서의 평등을 말한다.

3) 민주주의의 기본원리

민주주의의 이념과 기본원리는 다음과 같다. 이념(理念)은 한 사회나 개인이 이상으로 여기는 근본적인 사상, 철학에서는 이성으로부터 얻은 모든 경험을 통제하는 최고의 개념을 뜻한다. 프랑스혁명의 3대 이념은 자유, 평등, 박애이고, 민주주의 이념은 인간 존엄성 실현에 있다. 인간 존엄성을 실현하려고 하는 이유는 인간존중과 행복에 있다. 즉 인간으로 존중받으며 행복하게 살고 싶은 마음을 실현하고 싶다는 것이다. 민주주의 이념은 인간 존엄성 실현, 자유, 평등이라고 생각하거나 자유와 평등이라고 말하는 사람도 있

---

274) 위키백과.
275) 시사상식편집부(2009), 『SPA종합교양』, 박문각, p.10.

다. 하지만 자유와 평등은 인간 존엄성을 실현하는 데 필요한 요소이다. 민주주의 근본이념은 인간존중이고, 민주주의 이념은 인간 존엄성 실현에 있다고 하는 것이다.

인간 존엄성은 인간을 그 자체로서 목적가치를 가진 인간으로 봄, 모든 사람은 인간이라는 이유만으로 존중되어야 하며, 인간이 수단으로 이용되어서는 안 되고, 목적 가치를 지닌 존재로 이해되어야 함이라는 뜻이다. 인간 존엄성을 실현하기 위한 핵심적인 가치는 자유와 평등이다. 인간은 인종, 종교, 국적, 성별과 관계없이 인간으로서 존중받아야 한다. 이를 위해서는 자유롭고 평등한 존재로서 각 개인의 자율적인 삶이 보장되어야 한다. 즉 자유와 평등은 인간 존엄성을 실현하는 데 필요한 가치이다. 따라서 자유와 평등이 어느 한쪽으로 치우치지 않고 조화를 이루고 모든 사람을 차별 없이 사랑해야 한다. 그래야 인간 존엄성이 실현될 수 있다. 이러한 인간 존엄성을 인정받기 위해서는 자유와 평등이 실현되고, 기본권이 보장되어야 하며 더불어 민주정치의 원리가 실현되어야 한다.

원리(原理)는 사물이 근거로 하여 성립할 수 있는 근본 이치나 법칙, 윤리학에서는 인식 또는 행위의 근본 전제, 철학에서는 기초가 되는 근거 또는 보편적 진리를 말한다. 민주주의에는 5가지의 기본원리가 있다. 첫째는 국민 주권의 원리이다. 나라의 주권이 국민에게 있다는 주권재민(主權在民) 사상, 주권은 나라의 주인이 되는 권한으로 민주주의에서는 이 주권이 국민에게 있다는 것이다. 헌법 제1조 2항에 대한민국의 주권은 국민에게 있고, 모든 권력은 국민으로부터 나온다고 명시하고 있다. 둘째는 국민자치의 원리이다. 국민이 자신을 다스리는 정치, 지배자와 피지배자 동일체의 정치로 직접민주정치와 간접민주정치가 있다. 직접민주정치는 그리스의 민회, 스위스의 일부 지역, 간접민주정치는 선거를 통해 선출한 대표로 하여금 국민의사를 대신하게 하는 대의정치가 대표적인 형태이다. 국민 자치의 원리는 국민이 스스로 나라를 다스린다는 것이다. 현재 세계에서 보통 이루어지고 있는 정치는 대의민주정치이다. 나라의 국민이 많아짐에 따라 모든 국민이 정치에 참여하는 직접민주주의를 실행하기 어렵게 되자, 대표를 뽑아 정치하는 대의민주주의가 생겨난 것이다. 지방자치제도는 국민자치의 원리가 반영되어 만들어졌다. 셋째는 권력 분립의 원리이다. 국가기관의 기능 분담을 통해 견제와 균형을 실현하고 국민 탄압을 막기 위한 기본권 보장이 목적이다. 입법부는 법의 제정을 담당하는데 국회가 대표적인 기관이고, 사법부는 법의 적용을 담당하며 법원이 대표적인 기관이다. 행정부는 법의 집행을 담당하며 정부가 대표적 기관이다. 권력 분립은 권력이 한쪽에 치우쳐 독재자가 나타나 국민을 탄압하는 것을 애초부터 막기 위해서 입법부, 사법부, 행정부의 3부로 나누어 권력을 삼권으로 분립하는 것을 말한다. 삼권분립을 처음 주장한 사람은 몽테스키외(Montesquieu)이다. 『법의 정신』이라는 책에서 처음 소개하였다. 넷째는 입헌주의의 원리이다. 헌법에 국민의 기본권 보장을 명시하고 법치주의를 실현하는 것이다. 입헌주의의 원리란 헌법을 만들고 헌법에 따른 정치를 말한다. 따라서 대통령이라 해도 나라의 최고 법인 헌법을 어기면 처벌을 받게 된다. 다섯째는 다수결의 원리이다. 사람이 많을 때에 다수가 찬성하는 쪽의 의견을 따른다. 자신의 의견이 아니더라도 정해진 의견에 협조해야 한다. 그러나 소수 의견도 존중해야 한다는 것이 핵심적인 내용이다.[276]

---

276) 이진호(2011), 『지도자론 지도자가 갖추어야 할 자질과 리더십』, 이담북스, pp.79~80.

4) 민주주의 종류

(1) 직접민주주의

전통적으로 '순수 민주주의'라는 용어로 불리는 직접민주주의는 다양한 법률에 대한 승인과 거부, 즉 정부 정책을 국민의 투표와 행동으로 결정하는 정치 사회체제를 말한다. 중간매개자나 대표자 없이, 의사결정을 하는 권력을 국민이 직접 행사하기 때문에 직접민주주의로 불린다. 역사적으로는, 투표를 위해 한 장소에 특정 지역의 모든 국민이 모이기가 어렵기 때문에 이런 정부 형태는 드물었다. 그리하여 이제까지 모든 직접민주주의는 통상 도시 국가와 같이 비교적 작은 공동체에서 이루어졌다. 가장 대표적인 사례로는 고대 아테네의 민주주의를 들고 있으나, 다수 참여에 의한 민주주의라는 이념적 모델로서는 외국인, 여성, 노예 등의 정치 참여를 배제하는 등 계급사회를 전제로 하였다.[277]

(2) 대의민주주의

대의민주주의는 국민이 대부분의 정부 정책에 대해 직접 투표권을 행사하지 않고 대표자를 선출하여 정부나 의회를 구성하는 것으로 대신하기 때문에 간접민주주의라 불린다. 대표자들은 전적으로 또는 비례 대표제로 유권자들에 의해서 선출되거나, 특별한 부분집합(통상 지역적으로 또는 선거구)을 대표하여 선출되거나 그 둘을 절충한 형태로 선출된다. 대부분의 대의민주주의는 국민투표

---

277) 위키백과.

와 시민이 참여하는 직접행동 같은 직접민주주의의 요소를 포함하고 있지만, 대의민주주의는 국민이 선거철에만 주권을 존중받기 때문에 정치참여에 대해 부정적 생각을 하게 되는 단점이 있다.278)

(3) 민주주의의 예 그리고 민주주의 지수

민주주의에는 직접민주주의, 프롤레타리아민주주의, 간접민주주의, 대의민주주의, 참여민주주의, 풀뿌리민주주의, 사회민주주의, 직접행동민주주의 등이 있다. 민주주의는 정치사회 사상이자 체제이고, 공산주의는 경제적 측면을 강조하므로 둘은 서로 대립하는 성격일 수 없다. 민주주의에 대립하는 정치 체제는 독재이다. 소련, 쿠바, 중국 등의 예를 들어 공산주의가 곧 독재라고 주장할 수가 있는데 이는 잘못이다. 공산주의 국가에도 독재가 가능할 수 있고 마찬가지로 자본주의 국가에도 독재가 가능하기 때문이다. 자본주의가 다 독재가 아니듯, 공산주의라고 다 독재는 아니다.279)

지수(指數)는 물가·노임 등의 시기에 따른 변동을 일정한 때를 100으로 하여 비교하는 숫자이다. 물가 지수·생산 지수 등이 있다. 민주주의 지수를 조사하는 이유는 같은 민주주의 원리와 이념을 바탕으로 하여 민주주의 국가체제를 만들어 운영하더라도 각국이 처한 상황이나 여건, 지도자와 국민의 의지와 노력, 경제력 등에 따라 민주주의의 정도가 변화하므로 그 내용을 참고로 하여 민주주의를 발전시키는 데 도움이 되게 하기 위함이다. 그러므로 우리는 민주주의 지수를 우리나라 민주주의 발전에 잘 활용할 필요가 있다.

---

278) 위키백과.

279) 위키백과.

영국의 유력 조사전문기관인 '이코노미스트 인텔리전스 유닛(EIU)'
이 발표한 '2011 민주주의 지수'에서 북한은 10점 만점 중 1.08점
을 받아 2010년에 이어 처하위인 167위를 기록했다. 한국은 10점
만점 중 8.06점을 받아 22위를, 중국은 3.14를 받아 141위를 기록
했으며, 세계에서 민주주의가 가장 발달한 국가는 2010년에 이어
2011년에도 노르웨이가 선정됐다. 2011년 전 세계 167개국의 민주
주의 지수 평균치는 5.49였다. 이코노미스트 인텔리전스 유닛이 산
정한 민주주의 지수는 각국의 선거과정, 다원주의, 시민권, 정부 기
능, 정치 참여 등을 토대로 점수를 산정하고 있다. 이 점수에 근거
해 각국은 '완전한 민주주의', '흠이 있는 민주주의', '권위주의와
혼합한 민주주의', '권위주의 정권' 등으로 분류한다. 그 결과 북한
은 중국과 함께 민주주의가 가장 덜 발달한 '권위주의 정권'에 분
류됐다.[280]

5) 민주주의의 조건과 필수 요건

(1) 민주주의의 조건

오늘날 민주주의의 내용은 복잡하고 다의적이지만, 민주주의 국
가가 되려면 최소한 ▲국민의 기본적 인권 존중 ▲권력의 전제화
(專制化)를 억입할 수 있는 민주적인 정치세도들의 확립 등 두 가
지 민주주의 조건이 충족될 필요가 있다. 이 조건이 충족되지 못한
국가는 어떠한 의미에서도 민주주의 국가라고 할 수 없다. 근대 민

---

280) CBS 노컷뉴스 2011. 12. 15.

주주의의 역사는 이러한 두 가지 조건을 확립하고 발전시킨 것이라고 할 수 있다.[281]

(2) 민주주의의 필수 요건

민주주의의 필수 요건은 대략 여섯 가지로 나눌 수 있다. 첫째는 국민은 1인 1표의 보통선거권을 통하여 절대 권한을 행사할 수 있어야 한다. 둘째는 적어도 2개 이상의 정당들이 선거에서 정치 강령과 후보들을 내세울 수 있어야 한다. 셋째는 국가는 모든 구성원의 민권(民權)을 보장하여야 하는데, 이 민권에는 출판 · 결사 · 언론의 자유가 포함되며 적법절차 없이 국민을 체포 · 구금할 수 없다. 넷째는 정부의 시책은 국민의 복리증진을 위한 것이어야 한다. 다섯째는 국가는 효율적인 지도력과 책임 있는 비판을 보장하여야 한다. 정부의 관리들은 계속 의회와 언론에서 반대의견을 들을 수 있어야 하고, 모든 시민은 독립된 사법제도의 보호를 받아야 한다. 여섯째는 정권교체는 평화적 방법으로 이루어져야 한다.[282]

(3) 민주주의 발전의 전제조건

민주주의 발전의 전제조건은 여러 가지가 있다. 그중에서 대표적인 것 몇 가지를 들면, 첫째는 경제적인 부(富), 둘째는 자율성에 바탕을 둔 사회구조의 다원성, 셋째는 민주의식을 정착시켜 주는 문화적 요인, 넷째는 민주주의에 대한 위협이 없는 국제적 환경 등을 들 수 있다.[283]

---

281) 위키백과.
282) doopedia 두산백과.

2. 민주주의의 모순과 한계

민주주의는 완벽한 제도나 체제가 아니다. 여러 가지 문제를 안고 있다. 그럼에도 민주주의는 인간이 만든 가장 좋은 체제에 속한다. 민주주의와 민주화는 영원한 미완성으로 끊임없이 좋은 제도를 만들기 위해 노력해야 하는 그림과 같다. 누구나 나서 그림을 그릴 수는 있지만, 한번 잘못 그리면 그것을 완전하게 지울 수 없다. 덧칠하고 그 위에 다시 그릴 수는 있지만, 다음 사람이 좋은 그림을 그리는 데 장애가 되고 잘 그리기 어렵게 한다.

인간의 삶은 모든 것을 지속하는 동안 노력하며 만들어 가는 일이다. 세상에 내가 노력하지 않는데 거저 주어지는 것은 없다. 있다면 그것은 한두 번 일어날 수 있는 우연의 일치이거나 주위 사람들의 배려에 의한 것이다. 우리가 민주화의 진전을 이루고 양질의 좋은 민주주의를 만끽(滿喫)하려면 그것을 충족시키기 위해 끊임없이 노력해야 한다. 사전에 지식을 확충해 우리가 누리고 싶은 민주주의가 무엇인지 알고 그것을 달성하기 위해 애를 쓰고, 정치가들의 행태가 잘못되었을 때는 시정을 요구하는 등 견제 노력을 기울여야 좋은 결실을 얻고 누릴 수 있다.

민주주의가 좋은 것 같아도 민주주의가 발전하면 부작용도 나타난다. 자유를 지나치게 누리려는 사람들이 생겨 자기 마음대로 행동하려고 하므로 미풍양속은 도전받고 사치와 향락 문화가 늘어난다. 억지를 부리고 이기주의적인 사람들이 늘어나 이혼이 급증하는 등 새로운 사회문제를 만들고 정치가들의 의사결정을 어렵게 한다.

---

283) 시사상식편집부(2009), 『SPA종합교양』, 박문각, p.10.

그러므로 민주화가 진전되고 민주주의가 발전하여 한계에 도달하면 통제력에 의존하는 권위주의를 부른다. 민주주의의 모순과 한계 그리고 딜레마(dilemma, 진퇴양난)와 연관된 몇 가지 사례를 소개하면 다음과 같다.

1) 다수가 항상 옳은 것은 아니다

민주주의 원리 중 하나가 다수결의 원칙(원리)이다. 그런데 다수결이나 다수가 항상 옳은 것은 아니라는데 문제가 있다. 여기서 '다수가 선택한 악법 어떻게 볼 것인가?' 하는 문제가 발생한다. '악법도 법이다'(라틴어: Dura lex, sed lex, 직역: 법은 엄하지만 그래도 법이다)는 아무리 불합리한 법이라도 법체계를 지켜야 한다는 내용으로 알려져 있다. 소크라테스(Socrates)가 사형을 선고받자 그를 도우려는 사람들이 탈옥을 권유했지만 '악법도 법이다'라는 말과 함께 독약을 마시고 죽었다고 알려져 왔다. 그러나 당대의 기록에는 이러한 일화가 기록된 바가 전혀 없다고 한다.

권창은 전 고려대학교 교수(철학)와 강정인 서강대학교 교수(정치학)는 『소크라테스는 악법도 법이라고 말하지 않았다』라는 책에서 소크라테스는 이런 말을 한 적이 없다고 정면으로 반박한다. 이 일화는 과거 권위주의 정권의 억압적인 법 집행을 정당화하는 데 악용되었다고 지적하고 있다. 실제로 이 말을 한 사람은 로마의 법학자 도미티우스 울피아누스(Domitius Ulpianus, 170년?~228년)[284]라는 것이다. 무슨 일이든지 경계 영역에서는 항상 논란이 일어난다.

---

284) 위키백과.

법도 마찬가지이다.

법은 다수결에 의해 만들어지는데 옳지 않은 다수가 선택하여 제정한 '악법을 지켜야 하느냐 지키지 않아도 괜찮으냐?' 하는 문제는 영원한 논란의 대상이다. 하지만 악법도 법이고, 지켜야 한다. 단, 그 내용이 악법이라는 것을 모두 공감했을 때는 조속히 개정하거나 폐기하고 피해자를 구제하는 방법을 모색하는 것이 바람직하다. 하지만 악법이라도 그것을 지키지 않을 때는 처벌해야 한다. 그 이유는 인간은 불완전한 존재로 아무도 손해를 보지 않는 완전한 법을 만들 수 없기 때문이다. 이미 만들어진 법이 악법인가 아닌가 하는 점에 대해 논란하고 따지면 악법이 아닌 법은 사실상 존재하지 않는다. 왜냐하면 모든 법은 다수의 이익을 보호하기 위한 필요 때문에 만들어졌으므로 누군가에게는 악법으로 인식될 수 있다.

2) 악법 만들고 법규 남용하는 사람 처벌하기 어렵다

민주주의 국가에서 법률을 제정하는 것은 국회의원 또는 국회이다. 진행 과정에 대통령과 정당, 연관 정부 부처 공무원 등이 관여하지만, 법률의 제정과 개정, 폐지는 국회의 고유권한이다. 조례의 제정과 폐지는 지방자치단체의 의회가 담당한다. 좋은 법률이 만들어지면 국민의 삶에 피해보다는 편익을 제공하지만, 좋지 않은 법이나 악법이 만들어지면 국민은 편익을 누리기보다는 피해를 보는 일이 많다. 국회는 대의민주주의에서 국민을 대표하는 기관이므로 국민을 위한 일을 해야 한다. 그런데도 제 역할을 못하거나 잘못하여 국민을 위하는 것이 아니라 국민이 손해를 입게 했으면 처벌을 할 수 있어야 한다.

그럼에도 오늘날 민주주의 제도에서는 국회의원에게 너무 많은 특권을 제공한다. 심지어는 악법을 만들더라도 처벌받지 않는 구조로 되어 있다. 국민을 위한 일을 해야 할 국회의원이 국민에게 손해를 입히는 일을 하는 것은 민주주의 단점 중 하나다. 고의든 아니든 이처럼 처음부터 좋지 않은 법이나 악법을 만드는 것도 문제이다. 하지만 이보다 더 심각한 문제는 법규를 남용하는 것이다. 법조문의 지나친 확대해석이나 과잉 적용은 언제든지 일반적인 법률을 악법으로 전락시킬 수 있기 때문이다. 그런데 법규를 남용하는 것을 판단하기가 쉽지 않다는데 문제가 있다.

외형상 동일한 법을 집행하더라도 국민이 정당하고 합법적인 집행으로 받아들일 때도 있고, 감정이나 특정한 목적이 내재한 정도를 넘은 집행으로 받아들일 때도 있다. 이처럼 남용에는 뚜렷한 남용과 구분하기 어려운 남용이 있다. 대개 감정이 개입되고 특정한 목적을 갖고 법규를 집행하거나 법규를 남용하면 국민은 손해를 보기 마련이다. 이런 행위는 구분하기 쉽지 않지만, 피해 내용을 안다고 하여도 법 적용이나 집행이 공권력 기관에서 이루어지므로 구제받기가 쉽지 않다.

3) 여러 가지 가치를 지향하는 헌법에 나타나는 모순

입헌주의(立憲主義, constitutionalism)는 오늘날 정치권력을 헌법의 범위 안에 둠으로써 그 자의적 행사를 막고 국가에 대해 국민의 기본적 인권과 자유, 권리를 옹호하는 주의이다.[285] 입헌주의도 민주주의 원리 중 하나이다. 그런데 헌법에 여러 가지 가치를 반영하려고 하다 보니 모순이 나타난다. 각각의 가치나 조항이 상충(相沖)하기도 한다. 헌법(憲法)은 국가 통치 체제의 기초에 관한 각종 근본 법규의 총체이다. 모든 국가 법률 체계의 기초로 국가의 조직, 구성 및 작용에 관한 근본법이며 다른 법률이나 명령으로써 변경할 수 없는 한 국가의 최고 법규이다. 그런데 모든 국가의 헌법은 기본적으로 이중성을 가진다.

헌법은 자유와 규제 관련 내용을 동시에 포함한다. 자유민주주의 국가 헌법에서 자유와 권리를 중요한 가치로 여기고 명시하면서 동시에 국민의 모든 자유와 권리는 국가안전보장·질서유지 또는 공공복리를 위하여 필요한 경우에 한하여 법률로써 제한할 수 있다[286]고 규정한다. 여기서 가치 혼란과 대립이 발생한다. '자유와 권리를 어느 정도까지 인정할 것인가? 국가안전보장·질서유지 또는 공공복리를 위하여 필요한 경우에 한하여 법률로써 제한하는 것을 어느 범위까지 할 것인가?' 하는 점이다. 그런데 여기에는 구체적인 답이 없다.

국민의 법률과 자유에 대한 이중적 태도도 문제이다. 대부분의 국민은 더 많은 자유를 원하면서도 법률에 의해 자신의 이익이 보호되기를 원한다. 국민 각자의 이익을 보호하기 위해서는 더 많은 법률을 제정할 필요성이 제기되므로 자유와 권리를 제한할 수밖에 없다. 하지만 자유와 권리를 확대하려면 법의 규제 완화를 요구할 수밖에 없다. 이것은 인류가 안고 있는 영원한 논란의 문제로 인간의 불완전성이 이러한 문제를 만든다. 그러므로 우리는 삶의 질 향

---

285) 21세기 정치학대사전.
286) 헌법.

상과 인간 존엄성 실현을 위해 민주화 노력도 해야 하지만, 현실적인 규제를 인정하면서 법이 허용하는 방법과 범위 내에서 자유와 권리를 누리고 점진적으로 확대해 나가야 한다.

4) 위법 유혹하고 현혹하는 사람 처벌 쉽지 않다

개인에게 주어진 자유는 자유로운 활동을 통해 자신의 의도와는 상관없이 다른 사람을 유혹할 수도 있고, 자신에게 주어진 자유를 이용하여 편익을 취하려고 할 때 다른 사람을 현혹(眩惑)하는 일이 발생할 수도 있다. 이러한 유혹과 현혹을 통하여 다른 사람이 손해를 입더라도 처벌하기 어렵다. 여기까지는 그래도 괜찮다. 그런데 문제는 유혹하고 현혹한 사람은 처벌하지 않고 유혹되고 현혹된 사람만 손해를 보고 처벌을 받거나 쌍방이 같이 처벌을 받는 일이 많다. 노름이나 성적 노출에 의한 자극, 고수익 유혹 투자 등 여러 가지가 있다.

5) 죄형법정주의와 법률 제정의 한계

죄형법정주의는 어떤 행위가 범죄가 되고 그 범죄에 대하여 어떠한 처벌을 할 것인가를 미리 성문의 법률로 정해놓아야 한다는 형법의 원칙이다. 즉 이미 제정된 정의로운 법률에 의하지 아니하고는 처벌되지 아니한다는 원칙으로, 이는 무엇이 처벌될 행위인가를 국민이 예측 가능한 형식으로 정하도록 하여 개인의 법적 안정성을 보호하고 성문의 형벌법규에 의한 실정법 질서를 확립하여 국가형벌권의 자의적 행사로부터 개인의 자유와 권리를 보장하려는 법치국가 형법의 기본원칙이다.

죄형법정주의에는 법률주의(관습형법금지의 원칙), 명확성의 원칙, 유추해석금지의 원칙, 소급효금지의 원칙 등이 있다. ▲법률주의는 죄와 형의 내용은 국회를 통과한 법형식인 성문의 법률에 의해 규정해야 한다는 원칙이다. ▲명확성의 원칙은 죄와 형을 규정하는 법률은 그 내용이 명확해야 한다. 즉 국회를 통과한 법률에 의해 죄와 형을 규정한다 하더라도 그러한 법률의 내용이 불명확하고 애매모호하면 죄형법정주의 정신의 실현은 불가능할 것이기 때문에 국회는 죄와 형의 내용을 명확히 하여 법률에 담아야 한다. ▲유추해석금지는 죄와 형을 규정한 법률을 해석하면서 유추해석은 허용하지 않는다. ▲소급효금지는 죄와 형을 규정한 법률은 그 법률의 시행 이전에 행해진 행위에 대해 소급 적용되어서는 안 된다[287]는 것이다.

사람의 행동과 관련된 모든 것을 법률로 제정할 수는 없다. 이것이 법률 제정의 한계이다. 법률 제정의 한계는 '법이 없으면 죄도 없고 형벌도 없다'고 하는 죄형법정주의와 결부되어 피해를 준 사람이 있어도 법규가 없으면, 가해자를 처벌할 수 없는 문제가 발생한다. 이 또한 민주주의에서 나타나는 모순과 한계 중 하나다.

---

287) 네이버 지식사전.

3. 선거와 민주주의

1) 선거, 민주주의 폐해 극복 위한 최고의 보완장치

현대 민주주의 정치체제는 그 부작용을 제거할 수 있는 체계가 갖추어져 있다. 민주주의 정치체제에 나타날 수 있는 가장 대표적인 문제는 ▲다수가 선택한 악법 ▲권력을 누리고 이기심을 채우며 자신을 위한 정치를 하는 좋지 않은 정치가 선출이다. 이러한 문제를 극복하기 위해 현대 민주주의에는 그 폐해를 극복할 수 있는 여러 가지 장치가 있다. 삼권분립을 통한 입법부와 사법부의 행정부 견제, 다당제 중심의 정당제도, 대화와 타협 그리고 양보, 선거 등이다. 그중에서 가장 대표적인 민주주의 정치체제의 폐해 극복을 위한 최고의 보완장치는 선거이다.

선거(選擧)는 많은 사람 가운데서 적당한 사람을 대표로 뽑아냄, 정치에서 선거권을 가진 사람이 공직에 임할 사람을 투표에 의하여 선정하는 행위, 하나의 집단 또는 단체의 대표자나 임원을 그 구성원 중 일정한 자격을 갖춘 자가 정해진 방법에 따라 자유의사로 선출하는 행위이다. 선거의 기능을 살펴보면 선거는 여러 종류의 집단·단체 내에서 이루어지지만, 정치적으로 근대민주주의국가가 대의민주주의를 택하고 있어, 그 대표를 선출하고 그 가운데 국민이 국정에 참여하는 구체적인 주권행사 방법 가운데 가장 대표적이다.

선거는 일차적으로 대표나 임원을 선출하는 행위이지만, 그 과정 가운데 다음과 같은 기능을 수행한다. ① 정치적 선택기능: 이것은 국민의 의사를 결정하는 기능으로, 정치지도자들을 선출하고 선출된 지도자들과 선택된 정부의 정책에 영향을 미치는 기능이다. ② 정치적 참여기능: 선거는 국민에게 정치참여의 기회와 통로를 제공하여 여러 형태의 정치참여 중 가장 일반적이고 직접적인 방식으로 참여하여 주권을 행사하도록 기능한다. ③ 지지기반 구축과 체제유지 기능: 선거는 정치체제의 지지기반 구축과 체제유지에 순기능과 역기능을 수행하기도 하는데, 이러한 기능은 몇 가지로 더 세분된다. 즉 정치체제에 정통성을 부여하고 확립하여 유지하거나 거부하는 정통성 부여기능, 정치적 · 경제적 · 사회적 변화를 정치영역에서 흡수하여 정치적 안정을 이루도록 하는 정치적 안정 기능, 투표행위를 통하여 정치체제에 일체감을 갖도록 하고 사회성원을 상호 결합하는 정치적 통합기능, 정치체제에 대한 국민의 충성을 유지하도록 하고 확인하는 충성유지기능으로 나누어진다. ④ 연계유형기능: 이것은 투표자의 행태와 정부의 활동 사이에 선거가 교량 구실을 하는 기능으로서, 구체적으로 시민의 보호 · 정치사회화, 정치적 충원 및 훈련, 정치적 전달, 정치적 세속화 기능, 합의와 갈등의 해결기능, 의식(儀式)기능, 의무로서의 투표기능 등이다. 선거가 수행하는 이 기능들은 항상 순기능으로만 작용하는 것이 아니라 상황에 따라 역기능도 한다.[288]

2) 직접선거 좋은 것이고 간접선거 나쁜 것인가

우리나라의 민주화운동 주도세력들은 유신헌법(헌법 제8호, 개정 및 시행 1972. 12. 27.)은 장기집권과 독재를 하기 위해 간접선거제

---

288) 한국민족문화대백과.

도를 채택했으므로 나쁜 것이고, 자신들이 민주화 요구 시위를 통해 요구한 사항이 반영되어 1987년 개정된 헌법(헌법 제10호, 개정 1987. 10. 29. 시행 1988. 2. 25.)[289])에 도입된 직접선거제도는 좋은 것으로 인식하는 경향이 있다. 직접선거(直接選擧)는 선거 방법의 하나로 선거인이 직접 피선거인을 선거하는 일이다. 간접선거(間接選擧)는 선거권자가 먼저 선거 위원을 선정하고, 그 선거 위원이 다시 당선자를 선거하는 일을 말한다. 직접선거와 간접선거는 일장일단(一長一短)이 있다. 즉 장점도 있고 단점도 있다. 이는 어느 쪽이 항상 좋은 것이나 좋지 않은 것, 옳은 것이거나 옳지 않은 것으로 단정할 수 없다는 것을 의미한다.

오늘날 우리나라의 민주화운동 주도세력들은 1987년 6 · 10 민주화 요구 시위 결과 민주화했다고 생각한다. 그 핵심적인 내용 중 한 가지가 헌법 개정을 통해 대통령 선출방법을 간접선거에서 직접선거로 전환한 것을 든다. 하지만 이것은 대단한 것이 아니다. 유신헌법에서 도입한 국민이 통일주체국민회의 대의원을 선출하고 통일주체국민회의 대의원이 대통령을 선출하도록 한 간접선거 방식이 나쁜 것만도 아니고, 1987년 개정된 헌법에서 도입한 국민이 직접선거를 통해 대통령을 선출하는 직선제가 반드시 좋은 것만도 아니다.

그 이유는 간접선거 방법이 반드시 나쁜 것이 아닌데다 직접선거를 하면 금권선거와 대중의 인기에 영합하는 공약 등으로 국론을 분열시키고 사회 갈등을 양산하는 점도 있기 때문이다. 현대 민주주의가 가장 발달한 나라 중 하나인 미국에서는 간접선거에 의해 선거과정에 승자독식[290]이 이루어져도 사회적인 문제가 되지 않는다.

---

289) 헌법.

290) 승자독식(Winner takes all)은 미국 대선에서 주별 선거인단을 승자에게 몰아주는 제도이

심지어 2000년 미국 대통령 선거[291])에서는 앨 고어(Al Gore: Albert Arnold Gore Jr.)가 국민의 직접 지지표를 많이 얻었음에도, 선거인단을 많이 확보한 부시가 당선된 것이 문제가 되지 않았다. 미국의 대통령 선거에 관한 법규가 그렇게 되어 있기 때문이다.

국민이 제도와 결과를 수용하고 인정할 수 있는 것이면 직접선거나 간접선거 어느 쪽도 크게 문제가 되지 않는다. 선거에 대한 규칙은 자신이 소속된 집단, 사회단체, 국가의 여건에 따라 선택적으로 사용하면 된다. 오늘날 세계 각국은 직접선거를 채택한 나라, 간접선거를 채택한 나라, 간접선거와 직접선거를 병행하는 나라, 결선투표를 하는 나라도 있다. 어느 쪽을 선택하든 어느 정도의 문제는 있다. 국민의 욕구를 모두 만족할 수 있는 방법은 없다. 그러므로 국민 다수가 선택한 방법을 바탕으로 나타나는 문제를 보완하고 권력을 위임받은 정치가들은 운용의 묘를 살리기 위해 노력해야 한다. 그런데 그동안 한국의 민주화운동 주도세력은 자신들이 반대한 헌법은 독재를 위한 것으로 나쁜 것이고, 자신들이 찬성한 헌법은 좋은 것처럼 국민을 현혹하고 선동했다.

다. 미국의 대선은 일반 유권자가 뽑은 대통령 선거인단이 대통령을 선출하는 방식으로 각 주에서 선출되는 선거인단은 주별로 상·하원 의원 수 합계만큼 배정된다. 연방 상원의원은 주마다 2명씩이므로 여기에 각 주 하원의원 수를 보탠 수가 바로 선거인단 수가 된다. 따라서 주별 선거인단 수는 많게는 54명(캘리포니아 주)에서 작게는 3명(와이오밍 버몬트 워싱턴DC 등)까지로 편차가 크다. 연방의원이 없는 워싱턴 DC 몫 3명을 합산한 전체 선거인단은 538명이고 여기서 과반수인 270명을 확보하면 대통령에 당선되는 것이다. 그런데 문제가 되는 것은 바로 승자독식(Winner takes all) 제도. 네브래스카와 메인 주를 제외한 대부분의 주는 선거인단을 승자에게 몰아주는 winner-takes-all 방식으로 선거인단이 뽑힌다. 즉 한 표라도 더 얻은 후보가 그 주의 선거인단을 싹쓸이해 가는 것이다.

291) 2000년 미국 대통령 선거: 앨 고어는 2000년 미국 대통령 선거전에 민주당 대통령 후보로 출마하여 공화당의 조지 부시에게 패배하였다. 당시 대선에서 고어는 총 투표수에선 부시보다 54만 3,895표를 더 얻었으나 선거인단 투표에서 지는 바람에 패배했다. 당시 고어는 선거인단의 향배를 좌우하는 플로리다 주의 수작업 재검표를 놓고 부시 후보와 미국 대선 사상 초유의 법정 공방을 한 달간 벌였으나 연방대법원은 결국 부시 후보의 손을 들어줬다.

제3절 민주화와 민주화운동 이해

1. 민주화와 민주화운동 그리고 민주화 노력

민주주의(民主主義)는 국민이 권력을 가지고 그 권력을 스스로 행사하는 제도 또는 그런 정치를 지향하는 사상이다. 기본적 인권, 자유권, 평등권, 다수결의 원리, 법치주의 따위를 그 기본 원리로 한다. 민주화를 논하고 민주화운동의 옳고 그름을 판단하기 위해서는 민주화가 무엇인지 알아야 한다. 민주화가 무엇인지 제대로 알지도 못하면서 민주화운동을 하면 올바른 민주화 노력이 되기 어렵다.

그럼 민주화는 무엇인가? 사전적 의미의 민주화(民主化)는 민주적으로 되어 가는 것 또는 그렇게 되게 하는 것이라는 뜻이다. 하지만 사전적 의미로는 민주화를 이해하기가 쉽지 않다. 이렇게 이해하기 어려운 민주화를 이해하기 위해서는 민주화의 핵심이 무엇인지 알 필요가 있다. 그럼 민주화의 핵심은 무엇인가? 그것은 통치자가 민주주의의 원리와 이념을 존중하면서 국민의 국민에 의한 국민을 위한 정치를 하게 하는 것이다. 특히 국민을 위한 정치를 하게 하는 것이 중요하다. 여기서 민주화를 정의하기 위해서는 민주화 노력에 해당하는 활동 내용을 이해할 필요가 있다.

민주화 노력에 해당하는 활동은 ▲국민이 민주주의 원리와 이념을 존중하고 실천하면서 통치자가 민주주의 원리와 이념을 실현하는 정치를 하게 하는 것 ▲좋은 법률을 만들고 좋은 정책이나 제도를 도입하거나 틀을 만드는 것 ▲국민의 의무 이행 등 자유민주주의 국가체제를 수호하고 유지, 발전시키기 위한 제반 활동 ▲정당하고 합리적인 국민의 의사가 국정 운영이나 정책에 잘 반영되게 하는 것 ▲통치자의 권력 남용을 견제하거나 예방하면서 국민을 위한 정치를 하게 하는 것 등이다. 이 가운데 어느 하나나 모두를 실현하는 것이 민주화이다. 즉 민주화(民主化)는 국민이 민주주의 원리와 이념을 존중하고 실천하면서 통치자가 민주주의 원리와 이념을 실현하는 정치를 하게 하고, 좋은 법률을 만들고 좋은 정책이나 제도를 도입하거나 틀을 만들고, 국민의 의무 이행 등 자유민주주의 국가체제를 수호하고 유지, 발전시키기 위한 제반 활동을 하고, 정당하고 합리적인 국민의 의사가 국정 운영이나 정책에 잘 반영되게 하고, 통치자의 권력 남용을 견제하거나 예방하면서 국민을 위한 정치를 하게 하는 것이다. 이것을 좀 더 간단하게 정리하면 민주화는 통치자가 민주주의 원리와 이념을 존중하고 실현하는 정치를 하게 하고, 국민의 의사가 국정 운영이나 정책에 반영되게 하고, 국민을 위한 정치를 하게 하는 것이다.

민주화운동 주도세력이 인위적으로 규정한 한국의 민주화운동은 법률 제6123호로 2000년 1월 12일 제정되고 5월 13일 시행에 들어간 민주화운동 관련자 명예회복 및 보상 등에 관한 법률 제2조 (정의) 1. '민주화운동'과 법률 제6495호로 2001년 7월 24일 제정되고 10월 25일 시행에 들어간 민주화운동기념사업회법 2조 (민주화운동의 정의) 이 법 '민주화운동'에서 규정한 것으로 민주화운동사 연표 등에 수록된 활동이다. 그 구체적인 활동 내용은 대통령, 여당 등에 대한 반정부 시위와 반미 시위 등 민주화를 명분으로 한 야당과 야당정치가 그리고 그들을 추종하는 재야인사와 대학생이 중심이 된 권력 획득을 위한 투쟁, 투쟁가와 선동가가 중심이 된

노사분규를 비롯한 각종 단체와 집단 내의 편익추구 노력, 민주화를 명분으로 한 대학생들의 종북 활동, 이들과 연관된 협회와 단체의 설립 활동 등이다. 이것은 보편적인 민주화 노력과는 다른 것이다. 한국의 민주화운동이 아닌 보편적으로 통용되는 민주화 노력은 민주화에 해당하는 내용을 이루기 위해 애를 쓰고 힘을 들이는 모든 일이나 행위를 말한다.

민주화와 민주화 노력의 이해 제고를 위해 이에 해당하는 활동 내용을 좀 더 구체적으로 살펴보면 다음과 같다. ▲통치자가 민주주의 원리와 이념을 존중하고 실현하는 정치를 하게 하는 것: 주권자인 국민의 주권행사가 원활하게 이루어지고 국민의 국민에 의한 국민을 위한 정치가 이루어지기 위해서는 일을 할 때 통치자가 법과 규정된 절차에 따르는 등 민주주의 원리와 이념을 존중하고 실현하는 정치를 해야 한다. ▲좋은 법률을 만들고 좋은 정책이나 제도를 도입하거나 틀을 만드는 것: 국민이 민주주의의 혜택을 누리기 위해서는 가장 먼저 좋은 법을 만들어야 한다. 그리고 그 법에 따라 좋은 정책과 제도를 도입하고 행정을 하는 틀을 만들어야 한다. ▲국민의 의무 이행 등 자유민주주의 국가체제를 수호하고 유지, 발전시키기 위한 제반 활동: 민주화나 민주주의 발전은 누가 해주거나 가져다주는 것이 아니라 국민과 통치자가 협력하여 만들어가는 것이다. 특히 국민의 의무가 바탕이 된다. 그러므로 국가체제를 수호하고 유지, 발전시키기 위한 국민과 통치자의 협력은 필수적이다. ▲정당하고 합리적인 국민의 의사가 국정 운영이나 정책에 잘 반영되게 하는 것: 부정부패 방지 요구, 부정선거에 대한 항의 및 위법 행위자나 책임자 처벌 요구, 악법 폐지나 개정 요구, 법규를 남용하거나 국민의 기본권을 억압하는 것을 중지하라는 요구, 무리하거나 잘못된 정책이나 제도에 대한 국민의 반대 의사 수렴 요구 등 정당하고 합리적인 국민의 의사가 국정 운영이나 정책에 잘 반영되게 하려면 끊임없이 노력해야 한다. ▲통치자의 권력 남용을 견제하거나 예방하면서 국민을 위한 정치를 하게 하는 것: 통치자가 자신을 위한 정치를 하기 위해 권력을 남용하면 문제를 지적하고 비판해야 한다. 그리고 좋은 정치가 선출, 정치가와 정당의 잘못된 활동에 대한 견제, 경제성장과 발전 선도를 요구하면서 한편으로는 통치자의 정책에 적극 협력해야 한다. 그래야 국민을 위한 정치가 이루어진다.

국민이 민주화를 하려고 하는 목적은 민주주의의 발전을 통해 정치와 정치가에 대한 국민의 만족도를 높이고 복리 증진과 권익 신장을 통해 삶의 질을 향상하고 인간 존엄성을 실현하는 데 있다. 그러므로 민주화한다고 하면서 민주주의 원리를 존중하지 않는 것은 민주화 노력으로 보기 어렵다.

2. 민주화 요구가 표출되는 이유

자유민주주의 국가에서 민주화 요구가 일어나는 이유를 크게 분류하면 ▲독재자의 출현에 의한 독재정치 ▲통치자의 권력 남용과 국민을 억압하는 악법 제정 ▲급격한 경제 성장: 급격한 경제 성장이 이루어지면 국민은 새로운 환경에 따른 새로운 요구를 하게 되는데, 이때 기존에 경제 성장을 이끌어온 정책이나 제도의 지배정당성이 도전받는 일이 생긴다. 예를 들어 절대 빈곤 상태에서는 일할 수 있는 일자리를 만들어 주는 것만으로도 감사한다. 하지만 어느 정도 경제가 성장하여 일자리가 많아지면 그때부터는 최저임금과 근로조건 개선 등을 요구하며 욕구를 충족시켜 주지 못하는 통치자와 정부를 비판한다. ▲개인적 느낌이나 판단 착오: 개인 중에는 법의 지배에 대해 거부감을 갖고 자유롭게 살고 싶은 사람도 있다. 또한 같은 법률이 적용되더라도 자기중심적 사고를 하는 사람들은 자신은 잘못이 없는데 법규를 내세워 공권력이 자신을 못살게 군다고 생각하고 저항하는 사람들도 있다. ▲자신의 권력 욕구를 채우려는 선동가의 선동과 투쟁가의 투쟁 활동 영향: 사람들은 특별한 이유 없이 부화뇌동하기도 한다. ▲통치자의 잘못된 정책: 잘못된 정책이 반복되고 피해를 보는 국민이 많아지면 민주화를 요구하고 통치자를 축출하려는 움직임이 나타날 수 있다. ▲부정선거 등에 의한 특정 정치가의 장기집권 ▲사실상 일당 독재체제 ▲헌법에 국민의 자유 관련 기본권 조항 부재나 제한 ▲정치가와 민간인 사찰 등 공권력을 통한 야당이나 야당정치가, 국민 억압 ▲빈부격차 심화와 부의 불균등 분배 ▲선진국이나 다른 국가와 비교하여 상대적으로 민주주의가 뒤떨어져 있을 때 ▲친위부대나 비밀경찰 운영 ▲통치자의 부정부패와 부정축재 등이 대표적이다. 특정 국가에서 국민이 민주화를 요구하는 것은 위에 소개된 이유 중 특정한 한 가지가 원인이 될 수도 있고 여러 가지가 복합적으로 작용하여 발생할 수도 있다. 한국에서 민주화 요구가 표출되고 민주화운동이 시작된 것은 여러 가지 요소가 복합적으로 작용한 결과이다.

3. 민주화를 하려는 궁극적인 목적

어느 나라를 막론하고 사람들은 민주화하려고 한다. 특히 전체주의나 권위주의적인 통치를 경험한 국가 국민은 하나같이 민주화를 원하고 이루려고 한다. 한국 정치에서도 건국 이후 지속적인 화두가 되고 있는 것이 민주화이다. 과거보다는 민주화가 상당히 진척되었다는 오늘날도 민주화 진전에 관한 관심은 여전하다. 그런데도 국민 중에는 왜 민주화를 해야 하는지 제대로 이해하지 못하는 사람들이 많다. 이것이 한국의 민주주의가 앞으로 나아가지 못하고 정체상태에 머물며 정치가들이 때로는 과거보다 더 저급한 행태를 보이는 중요한 이유 중 한 가지이다. 민주화를 하려고 하는 이유를 모르기 때문에 목표도 제대로 설정되어 있지 않다.

단순하게 선진국이나 앞서 가는 나라들처럼 되었으면 하는 바람으로 그들을 흉내 내는 정도로는 좋은 민주화가 이루어지지 않는다. 자세히 들여다보면 국가마다 상당한 차이가 있다. 고유의 특수성이 반영되고 스스로 만든 산물이기 때문이다. 그럼 우리는 왜 민주화하려고 하는가? 우선 그 이유부터 알 필요가 있다. 민주화를 하려고 하는 이유는 여러 가지가 있을 수 있지만, 가장 대표적인 것 다섯 가지를 들면 다음과 같다. 첫째는 주인의 권리 향유와 주체 실현 등 인간으로서 주어진 권리를 존중받고 싶다는 마음의 실현이다. 내가 주인으로서 주인 역할을 하면서 살고 싶다는 것이다. 주체(主體)는 성질·상태·작용의 주(主)가 되는 것을 말한다. 우리가 주체가 되고 싶은 이유는 국가의 의사결정이나 통치, 체제 수호, 안전 확보 등 여러 가지 형태의 일에 자유의사로 참여하고 싶은 것이다. 그러한 활동을 통해 인간으로서 주어진 권리를 존중받고 싶은 것이다. 둘째는 평등을 통한 공정한 기회 실현이다. 기회(機會)는 어떤 일을 해 나아가는 데 가장 알맞은 시기나 경우를 뜻한다. 공정한 기회가 부여되기 위해서는 공정한 사회가 되어야 한다. 특정한 개인이 주체를 실현하고 싶어도 공정한 기회가 주어지지 않으면 특권을 가진 몇몇 제한된 사람만 그것을 누리게 된다. 공정한 사회가 되고 공정한 기회가 부여되기 위해서는 모든 국민이 법과 규칙, 원리와 원칙을 지키는 공정한 경쟁 풍토가 조성되어야 한다. 누군가 불법을 일삼고 불공정한 방법을 이용하는 사람이 있으면 공정한 기회는 주어지지 않는다. 그러므로 투명성이 강조되는 것이다. 셋째는 기본권적 자유 향유이다. 기본권은 기본적 인권을 말한다. 기본적 인권(基本的人權)은 개인의 사상·표현·신교(信教) 등의 정신적 자유와 고문·불법 체포 등을 당하지 않는 육체적 자유 및 사유 재산권의 보장 등 인간이 인간으로서 살아나가기 위해 불가결한 기본적인 권리를 말한다. 국민이 누려야 할 기본권은 헌법에 명시되어 있다. 넷째는 박애의 실천이다. 박애(博愛)는 모든 사람을 평등하게 사랑함, 모든 사람을 차별 없이 사랑함을 뜻한다. 사랑은 남을 돕고 이해하려는 마음, 어떤 사물이나 대상을 몹시 아끼고 귀중히 여기는 마음이다. 그러므로 박애를 실천하고 싶다는 것은 남을 돕고 이해하고 아끼고 귀중히 여기는 마음을 더 많이 행하겠다는 것이다. 이를 위해서는 이타심은 실천하고 욕심과 이기심은 절제하여야 한다. 계파를 만들어서는 안 된다. 다섯째는 발전하고 싶다는 마음이다. 여기에는 잘 살고 싶다는 마음도 포함된다. 발전(發展)은 더 낮고 좋은 상태나 더 높은 단계로 나아감을 뜻한다. 이러한 일련의 이유를 종합하면 인간 존엄성 실현과 삶의 질 향상을 달성하는 것이 된다.

인간 존엄성 실현과 삶의 질 향상은 민주화의 목적이다. 그럼 인간은 왜 삶의 질 향상과 인간 존엄성을 실현하려고 하는가? 그것은 행복한 삶을 누리고자 하는 데 있다. 행복은 무엇인가? 행복(幸福)은 욕구가 충족되어 충분한 만족과 기쁨을 느끼는 상태를 말한다. 우리가 인간 존엄성 실현과 삶의 질을 향상하려고 하는 이유는 행복한 삶을 사는 바탕이 되기 때문이다. 인간 존엄성이 실현되고 삶의 질이 향상한다고 반드시 개인이 행복해지는 것은 아니다. 하지만 행복하게 사는 데 필요하고 아주 중요한 요소임이 틀림없다. 즉 우리가 민주화를 하려는 궁극적인 목적은 인간 존엄성 실현과 삶의 질 향상을 통해 행복한 삶을 실현하는 것이다. 사람답게 자유롭고 행복하게 살고 싶다는 것이다.

행복한 삶을 누리기 위해서는 여러 가지 부수적인 요소들이 필요하다. 의식주 문제가 해결되어야 하고 안정되고 안전한 삶을 살수 있어야 한다. 이를 위해서는 국가 발전 특히 경제적인 발전을 통한 국민의 복리 증진과 권익 신장은 필수적이다. 그런데 자세히 살펴보면 이들을 확보하기 위해서는 모두 개인의 자유와 권리를 제한해야 하는 모순이 내재한다.

4. 민주화 진전·민주주의를 발전시키는 일과 방법

민주화, 민주화 진전, 민주주의를 발전시키는 일은 다양하다. 그 중에서 가장 대표적인 것 네 가지를 요약하면 다음과 같다. 첫째는 민주주의 원리와 이념에 기초한 자유민주주의 국가체제를 갖춘 정부 수립이다. 하지만 민주주의 국가체제를 갖춘다고 민주주의가 바로 실현되는 것은 아니다. 민주주의 국가체제 구축은 민주주의를 누리기 위한 시작에 불과하다. 둘째는 자유민주주의 국가체제를 수호하는 일이다. 수호(守護)는 일상적인 관리에 포함할 수도 있지만, 인접국가 그중에서도 특히 공산주의를 신봉하는 공산국가가 공산화를 목적으로 침략해올 때는 단순한 관리 차원을 넘어서는 것이다. 민주주의가 실제 국민에게 도움이 되게 하기 위해서는 이미 구축된 체제를 수호해야 한다. 셋째는 민주주의 국가체제 내에서 관리를 통하여 민주화하고 민주주의를 유지하고 발전시키는 일이다. 특히 관리를 잘하는 일이 중요하다. 아무리 좋은 제도와 체제를 구축해도 관리를 제대로 못 하면 그것이 제 기능을 발휘하지 못한다. 민주주의 국가체제에 대한 관리를 잘못하거나 민주주의가 발전하지 않으면 민주화 요구가 발현할 수 있다. 넷째는 민주주의 원리와 이념을 존중하고 실천하면서 그것을 실현하기 위해 하는 모든 활동이 해당한다.

자유민주주의 국가체제 내에서 민주화, 민주화 진전, 민주주의를 유지하고 발전시키는 일과 방법을 좀 더 세부적으로 살펴보면 ▲ 경제개발(經濟開發) 등 산업을 일으켜 국가 경제를 발전시키는 일 ▲삼권분립을 통한 입법부인 국회와 사법부인 법원의 행정부와 대통령에 대한 견제 ▲야당의 여당과 정부에 대한 견제 ▲ 국민의 대통령과 정부, 국회, 정당에 대한 감독과 견제 ▲좋은 대통령과 국회의원을 선출하는 것 ▲정부의 공정한 분배와 국가 균형발전 추구 ▲교육을 통한 양질의 지도자 양성과 배출 ▲경찰과 검찰, 행정기관의 공정한 법규 집행 ▲민주주의 원리와 이념 존중 그리고 실천 ▲정부와 대통령의 잘못된 정책에 대한 비판 등 의사 표출을 통한 여론 형성과 견제, 시정을 요구하는 합법적인 집회나 시위 ▲헌법에 명시된 국가체제 수호(국방력 강화) ▲학문과 과학기술을 발전시키는 일 ▲민주적 절차의 존중 ▲통치자나 정치지도자에 대한 대표성 존중 ▲이타주의 실행과 협력 ▲봉사와 헌신 그리고 나눔 실천 ▲적절한 복지정책 ▲사회기반시설 등 국가안전망 구축 ▲법규 준수 ▲합리적인 질서 정립 ▲국민 권익 신장과 복리 증진 ▲좋은 일자리 창출 ▲합리적인 규제 완화 ▲인간 존엄성 실현 ▲삶의 질 향상 ▲대화와 타협, 양보 ▲좋은 법을 만들고 좋지 않은 법을 폐지하는 일 ▲상호존중과 상호 만족을 통한 공존공영 추구 ▲언론과 출판, 결사의 자유 등 국민 기본권 신장 ▲국민의 의무를 다하는 것 ▲비리와 부정부패 예방과 척결 노력 ▲관리 능력 제고 ▲국민이 자각하게 하는 것 ▲구습 타파를 위한 개혁과 혁신 등이 있다. 이외에도 민주화를 진전시키고 민주주의를 유지하고 발전시키는 일과 방법은 얼마든지 많이 있다. 이러한 것들은 각각 민주주의 발전이나 민주화 진전에 영향을 미칠 수도 있지만 여러 가지가 동시에 영향을 미칠 수도 있다. 여기서 말하고자 하는 것은 민주화, 민주화 진전, 민주주의 발전의 방법이 다양하다는 점이다. 이제 우리는 집회와 시위라는 고정관념에서 벗어날 필요가 있다.

헌법 제정과 정부 수립은 민주화와 민주주의 발전의 핵심으로 가장 중요한 일이다. 하지만 이것은 국가체제를 만드는 일로, 이미 만들어진 민주주의 국가체제 내에서 하는 일에는 포함되지 않는다. 투쟁과 항쟁은 빼앗긴 나라를 다시 찾을 때 등 지극히 제한적으로 사용해야 한다. 그럼에도 한국의 민주화운동 주도세력은 투쟁과 항쟁 성격의 반정부 시위를 지나치게 남용해 민주화 진전과 민주주의 발전을 왜곡시켰다. 그들은 권력 획득을 목적으로 민주화를 명분으로 이용하고 권력을 획득한 후에도 과거 자신들이 비난한 정권에서 사용한 방법을 답습하는 등 구태를 벗어나지 못한 결과 한국 정치가 국민으로부터 불신받는 원인을 제공했다.

5. 민주화와 민주주의 발전 올바른 방법은 무엇인가

한국의 민주화운동 주도세력들은 민주화와 민주주의의 올바른 발전 방법이 무엇인지 모르면서 자신들의 권력 욕구를 실현하기 위해 민주화를 내세우며 자신들의 선동가와 투쟁가적인 기질을 발휘했다. 그러한 민주화 노력도 나름대로 의미가 있다. 하지만 그렇다고 대단한 것이나 추종할 만한 것은 아니다. 잘못된 부분이 상당히 많다. 김대중이 민주화와 지방자치제도 시행을 등가 정도로 생각한 것은 한국 민주화운동 주도세력의 민주화와 민주주의의 올바른 발전 방법에 대한 무지를 그대로 드러낸 것이다.

지방자치제도 시행 이후 자치단체장의 인사 전횡과 부정부패 문제, 호화청사 건립과 무리한 수익사업 투자 등은 지방자치제도 시행이 민주화나 민주주의 발전과 큰 연관이 없다는 것을 보여준다. 권력의 중앙정부 집중이 민주화를 가로막는 요인으로 작용할 때 지방자치제도는 권력 분산을 통한 견제 측면에서 고려할 수 있다. 그러나 이것은 부차적인 문제이다. 중앙정부를 견제하는 것은 지방 정부가 할 일이 아니라 국회와 사법부, 국민이 할 일이다. 이제까지 한국 민주화운동 주도세력은 민주화운동을 하면서 헌법 개정을 통한 직선제 도입, 자유와 국민의 기본적 권리 확대를 요구하는 외에 민주화와 민주주의 발전 모형을 제시한 것이 없다. 그러나 이러한 깃들은 올바른 민주화니 민주주의 발전 방법으로 보기 어렵다.

그럼 민주화와 민주주의 발전을 위한 올바른 방법은 무엇인가? 그것은 국민을 위한 정치를 할 수 있는 토대를 공고히 하는 일이다. ▲민주주의 원리와 이념의 존중과 실천, 실현 노력 ▲합리적인 의사결정과 공천이 이루어지는 정당의 민주적 운영, ▲국회의 기능과 역할 정상화를 통한 대통령과 행정부 견제, ▲경제발전(선진국은 현재 상태의 경제력 유지도 괜찮음)이 핵심이다. 이 네 가지에 의해 그 나라의 민주화와 민주주의 발전 수준이 결정된다. 이 중에서 어느 한 가지라도 부족한 점이 있으면 국민은 좋은 민주주의를 누릴 수 없고 민주화되었다고 하기 어렵다. 대개 민주화운동을 한 사람들은 대통령과 대통령이 가진 권력을 문제 삼는 경향이 있다. 하지만 대통령과 대통령이 가진 권력을 견제하는 역할은 국회와 전체 국민의 몫이다.

국민을 위한 정치를 할 수 있는 토대를 공고히 하는 일 중 우리나라의 민주화와 민주주의 발전에 가장 중요한 것은 경제발전, 여당의 역할이다. 경제발전이 없이는 정부가 국민의 기대 실현, 어려움 해결 등 삶의 질을 향상하기 어렵다. 국민이 민주화를 하고자하는 이유는 사람답게 자유롭게 행복하게 살고 싶기 때문이다. 그런데 경제력이 바탕이 된 삶의 질 향상 없이는 사람답게 행복하게 살기가 쉽지 않다. 가난하게 살아도 행복한 사람들이 있다. 하지만 국가나 사회 전체의 빈곤은 사람들이 행복한 삶을 사는 저해요소로 작용한다.

인구가 많아 모든 사람이 의사결정에 참여하기 어려운 점을 고려하여 국민의 대표를 선출하고 그들로 하여금 의사결정에 참여하게 하는 것이 대의민주주의다. 그러므로 국민을 대리하고 대표하는 국회의원은 국민의 의사를 대리하여 국정에 잘 반영되도록 노력해야 한다. 그러한 일을 하는 실질적인 역할이 여당에 주어져 있다. 여당이 자기 정당에서 배출한 대통령을 제대로 견제하지 않고, 행정부의 거수기 역할을 하면서 국민을 위한 정치보다는 대통령과 여당 의원 자신들을 위한 정치를 하면, 민주화와 민주주의 발전은 기대하기 어렵다.

아무리 민주주의가 발전한 나라라도 여당이 국민을 위한 정치를 하지 않고 자신들을 위한 정치를 하면 독재자가 출현하고 민주주의는 짧은 기간 내에 망가질 수 있다. 민주화는 어느 단계까지는 한순간에 이룩하거나 발전할 수도 있고, 민주주의 발전은 대개 경제력 구비 등 사회발전이 수반되어야 하므로 장기간에 걸쳐 이루어진다. 민주화가 망가지는 것도 한순간에 이루어질 수도 있고, 서서히 이루어질 수도 있다. 그러므로 국민의 지속적인 정치가에 대한 합리적인 지지, 감시와 견제, 국민을 위한 봉사와 헌신 요구가 필요하다.

한국의 민주화운동이 민주주의 발전 원동력으로 제대로 작동하지 못한 대표적인 이유 중 한 가지는 올바른 민주화 방법을 몰랐기 때문에 잘못 이끌어졌다는 것이다. 그들은 민주화를 명분으로 시위를 통하여 세력을 확대하고 국민의 관심을 끌어 자신들이 정치권력을 획득하여 여당이 되고 대통령을 배출하는 데까지는 성공했다. 하지만 계파가 중심이 된 정치는 여당이 대통령과 정부와 더욱 유착하면서 자기 사람 심기를 하고 대통령은 민주화운동 주도세력에 속하는 사람들에게 논공행상(論功行賞)하듯이 대거 정무직공무원,

정부산하기관이나 단체 임원으로 임용함으로써 정쟁이 끊이지 않는 원인으로 작용했다.

그들은 권력을 잡은 후 민주주의 발전을 위해 치열한 노력을 하지 않았다. 이미 목표한 권력 획득이 달성되었기 때문이다. 그들의 관심은 부를 쌓고 명예를 높고 지속적인 권력 향유를 위해 권력을 유지하는 것이었다. 권력 획득을 위해 이합집산하고 대립과 갈등을 양산하며, 비리와 부정부패를 일삼았다. 국민을 위한 민주화 진전이나 민주주의 발전에는 큰 관심이 없었다.

6. 진정한 민주화를 이루는 방법

진정한 민주화를 이루려면 어떻게 해야 할까? 그동안 우리나라는 민주화를 추진하고 많은 민주화 노력을 해왔으면서도 사실 어떻게 하는 것이 진정한 민주화를 이루는 것인지 국민은 그 방법을 잘 모른다. 그럼 진정한 민주화를 이루려면 어떻게 해야 하는가? 그것은 민주주의 원리와 이념을 존중하는 민주적 정치문화를 만들고 실천하는 일이다. 민주적 정치문화는 국민이 민주주의 원리와 이념을 잘 이해하고 민주주의를 올바르게 발전시키는 방법을 자각하면 대부분 그 내용과 방법을 저절로 터득할 수 있다. 하지만 스스로 터득하려고 하면 시간이 오래 걸리고 내용이 옳은 것인지 알 수 없으므로 이해를 돕기 위해 민주적 정치문화를 소개하면 다음과 같다.

민주적 정치문화는 민주주의적 가치나 규범을 준수하는 사회자본이 축적된 정치문화이다. 타인을 신뢰하고, 집단의 모임에 자주 참여하고, 함께 공공정책을 만들고, 실행한다는 사회적 신뢰의 높음을 나타내는 행동이 역사적으로 축적된 정치문화를 가리킨다. 민주주의는 개인 간의 사회적인 상호작용을 내포하고 있으며 사회적 제도를 자주 사용한다. 따라서 개인이나 사회제도에 대한 신뢰도가 어느 정도 높아야 하며 또한 그것들의 실효성이 높지 않으면 민주주의는 번영하지 않는다. 극도로 계층적인 관계를 강조하거나 극도로 상하관계를 강조하는 정치문화에서 민주주의는 발전하기 어렵다. 민주적 정치문화는 개개인의 차이를 소중히 하고, 인권을 존중하고, 평등하고 대등한 토의나 심의를 소중히 하는 정치문화를 가리킨다.292)

7. 민주화 노력인가 아닌가의 판단 기준은 무엇인가

민주화운동이냐 아니냐 하는 것은 이미 법률의 정의와 민주화운동사 연표에 드러나 있다. 민주화운동 중에는 민주화 노력에 포함되는 것도 있고 포함되지 않는 것도 있다. 우리가 민주화운동과 민주화 노력을 제대로 파악하기 위해서는 어떤 것이 민주화 노력에 해당하는지 알아볼 필요가 있다. 민주화 노력에 포함할 수 있는 일은 국민을 위한 일을 하기 위한 목적으로 국민의 국민에 의한 국민을 위한 정치를 할 틀을 만드는 것, 만들어진 틀을 활용하여 민주주의 원리와 이념을 존중하며 실제 국민을 위한 정치를 하는 것이다. 그러므로 민주화 노력인가 아닌가의 판단 기준은 일의 내용이

---

292) 21세기 정치학대사전.

국민을 위한 것이냐 아니냐, 국민을 위한 일을 했느냐 하지 않았느냐 하는 것이다.

많은 투쟁기와 선동기, 투쟁적 선동·정치기가 국민을 위한 민주화를 내세우고 시위운동을 주도하지만, 그들이 진정 국민을 위한 민주화를 추진하는 것인지 아니면 권력을 획득하고 자신의 입신출세를 위한 일을 하는 것인지는 그들이 하는 행태를 지켜보면서 관찰하면 알 수 있다. 하지만 이들은 국민을 교묘하게 기만하기 위해 대부분 어떤 행동을 할 때 국민을 명분으로 내세우고 국민을 위한 일과 자신을 위한 일을 넘나드는 행동을 하므로 실체를 파악하기 쉽지 않다. 그러나 계파를 만들고 민주화를 명분으로 내세워 권력 획득을 지향한다면 국민을 위한 민주화는 명분일 뿐 실제로는 자신과 계파 조직원들을 위해 일하는 이기적인 정치가일 뿐이다. 민주주의 원리와 이념에 반하는 계파를 유지하면서 민주화를 추구하는 것은 외형상으로는 가능하지만, 실질적으로 가능한 일이 아니기 때문이다.

8. 민주화, 민주주의 발전의 폐해와 딜레마

1980년대 한국사회에서는 민주화를 요구하는 민주화운동이 활발하게 전개되었다. 국민의 민주주의 발전에 대한 기대와 욕구가 어느 시기보다 컸다고 할 수 있다. 지금도 민주화에 대한 국민의 관심은 변함이 없다. 하지만 우리가 민주화, 민주화 진전, 민주주의 발전을 지향하면서 반드시 생각해보아야 할 일이 있다. 이것들이 반드시 좋은 것인가 하는 점이다. 세상의 이치에 대한 이해가 부족한 사람들은 민주화가 좋은 것만으로 생각한다. 그러나 민주화는 반드시 좋은 것만은 아니다. 좋은 측면이 많지만 좋지 않은 부분도 있다. 즉 폐해도 나타날 수 있다. 이는 폐해에 대한 보완 노력이 계속 이루어져야 할 필요가 있다는 것이다. 여기서 민주화, 민주화 진전, 민주주의가 발전하면 나타날 수 있는 폐해와 딜레마(dilemma, 진퇴양난)에 대해 살펴보면 다음과 같다.

1) 자유는 억압을 부른다

민주화 과정에서 많이 등장하는 구호인 '자유를 달라', '자유를 확대하라'는 말은 기본권과 관련이 있다. 전체주의나 권위주의 국가에서는 기본권을 제한하거나 헌법에 명시되어 있어도 그것을 너무 강하게 통제하기 때문에 자유를 달라고 하는 것이다. 자유(自由)는 남에게 구속을 당하거나 무엇에 얽매이지 않고 자기 마음대로 행동함과 법률의 범위 안에서 자기 마음대로 하는 행위라는 두 가지 의미가 있다. 그러나 오늘날 민주주의 국가에서는 아무 거리낌 없이 자기 마음대로 행동함을 뜻하는 방종(放縱)에 가까운 자유가 아니라, 법률에 의해 허용되거나 제한되는 자유이다. 그런데 민주화에는 구조적인 문제가 있다. 그 한계가 애매모호하고, 민주화하면 할수록 더 많은 억압과 제약이 따른다는 점이다. 이러한 문제를 낳은 근원은 인간의 불완전성이다.

우선은 민주화가 좋은 것 같지만, 민주화가 개인의 만족과 행복을 담보하지는 않는다. 인간에게는 욕망이 있어 어느 정도 향유하게 되면 더 많은 것, 더 좋은 것을 끊임없이 갈망하게 되어 있다. 자유의 확대는 더욱 교묘한 방법으로 다른 사람에게 손해를 입히면서 자신의 본능과 이기주의를 실현하려는 사람들이 나타나게 하는 등 인간관계를 더욱 복잡하게 만든다. 따라서 정부는 그들에 대응하기 위해 자유에 따른 문제가 파생되는 것에 비례하여 선량한 국민의 보호를 명분으로 새로운 법을 만들 수밖에 없다. 새로운 법이 만들어지는 만큼 개인의 자유는 그만큼 억압되고 제한된다.

우리가 추구하는 진척된 민주화와 민주주의의 결과가 만들어낸 것이 서울 시내에 설치된 CCTV(closed-circuit television, 폐회로텔레비전)이다. 이제 도심 어느 곳에서나 우리의 생활공간에서 진정한 자유로움을 느낄 수 있는 곳은 거의 없어졌다. 단지 누군가의 감시를 의식하지 않고 행동하는 것밖에 방법이 없다. 이것이 우리가 원했던 민주화인가 한번 생각해볼 필요가 있다. 자유가 확대되면 정부는 국민을 통제하기 점차 어려워진다. 그 결과 정부는 손쉬운 법률 제정으로 대응하므로 엄청나게 많은 법규가 만들어진다. 즉 자유가 억압을 부르는 것이다.

2) 불필요한 자극 많이 받게 되어 있다

민주화되면 더러운 것 보고 화나는 일이 더 많아질 수 있다. 자유에 대한 한계가 모호하므로 인권단체에 소속된 사회운동가, 원천적으로 속박받는 것을 싫어하는 품성을 타고난 사람이나 자유로운 사고를 타고난 사람, 형식을 파괴하고 일탈을 꿈꾸며 상상의 나래를 펴고 싶은 예술가, 마음대로 하면서도 책임은 지고 싶지 않은 사람들은 더 많은 자유를 요구하며 항상 정부와 갈등을 빚는다.

그 결과 예술가들은 더 많이 더 적나라하게 노출되는 행위를 마음대로 묘사하려고 하고, 자기에게 이익이 되는 중독성이 강한 게임이나 도박 사이트를 운영하는 사람, 카지노와 경마장, 경륜장, 오락장 등 합법적인 도박이나 게임을 운영하는 사람들도 더 많은 허가와 더 많은 금액을 걸게 해달라고 요구한다. 대학의 자율화, 지방자치단체의 정부 재정지원 확대, 정책적 사업을 하는 기업의 자기 지역 유치, 서민들과 중산층의 무상복지 확대 등 수많은 이기주의적인 행동을 하게 만든다. 이러한 행동이나 요구는 당사자인 자신들은 필요한 일이고 좋은 일로 생각하며, 이에 동의하는 사람들도 있을 수 있다. 하지만 다른 누군가에게는 불필요한 자극을 유발하고 화나게 하는 일이 될 수 있다.

3) 민주화하면 대체로 이해관계에 따른 갈등이 증가한다

민주주의가 발전하는 것과 민주화하는 것은 동일한 개념이 아니다. 민주주의 발전을 위해서는 민주화가 필수적이지만, 민주화한다고 민주주의가 반드시 발전하는 것은 아니기 때문이다. 민주주의가 발전하는 과정이나 단계에 따라 갈등은 늘어나거나 줄어들 수 있다. 정부의 노력, 국민의 관심 등 상황에 따라 다를 수 있다. 민주화하면 대체로 개인의 자유와 권리를 존중받으려고 한다. 혼자 힘으로 자신의 편익을 누리거나 지키기 어렵다고 생각하는 사람들은 단체를 만들어 대항하는 등 집단이기주의가 횡행한다. 우리는 이미 특정한 정당이나 정치가에게 편승하려고 일부러 지지하는 편향된

단체들을 쉽게 볼 수 있다. 이들은 사회갈등의 원인으로 작용한다. 이렇게 민주화가 이루어지면 갈등을 유발하는 사람들의 활동도 동시에 활발해져 대체로 갈등이 증가한다. 이에 따라 갈등을 해결하려는 정부의 노력도 활발해지지만, 정부의 노력에는 한계가 있다.

4) 신념을 가진 사람들의 억지 앞에 대책이 없다

정부가 새로 도입하는 제도와 국가 발전을 위해 추진하는 정책 사업에 대해 시시비비를 모두 가리려고 하면 아무런 일도 할 수 없다. 인간은 불완전한 존재이므로 파생되는 문제가 전혀 발생하지 않고, 사람들에게 전혀 피해를 주지 않고, 환경을 전혀 훼손하지 않으면서 일을 한다는 것은 불가능하기 때문이다. 이해관계를 갖는 사람들에 의해 정부가 어떤 일을 하든 대개 반대자가 많고 적음의 차이는 있어도 반대자가 있기 마련이다. 모두가 찬성하는 제도나 정책은 거의 없다. 처음에는 모두 찬성했던 일도 시간이 지나면 불만을 토로하는 사람들이 생긴다. 그런데 자신의 신념에 따라 정부가 도입하는 제도와 추진하는 정책 사업에 대해 부작용이나 환경 훼손 등을 문제 삼으며 문제점을 물고 늘어지면 일을 제대로 추진하기 어렵다. 찬성과 반대를 두고 논란이 빚어지고 공사가 지연되면서 애초 계획했던 것보다 엄청난 예산이 추가로 투입되어도 반대자들은 추가로 투입된 예산에 대해 전혀 책임을 지지 않는다. 그 대표적인 사례가 새만금간척사업이다.

5) 의사결정이 어려워지고, 정치가는 인기에 영합한다

국민의 자유가 확대되면, 자신의 손해를 감수하지 않으려고 하는 사람들이 단체를 만들어 정책 결정과 법률 제정 등에 반대하거나 반발하면 통치자인 대통령, 정부, 국회는 점차 의사결정을 하기 어려워진다. 그리고 선거를 통해 당선되어야 하는 정치가는 인기에 영합할 수밖에 없다. 민주주의에서 국민의 대표로 선출되는 정치가는 다수의 지지가 필요하다. 그러므로 다수가 원하는 이익에 편승한 행동을 할 수밖에 없다. 정치가의 이러한 행동은 장기적인 국가발전에 악영향을 미치는 일이 적지 않다. 그동안 농가부채 탕감 같은 대통령 후보의 과잉공약이 사회갈등을 일으키는 원인으로 작용한 것이 한둘이 아니다. 부산에 있는 김해국제공항 이전 문제는 지역주민의 이해가 얽혀 있을 때 의사결정이 쉽지 않음을 보여주는 단적인 예이다.

제4절 자본주의 경제 그리고 민주화

1. 경제 그리고 민주화에 대해 갖는 두 가지 의문

한국 민주화운동 주도세력들의 행동에는 오만이 배어 있다. 자신들이 한 반정부 시위와 반미 시위 등을 통한 민주화 요구는 민주화 운동으로 민주화 진전에 크게 기여했다고 생각한다. 하지만 민주화 운동 주도세력들의 요구를 수용하고 국민이 동참하는 민주화 진전이 이루어지게 결단을 내리고 약속을 실천한 전두환 전 대통령과 노태우 민정당 대표의 노력, 경제성장이 민주화 진전에 기여한 점에 대해서는 언급을 하지 않거나 폄훼한다. 그것도 모자라 경제개발을 주도한 박정희 대통령을 독재자로 몰아세우며 끊임없이 시비하고, 전두환과 노태우 전 대통령에게는 정치보복까지 했다.

오늘날 우리나라의 국가체제는 자본주의를 바탕으로 한 자유민주주의국가이다. 이 말을 달리 표현하면 경제와 민주화 또는 민주주의는 국가 운영의 양대 축이라고 할 수 있다. 양자는 분리할 수 있는 것이 아니다. 자유민주주의국가에서 보편적으로 추구하는 핵심 가치는 삶의 질 향상, 인간 존엄성 실현이다. 사람들은 이것을 통해 행복한 삶을 누릴 수 있기를 바란다. 민주화, 민주화 진진, 민주주의 발전은 주로 인간 존엄성과 연관이 있고, 경제개발이나 성장 또는 경제문제는 주로 삶의 질과 연관이 있다. 이 두 가지가 결부되어 국가 발전, 국민의 삶의 질 향상과 인간 존엄성을 추구하게 된다. 민주화 진전에서 경제가 얼마나 중요한지 한번 살펴보자.

1) 경제성장 없는 민주화 진전 가능한가

경제성장이 없는 상태에서 민주화가 가능할까? 하지 않을까? 경제가 성장하지 않더라도 민주화는 가능하다. 하지만 민주화를 진전시키는 데는 뚜렷한 한계가 있다. 경제성장이 없거나 경제가 침체하는 상태에서의 민주화는 빈약한 민주화가 불가피하다. 생계를 유지하기 어려운 상황에서는 민주화라는 말 자체가 큰 의미가 없다. 먹는 문제 해결과 생존을 위해 어떤 부당한 요구도 감내할 수밖에 없는 상황이 될 수 있기 때문이다. 오늘날 선진국 부유한 가정의 개만큼도 못한 생활을 하는 후진국의 극빈자들에게 민주화는 큰 의미가 없다.

삶의 질 향상과 인간 존엄성 실현을 위해 민주화의 진전은 중요한 일이다. 하지만 적어도 민주화 진전을 기대하기 위해서는 여유로운 생활까지는 못하더라도 일자리가 있고 먹고 사는 문제는 해결할 수 있어야 한다. 어느 나라를 막론하고 현실적으로 삶의 질 향상과 인간 존엄성 실현에 큰 영향을 미치는 것은 국가 차원의 경제력이다. 오늘날 후진국에서 선진국으로 이주하는 사람들의 기본적인 목표는 민주화 향유에 있는 것이 아니라 경제문제 해결에 있다. 이렇게 인간 삶에서 경제문제는 민주화나 민주화 진전보다 선행하고 우선한다. 후진국은 민주화를 통해서는 경제성장을 견인하기가 쉽지 않지만, 경제성장을 통해서는 민주화 진전을 견인하기 쉽다.

구미의 여러 나라들은 경제력을 바탕으로 선진국이 되었고, 이제까지 경제력을 바탕으로 선진국이 된 나라 중 민주화가 진전되지 않은 나라가 없다는 점이 이를 입증한다. 이러한 여러 가지 상황을 고려하면 한국에 1987년 민주화 진전이 이루어질 수 있었던 중요한 원인 중 하나가 경제성장이 바탕이 되었다는 점을 알 수 있다. '경제성장 없는 상태에서 민주화가 진전되었다면 국제사회에서 한국이 현재와 같은 위상을 갖출 수 있었을까?' 하는 점을 생각해보면 박정희 대통령이 얼마나 대단한 일을 했는지 이해할 수 있다.

오늘날 한국과 한국인이 국제사회에서 존중받는 이유는 무엇인가? 민주화 진전인가? 아니면 경제성장인가? 당연히 경제성장 덕분이다. 외국에서 우리의 민주화 모형을 배우겠다고 찾아오는 사람이 얼마나 되는가? 있는지 없는지 잘 모를 정도이다. 만일 있다고 하더라도 불법적인 반정부 시위와 투쟁 등 1970~1980년대에 이루어진 민주화운동 방식은 아닐 것이다. 그러나 열악한 노동 조건을 상당 부분 감내해야 하는 산업연수를 자청해 한국에서 먹고 살겠다며 오는 사람과 새마을운동 등 경제성장 비결을 배우겠다고 찾아오는 국가들은 많다. 여기서 우리가 분명히 알아야 할 점은 민주화 진전을 위해서는 경제성장이 반드시 필요하다는 것이다.

2) 경제위기 속에서 민주화 지켜질 수 있나

우리나라는 민주화운동 주도세력으로 분류되는 김영삼이 대통령으로 재임하던 1997년 11월 국제통화기금(IMF)에 긴급구제금융을 요청하는 경제위기를 겪었다. 그리고 또 다른 민주운동 주도세력이자 한국의 민주화 상징인물이라고 불리기도 하는 김대중이 대통령으로 재임하던 시절 구조조정과 잘못된 카드정책으로 이후 수많은 사람이 자살하거나 인신매매를 당해 팔려가는 등 말할 수 없는 고초를 겪었다. 카드 대출이나 빚을 못 갚아 신용불량자가 되고 채권자(債權者)를 피해 다니며 떠도는 생활을 하거나 인신매매를 당해야 했던 사람들에게 1987년 한국의 민주화 진전은 별다른 의미가 없었다.

무슨 일이든 직접 당해본 사람들은 실상을 잘 안다. 그나마 금 모으기 운동 등 국민과 기업 그리고 정부의 협력으로 분발해 경제위기를 벗어나 더 큰 화를 면할 수 있었던 것은 참으로 다행스러운 일이었다. 2008년 9월 국제금융위기 이후 세계경제는 침체의 늪에 허덕이고 있으며, 대외 수출의존도가 높은 우리 경제는 언제 다시 위기에 직면할지 모르는 상황이다. 그런 일은 없겠지만, 만약 우리 경제가 다시 위기에 빠진다면 현재의 민주화는 지켜질 수 있을까? 지켜질 수 없다. 그 이유는 경제력이 받침이 되는 민주화나 민주주의 수준은, 받침이 되지 않는 민주화나 민주주의 수준과 같을 수 없기 때문이다.

그렇다고 경제성장이나 경제력만 무조건 중요하다고 말하고자 하는 것은 아니다. 당연히 경제성장과 민주화가 균형과 조화를 이루는 발전을 하는 것이 가장 바람직하다. 아직 우리나라는 세계 최고 수준의 경제 발전 단계에 도달하지 못했다. 민주화와 민주주의도 마찬가지이다. 그러므로 우리는 민주화 진전과 경제성장을 위해 더욱 치열하게 노력해야 한다.

2. 경제발전과 민주화 목적 서로 이질적인가

오늘날 한국사회는 참으로 어리석게도 경제발전 주도세력과 민주화운동 주도세력이 진보와 보수로 나누어 대립하고 갈등하는 모습을 보이고 있다. 공동의 목적을 향해 나아가면서도 각자 자신이 추구하는 가치에 집중하면서 대립하는 현상이 생겼다. 하지만 경제발전과 민주화의 목적은 같은 것이다. 이해를 돕기 위해 여기서 '경제발전과 민주화의 목적이 같은 것인가 다른 것인가?' 한번 살펴보자. 먼저 경제발전은 무엇인가? 그것은 인간 생활의 유지·발전에 필요한 재화를 획득·이용하는 과정의 일체 활동이 더 낫고 좋은 상태로 나아감을 말한다. 그럼 왜 경제를 발전시키려고 하는가? 그것은 주로 삶의 질을 향상하는 데 있다. 삶의 질은 왜 향상하려고 하는가? 그것은 행복한 삶을 사는 바탕이 되기 때문이다. 삶의 질만 향상하면 행복한 삶이 되는가? 그것은 아니다. 무엇인가 부족한 것이 있다. 그것이 무엇인가? 인간 존엄성 실현이다. 인간 존엄성을 실현하기 위해서는 어떻게 해야 하는가? 민주화해야 한다.

여기서 또 다른 의문이 생긴다. 민주화만 하고 경제가 발전하지 않으면 행복해질 수 없는가? 아니다. 행복할 수 있다. 수신과 절제 등 정신적 수양이 잘되거나 신앙생활을 하는 사람은 많은 재화를 갖지 않아도 행복할 수 있다. 그러나 문제는 대중이다. 헐벗고 기아에 허덕이는 상태에서는 행복해지기 어렵다. 이렇게 민주화와 경제발전은 인간이 행복해지기 위해 모두 필요한 것이다. 그러므로 이제 민주화운동 주도세력과 경제건설 주도세력들이 상호 역할과 기여도를 존중하여 인정하고 발전 과정에 나타난 문제들을 용서와

화해, 포용을 통해 공존공영으로 나아가는 방향을 모색해야 할 필요가 있다.

3. 정치와 경제 분리할 수 있는 것인가

민주화는 간단하게 말하면 통치자가 국민을 위해 민주적으로 정치를 하게 하는 것이다. 정치가가 국민을 위한 일을 하기 위해서는 정치와 경제는 필수적이다. 그러므로 민주화를 제대로 이해하기 위해서는 정치와 경제에 대한 지식도 필요하지만, 정치와 경제를 분리할 수 있는 것인지에 대해 아는 것도 대단히 중요하다. 이에 대한 답은 국가 형성 이론에 이미 나와 있다. 인간이 왜 국가를 만들게 되었는가? 국가는 인간의 경제와 정치적 필요 때문에 생겨났다. 인간이 국가를 형성한 것은 인간생존에 필요한 물자의 자급자족을 위한 것이다. 인간의 기본적 경제욕구인 의식주(衣食住) 문제는 공동의 노력을 통하여 원활하게 해결해 나갈 수 있다. 타자로부터 분리된 고립된 존재로서는 그 경제적 욕구를 충족시킬 수 없다.

인간 각자는 다른 사람이 필요로 하는 것을 그들에게 줄 수 있으며, 다른 사람이 줄 수 있는 것을 필요로 한다. 이러한 상호의존관계는 필연적으로 노동의 분화와 기능의 전문화를 가져오며 사회가 발전할수록 강화된다. 경제적 필요 때문에 결합한 사람들 사이의 경제적 근거에서 오는 노동의 전문화는 더 많은 양과 더 좋은 질의 물자를 더욱더 쉽게 생산하는 것을 의미한다. 노동의 분업화에 입각한 인간적 협동은 최초에는 가정사회로부터 시작해서 점점 복잡해지면서 마침내 국가사회 규모에 이르게 된다. 국가 성립의 최초 원인은 이렇게 경제적 필요에 있었다. 모든 국가는 그 본성에서 그 무엇보다도 큰 경제저 관심이 있다.

언제나 최대한으로 경제생활에서 자급자족적 생존을 유지하는 상태가 되도록 노력한다. 인간생활과 인간생존에 경제적 자급자족은 결정적 의미를 지닌다. 가족은 개인보다는 경제적으로 더 자급자족한다. 사회는 가족보다 더욱 경제적으로 자급자족을 실현한다. 사회가 자급자족할 만큼 커져서 비로소 국가가 형성된다. 경제적 자급자족은 인간과 사회와 국가가 존재하는 한 언제나 변함없이 소망되는 것이다. 국가는 인간이 생존하기 위해 서로의 도움이 필요한 데서 성립하고, 사람들이 상호 조력자로서 한 거주지에 모이면서 형성한 생활공동체가 국가로 발전하지만, 경제적 자급자족을 지향하는 국가는 정상적 국가가 아니다. 하지만 국가에서 가장 중요한 문제는 국민이 먹고사는 일과 직결된 경제문제이다.

먹고 사는 것은 인간을 포함한 모든 생물의 영원한 공통 해결과제이다. 이렇게 국가는 먼저 경제적 필요에서 생겨났다. 경제적 필요 때문에 결합한 개인들은 각자의 독자적 공헌으로 경제사회를 구성한다. 경제사회를 형성한 각 개인은 처음에는 개인적 이해관계에만 집착하게 된다. 경제사회에서 사람들 사이의 갈등과 대립은 필연적이다. 여기서 국가의 정치적 역할이 요구된다. 국가는 경제사회 또는 사회생활에서 야기되는 갈등과 대립을 해소하려는 정치적 필요 때문에 형성된다.[293] 경제와 정치는 이렇게 각각의 필요성 때문에 생겨났고 고유한 역할을 하며 서로 연관되고 결합되어 있다.

사회과학에서는 하나의 단일한 특정 학문의 기반에서 구체적 문

---

293) 이수윤(1998), 『정치학 개론』, 법문사, pp.105~107.

제가 충분하게 설명될 수 없다. 고도로 복잡한 현실세계를 완전하게 설명하는 데는 근본적인 어려움이 존재한다. 이제까지 정치학과 경제학은 정치와 경제의 명백한 연관성에 의하여 상호 무시될 수 없음에도 각각의 현상을 파악할 때 독특한 영역만을 연구하는 데 머물러 통합적 분석의 필요성이 대두되었다. 현실세계에서 정치와 경제를 분리할 수 없다. 이런 면에서 정치학과 경제학의 분류는 기능적이다. 경제학과 정치학의 근본적인 차이점은 강조국면(emphasis)의 차이에 있다. 즉 전자는 계량화가 가능한 절대적 대상인 부(wealth)를, 후자는 계량화가 불가능하며 심리적 차원을 갖는 권력(power)을 분석하는 것이다.

'정치와 경제의 동위성', '사회적 존재양식', '경제현상의 정치차원성' 등의 개념은 정치, 경제의 상호의존관계를 강조하는 것이다. 체제이론으로서 정치, 경제의 상호의존관계는 전후 서독의(헌법 제도적) 경제정책에 사상적, 이론적 기초를 쌓은 사람 중의 한 명인 오이켄(W. Eucken)의 '제반 질서 상호의존의 원칙'에서 현저하다. 이 원칙에 의하면 경제는 전체 사회부문, 특히 정치와 불가분의 상호의존 관계를 형성하므로 부문 간의 관계는 상호결정적인 유기적 관계에 종속된다. 이를테면 경제는 중앙에서 통제하면서 타 생활영역에서 자유를 기대할 수 없게 되는 것이며, 따라서 사회가 자유로워지지 않으면 안 되는 것이다. 마찬가지로 개개의 정치, 경제시책은 고립적으로 취급되어서는 안 된다. 부문 시책의 전체, 나아가서는 국가시책 전반, 그 전제가 되는 사회경제질서와의 관련이 항상 고려되어야 한다.294)

---

294) 하봉규(2008), 『한국 정치와 현대 정치학』, 팔모, pp.106~107.

4. 국가 경제력과 사회복지정책 그리고 진정한 자유

인간 존엄성 실현은 민주주의 이념이다. 우리 헌법 제10조 모든 국민은 인간으로서의 존엄과 가치를 가지며, 행복을 추구할 권리를 가진다. 국가는 개인이 가지는 불가침의 기본적 인권을 확인하고 이를 보장할 의무를 진다[295]라고 규정하고 있다. 자유민주주의에서 인간 존엄성을 지켜주어야 하는 것은 무엇보다 우선시되어야 한다. 인간 존엄성은 개인의 인격에 최고의 가치를 부여하고, 인간을 수단으로 보지 않고, 그 자체로서 목적가치를 지닌 존재로 보는 것이다. 즉 인간 존엄성은 인간을 그 자체로서 목적가치를 지닌 존재로 봄이다. 인간 존엄성은 누구에게나 보편적으로 인정되는 절대적 가치이다. 인간의 존엄성을 인정받기 위해 자유와 평등이 실현되고, 기본권이 보장되어야 하며, 더불어 민주주의 기본원리가 실현되어야 한다. 인간의 존엄성을 실현하기 위한 핵심적인 가치는 자유와 평등이다.

자유(自由, freedom)는 남에게 구속을 받거나 무엇에 얽매이지 않고 자기 마음대로 행동함, 법률의 범위 안에서 자기 마음대로 하는 행위, 외부의 구속과 강제 없이 본인의 의사에 따라 결정할 수 있는 권리이다. 자유는 소극적 자유와 적극적 자유로 나눌 수 있다. 소극적 자유는 국가나 외부로부터의 구속이나 타율적인 강제를 받지 않을 권리를 의미한다. '국가로부터의 자유'에서 자유권으로 발전하게 된다. 현행범도 아닌데 영장도 없이 체포하거나 체포 당시 미란다원칙[296]을 지키지 않았다면 국가로부터의 자유를 침해당한

---

295) 헌법.

것이다. 소극적 자유는 프랑스 시민혁명 당시 가장 중시되었던 기본권으로 천부인권적 성격을 가진다.

이에 비해 적극적 자유는 공동체나 국가의 운영에 적극 참여할 수 있는 자유이다. 참정권으로 발전했다. 재외국민에게 선거권을 부여한 것이 대표적인 예이다. 우리는 흔히 자유를 '하고 싶은 것을 할 수 있는 것'이라고 생각한다. 물론 외부의 억압과 통제가 없어야 한다. 하지만 그것만으로는 충분하지 않다. 노숙자는 힘들 때 편안하게 쉬고 잠자고 배부를 수 있는 자유를 갖고 있지 못하다. 거주지가 있더라도 생계에 위협을 받는 하층민들은 많은 자유를 제약받는다. 진정한 자유를 위해서는, 그들도 적어도 인간다운 생활을 할 수 있는 능력을 갖출 수 있게 해주어야 한다.

평등(平等, equality)은 권리·의무·자격 등이 모든 사람에게 차별 없이 똑같음이다. 우리 헌법 제11조 ① 모든 국민은 법 앞에 평등하다. 누구든지 성별·종교 또는 사회적 신분에 의하여 정치적·경제적·사회적·문화적 생활의 모든 영역에서 차별을 받지 아니한다[297]고 규정하고 있다. 평등에도 두 가지가 있다. 모든 사람을 절대적이고 획일적으로 대우하는 평등과 상대적이고 비례적으로 대우하는 평등이 있다. 획일적 평등은 남녀노소, 성별과 관계없이 누구나 모두 한 표씩 행사할 수 있는 선거권이 대표적 예이다. 상대적 평등은 성별, 연령 등 선천적 조건이나 재산, 교육 수준 등 후천적 차이를 고려하는 평등이다. 남성에게 병역의무를 인정하는 등 우리 헌법은 합리적 근거나 정당한 이유가 있는 합리적 차별을

---

296) 미란다원칙(Miranda rule)은 피의자를 체포할 때 피의자에게 알려야 할 헌법상의 권리를 지키는 원칙. 검찰과 경찰이 피의자를 구속하거나 자백을 받기 전 반드시 변호인단 선임권, 진술거부권 등 피의자의 권리를 알려야 한다는 것이다.
297) 헌법.

인정하고 있다.298)

사회복지정책(social welfare policy)은 광의로 사용되는 경우 광의의 사회복지와 같은 의미가 있으며, 정책적 성질을 강조하는 경우에 사용된다. 협의는 사회사업 또는 협의의 사회복지로 국가 자치단체의 정치적 배려 및 정책을 의미하는 것으로 사용된다. 어느 것이나 민간 활동에서 비롯된 자선 사업이 사회사업으로 바뀌고 자본주의의 고도화 과정에 국가 또는 자치단체가 국민, 주민의 복지를 삶의 질 향상과 인간 존엄성 실현 방법으로 생각하고 중시하면서 정착된 것이다. 원래는 민간사회사업에 관한 통제, 관리, 지도, 조성을 시작으로 하여 사회사업의 공영화, 국영화의 진전을 도모하였다. 오늘날에는 사회복지시책, 계획 전반을 국가 또는 자치단체가 입법, 행정, 재정에 대한 지도 및 계획을 한다고 하는 적극적인 입장에 있다. 이러한 역사적 전개에 대응해 용어도 협의에서 광의로 이행해가고 있다.299)

경제력(經濟力)은 경제 행위를 하여 나가는 힘이다. 개인은 수입이나 재산의 정도를, 국가나 기업은 생산력이나 축적된 자본의 정도를 말한다. 우리는 누구나 마음이 없어서가 아니라 물질적인 부족으로 말미암아 타인에게 선행을 베풀지 못하는 안타까움을 느낄 때가 있다. 현실적이고 실질적인 인간 삶은 경제력과 직결되어 있다. 프랑스혁명 이념, 오늘날 민주주의 이념인 인간 존엄성 실현이나 민주주의 근본이념인 인간존중 실현의 핵심적인 가치인 진정한 자유와 평등을 위해 무능력자들도 적어도 인간다운 생활을 할 수 있는 능력을 갖출 수 있게 해주기 위해서는 사회복지정

---

298) 블로그 신삼수의 생각.
299) 사회복지학사전.

책이 필요하다.

사회복지정책을 펴는 데는 예산(돈)이 있어야 한다. 돈은 경제력에서 나온다. 경제력이 부족하면 좋은 사회복지정책을 펼칠 수 없다. 그러므로 민주화, 민주화 진전, 민주주의 발전을 위해 경제개발, 경제성장, 경제발전은 대단히 중요하다. 무엇보다 오늘날 자유민주주의 국가체제는 자본주의를 바탕으로 하고 있어, 양자를 분리하여서는 올바른 민주화, 민주화 진전, 민주주의 발전을 이룰 수 없다. 경제력이 받침이 되지 않으면 빈약한 민주화나 민주주의가 된다. 우리가 민주화, 민주화 진전, 민주주의 발전에 경제개발, 경제성장, 경제발전이 기여한 공적을 인정해야 하는 이유가 여기에 있다.

5. 세계가 대한민국을 주목하는 이유

우리나라가 전 세계 국가 중 9번째로 무역규모 1조 달러를 돌파했다. 지식경제부는 2011년 12월 5일 3시 30분을 기점으로 우리나라 수출입 무역현황을 잠정 집계한 결과, 수출 5,153억 달러, 수입 4,855억 달러로 전체 무역규모가 1조 달러를 돌파했다고 밝혔다. 1962년 무역규모 4억 8,000만 달러 수준이던 우리나라의 무역 1조 달러 돌파는 건국 63년 만의 쾌거였다. 1962년 1월 경제개발 5개년 계획을 세워 수출 주도 경제개발에 매진한 지 50년 만이었다. 지금까지 무역규모 1조 달러를 돌파한 국가는 미국, 독일, 중국, 일본, 프랑스, 영국, 네덜란드, 이탈리아를 포함한 8개국으로, 한국은

9번째 돌파 국가가 되었다. 무역규모 1조 달러 돌파는 근로자와 국민의 피와 땀으로 이룩한 분명히 국민적 자긍심을 갖게 하는 자랑스러운 역사적 사건이다.[300]

대한민국 인구가 2012년 6월 23일 오후 6시 36분 5천만 명을 돌파했다. 기획재정부는 통계청의 인구 추계에 따라 우리나라가 세계 7번째로 20 – 50클럽에 진입하게 됐다고 밝혔다. 20 – 50클럽은 1인당 GDP(gross domestic product: 국내 총생산). 2만 달러에 인구 5천만 명을 지닌 나라를 뜻한다. 우리나라의 20 – 50클럽 진입은 2차 세계대전 뒤 개발도상국으로는 첫 사례다. 1987년 일본을 필두로 20 – 50클럽에 진입한 미국과 프랑스, 이탈리아, 독일, 영국은 모두 최단 기간 4년에서 최장 14년 사이에 1인당 국내 총생산이 3만 달러를 돌파했다.[301] 경제성장론을 연구한 세계적 석학 수준의 경제학자들이 '기적'이라고 일컫는 상황이 우리 눈앞에, 그것도 우리나라에서 가시화한 것이다. 1960년 기준으로 인구 약 2,500만 명, 일인당 소득 80달러, 국내총소득 20억 달러였던 나라가 50여 년 만에 단순 계산으로 인구는 두 배, 일인당 소득은 250배, 국내총소득은 500배가 넘은 셈이니 기적이라는 단어가 별로 어색하지 않다.[302]

더불어 살아가는 사회에서는 자기 생각이나 자부심도 중요하지만 다른 사람들의 생각이나 평가도 고려해야 한다. 오늘날 세계가 대한민국을 주목하는 결정적인 이유는 무엇인가? 그것은 위에서 보는 것처럼 급속한 경제성장과 경제력이다. 외국 유명인들의 늘어난

300) 경제투데이 2011. 12. 5.
301) 인터뷰365 2012. 6. 23.
302) 동아일보 2012. 6. 26.

방문, 여성들의 결혼 이주, 산업체 취업 연수생 등 외국인들이 우리나라를 찾아오는 이유는 경제가 발전했기 때문이다. 쉽게 말하면 우리나라 기업과 거래하거나 기업에 취업하고, 우리나라 사람과 교류하거나 결혼하면 살아가는 데 도움이 된다고 생각하기에 찾아오는 것이다. 민주화 진전 때문에 우리나라를 찾아오는 외국인은 극히 드물다. 이것은 그동안 우리가 이루어온 민주화 진전을 폄훼하려는 것이 아니다.

민주화 진전은 나름대로 상당한 의미가 있다. 그럼에도 그동안 민주화운동 주도세력은 경제성장을 주도해온 역대 대통령을 독재자나 권위주의자로 몰아세우며 지나치게 공격하고 폄훼했다. 이것은 크게 잘못한 것이다. 경제성장 없는 민주화 진전과 민주주의 발전이 가능한 일인가? 어렵다. 민주화의 목적 중 하나인 자유와 인권 신장은 경제문제와 직결된다. 오늘날 세계에서 자유를 억압받고 심각하게 인권을 유린당하는 사람이 많이 사는 나라는 모두 후진국이다. 우리나라에서 인권을 가장 많이 침해당하고 있는 곳은 상대적인 측면에서 볼 때 근무 환경이나 여건이 열악한 영세 사업장이나 가게이다.

언론 보도 내용 등을 종합해보면, 특히 산업체 취업 연수생이 취업해 있는 산업체와 선박, 유흥업소이다. 물론 개별 사업체나 가게, 선박, 유흥업소 중에는 인권을 침해하지 않는 곳도 있다. 전태일의 분신도 결국은 경제문제와 연결되어 있었다. 전태일은 열악한 근로조건 등으로 침해당하는 인권문제에 경종을 울려주기 위해 분신했다. 전태일의 노력도 의미가 있다. 하지만 당시에 전태일과 같이 일을 할 수 있는 사람들은 그나마 다행이었다. 수많은 사람이 부당한 대우를 받거나 좋지 않은 근로조건 속에서도 묵묵히 참고 일을 한 것은 좋은 일자리가 부족했기 때문이다.

근로 조건 개선과 연관 지어 생각할 때 좀 더 노력했더라면 좋았을 것이라는 아쉬움이 있다. 하지만 당시 박정희 대통령과 정부 입장에서는 먹고사는 문제 해결을 위해 우선 국민이 일할 일자리를 만드는 일이 더 급했다. 그리고 수많은 일자리를 만들어냈다. 이것이 민주화 노력이 아니고 무엇인가? 그렇다고 박정희 대통령이 잘못한 부분을 미화하려는 것은 아니다. 분명하게 말할 수 있는 것은 앞으로도 세계가 대한민국을 주목하는 핵심적인 이유는 급속한 경제성장과 경제력이 될 것이 확실하다. 우리가 세계 최고 수준의 경제력을 유지하고 세계를 선도하면 세계인의 주목을 받는 선도국가가 되겠지만, 경제력이 약화되면 세계인의 관심도 멀어지고 변방국가로 전락할 것이다.

이제 우리는 세계를 선도하는 선진조국 창조를 위해 미래로 나아가야 하고 반드시 세계 선도국가가 되어야 한다. 이를 위해서는 그동안 민주화운동 주도세력들이 경제성장을 주도해온 전직 대통령의 공적을 인정할 필요가 있다. 그리고 모두 편견에서 벗어나 잘 잘못을 반성하고 잘한 점에 대해서는 칭찬하고, 지난 잘못은 용서하고 화해하고 협력하여 선진조국을 창조해 나갈 때가 되었다. 단군 이래로 처음 찾아온 이번 기회를 놓치면 우리 민족이 언제 다시 세계 선도국가가 될지 기약할 수 없다.

6. 박정희가 민주화의 문(門)을 열었다

대선이 가까워지면 늘 바람직한 대통령의 리더십에 대한 탐구와 함께, 역대 대통령의 리더십에 대한 재평가도 이뤄지곤 한다. 박정희(朴正熙) 전 대통령은 이러한 평가에서 늘 수위(首位)를 차지해 왔다. 그럼에도 대개 박정희 전 대통령에 대한 평가는 상당히 정형화되어 있다. "경제는 발전시켰지만, 정치민주주의는 후퇴시켰다"는 것이다. 하지만 박정희 대통령 시절 경제기획원 공공차관과장, 경제협력국장, 운영차관보 등을 지낸 황병태(黃秉泰) 전 주중대사가 저술한 『박정희 패러다임』은 그러한 통념에 반기를 든다. 저자는 "자유시장경제와 대외(對外)개방에 바탕을 둔 박정희 전 대통령의 경제개발 정책이 경제성장뿐 아니라, 정치민주화까지 가져왔다"고 주장한다.

황병태 전 대사는 "박 대통령의 경제개발 모델은 개발 초기에는 정부가 경제를 인도하지만, 경제와 시장이 자력으로 성장 발전하게 되면 정부권력은 시장의 민간경제와 단층구조에서 통합하는 자유민주주의적 경제체제로 자연스럽게 변모하는 상황을 저지하는 통치 제동 장치가 없다. 이 점에서 박정희 개발 모델은 사회주의적 통치체제 아래에서 상층의 정치 지배체제 밑에서 경제만 시장주의 경제체제로 성장 발전하는 이중구조적인 덩샤오핑(鄧小平) 개발 모델과는 완전히 구별된다"고 강조한다.

저자는 "이렇게 볼 때 박 대통령의 경제개발 모델은 특이(unique)한 모델이며, 대다수 신생산업 국가들의 개발모델 가운데 하나의 이상형(理想型, ideal type)이 되고 있다. 오늘날 세계적으로 진행되

고 있는 모든 개발 국가 경제개발의 벤치마킹(benchmarking) 대상
이 될 만큼 박 대통령의 자유주의 시장경제 구축 개발전략은 워싱
턴 컨센서스[303](Washington Consensus)나 베이징 컨센서스[304](Beijing
Consensus)와 같은 맥락의 서울 컨센서스[305](Seoul Consensus)로 자
리 잡고 있다. 이 일련의 과정을 망라하는 개발 개념들은 박정희
패러다임이라고 명명할 수 있다"고 역설한다. '박정희 모델'은 개
발도상국의 이상형이다.[306]

　박정희 대통령이 이룩한 경제성장은 그분의 통치 결과이다. 다른
나라에서는 박정희의 리더십과 경제발전 모형에 대해 배울 점이
있다고 하는데 우리나라에서는 그 가치를 제대로 인정하지 않으려
고 하는 것은 문제가 있다.

---

303) 워싱턴 컨센서스(Washington Consensus)는 1990년을 전후로 등장한 미국의 경제체제
　　 확산 전략이다. 국가적 위기발생을 제3세계 구조조정의 전제로 삼아 미국식 시장 경
　　 제체제(신자유주의)의 대외 확산 전략을 꾀하는 것으로, 1990년대 미 행정부와 국제
　　 통화기금(IMF), 세계은행이 모여 있는 워싱턴에서 정책결정자들 사이에 이루어진 합
　　 의이다.

304) 베이징 컨센서스(Beijing Consensus)는 투자지원 · 인적교류 등을 통한 '중국식 사회주
　　 의 발전모델'의 대외 확산을 뜻한다. 미국식 시장경제체제의 대외 확산 전략인 워싱
　　 턴 컨센서스(Washington Consensus)에 대응하는 개념으로, 2004년 중국 칭화(清華)대
　　 겸임교수인 라모(Joshua Cooper Ramo)가 처음으로 제시했다. 베이징 컨센서스는 정부
　　 주도의 점진적이고 단계적인 경제개혁, 조화롭고 균형 잡힌 발전전략, 타국의 주권을
　　 존중하고 내정불간섭을 원칙으로 하는 대외정책을 그 내용으로 한다.

305) 서울 컨센서스는 미국 시장경제의 일방적 확산에 기반을 둔 '워싱턴 컨센서스'와 달
　　 리 저개발 · 개도국의 균형적 성장을 동반한 세계경제발전 전략이다. 비록 이 전략이
　　 실천되기 위해선 G20 회원국을 비롯한 주요 국가들의 적극적인 협조와 노력이 요구
　　 되는 것은 사실이나 선진국과 저개발 및 개도국 간의 적극적 협조를 통해 세계 경제
　　 를 발전시켜야 한다는 역사적 전환점이 마련되었다는 점에서 커다란 의의가 있다.

306) 월간조선(2011년 11월호)

7. 경제개발 선도, 박정희 대통령 방식의 민주화 방법

민주화, 민주화 진전, 민주주의를 발전시키는 일과 방법은 한 가지가 아니다. 각자 자신이 할 수 있는 방법으로 하면 된다. 경제개발 선도는 박정희 대통령 방식의 민주화 방법이었다. 박정희 대통령으로부터 103종의 친필서신을 받으며 한국 전자산업 중흥의 지대한 공헌을 한 한국 전자산업의 아버지 전 컬럼비아대학교 교수 김완희 박사는 모 일간지와 회견(interview)에서 '박정희 대통령의 꿈과 희망이 무엇인가'라는 질문을 받았다.

김완희 박사는 "청계천 다리 밑에 사는 사람도 거기서 나와 보통의 집에서 살 수 있는, 그런 세상을 만들고 싶다"고 대답했다. 그랬다. 박정희 대통령은 반만년 숙명처럼 받아들이고 살았던 가난을 물리치는 것을 운명으로 받아들였다. 그 어떤 비난을 감수하든, 자신의 무덤에 침을 뱉든, 반드시 이룩해야 할 운명이었다. 가난을 물리치지 않고는 민주주의도, 바른 사회도 이룩할 수 없다고 생각했다. 그러한 시각은 정확히 미래를 통찰한 것이며, 우리는 비로소 굴곡의 역사를 빠져나왔다.

유신반대 투쟁을 하다 도미하여 대학교수가 된 어느 재미학자, 그는 가장 발전된 자본주의를 향유하며 가장 앞선 민주사회에서 수십 년을 살았다. 그런 그가 박정희 대통령에게 허심탄회하게 사과하고 싶다며 다음과 같은 말을 남겼다. "박정희는 나 같은 책방서생이 반대하는 일만 골라가며 했기에 큰일을 해낼 수 있었다고 하는 것이 옳다. 그는 절대로 하면 안 된다고 내가 굳게 믿은 일들을 무서운 집념으로 추진하여 번번이 성공시킴으로써 나를 부끄럽게 했다. 교과서 읽고 원칙론을 맹신하는 선비, 수신제가 좋아하는 군자, 서구식 민주주의 좋아하는 사람, 예수 믿는 사람, 좌파이론에 중독되어 무이경에 빠져 있는 사람을 모두 철저히 무시하고, 그는 오로지 마키아벨리의 군주처럼 철두철미 권력의 논리만을 따라 통치권을 극대화하여 경제 개발을 박력 있게 이끌어갔다. 이것이 바로 그의 위대함이다."

유신체제가 싫어 스스로 국제적 "사상 난민자"라며 호주에 정착하여 대학교수가 된 어느 여교수도 다음과 같은 고해성사를 하였다. "박정희 독재는 날아오는 화살을 막는 철판과도 같았다. 그 방패 뒤에서 한국의 테크노크라트(technocrat: 기술직 관료)들이 중화학공업을 키워 산업혁명을 이뤘다. 지금 중국의 경제개발 모델이 뭔가. 바로 박정희 모델이다." 천편일률적으로 좌파 세력은 박정희 대통령을 철천지독재자로 매도하고, 박정희 대통령에게 작금의 대한민국이 겪는 모든 문제를 뒤집어씌운다. 박정희 대통령 집권 18년간 파생된 문제가 아직도 지속되고 있다면 대한민국은 무능의 극치를 달리고 있는 것이다.

김영삼 정권에서 이명박 정권에 이르기까지 박정희를 부정하는 권력이 아니던가. 장장 20년간 권력을 쥐고 박정희 대통령을 때렸으면, 고작 18년간 박정희 대통령이 만든 문제조차 해결 못하는 금치산자임을 선언하고 있는 것이 아닌가. 참으로 한심하기 짝이 없다. 정치든, 민주주의든 종국은 국민이 행복으로 종차되는 것이다. 민주주의보다 국민에게 더 큰 행복을 가져다준다면 민주주의는 언제든 휴지통에 처박아도 되는 인간이 만든 제도적 장치에 지나지 않는다. 박정희 대통령 집권 시절 영양실조와 기아로 굶어 죽는 것이 비일비재했다. 그것을 위한 결단, 그깟 것이 뭐 그렇게 대단하냐고 반문한다.

지구상에는 3분의 1이 절대적 빈곤에 시달리며 기아로 죽어간다. 단돈 몇백 원짜리 생수를 살 수 없어 오염된 물을 먹고 기생충에 감염되어 죽어가고, 단돈 몇천 원짜리 신발이 없어 발가락을 파고 드는 모래 속 기생충에 다리가 썩어가는 곳이 지구상에 존재한다. 가난을 물리치기가 그리 쉽다면 그들은 왜 가난을 물리치지 못하고 그토록 고통스럽게 살아가고 있는가. 그것도 수십억 명이. 박정희 대통령의 대단치도 않은 그깟 것인데, 선진국에서 기르는 개는 비만으로 성인병을 앓는데, 제3세계의 수십억 명은 가난과 배고픔 속에 속절없이 죽어 가고, 가난에 고통받고 있다. 그들은 우리보다 더 많은 자원과 땅 등 좋은 조건을 가졌는데도 말이다.

일본 자민당 40년 집권, 대만 장개석(蔣介石, Chiang Kai-shek) 40년, 싱가포르 이광요(李光耀, Lee Kuan Yew) 40년, 등소평(鄧小平, Deng Xiaoping) 20년, 건국 이스라엘의 벤구리온(David Ben-Gurion) 15년, 서독 초대수상 아데나워(Konrad Adenauer) 17년이다. 그들은 지도자를 독재자라 부르지 않는다. 건국의 아버지라 부르기도 한다. 또는 국가 중흥의 아버지로 부른다. 역사에 비용 지급이 없는 성취는 있을 수 없고, 경제적 성공 없는 민주주의 쟁취는 단 한 번도 없었다.

박정희 대통령의 민주주의 그것은 인류 역사상 가장 빠르고, 가장 적은 희생을 통해 이룩한 산업화, 민주화의 역사이다. 그래서 세계가 박정희 대통령을 주시하는 것이며 배우는 것이다. 모든 독재자는 형장의 이슬이 되었지만, 박정희 대통령은 역대 대통령 모두를 합친 지지율보다 높은 국부가 되었다. 위국애민(爲國愛民)을 위해 보릿고개와 만연한 구악을 일소한 용기, 국민을 위해 필요 없는 민주주의를 쓰레기통에 처박았던 용기, 그것을 독재라 한다면,

왕정을 통한 산업화를 이끈, 부르주아307)의 협력을 받아 과도기를 이끈 유럽의 모든 국가 초대 대통령과 수상 그리고 왕정은 모두 독재자가 되어 단두대의 이슬로 사라져야 했을 것이다. 누가 감히 박정희 대통령을 독재자라 하는가.308) 그는 한 시대를 이끈 사명감이 투철한 위대한 대통령이었다.

그동안 우리나라는 숱한 이민족의 침략 속에서 생존을 위해 엄청난 대가를 치러야 했다. 한국은 5천년 역사를 통하여 세계 중심 국가로 세계사를 선도한 일이 한 번도 없다. 고구려시대에 동북아시아의 패권을 차지한 역사는 있지만, 세계를 선도하는 단계에 이르지는 못하였다. 그리고 고조선이 대륙의 지배자였다고 주장하는 사람들도 있지만, 아직 그 정확한 강역을 알 수 없다. 제2차 세계대전의 결과 외세의 힘에 의존하여 나라를 세웠다. 하지만 얼마 지나지 않아 6 · 25 전쟁이 일어나 동족상잔의 비극 속에 그나마 존재하던 생산시설은 거의 파괴되어 폐허가 되었다.

다행히 박정희 대통령의 경제개발로 우리는 자신의 저력을 확인하고 떨쳐 일어섰다. 한국의 민주화운동 주도세력은 박정희 대통령을 독재자라며 경제발전을 추구하는 정부와 대통령의 정책을 사사건건 물고 늘어지고 반대했지만, 한국이 오늘날 세계적인 경제강국이 된 것은 박정희 대통령이 기틀을 만든 경제개발 때문이었다는 것은 모두가 아는 사실이다. 우리나라는 그동안 세계사에 전무후무한 경제성장을 이룩했다. 그리고 머지않아 반드시 당당한 선진국으로 세계사를 선도할 날이 올 것으로 확신한다.

---

307) 부르주아(프 bourgeois)는 중세 유럽 도시에서 중산 계급의 시민, 근대 사회에서 자본가 계급에 속하는 사람.
308) 프런티어타임스 2011. 12. 1.

8. 최고 민주화 방법은 국민 각자 자각하게 하는 것

지도자가 해야 할 가장 중요한 일 세 가지는 구성원의 단합, 발전을 통한 순리적인 일자리 창출, 구성원이 자각하게 하는 일이다.[309] 이 세 가지는 민주화나 민주화 진전, 민주주의 발전과도 강한 연관이 있다. 박정희 대통령은 지도자가 해야 할 일 그중에서도 특히 국민 각자가 자각하게 하는 일을 통해 국가 미래의 길을 뚫었다. 박정희 대통령의 업적은 경제가 아니라 민족개조이다. 식민시대와 전쟁을 거치면서 황폐한 조국, 타락한 지성과 부패한 권력, 기아에 허덕이는 국민을 끌어안아야 했던 것은 박정희 대통령의 운명이었다. 무엇보다도 그를 못 참게 했던 것은 뼛속 깊이 스며들어 있던 패배주의였다. 국민 사이에 만연한 패배주의는 식민시대와 전쟁을 통해 속절없는 세월을 원망하던 처참한 세월이었다.

"우리는 패했지만, 한국은 승리한 것이 아니다. 장담하건대, 한국 국민이 제정신을 차리고 찬란하고 위대했던 옛 조선의 영광을 되찾으려면 100년이라는 세월이 훨씬 더 걸릴 것이다. 우리 일본은 한국 국민에게 총과 대포보다 무서운 식민교육을 심어 놓았다. 결국은 서로 이간질하며 노예적 삶을 살 것이다. 보라! 실로 조선은 위대했고 찬란했지만, 현재 한국은 결국은 식민교육의 노예로 전락할 것이다. 그리고 나 아베 노부유키는 다시 돌아온다." 왜놈의 마지막 조선총독이었던 아베 노부유키가 조선을 떠나며 남긴 매우 싸가지(싹수) 없는 말이다. 그러나 그것은 당시의 현실이었다.

제2차 세계대전에서 태평양전쟁 미군 최고사령관, 일본점령군 최

---

309) 이진호(2012), 『정치지도자론』, 한국학술정보, p.185.

고사령관을 역임하고 6 · 25 전쟁 때 유엔(UN)군 최고사령관으로 한국전쟁에 참전하여 인천상륙작전을 지휘한 더글러스 맥아더(Douglas MacArthur)는 우리를 향해 "한국인은 일본인과 달리 민주주의를 할 준비가 돼 있지 않다. 한국인에게는 권위적이고 강력한 통치자가 필요하다"라고 했다. 한국인으로서 치욕스러웠지만, 당시의 상황이었다. 그때 한국을 둘러본 어느 외국 유명 기자는 한국을 '오물더미의 나라'라고 경멸했다. 그것은 외관뿐만 아니라 정신적인 면에서의 통렬한 비판이었다. 그는 세상에 "한국인처럼 어리석고 게으른 민족은 처음 봤다"면서 현재 상황보다 더 비극적인 것이 이들의 타고난 '국민성'이다. 그리고 "한국이 경제적인 번영을 누릴 가능성은 오물더미에서 장미꽃이 피어나길 기대하는 것과 같다"고 했다.

대한민국 현대사를 이끌었던 박정희 대통령은 조국을 세계의 중심에 서게 했다. 그 결과 우리나라는 가장 역동적인 국민과 활력 넘치는 국가가 되었다. 이렇게 국민과 국가를 변화시킨 것은 박정희 대통령의 "하면 된다. 세계로 나아가자"는 국민을 자각하게 하는 노력에서 비롯되었다. 박정희 대통령은 만연한 패배주의에 대해 "우리나라는 다른 나라에 비하여 적어도 일세기라는 시간을 잃었다. 이제 더 잃을 시간의 여유가 없다. 남이 한 가지 일을 할 때 우리는 열 가지 일을 해야 하겠고, 남이 쉴 때 우리는 행동하고 실천해야 하겠다"고 일갈했다. 희망을 잃은 국민의 가슴에는 나는 굶을지언정 내 자식을 위해 일해야 한다며 "우리의 후손들이 오늘에 사는 우리 세대가 그들을 위해 무엇을 했고 조국을 위해 어떠한 일을 했느냐고 물을 때 우리는 서슴지 않고 조국 근대화의 신앙을 가지고 일하고 또 일했다고 떳떳하게 대답할 수 있게 합시다"라고 했다.

목표와 희망을 통한 "하면 된다"의 국민정신개조는 세계에서 가장 게으른 민족에서 가장 부지런한 국민으로 만들었다. 패배주의에 찌든 국민은 세계에서 유일하게 왜놈을 비웃는 자신감을 가지게 하였다. 지금 외친다면 유치하다고 아우성칠 "잘살아 보세" 그 한마디는 수천 년 잠들은 한민족의 자신감, 잠재력과 재능을 깨운 거룩한 외침이었다. 자신감은 '새마을운동310)'이라는 혁명을 일으켰고, 지게를 지고 걷던 좁고 구불구불한 길을 리어카(rear car)가 다니게 하고, 어느 날은 경운기가 지나가더니 언젠가부터 자동차가 달렸다. 그렇게 사방으로 길이 뚫리고 그 길을 따라 달리던 모든 운송수단의 바퀴에는 자신감과 희망이 같이 달렸다.

패배주의는 달리는 바퀴에 모두 치여 죽었고 길을 따라 달리는 자동차에는 한 짐 가득 지구촌을 누비는 상품이 채워졌다. 박정희 대통령의 경부고속도로를 따라 사회가 통합되었고, 세계와 소통하는 문이 열렸다. 이것이 경천동지라고 하는 것이다. 박정희 대통령 업적을 고작 경제로만 설명하겠는가. 아니다. 국민 사이에 만연한 패배주의를 쓰레기통에 처박은 선각자적 가르침에 우리는 그를 '구국의 영웅' 나아가 '위대한 대통령'으로 부르고 있다. 그리고 2011년 9월 현재 세계 63개국 290명 외국인 유학생들이 입국해 새마을운동을 배우는 나라가 됐다.311)

---

310) 새마을운동은 1970년부터 시작한 근면 · 자조 · 협동 정신을 바탕으로 한 범국민적인 지역사회개발 운동.
311) 프런티어타임스 2011. 12. 2.

9. 경제발전 민주화와 민주주의 발전 핵심가치

경제적 파탄으로 말미암은 빈곤, 배고픔에 대한 근로자와 농민의 불만은 제정러시아를 무너지게 하고 공산주의국가 소련을 세우는 데 결정적인 역할을 했다. 그런데 경제문제는 다시 공산주의국가 소련을 무너지게 했다. 공산주의국가와 자유민주주의국가 사이의 체제 경쟁은 사상이나 이론이 아니라 경제문제가 그 답을 내놓았다. 1991년 소련의 붕괴는 공산주의 국가체제가 자유민주주의 국가체제를 이길 수 없다는 점을 입증했다. 또한 경제와 경제발전의 중요성을 다시 인식하게 하는 역사적인 대사건이었다. 소련사회주의 공화국연방은 공식적으로 1991년 12월 25일에 해산되었다. 소비에트연방의 공화국 15개가 남아 후에 독립하였다. 세계에서 가장 큰 공산주의 국가의 해체로 냉전이 끝났다.

소련의 경제를 활성화하기 위해 1980년대 미하일 고르바초프는 개방/개혁(글라스노스트/페레스트로이카)을 시행하고 일당 독재의 전제주의를 폐지한다. 그러나 이 개혁으로 소련의 여러 공화국 내에서 오랫동안 억압된 민족운동과 유혈 충돌이 발생했다. 동유럽 혁명 이후 소련과 소련공화국에 대한 더 많은 민주주의와 자치 도입을 주장하는 등 증가한 국민의 압력으로 사회주의국가의 몰락을 가져왔다. 고르바초프의 지도 아래, 소비에트연방공산당은 직접선거를 도입하고 새로운 중앙의회를 창설했다. 1991년 3월 투표는 연방을 유지하기 위한 소련 국민 대다수의 노력을 보여주었지만, 발트 3국의 보이콧[312]으로 그 의미가 손상되었다. 소련공화국의 입법부는 중앙

---

312) 보이콧(boycott)은 불매동맹(不買同盟). 어떤 일을 공동으로 받아들이지 않고 배척하는 일.

정부의 통제를 제한하고, 독립 찬성 법률을 통과시켰다.

정치적 불안으로 말미암아 붉은 군대의 보수파들과 공산당은 8 월 쿠데타에 의해 고르바초프를 몰아내고, 1991년 8월 중앙정권을 세운다. 그 후 혼란을 거듭하다가 1991년 12월 22일 러시아, 우크라이나, 벨로루스 대통령이 비밀리에 모여, 연합을 느슨한 자발적인 형태인 독립국가연합으로 변환하고 소련을 해산하기로 결정한다. 결국 고르바초프는 1991년 12월 25일 사임을 발표함으로써 소련이 공식적으로 해체되었다. 국제법에 따라 러시아는 후계국가로 인정되었으며, 소련의 핵무기와 군사력을 그대로 물려받았다.

동유럽 혁명 이후 소련의 해체까지 수십 년 사이 나토와 바르샤바조약기구 사이의 냉전이 풀리게 되었다. 이것은 마르크스-레닌주의의 종말을 의미했다. 옛 소련의 해체 결과는 혼잡했다. 리투아니아, 에스토니아, 라트비아 등 발트 3국은 민주주의 체제를 설립했지만, 우크라이나, 벨로루스 같은 동유럽 국가는 독재체제이다. 러시아 대통령 블라디미르 푸틴은 정치적 안정과 경제적 성장을 달성하기 전, 정치적 불안정과 경제 침체를 보게 되었다. 심지어는 같은 독립국인 전 소련공화국은 러시아와 같은 유라시아경제공동체, 독립국가연합 아래에서 가장 긴밀한 관계를 유지하고, 벨라루스-카자흐스탄-러시아 세관연합과 유럽연합 같은 기구에서 경제 및 안보 협력을 다지고 있다.313)

소련이 붕괴한 것은 다른 나라의 공격이 아니라 소련의 경제를 활성화하기 위해, 1980년대 국가수반 겸 소련공산당서기장 미하일 고르바초프가 개방/개혁(글라스노스트/페레스트로이카)을 시행한 것이 원인이 되었다. 이렇게 경제문제는 공산주의 종주국을 무너뜨리

313) 위키백과.

는 힘을 가졌다. 하지만 자유민주주의 역시 안전지대는 아니다. 경제정책이 실패하고 지속적인 침체가 이어지면, 그 체제 유지를 장담할 수 없다. 다른 새로운 정치체제를 요구할 기능성이 있다. 우리는 이제 경제발전은 민주화, 민주화 진전, 민주주의를 지키고 유지하고 발전하는 핵심가치라는 것을 분명히 인식해야 한다. 그리고 오늘날 세계가 한국을 주목하는 이유는 그동안 발전한 경제력 때문이라는 점을 기억해 둘 필요가 있다. 이는 우리나라의 경제력이 무너지면 세계 각국과 세계인의 관심이 우리나라에서 멀어질 수 있다는 점을 시사한다.

10. 과거 한국 민주화 제대로 할 수 있는 자주국가였나

자주국가(自主國家)는 다른 나라의 간섭을 받거나 남을 의지하는 일 없이 독립된 주권을 행사하는 나라이다. 오늘날 대한민국이 자주국가인가? 국민 각자 생각이 있겠지만, 대한민국이 대단히 유감스럽게도 아직은 자주국가가 아니라고 보는 것이 옳을 것이다. 2011년 12월 세계 9번째로 무역규모 1조 달러를 돌파하고, 2012년 6월 세계 7번째로 20-50클럽에 진입하는 등 경제적으로는 어느 정도 자주국가의 모양을 갖추었다고 할 수 있다. 하지만 군사적, 정치적으로는 여전히 자주국가라고 하기에는 부족함이 많다. 그리고 국민의식 수준도 마찬가지이다. 꼼수와 억지가 난무하고, 정치와 정치가들이 세계에 망신을 사는 일을 하여 국민을 실망시키고, 안보는 미국에 크게 의존하고 있는 것이 현실이다.

    민주화운동 주도세력은 박정희가 5·16 혁명을 하여 4·19 의거를 통해 마련된 민주주의 발전의 싹이 짓밟혔다고 생각하는 경향이 있다. 하지만 극빈 국가에서 민주화, 민주화 진전, 민주주의 발전은 뚜렷한 한계가 있다. 온전한 민주주의를 만들고 민주주의의 혜택을 누리기도 어렵다. 정상적인 국민 주권행사를 가로막은 부정선거를 규탄한 4·19 의거는 상당히 의미 있는 사건이다. 하지만 5·16 혁명을 하여 민주화가 지연되고 민주주의의 싹이 짓밟혔다고 주장하는 것은 그들만의 착각으로, 너무나 자기중심적이고 유치한 사고이다. 민주주의의 싹을 짓밟은 것은 대단히 유감스럽게도 장면 내각에서까지 시도 때도 없이 시위를 일삼은 학생들, 분열되고 무능한 집권 민주당, 리더십이라고는 찾아보기 어려운 무능한 장면과 그의 내각이었다.

    만약 장면과 그의 내각이 뛰어난 리더십을 발휘하였으면 5·16 혁명은 일어날 수 없다. 5·16 혁명이 발생한 1961년의 대한민국 사회는 혼란하고 지도자는 무능해 국가 운영을 미국의 경제원조에 크게 의존하는 세계적인 극빈 국가였다. 그나마 오늘날 대한민국이 세계적인 경제대국으로 우뚝 설 수 있었던 것은 박정희 대통령의 경제개발 덕분이었다. 무역규모가 세계 10위 안에 든 지금도 자주국가라고 하기 어렵다. 그런데 과거는 더 말해 무엇을 하겠는가? 그렇다고 반드시 자주국가여야만 민주화를 할 수 있다는 것은 아니다. 오히려 국가 여건이 좋지 않고 힘이 약할수록 공권력이 미치지 못하는 부분이 많기 때문에 민주화는 더 필요하다. 하지만 국가를 스스로 운영할 수 있는 체계를 갖추지 못한 상태에서는 민주화를 한다고 해도 그것을 제대로 유지하기 어렵다.

11. 세계사는 경제가 좌우한다

한국의 경제문제를 거론할 때 박정희 대통령의 경제개발 공적은 부정한다고 부정될 수 있는 것이 아니다. 세계 전쟁사를 살펴보면 인류가 전쟁을 한 원인은 크게 보면 자원 확보 필요성이나 자원을 갖고 싶은 욕심 실현, 지배동기와 공격동기 실현, 경쟁에서 힘의 균형이 깨어졌을 때, 보복 공격, 상대방의 자극에 대응한 공격 등 5가지가 주류를 이룬다. 이 가운데 가장 많은 전쟁을 유발하게 한 원인은 자원 확보 필요성이나 자원을 갖고 싶은 욕심 실현이었다. 즉 경제문제였다. 과거 전쟁에서 전리품이 중요한 의미가 있었던 이유도 경제문제와 연관이 있었기 때문이다. 세계사는 경제가 좌우한다. 강대국과 약소국의 차이를 가르는 것은 경제다. 남북한 통일이라는 목표를 고려할 때 경제는 너무나 중요하다.

경제는 큰 건축물과 같아서 한번 그 틀이 굳어지면 그것을 고치거나 새로 만들기가 여간 어렵지 않다. 경제는 다른 사회분야의 기반에 해당한다는 점을 고려하면 그 중요성은 더욱 엄청나다.[314] 박정희 대통령의 경제개발이 중요한 의미를 갖는 이유가 여기에 있다. 선진국이 될 수 있는 경제의 기틀을 잘 마련했다는 점이다. 누가 뭐라고 하더라도 절대 궁핍 상황에서는 자유를 누리기 위한 국민 기본권 확대, 민주화, 민주화 진전, 민주주의 발전보다 먹고 사는 문제 해결이 우선한다. 인류 역사상 민주화를 통해 선진국이 된 나라는 없어도 경제발전을 통해 선진국이 된 나라는 있다. 우리는 세계사를 경제가 좌우한다는 사실을 반드시 기억해야 한다. 그리고 경제를 발전시켜 선진국이 되고 세계사를 선도하는 국가가 되도록 더욱 열심히 노력해야 한다.

---

314) 미디어오늘 2011. 2. 14.

제4장

민주화운동의
실체와 허구성 그리고 보상

제1절 한국 민주화운동의 실체와 허구성

1. 한국 민주화운동의 실체는 무엇인가

한국 민주화운동의 실체를 이해하기 위해 가장 먼저 해야 할 일은 민주화 노력과 민주화운동의 활동 내용 및 범위를 구분하는 것이다. 국가 운영 주체인 국민이 사신들의 삶의 질 향상과 인간 존엄성 실현을 위해 벌이는 제반 활동이 포함되는 민주화 노력에는 대통령, 정부, 여당, 야당, 행정기관을 비롯한 공권력 기관, 모든 국민의 총체적인 활동이 포함된다. 그러나 민주화운동은 민주화운동 정의와 민주화운동사 연표에 포함된 사건과 연관된 활동이다. 여기에는 대통령, 정부, 여당, 공권력 기관을 비롯한 행정기관, 일반 국민의 제반 활동은 포함되지 않는다. 하지만 자신이 국민으로서 민주화운동을 했다고 생각하는 활동은 민주화운동에 포함된다.

1970년대와 1980년대에 이루어진 한국 민주화운동의 실체는 그 주체에 따라 성격이 다르다. 민주화운동의 주체와 활동 내용을 살펴보면 ▲주로 산업체나 산업현장에서 이루어진 노동 분야 투쟁가와 선동가의 투쟁과 선동 활동 ▲야당, 야당정치가, 야당에 동조하거나 야당정치가를 추종하는 제야인시를 비롯한 추종자들이 중심이 된 민주화 요구를 명분으로 한 정치가의 권력 투쟁 ▲대학생들을 중심으로 한 학생들의 자기 신념에 의한 사회정의 실현 노력을 통한 민주화 요구와 자신이 추종하는 야당정치가에게 조력하는 활동, 민주화 요구를 명분으로 한 특정 대학생들이 포함된 주사파 등 종북 세력의 활동 ▲종교인을 포함한 일반 국민이 자신의 신념이나 양심에 따라 정부 통제력을 중심으로 하는 권력 남용에 대한 견제와 자유 등 국민 기본권 확대 요구 활동 등이 있다. 이 가운데 민주화운동의 중심이 된 것은 야당, 야당정치가와 그들의 활동이었다.

이들 민주화운동의 주체 중 다른 세력들의 활동 목적은 사회 정의 실현, 국민 기본권 확대, 편익 실현 등이었으나, 야당과 야당정치가가 중심이 된 주도세력은 사회 정의 실현, 국민 기본권 확대와 함께 정치권력 획득을 목적으로 하였다. 특히 이들 중 민주화운동 주도세력은 권력 획득을 목적으로 멋대로 박정희를 유신독재, 전두환을 군부독재로 규정하고 박정희와 전두환 정부에 대항하여 반정부 시위나 반미 시위를 주도하고 개헌을 요구하다가 구속되기도 하는 등 권력투쟁을 벌인 야당 지도부와 당원, 소속의원 등 야당정치가, 야당에 동조하거나 야당정치가를 추종한 재야인사와 종교계 인사, 야당정치가를 조력하며 대학에서 시위를 주도하고 정계에 진출하여 민주화운동이라는 용어를 만드는데 기여하거나 민주화운동 명예회복과 보상 대상이 된 사람을 말한다.

이들 민주화운동 주도세력이 중심이 된 민주화운동은 민주화 요구를 명분으로 한 정치가의 정치권력 투쟁이었다. 정치적인 이상 실현을 위해 그들은 정치권력 획득이라는 고유 목적 달성을 기본 목표로 민주화를 명분으로 내세우고 반정부 시위를 통한 민주화 투쟁을 했다. 이처럼 민주화운동 주도세력은 처음부터 순수하게 민주화를 목적으로 하는 운동을 한 것이 아니었다. 그들은 민주화를 투쟁으로 인식하였다. 전략적으로 대통령과 여당, 정부 정책에 대한 불만과 요구사항 표출 방법으로 공권력에 대항하는 민주화 투쟁을 통하여 조직화하고 세력 확대를 꾀하였다.

그 내용은 대부분 '통치자인 대통령과 정부 그리고 여당의 정책 괴 통치행위가 미음에 들지 않는다. 싫다. 특징 지역만 발전시킨다. 자유를 너무 억압하고 야당과 야당정치가를 탄압한다. 국민 기본권 을 확대해야 한다. 대통령을 직선제로 선출해야 한다. 지방자치제 도를 도입해야 한다. 우리의 요구를 수용해야 한다. 국가보안법을 철폐하라. 대통령은 독재자다. 독재자는 물러나라'는 것이 핵심이었 다. 그 결과 권력 획득을 목적으로 한 투쟁을 위한 투쟁이나 선동, 반대를 위한 반대가 난무했다. 이렇게 민주화운동 주도세력이 벌인 반정부 시위와 반미 시위에 참여한 대학생들과 국민 중 집회와 시 위에 관한 법률을 위반하지 않고 민주주의 원리를 존중하며 민주 화운동을 한 사람은 그렇게 많지 않다.

이것은 순수하게 민주화를 목적으로 한 대학생들의 자기 신념에 의한 사회정의 실현, 일반 국민의 정부 통제력을 중심으로 한 권력 남용에 대한 견제 활동, 자유 등 국민 기본권 확대 요구 목적 달성 을 위한 지속적인 노력과는 다른 것이다. 법규를 준수하지 않고 위 법한 행동을 통해 민주화를 요구하는 것은 올바른 방법이 아니다. 그럼에도 한국의 민주화가 1987년 이전과 비교하여 1987년 또는 그 이후에 현저하게 진전한 것은 단순하게 민주화운동 결과라기보 다는, 민주화운동 주도세력의 요구를 포함한 여야 정당 등 전체 국 민의 민주주의 발전 요구를 진두환 당시 대통령이 수용하는 걸단 을 내리고, 합의된 내용을 6·29 선언으로 발표하고 발표된 내용 을 이행하는데 국민이 협력하고 민주주의를 발전시키기 위한 노력 을 하고, 경제가 성장하는 등 여러 가지 요소가 복합적으로 결부되 어 나타난 결과였다.

2. 민주화 운동으로 달성할 수 있는 것인가

그동안 우리나라의 민주화 진전은 국민의 노력과 경제발전으로 이루어졌다. 그런데 이상하게 오늘날 우리나라의 자유민주주의 국가체제가 유지되고 발전하는 것이 민주화운동 결과라고 착각하는 사람들이 너무 많다. 만일 오늘날 우리나라의 자유민주주의 체제가 민주화운동을 통해 발전한 것이라면, 우리는 세 가지 의문을 갖게 된다.

첫째는 민주화라는 것이 일시적인 운동으로 이루어질 수 있는 것인가 하는 점이다. 민주화는 일시적인 운동으로 이루어지는 것이 아니다. 국민의 지속적인 노력으로 이루어지는 것이다. 인간 삶은 노력을 통하여 만들어 가는 것이다. 그 노력이 약화하거나 중단되면 과거에 만들고 쌓아놓은 것들도 시간이 지남에 따라 점차 그 의미가 퇴색하고 무너진다. 일시적인 민주화 요구를 통해 제도적인 틀을 변화시키더라도 그것은 새로운 시작점에 불과하다. 그 제도를 유지하는 노력이 수반되어야 하고 국민을 위한 결과를 창출하고 그것을 지속해서 누릴 수 있어야 한다. 그러므로 이미 자유민주주의의 국가체제가 갖추어진 상태에서는 헌법 내용 개정이나 통치자에 의해 다수 국민의 기본권을 억압하는 일이 발생하더라도 운동으로 민주화가 이루어지는 것이 아니다. 끊임없는 변화추구를 통한 개선 노력으로 만들어 가고 만족도를 높여가야 한다. 결과를 누리려면 반드시 노력이 수반되어야 한다. 민주화는 한 번에 이루어지는 것이 아니라 끊임없는 노력이 받침이 되어야 한다. 노력이 뒷받침되지 않으면 그동안 쌓아온 민주화나 자유민주주의 국가체제는 언제든지 위협받을 수 있다. 둘째는 현재 그리고 앞으로 우리는 우리나라의 민주화나 민주주의 발전을 위해 운동을 해야 하고 또 하고 있는가 하는 점이다. 우리는 현재는 물론이고 앞으로도 우리나라의 민주화나 민주주의 발전을 위해 운동을 해야 하는 것이 아니라 민주화와 민주주의 발전을 위한 노력을 해야 한다. 지금 우리가 해야 하는 것은 운동이 아니라 노력이다. 과거에도 그랬다. 미래에도 마찬가지이다. 과거 민주화운동이라고 한 말도 국민 일각에서 이루어진 민주화 노력을 새로운 용어를 만들어 그렇게 표현한 것에 불과하다. 셋째는 민주화는 끝이 있는가 하는 점이다. 민주화는 끝이 없다. 인간이 가진 욕심 때문에 아무리 민주주의가 고도로 발전해도 국민의 민주화나 민주주의에 대한 욕구는 끝이 없어 모두를 만족시킬 수 없다. 같은 국민이라도 여건과 환경에 따라 만족도가 다르다. 그러므로 민주화는 끝이 있을 수 없다. 운동으로 달성될 수 있는 것이 아니다. 더 많은 만족을 얻으려면 운동을 하는 것이 아니라 국민 스스로 더욱 치열하게 노력하고 더 많은 부담을 안아야 한다. 국민이 기억해 두어야 할 것은 모든 국가의 발전과 국민 만족도 제고는 국민의 노력과 의무에 의존한다는 점이다.

3. 민주화 노력과 '민주화운동' 같은 것인가

한국의 민주화를 이해하기 위해서는 가장 먼저 민주화 노력과 민주화운동을 구분할 줄 알아야 한다. 민주화 노력은 민주화에 해당하는 내용을 이루기 위해 애를 쓰고 힘을 들인 모든 일이나 행위이다. '민주주의적으로 되어감 또는 그렇게 되게 함, 민주주의 원리를 존중하면서 민주주의와 국가를 발전시키는 일, 민주주의 체제를 수호하는 일, 빼앗긴 나라를 다시 찾고 세우기 위한 제반 활동'이 포함된다. 민주화 노력은 어느 나라 할 것 없이 민주주의 국가에서는 보편적으로 통용될 수 있는 말이다. 여기에는 일제강점기에 독립하기 위해 독립운동가와 우리 민족이 펼친 독립운동, 무장투쟁 활동, 민주주의 헌법 제정, 대한민국 정부 수립, 북한 공산군의 침략을 막아낸 6·25 전쟁, 경제 발전, 통치자가 국민을 위해 봉사하고 헌신하게 하는 일, 국민의 민주주의 원리 존중, 의무 부담, 정당한 직무 수행 등 생업활동 등이 해당한다.

이에 반해 민주화운동이라는 용어는 우리나라의 민주화운동 주도세력이 중심이 되어 규정한 특수용어이다. 민주화운동은 법률 제6123호로 2000년 1월 12일 제정되고 5월 13일 시행에 들어간 민주화운동 관련자 명예회복 및 보상 등에 관한 법률 제2조 (정의) 1. '민주화운동'과 법률 제6495호로 2001년 7월 24일 제정되고 10월 25일 시행에 들어간 민주화운동기념사업회법 2조 (민주화운동의 정의) 이 법 '민주화운동'에서 규정한 것으로, 민주화운동사 연표에 소개된 내용으로 국한된다. 이렇게 민주화 노력과 민주화운동은 다른 것이다.

민주화운동 내용 중에는 민주화 노력에 포함할 수 있는 것도 있고, 포함하기 어려운 것도 있다. 이러한 일이 생기게 된 이유는 민주화운동 주도세력이 정국 주도권을 쥐었을 때 자신들의 과거 반정부 시위와 권력 투쟁을 민주화운동으로 미화하면서 과오는 덮고 다른 정치세력을 견제하면서 권력 획득 목적 달성을 위해 인위적으로 민주화운동을 규정했기 때문이다.

4. 도대체 '민주화운동'의 정체는 무엇인가

우리나라 민주화운동은 그 속내를 파고 들어가면 갈수록 정체 (正體)가 의심스럽다. 야당과 야당정치가 그리고 재야인사와 그들 의 추종세력, 노동운동가, 학생들이 한 반정부 시위와 반미 시위 등의 제반 활동을 모두 민주화운동이라는 이름 아래 나열해 놓은 것 같은 느낌이 든다. 민주화운동사 연표를 보면 한국의 민주화운 동 세력이 얼마나 민주화에 대해 무지하고 내세울 것이 없었으면, 이런 내용까지 올려놓았을까 하는 생각이 들 정도다. 민주화운동사 연표에 보면 한국 민주화운동과 관련된 270여 건의 사건이 게재되 어 있다.

1954년 5월 27일 발생한 전국 미군종업원노조 임금인상 쟁의에 서 진보당 창당, 남반부정치변혁공작대 사건(간첩 박정호 사건), 전 태일 분신, 4·19 혁명, 한미경제협정반대투쟁, 한일협정조인반대 투쟁, 삼성의 사카린 밀수 규탄 투쟁, 노동법 개악 책동저지투쟁, 3 선 개헌반대투쟁, 국립의료원 및 국립대학교 부속병원 수련의 파 업, 국제앰네스티 한국지부 결성, 김대중 납치 사건, 현대조선 노동 자의 처우 개선 투쟁, 장준하 의문사, 카터 방한 반대시위, 부산 미 문화원 방화사건, 한국공해문제연구소 창립, 목동 주민 철거 반대 투쟁, 전두환 방일 반대투쟁, 대우자동차 부평공장 노동자 파업, 개 헌서명운동, 박종철 고문치사 사건, 서울 택시 기사 연대파업, 6월 민주항쟁, 전국대학생대표자협의회 결성대회, 문익환 목사 방북 사 건, 전국교직원노동조합 결성, 임수경 방북 및 평양축전 참석, 쌀값 보장 전국 농민대회, 미 8군 기지 이전 정책 반대시위, 전국노동조

합협의회(전노협) 창립, KBS 노조 방송 민주화 투쟁, 이문옥 감사관 구속사건, 윤석양 이병 양심선언 사건, 수서비리 사건, 1991년 5월 투쟁, 강경대 사망 사건, 정원식 총리서리 계란투척 사건(외대 사건), 민주주의민족통일전국연합(전국연합) 결성, 교육대개혁과 해직교사 원상복직을 위한 범국민 서명운동, MBC 노조 공정방송쟁취 파업, 1992년 10월 28일 발생한 윤금이 살해 사건[315] 등이다.

우리는 여기서 의문을 가진다. 김영삼, 김대중, 노무현, 이명박은 민주화운동 정의나 민주화운동사 연표 등의 민주화운동 내용에 따르면 민주화운동가나 민주화운동 주도자라 할 수 있다. 그럼 김대중 대통령 재임 시절에 노총과 단위사업체별로 대대적으로 이루어진 구조조정 반대시위, 2002년 6월 주한미군의 장갑차량에 깔려 숨진 두 여자 중학생(신효순·심미선)의 사인 규명과 추모를 위해 같은 해 11월 처음 열린 이래 한국의 대표적인 평화적 시위로 정착한 집회문화인 촛불집회, 노무현 대통령 재임 시절인 2004년 3월 12일 노무현 대통령의 탄핵안이 가결되자 시민이 국회의사당 앞에서 촛불시위를 한 노무현 대통령 탄핵 반대 시위,[316] 이명박 대통령 재임 시절 쇠고기 수입재개 협상 내용에 대한 반대 의사를 표시하기 위하여 학생과 시민의 모임으로 출발한 촛불 시위인 2008년 대한민국의 촛불 시위,[317] 4대강사업 반대 시위, 2012년에 발생하거나 이루어진 MBC 노동조합 파업을 비롯한 모든 노동쟁의, 한일군사정보보호협정 반대, 제주 해군기지 반대 시위, 한국과 미국, 한국과 중국 자유무역협정(FTA) 반대 시위도 모두 민주화운동

315) 민주화운동기념사업회.
316) doopedia 두산백과.
317) 2008년 대한민국의 촛불 시위.

인가? 아니다. 그 이유는 민주화운동에서 정의하고 있는 민주화운동의 범위를 사실상 노태우 대통령 재임 기간인 1992년까지로 한정하고 있기 때문이다.

만일 김영삼 대통령 재임 이후의 내용을 포함하면 민주화운동 주도세력이 애써 미화하고 정당한 것처럼 꾸며 좋은 자신들의 공적이 무너질 수밖에 없다. 그러므로 민주화운동 주도세력들은 비슷한 일을 해도 김영삼 대통령 재임 전, 주로 박정희와 전두환 전 대통령 시절에 한 반정부 시위와 반미 시위는 민주화운동이고, 김영삼 대통령 취임 이후에 한 일은 민주화운동이 아닌 것으로 분류한다. 그 이유는 박정희나 전두환 그리고 이승만까지 포함해서 전직 3분의 대통령을 독재자로 몰아세워야 김영삼, 김대중을 비롯한 민주화운동 주도세력이 과거에 권력을 획득하기 위해 온갖 수단과 방법을 동원하여 투쟁과 선동에 골몰했음에도 '민주화의 상징, 민주화의 주도자, 민주화의 큰 별'과 같은 온갖 미사여구를 전유물처럼 사용하여 미화할 수 있다. 여기에 김영삼 · 김대중 전 대통령이 재임 중에 이승만 · 박정희 · 전두환 전 대통령이 한 일과 비슷한 잘못을 했더라도 김영삼, 김대중은 독재자로 몰리지 않을 수 있기 때문이다. 너무 간악하다.

요즈음은 외국 대통령이 한국을 방문하고 한국 대통령이 외국을 방문한다고 반대하는 사람도 없고, 정부에서 외국과 협정 체결하는 것을 내용에 따라 반대하더라도 국민이 해야 할 일로 민주화운동이라고 생각하지도 않는다. 하지만 얼마나 공적으로 내세울 것이 없고 내용이 빈약했으면 민주화운동 주도세력들은 단체나 협회를 설립하고, 대통령의 외국 방문 반대까지 민주화운동에 포함시켰다. 우리는 여기서 또 하나의 의문을 가진다. 도대체 '민주화운동'의 정체가 무엇인가 하는 점이다. 민주화운동 정의와 민주화운동사 연표에 나타난 내용을 종합하면 '우리(투쟁가와 선동가, 투쟁적 선동 정치가)가 하면 모두 민주화운동이다. 그 분류기준은 우리 마음이다'라는 것을 알 수 있다.

민주화 노력과 민주화운동은 같은 것이 아니다. 그리고 민주화운동에 참여한 사람 중에는 여러 부류가 있었다. 하지만 어떤 활동이든 그 활동의 성격은 주도세력에 의해 결정된다. 국민이 아는 것처럼 1980년대 한국의 민주화운동 주도세력은 김영삼과 김대중을 중심으로 한 야당정치가와 그들을 추종하는 재야인사와 종교계 인사들이었다. 학생들이 많은 역할과 노력을 했지만, 주도자는 아니었다. 김영삼과 김대중을 중심으로 한 야당정치가와 그들을 추종하는 재야인사들은 민주화를 명분으로 내세웠지만, 실제 목표는 정권 획득이었다. 정당과 그 소속 정치가들이 정권 획득을 목표로 하는 것은 당연한 일이다. 또한 그들도 민주화를 명분으로 여러 가지 활동을 할 수 있다.

문제는 그들이 계파를 바탕으로 활동하고 민주화를 정권 획득 목적 달성에 이용하면서 말로는 민주화를 외치면서 실제 행동은 비민주적으로 일관했다는 점이다. 국회에서 다수결도, 대화와 타협도, 법규를 준수하는 일도 제대로 하지 않았다. 자기중심적인 생각으로 일관되게 정권 획득을 향해 나아갔다. 그 목표 달성을 위해 힘에 의존한 투쟁과 투쟁과정에서 발생하는 희생을 국민 자극에 이용하여 지지를 유도하는 지극히 소모적인 전략과 전술을 채택하여 대결과 투쟁을 지향했다. 그 과정에 1986년 6월 부천서 성고문 사건과 1987년 1월 박종철 사망 사건, 1987년 6월 이한열 사망 사건 등이 발생하고 통치자인 대통령과 정부 그리고 여당은 리더십과 도덕성에 타격을 입었다. 정부에 대한 국민 여론이 악화하여 대통령과 집권당 대표의 운신 폭은 좁아지고 시위 참여자가 늘어나지 결국 대통령이 야당정치가를 중심으로 한 민주화운동 주도세력의 요구를 수용함으로써 민주화운동 주도세력은 자신들의 요구사항을 대부분 관철했다.

1987년 대선에서 민주화운동 주도세력은 김대중과 김영삼의 단일화 실패로 노태우가 대통령이 되었지만, 1988년 여소야대 국회로 사실상 정국을 주도할 수 있는 입지를 확보함으로써 추후 권력을 획득할 수 있는 기반을 마련했다. 그러나 상대를 존중하지 않고 상호 만족을 추구하지 않는 가운데 민주화를 명분으로 내세운 민주화운동 주도세력의 이기적이고 탐욕적인 권력획득 노력은 국민이 마련해 준 여소야대의 정국 주도권을 자신들의 권력을 획득하기 위한 정치보복에 이용함으로써 한국 민주화 진전을 크게 둔화시켰다. 또한 법치의 근간이 되는 여러 가지 원리를 짓밟음으로써 민주화의 의미를 퇴색하게 했다. 이러한 내용을 종합하면 한국의 '민주화운동'은 권력 획득을 위한 권력투쟁이었다는 것을 알 수 있다.

5. 한국 민주화운동 정체성은 무엇인가

정체성(正體性, identity)은 변하지 아니하는 존재의 본질을 깨닫는 성질 또는 그 성질을 가진 독립적 존재, 상당 기간 비교적 일관되게 유지되는 고유한 실체로서의 자기에 대한 경험[318]이다. 민주

---

318) 정신분석용어사전.

화운동의 정체성은 그러한 일이 시작된 사건과 연관된 사건들을 찾아보면 알 수 있다. 정의에 나타난 한국 민주화운동이 시작된 핵심 사건은 3가지이다. 첫째는 야당이 박정희 대통령의 3연임을 위한 개헌을 반대한 정치적 투쟁인 3선 개헌반대투쟁이다. 둘째는 야당 강경파가 선동해 전국적으로 번져나간 한일협정을 반대한 반정부 시위인 6·3 사태이다. 셋째는 민주당 정·부통령 후보인 장면 박사 유세에 학생들이 못 가게 하기 위해 일요일에 등교지시를 한 부당한 지시에 항의한 2·28 대구학생 시위이다.

처음에는 3선 개헌반대투쟁을 민주화운동의 기점으로 했다가 추후 6·3 사태로 바꾸었다. 또한 다른 법률에서는 4·19 의거와 2·28 대구학생 시위도 포함하고 있다. 이는 한국 민주화운동이 민주화 노력이 아닌 정치투쟁이었다는 것을 말해준다. 또한 민주화운동의 정의를 이중으로 하고 기점의 내용을 변화시킨 것은 정체성을 인위적으로 만들었기 때문에 가능한 일이다. 정상적인 정체성은 하나로 변화하지 않는다. 대한민국 정체성의 근원은 단군이고, 나의 시조는 상고하여 기록에 나타난 한 사람이다. 시조가 이 사람이 되었다가 저 사람이 되었다 하지 않는다.

1) 민주화운동 기점의 허구성과 3선 개헌반대투쟁

한국 민주화운동의 첫 번째 기점은 1969년 8월 7일이었다. 1969년 8월 7일은 3선 개헌 발의일이다. 당시 공화당은 1969년 8월 7일 윤치영 등 의원 122명의 이름으로 3선 개헌안을 정식으로 국회에 제출했다. 신민당은 이 3선 개헌안을 실력으로 저지한다는 방침

을 세우고 단상을 점거, 농성에 들어갔다.[319]

3선 개헌(三選改憲)은 공화당이 박정희의 3선을 가능케 할 목적으로 1969년에 추진했던 제6차 개헌이다. 주요 개정 내용은 ▲대통령의 3기 연임 허용 ▲야당의원의 집단사퇴로 말미암아 국회의원 수가 법정최소인원 이하로 될 사태를 미리 막기 위한 최소인원 규정 삭제 ▲대통령에 대한 탄핵소추 발의 요건 내용을 의원 30인 이상에서 50인 이상으로 상향조정 ▲국회의원의 각료 기타 직위 겸직 허용 등이다.[320] 1969년에 접어들면서 공화당에서는 삼선개헌론이 거론되기 시작했다. 신민당은 이를 적극 저지키로 하고 '3선 개헌 저지투쟁위원회'를 결성했다. 5월 17일 서울 숭인초등학교에서 3선 개헌반대유세가 열렸다.

먼저 유진오 총재가 나섰다. "3선 개헌은 민주주의의 돌아오지 않는 다리이며, 누구도 이를 건너려 하지 않는데 독재하는 사람만이 이를 건너려 하고 있다"고 규탄했다. 나(윤보선)도 연설했다. "3선 개헌은 절대로 이루어져서는 안 되는 독재연장의 악법이다. 3선 개헌이 통과될 경우, 이 나라에 민주주의는 영원히 찾아오지 못할지 모른다."[321] 이 개헌안을 통과시키기 위해 정부·여당은 갖은 방법을 동원, 신민당 의원 3명을 변절시켜 모두 122명의 개헌지지 서명을 받아냈다. 이에 신민당은 변절자들의 의원직을 자동 상실하게 하기 위한 편법으로 9월 7일 당을 해산했다가 20일 복원시키면서 이 기간에 신민회란 이름의 국회교섭단체로 등록했다.

개헌지지 서명파 의원들은 개헌을 저지하기 위해 국회본회의장

319) 송건호(2002), 『송건호전집 1』, 한길사, p.135.

320) 한국근현대사사전.

321) 동아일보 1989. 9. 29.(尹潽善(윤보선)회고록 외로운 選擇(선택)의 나날 <25>)

에서 점거농성을 벌이던 신민회 의원들을 피해, 일요일인 1969년 9월 14일 새벽 2시 국회 제3별관에 몰래 모여 국회의장의 사회로 찬성 122, 반대 0표로 2분 만에 개헌안을 변칙 통과시켰다.[322] 3선 개헌 저지에 어쩔 수 없이 실패한 신민당도 내부문제가 복잡하게 얽혔다.[323] 비밀투표는 무효라는 야당의 주장과 학생들의 치열한 개헌반대 시위에도 개헌안은 10월 17일 국민투표에 부쳐졌고, 총유권자의 77.1% 참여에 65.1% 찬성을 얻어 가결되었다. 이 개헌으로 박정희는 1971년 4월 제7대 대통령 선거에 공화당 후보로 다시 출마, 당선됨으로써 장기집권의 길에 들어섰다.[324]

3선 개헌반대투쟁(三選改憲反對鬪爭)은 1968년 6월 12일 서울 법대생 5백여 명이 '헌정수호 성토대회'를 개최한 이래 1969년 12월까지 계속된 학생들의 개헌반대운동이다. 3선 개헌반대 학생시위는 6월 21일 서울법대생 5백여 명이 '헌정수호' 학생대회를 한 것을 시발로 서울문리대 · 서울공대 · 연세대 · 고려대로 시위가 번졌으며, 23일에는 지방으로 번져 경북대에서 반대시위가 일어났다. 6월 28일에는 고대생 7백여 명이 거리로 진출하였고 이어 연세대 · 서울공대 · 서울문리대 · 경북대를 비롯해 각 대학 학생들이 거리로 진출하여 격렬한 개헌반대 시위를 시작하였다.[325]

특히 1969년까지 대구는 가장 격렬한 호헌 싸움터가 되었다. 경북대에서는 박정희 정권의 성격을 파시즘으로 규정, '황소파시즘 화형식'을 거행하기도 했다. 이에 맞서 박정희 정권은 휴교령 · 학과 통폐합 등 온갖 수단을 동원, 학생들의 시위를 저지했다. 학생

---

322) 한국근현대사사전.

323) 동아일보 1989. 9. 29.(尹潽善(윤보선)회고록 외로운 選擇(선택)의 나날 <25>)

324) 한국근현대사사전.

325) 송건호(2002), 『송건호전집 1』, 한길사, p.135.

들은 거리시위 · 화형식 · 성토대회 · 단식투쟁 등 다양한 투쟁을 전개했다. 그러나 이 같은 학생들의 끈질긴 반독재 민주화 투쟁에도 불구하고 1969년 9월 3선 개헌안이 국회에서 변칙 통과되고, 이외 더불어 3선 개헌반대투쟁도 소강상태로 접어들면서 1960년대 학생운동은 막을 내렸다.[326)

오늘날 세계 각국 대통령의 임기는 1년에서 7년까지 다양하다. 대체로 연임이나 중임에 제한을 두는 경우가 많지만, 나라마다 차이가 있다. 한국의 민주주의 제도는 미국과 프랑스의 민주주의 제도를 베껴 만든 것이다. 모두가 아는 것처럼 현재 미국 대통령의 임기는 4년이고 재선은 가능하지만, 3선은 헌법으로 금지되어 있다.[327) 그러나 과거에는 3선도 가능했다. 프랭클린 루스벨트(Franklin Delano Roosevelt)는 미국의 제32대 대통령(재임 1933~1945)으로 1936년 대통령에 재선되었고, 1940년 3선 되었다. 그는 강력한 내각을 조직하고 경제공황을 극복하기 위하여 뉴딜정책을 추진하였다.[328) 2000년 9월 24일 대통령 임기 개헌[329)으로 현재 프랑스 대통령은 임기가 5년이며, 1회 연임할 수 있다.[330) 직접 보통선거에 따라 선출된다. 역대 프랑스 대통령 중 샤를 드골(Charles de Gaulle)은 1958년~1969년, 프랑수아 미테랑(François Mitterrand)은 1981년~1995년, 자크 시라크(Jacques Chirac)는 1995년~2007년 등을 역임했다.[331)

---

326) 한국근현대사사전.

327) 시사용어사전.

328) doopedia 두산백과.

329) 외교통상부(프랑스 개황).

330) 위키백과.

331) 외교통상부(프랑스 개황).

야당의 주장대로 3연임 하도록 개헌을 추진하는 것이 독재하는 사람만이 건너려 하는 것이면, 미국의 프랭클린 루스벨트 대통령과 프랑스의 프랑수아 미테랑이 독재를 한 사람이었는가? 아니다. 그리고 개헌을 막는 것이 헌정수호라면 다른 때 개헌할 때는 왜 안 막았는가? 절차와 방법에 따라 개헌은 할 수 있는 것이므로 안 막는다. 헌법 통과 여부는 다수의 국민이 투표로 결정할 일이다. 그런데도 야당과 대학생들이 3선 개헌을 저지하려 한 것은 '독재에 대한 우려를 앞세운 야당과 야당정치가들이 우리가 권력을 획득하는데 유리해야 하고, 대학생인 우리 마음에 안 드는 대통령은 더 통치를 못 하게 해야 한다'는 지나친 자기중심적 사고에 기인한 행동이었다. 즉 3선 개헌반대투쟁은 이기심 실현을 위한 정치투쟁으로 지나친 편견의 발로에 지나지 않는다.

민주주의 국가에서 일반적인 절차에 따른 헌법 개정 여부는 사실상 국민의 투표로 최종 결정된다. 야당, 야당정치가, 대학생들이 개헌에 대한 자신들의 의견을 표출하고 여당과 논의는 할 수 있지만, 특정 세력이 자신들의 판단이나 생각에 근거해 개헌논의와 국민투표 자체를 막고 반대하는 것은 정도를 넘어선 행동으로 바람직하지 않다. 헌법은 고정불변의 것이 아니다. 시대 상황이나 여건 변화에 따라 개정될 수 있다. 그러므로 개정한 헌법이 마음에 들지 않으면 절차에 따라 국민 다수의 지지를 받는 헌법안을 발의하여 통과시키면 된다. 우리의 의사나 생각과 다르다고 국민투표를 저지하려는 것은 바람직한 행동이 아니다.

2) 야당 강경파가 선동한 반정부 시위 6 · 3 사태

한국 민주화운동의 두 번째 기점은 1964년 3월 24일이다. 2000년 1월 12일 법률 제6123호로 제정된 민주화운동 관련자 명예회복 및 보상 등에 관한 법률 제2조[332])에서 그렇게 규정하고 있다. 1964년 3월 24일은 대학생들을 중심으로 한일회담 반대시위가 본격적으로 시작된 날이다. 1964년 3월 21일 5시 50분 서울고등학교에서 '대일굴욕외교반대 강연회'가 개최된 후 서울의 거리에는 시위의 찬바람이 예상되었다. 3월 23일 굴욕외교반대 군중시위가 발생한 후 국회의사당 주변에는 '대일굴욕외교반대투위' 이름으로 유인물이 살포되었다. 3월 24일 서울대, 고대, 연대 등에서 5,000여 학생들이 한일회담 반대시위에 나섰다.

경찰과 첫 대치에서 150명이 연행되고 40명이 중경상을 입고 34명이 긴급 구속될 정도로 시위가 치열했다. 이날 서울 문리대생 300명은 "사수하자 평화선", "일본 제국주의 말살하자" 등의 플래카드(placard, 현수막)를 내걸고 성토대회를 개최했다.[333]) 이렇게 1964년 3월 24일에 본격 시작된 한일회담 반대시위는 1965년 6월 22일 한일회담이 정식 체결될 때까지 계속되었다.[334]) 민주화운동에 기점이 있을 수 있는가? 없다. 한국 민주화운동이 얼마나 저급하고, 기점 설정이 허구적인지 김대중이 기술한 것으로 알려진 『김대중 자서전』에 나타난 6 · 3 사태의 시작 과정을 살펴보면 알 수 있다.

---

332) 민주화운동 관련자 명예회복 및 보상 등에 관한 법률.
333) 이재오(2011), 『한국 학생운동사』, 파라북스, p.212.
334) 조희연(2007), 『박정희와 개발독재시대』, 역사비평사, p.69.

대학생 시위가 서울 시내에서 벌어졌다. 대일굴욕협정 반대시위였다. 1964년 3월 21일 서울에서 한일회담 즉각 중지를 주장하는 야당 강경파 중심의 '대일굴욕외교반대 범국민투쟁위원회'가 주최한 강연회가 그 불씨가 되었다. 이날 집회는 4만여 명이 모였다. 비록 집회는 강제 해산되었지만, 반대 투쟁은 전국적으로 번져 나갔다. 6월 3일 정오에 학생과 시민 5만여 명이 광화문에 모여 연좌시위를 벌였다. 훗날 '6·3 사태'로 불리는 반정부 시위였다. 서울 중심부 세종로 중앙청과 청와대로 통하는 큰길에서 학생들이 농성을 벌였다. 경찰은 이들에게 최루탄을 무차별로 쏘았고, 최루가스에 가려 대낮에도 해가 보이지 않을 정도였다. 경찰서, 파출소, 소방서가 부서졌다. 경찰 차량이 군중에게 탈취당했다.

정부는 국가안보회의와 긴급국무회의를 소집하고 서울 일원에 비상계엄령을 포고했다. 박정희 정권은 학생운동 지도자와 언론인 등 400여 명을 내란 선동 혐의로 체포하라는 검거령을 내렸다. 야권은 민정당 사무실에서 회의를 열고 향후 대응책을 논의했다. 윤보선 총재가 말했다. "학생들과 함께 궐기하겠다. 수십만 명이 시위에 참가할 것이고, 그 선두에 내가(윤보선) 서겠다." 강경 기류가 걱정되어 내가(김대중) 말렸다. "그런 사태가 발생하면 정부는 틀림없이 계엄령을 선포할 것입니다." 하지만 그날도 강경파들의 입은 거침이 없었다.

계엄령이 선포되더라도 국민이 총궐기할 것이기 때문에 정국은 야당에 유리하게 전개될 것이라고 했다. 하지만 계엄령이 선포되자 강경파들은 일제히 몸을 숨겼다. 당사에는 나타나지도 않았다. 무책임한 선동 정치라고 비난해도 할 말이 없게 되었다. 이때 미국은 박정희 정권 편에 서 있었다. 한일 국교정상화를 위해 이 일에 대해서만큼은 박 정권을 지지할 수밖에 없었다. 내가(김대중) 들은 바로는 시위가 격화되자 박 대통령이 한때 사임까지 고려했는데, 이를 알아챈 미국 측에서 강력하게 제지했다고 한다. 시위대가 도로를 점거하자 주한 유엔군 사령관이 헬기로 청와대를 찾았다고 한다. 그리고 청와대 뜰에서 박 대통령에게 동요하지 말라는 메시지(message, 전언)를 전달했다는 것이다.

미국이 박정희에게 호감이 있어서가 아니라 야당의 격렬한 반정부 투쟁이 오히려 미국과 박 정권을 밀착하게 하였던 것이다. 돌아보면 야당 강경파는 국제적 고립을 스스로 불러왔다. 세계 언론이나 국가 장래의 이익에 눈을 돌렸어야 했다. 국민도 반일 정서 때문에 수교를 반대했지만, 우리가 일본과의 관계에서 손해를 보지 않는 영리한 외교를 한다면 충분히 이해했을 것이다. 무엇보다도 안보와 경제를 생각해서라도 일본을 우방으로 끌어들여야만 했던 상황이었다. 그런데 야권은 힘과 명분을 충분히 비축하지 못한 채 반정부 투쟁을 벌이다가 결국 자신들도 감당하지 못할 수렁에 빠져들어 간 것이나.

6월 3일을 기점으로 야당의 기세는 완전히 꺾였다. 시위는 계엄령 아래 군대의 힘으로 진압되었고, 신문 논조도 박 정권에 대한 비난의 강도가 한결 약해졌다. 결국 야권의 강경 대응은 박정희 정권에 독재 강화의 빌미를 제공한 셈이 되고 말았다. 야당의 강경파는 민심을 제대로 읽지 못했다. 특히 중산층이 고개를 돌리면 어떤 투쟁도 성공할 수가 없다. 세계의 흐름과 민심의 향배를 모르고 강경 투쟁만을 부르짖던 야당은 박 정권의 독재 기반만 강화시켜 주었다.335)

6 · 3 사태는 야당 강경파의 강연회를 통한 국민 선동으로 발생했다. 이것은 야당의 반정부 투쟁이고 권력 획득을 위한 권력투쟁이었다. 그런데도 6 · 3 사태까지 민주화운동으로 포장했다. 그 이유는 한국 민주화운동 주도세력이 민주화를 명분으로 사실상 대부분 반정부 투쟁과 권력 획득을 위한 투쟁을 했기 때문이다. 만약 한일협정 체결을 반대한 반정부 시위인 6 · 3 사태가 민주화운동이면 2012년 7월 한일군사정보보호협정 반대도 민주화운동인가? 아니다. 잘못된 정부 정책에 반대하는 것은 국민의 견제 의무에 속하는 당연히 해야 할 일이다. 한일군사정보보호협정은 신중을 기할 필요가 있다. 일본에서 정보를 얻는 것보다는 우리가 직접 군사위성을 개발해 자체적인 정보 수집능력을 갖추는 것이 합당하다고 본다. 그러나 한일협정 체결은 미국의 압력도 있었지만, 모두가 그 필요성을 인정한 것이었다.

---

335) 김대중(2010), 『김대중 자서전 1』, 삼인, pp.166~168.

3) 2·28 대구학생 시위

2·28 대구학생 시위는 또 다른 민주화 기점 중 하나로 볼 수 있다. 2·28 대구학생 시위는 2·28 대구민주화운동, 2·28 대구학생 민주화운동, 2·28 대구학생 의거라 불리기도 한다. 이승만 정권 시절인 1960년 2월 28일 3·15 대선을 앞두고 자유당 독재에 항거, 대구에서 일어난 학생 시위이다. 발단은 민주당 정·부통령 후보인 장면 박사가 유세하는 날이자 일요일인 1960년 2월 28일 당국이 학생들이 민주당 유세장에 못 나가도록 등교지시를 내린 것이 2·28 대구민주화운동의 발단이 되었다. 경북고는 일요일인 이날 등교지시를 내린다. 사유는 3월에 있을 중간고사를 앞당겨 친다는 것이었다.

대구 시내 다른 국·공립고등학교 7개 역시 일요등교를 지시한다. 사유는 토끼사냥, 영화 관람과 같은 황당한 이유도 있었다. 1960년 2월 27일 오후 대구 동인동 이대우 경북고 학생부 위원장 집에서 경북고, 대구고, 경북대부속고 학생 8명은 부당한 일요등교 지시에 항의하기 위해 시위대를 조직했고, 결의문도 작성했다. 1960년 2월 28일 낮 12시 55분, 경북고 학생부 위원장 이대우 등이 조회하는 연단에 올라 격앙된 목소리로 결의문(백만 학도여, 피가 있거든 우리의 신성한 권리를 위하여 서슴지 말고 일어서라. 학도들의 붉은 피가 지금 이 순간에도 뛰놀고 있으며, 정의에 배반되는 불의를 쳐부수기 위해 이 목숨 다할 때까지 투쟁하는 것이 우리의 기백이며, 정의감에 입각한 이성의 호소인 것이다)을 읽자 흥분이 고조된 학생들은 함성을 지르고 손뼉을 쳤다. 반독재의 횃불은 이처럼 대구에서 처음 불타올랐다.

2월 28일 오후 1시 학생 800여 명이 대구 반월당을 거쳐 도청으로 가는 과정에서 다른 학교 학생들이 합류하며 시위대는 커졌다. 도중에 유세장으로 가던 장면 박사를 만났을 땐 '만세'를 부르기도 했다. 당시 도지사는 학생들에게 "이놈들 전부 공산당"이라고 하였지만, 시민은 구타당하는 학생을 경찰에게 달려들어 말리고 손뼉을 쳤고, 치맛자락에 모자를 감춰 학생을 숨겨주는 부인이 대부분이었다. 1,200여 명의 학생이 시위에 참여했다. 그 중 120여 명이 경찰에 체포된다. 하지만 경찰은 시위가 번질 것을 우려해 주동자 일부를 제외하고 대부분 학생을 석방하게 됐다.[336]

일요일에 학생들에게 등교를 지시한 것은 잘못된 것이다. 학생들은 그러한 조치가 정당의 이해와 연관된 것으로 받아들이고 시위했다. 잘못된 일에 항의하는 것은 당연한 일이고 국민의 의무이기도 하다. 인간은 누구나 무슨 일이 생기면 논의하고 행동하는 경향이 있다. 2·28 대구학생 시위는 불만 표출을 위한 단순하고 우발적인 사건에 가깝다. 이러한 사건을 전후의 여러 가지 사건과 연관지어 확대해석하여 홍보하는 것은 지나친 공적 부풀리기와 미화에 해당한다.

6. 멋대로 변경한 한국 민주화운동 규정의 허구성

법률 제6123호로 2000년 1월 12일 제정되고 5월 13일 시행에 들어간 민주화운동 관련자 명예회복 및 보상 등에 관한 법률 제2

---

336) 2·28 대구학생 의거.

조 (정의) 1. '민주화운동'이라 함은 1969년 8월 7일 이후(중략) 활동을 말한다[337]고 규정했다. 그런데 법률 제8273호로 2007년 1월 26일 개정하고 5월 27일 시행에 들어간 민주화운동 관련자 명예회복 및 보상 등에 관한 법률 제2조 (정의) 1. '민주화운동'이라 함은 1964년 3월 24일 이후(중략) 활동을 말한다[338]고 바꾸었다. 그리고 법률 제11042호로 2011년 9월 15일 개정되고 2012년 7월 1일 시행에 들어간 현행 민주화운동 관련자 명예회복 및 보상 등에 관한 법률 제2조(정의) 1. '민주화운동'이라 함은 1964년 3월 24일 이후 자유민주적 기본질서를 문란하게 하고 헌법에 보장된 국민의 기본권을 침해한 권위주의적 통치에 항거하여 헌법이 지향하는 이념 및 가치의 실현과 민주헌정질서의 확립에 기여하고 국민의 자유와 권리를 회복 · 신장시킨 활동을 말한다[339]고 규정하고 있다.

이명수 의원(충남 아산)은 '3 · 8 대전민주화의거'를 '2 · 28 대구민주화운동', '3 · 15 의거', '4 · 19 혁명', '부 · 마항쟁', '6 · 10 항쟁'과 함께 민주화운동에 포함시키기 위한 민주화운동기념사업회법을 대표발의했다고 2012년 6월 17일 밝혔다.[340]

한편 법률 제6495호로 2001년 7월 24일 제정되고 10월 25일 시행에 들어간 민주화운동기념사업회법 2조 (민주화운동의 정의) 이법에서 '민주화운동'이라 함은 3 · 15 의거(중략) 등의 활동을 말한다.[341] 그런데 법률 제10007호로 2010년 2월 4일 일부 개정되고 시행에 들어간 내용에는 '2 · 28 대구민주화운동'이 추가되었다. 그

---

337) 민주화운동 관련자 명예회복 및 보상 등에 관한 법률.
338) 민주화운동 관련자 명예회복 및 보상 등에 관한 법률.
339) 민주화운동 관련자 명예회복 및 보상 등에 관한 법률.
340) 아시아투데이 2012. 6. 17.
341) 민주화운동기념사업회법.

리고 현행 민주화운동기념사업회법 제2조(정의) 이 법에서 '민주화운동'이란 2·28 대구민주화운동, 3·15 의거, 4·19 혁명, 부·마항쟁, 6·10 항쟁 등 1948년 8월 15일 대한민국 정부수립 이후 헌법에 보장된 국민의 기본권을 침해한 권위주의적 통치에 항거하여 국민의 자유와 권리를 회복·신장시킨 활동으로서 대통령령으로 정하는 활동을 말한다[342]고 규정하고 있다.

위에서 보는 것처럼 민주화운동 관련자 명예회복 및 보상 등에 관한 법률과 민주화운동기념사업회법의 내용이 다르다. 또한 민주화운동 관련자 명예회복 및 보상 등에 관한 법률의 정의 내용도 처음 제정될 때와 현재의 내용이 다르다. 그럼 도대체 한국 민주화운동의 실체는 무엇인가? 민주화운동 주도세력이 중심이 되고 관련 단체의 의견을 수용한 국회에서 법을 제정하거나 개정하는 대로 따라간다. 국회에서 멋대로 규정하면 민주화운동이 되는가? 참 웃긴 노릇이다. 그런데 현재까지는 그렇게 되었다.

왜 일이 이렇게 되었을까? 그 이유는 김대중과 김영삼을 중심으로 한 민주화운동 주도세력이라고 주장하는 사람들이 자신들의 민주화운동을 인위적으로 부각하고, 활동 과정에서 희생되거나 다친 사람들에게 국가가 보상하게 하려고 입법을 추진하면서 문제가 발생했다. 즉 멋대로 민주화운동을 규정하다 보니 4·19 의거 관련 단체 등에서 불만이 터져 나왔다. 민주화운동 주도세력이 생각하기에도 4·19 의거는 민주화 노력이었다. 하지만 일차적으로 5·18 광주사태를 시작으로 하여 다른 민주화운동 관련 희생자들의 명예회복과 과한 보상을 하고 이차적으로 기념사업을 추진하면서 4·19 의거와 6·3 사태, 2·28 대구학생 시위 관련 단체들의 의견을

---

342) 민주화운동기념사업회법.

반영하여 예우를 해주려고 하다 보니 법률을 이중으로 만들 수밖에 없었고, 기점을 변경시키게 되었다.

결국 민주화운동 관련자 명예회복 및 보상 등에 관한 법률과 민주화운동기념사업회법의 민주화운동에 대한 정의도 각각의 법률에서 달리 규정할 수밖에 없었다. 이렇게 한국의 민주화운동은 처음부터 그 내용이 정형화된 것이 아니라 민주화운동 주도세력이 정치적 주도권을 획득했을 때 임의로 규정했다. 자기들이 멋대로 정의를 만들고 내용을 변경시키면서 이중으로 규정하고 있는 자체가 한국 민주화운동 주도세력들이 한 일의 허구성을 잘 보여준다.

민주화운동 관련자 명예회복 및 보상 등에 관한 법률과 민주화운동기념사업회법에서 규정하고 있는 민주화운동의 정의에 따르더라도 심각한 문제가 내재한다. 그것은 특정 정권을 권위주의로 분류해야 하는 문제가 발생한다. 그런데 어떤 정권을 권위주의인지 아닌지 정확하게 구분할 수 있는 기준이 없다. 가령 제5공화국을 권위주의 정부라고 할 때 권위주의 정부라고 생각하는 기준은 당시 정부의 판단으로 이루어진 공무원 강제 해직, 언론사 통폐합과 보도 통제, 삼청교육대 운영, 4·13 호헌 조치 등이다. 이러한 요소들은 문제 해결 과정에서 권력 남용이나 개혁에 대한 잘못된 이해, 역량부족이 원인이었다. 그리고 4·13 호헌 조치는 대통령의 직무와 연관 지어 판단할 때 잘못된 것이 아니다.

어느 정부나 권력 남용과 역량부족 등으로 피해자가 발생한다. 권위주의에 대한 뚜렷한 판단 기준이 없는 상태에서 박정희 정부나 제5공화국이 확실하게 권위주의 정부였다고 명명백백하게 판단할 수 있는 근거는 없다. 국정 관리 방식과 여러 가지 사건을 종합할 때 권위주의 통치를 한 것으로 인식하는 정도다. 권위주의 통치로 보고 인식하는 것과 뚜렷한 근거와 판단 기준에 의해 구분하는 것은 전혀 다르다. 그런데도 민주화운동 관련자 명예회복 및 보상 등에 관한 법률과 민주화운동기념사업회법에서 규정하고 있는 민주화운동의 정의에는 박정희 정부나 전두환 정부를 직접 언급하지 않고 '국민의 기본권을 침해한 권위주의적 통치'라는 말로 대신 표현했다.

만약 박정희와 전두환 전 대통령이 권위주의 통치자라면 다른 대통령은 권위주의 통치를 하지 않았는가? 김대중과 김영삼 전 대통령의 국정 관리 방식에도 '국민의 기본권을 침해한 권위주의적 통치'에 해당하는 요소들이 많이 있다. 그럼 박정희와 전두환은 권위주의 통치자이고 김영삼과 김대중은 권위주의 통치자가 아닌 민주화운동의 상징적 인물이어야 하는가? 여기에 한국 민주화운동의 허구성과 정치적 흑막이 숨어 있다. 즉 민주화운동 주도세력인 김영삼과 김대중 그리고 그들의 추종자들이 박정희와 전두환은 비도덕적인 정치가이고 김영삼과 김대중은 도덕적인 정치가로 만들려고 노력한 결과이다. 이들은 전두환과 제5공화국 세력에 대한 여론재판을 통해 김영삼과 김대중이 권력을 획득하는데 민주화운동을 이용했다.

1) 우리 마음대로 하는 것이 민주화운동인가

한국의 민주화운동 내용의 실체를 살펴보면 '내가 하면 로맨스 (romance)고 남이 하면 불륜'이라는 생각이 들게 한다. 그야말로 '우리 마음대로 하는 것'이 민주화운동이라는 것을 알 수 있다. 법률 제6123호로 2000년 1월 12일 제정되고 5월 13일 시행에 들어간 민주화운동 관련자 명예회복 및 보상 등에 관한 법률 제2조 (정의) 1. '민주화운동'이라 함은 '1969년 8월 7일'[343](이하 생략)로 규정하고 있다. 1969년 8월 7일은 박정희 대통령의 3연임을 허용하는 것 등을 주요 내용으로 한 3선 개헌 저지와 연관이 있다.

이때 정부와 여당은 개헌에 찬성하고 개헌안의 국회통과를 강행했다. 하지만 야당인 신민당과 신민당 소속의원, 상당수 대학생이 개헌을 격렬하게 반대했다. 대학생들은 헌정질서 수호를 위한 호헌을 외치기도 했다. 그런데 1987년에는 대통령과 정부 그리고 여당은 개헌을 반대하는데 야당과 야당의원, 일부 재야인사, 상당수 대학생 등이 중심이 된 민주화운동 주도세력이 개헌을 밀어붙였다. 1969년과 1987년 개헌은 여야가 반대로 행동하는 상황이 벌어졌다.

전두환 대통령이 4·13 호헌조치를 발표했다. 4·13 호헌조치(四一三護憲措置)는 1987년 4월 13일 대통령 전두환이 특별담화에서 밝힌 호헌을 위주로 한 정국운영방침이다. 이날 담화를 통해 전두환 대통령은 '평화적인 정부 이양과 서울올림픽이라는 국가대사를 성공적으로 치르기 위해 국력을 낭비하는 소모적인 개헌논의를 지양한다'고 선언, 제5공화국 헌법으로 1988년 2월 정부를 이양할 것과 그에 따른 대통령 선거인단 선거 및 대통령 선거를 연내에 실시할 것 그리고 개헌논의를 올림픽 뒤로 미룰 것 등을 밝혔다.[344] 이에 5월 27일 통일민주당 등 제도권 야당과 종교계, 노동계, 상당수 학생 등 사회운동세력이 연대하여 출범한 정치운동조직체였던 민주헌법쟁취국민운동본부[345]가 6월 항쟁을 진두지휘하게 되는 총

---

343) 민주화운동 관련자 명예회복 및 보상 등에 관한 법률.
344) 한국근현대사사전.

본부 역할을 하게 되었다.346)

1987년 1월 발생한 박종철 고문치사 사건의 은폐, 조작과 4·13 호헌조치는 시기적으로 맞물려 돌아가면서 1987년 6월 격렬한 민주화 요구 시위가 전개되는데 촉매 역할을 했다. 그럼 전두환 대통령의 4·13 호헌조치는 잘못된 것인가? 아니다. 1980년 10월 27일 전부 개정되고 시행에 들어간 헌법 제3장 정부, 제1절 대통령, 제38조 ② 대통령은 국가의 독립·영토의 보전·국가의 계속성과 헌법을 수호할 책무를 진다347)고 규정하고 있다.

호헌(護憲)은 헌법을 보호하며 지킴이다. 그러므로 당시 전두환 대통령은 여야가 개헌 합의에 도달하지 못한 상태에서 국가대사인 올림픽을 앞두고 정쟁이 격화되는 것을 막기 위해 개헌 논의를 지양한다고 밝힌 것은 정당한 것이었다. 그리고 호헌조치 발표 배경에는 야당에도 일부 책임이 있었다. 그럼에도 민주화운동 주도세력은 4·13 호헌조치를 발표한 전두환 당시 대통령을 군부독재자라고 몰아세웠다. 국민은 개헌 요구를 언제든지 할 수 있는 일이다. 하지만 소속 국회의원을 두고 있는 야당과 야당의 핵심 정치가들이 장외투쟁을 통해 헌법 개정을 요구하는 것이 옳은 일인가? 옳지 않다. 당시 헌법 개정 절차를 한번 살펴보자.

1980년 10월 27일 전부 개정되고 시행에 들어간 헌법 제10장 헌법개정, 제129조 ① 헌법 개정은 대통령 또는 국회 재적의원 과반

---

345) 민주헌법쟁취국민운동본부는 1987년 5월 27일, 민통련과 당시 야당인 통일민주당이 주축이 되어 각 사회운동 세력과 종교계, 학생운동 조직 등이 광범위하게 연합하여 결성한 정치 사회 단체이다. 국민운동본부 또는 국본으로 줄여 부르기도 한다. 건국 이후 최대 규모의 반독재 연합전선을 구축함으로써 6월 항쟁을 주도적으로 이끌었으며 민주화 세력을 결집해 정치적 구심체의 역할을 하였다.

346) 안철현(2009), 『업그레이드 특강 한국현대정치사』, 새로운 사람들, p.216.

347) 헌법.

수의 발의로 제안된다. ② 제130조 제안된 헌법개정안은 대통령이 20일 이상의 기간 이를 공고하여야 한다. 제131조 ① 국회는 헌법개정안이 공고된 날로부터 60일 이내에 의결하여야 하며, 국회의 의결은 재적의원 3분의 2 이상의 찬성을 얻어야 한다. ② 헌법개정안은 국회가 의결한 후 30일 이내에 국민투표에 부쳐 국회의원선거권자 과반수의 투표와 투표자 과반수의 찬성을 얻어야 한다[348]고 규정하고 있다. 그러므로 정상적인 헌법 개정은 대통령이나 국회에서 발의되어야 한다. 그런데 야당이 중심이 된 민주화운동 주도세력이 밀어붙여 결국은 6·29 선언이 발표되고 1987년 10월 17일 헌법 개정이 이루어졌다. 하지만 야당정치가들이 중심이 된 민주화운동 주도세력의 개헌 요구는 헌법에 명시된 절차적 규정을 무시한 행동이었다.

문제는 정부와 여당이 추진하는 개헌에 대해 김대중과 김영삼을 중심으로 한 야당과 재야인사, 대학생이 반대하고 개헌안의 통과를 저지하며 호헌을 주장하는 활동도 민주화운동이고, 대통령과 정부 그리고 여당이 하지 않으려고 하는 개헌을 정상적인 방법과 절차를 무시하고 국민을 선동해 격렬한 시위를 통해 개헌을 요구하여 관철되도록 하고 호헌하려는 대통령을 독재자라고 하는 것도 민주화운동이라고 한다. 그럼 한국의 민주화운동 실체는 무엇인가? 김대중과 김영삼, 재야인사, 대학생 마음대로 하는 것인가? 대단히 한심한 일이지만, 그것이 이제까지 통용되고 있는 것이 실상이다.

민주화운동 주도세력의 이러한 허구적 모습과 모순된 행동을 찾아보는 것은 어렵지 않다. 『김대중 자서전』의 내용을 보면, 김대중은 1990년 1월 22일 민주정의당과 통일민주당, 신민주공화당 3당

---

348) 헌법.

합당 선언에 대해 국민이 투표로 정해 준 정치 구도를 지도자 몇 명이 인위적으로 뒤엎은 패륜이었다. 그 어떤 여론의 수렴도 없이 밀실에서 이뤄진 야합이었다. 그 쿠데타의, 야합의 주역이 김영삼 씨였다는 데 나는 충격을 받았다[349]고 했다. 김대중의 말대로 국민이 투표로 정해 준 정치 구도를 지도자 몇 명이 인위적으로 뒤엎은 것이 패륜이고 밀실에서 이뤄진 야합이었다고 한다면 추종자들을 몰고 다니며 가장 많은 정당을 창당하고 그때마다 따라 움직인 국회의원들과 김대중은 뭔가? 그리고 김종필과 진짜 야합한 김대중과 김종필은 무엇인가?

대우차 노조 폭력 진압 사태에 대해 김대중(金大中) 대통령은 2001년 4월 17일 청와대에서 열린 국무회의에서 이번 사태에 대해 "참으로 유감스러운 일이며 뭐라고 말할 수 없는 심정이다. 사정이 있었던 것은 알고 있으나 어떠한 상황에서도 폭력을 써서는 안 되며 경찰이 먼저 모범을 보이고 반성해야 한다. 노동자들도 합법적이고 평화적으로 시위하는 원칙을 지켜줘야 한다"며 "세계 어느 나라도 시위 집회를 보호하되 불법 폭력을 용납하는 나라는 없다"고 노조 측의 자제도 당부했다.[350]

김대중은 자신이 불법적인 행동을 할 때는 지키지 않아도 좋은 악법이라서 법을 위반하는 행위를 하고 그것을 공권력이 현행법에 따라 처벌하면 민주인사를 탄압하는 독재자라고 몰아세웠다. 그런데 김대중 자신이 대통령 되었을 때는 공권력이 절차를 무시하고 폭력을 사용해도 자제를 당부하면서 유감만 표명했다. 그리고 불법 폭력 시위를 하면 안 된다고 했다. 이런 이중적 태도를 보인 김대

349) 김대중(2010), 『김대중 자서전 1』, 삼인, pp.570~571.
350) 동아일보 2001. 4. 17.

중이 우리 사회에서 여전히 민주화운동 상징인물로 남아도 괜찮은 가? 이것이 자기중심적 사고를 하는 너무나 저급한 민주화운동 주도세력들의 본 모습이다.

2) 열사 마음대로 가져다 붙여도 좋은가

열사(烈士)는 나라를 위하여 절의를 굳게 지키며 충성을 다하여 싸운 사람을 말한다. 순국선열(殉國先烈)은 나라를 위하여 목숨을 바친 윗대의 열사, 나라를 위해 목숨을 바쳐 먼저 죽은 열사[351]이다. 의사(義士)는 의로운 지사(志士), 지사(志士)는 나라와 민족을 위하여 제 몸을 바쳐 일하려는 뜻을 가진 사람을 뜻한다. 애국지사(愛國志士)는 나라를 위하여 자기의 몸과 마음을 다 바쳐 이바지하는 사람이다. 순직(殉職)은 직무를 다하다가 목숨을 잃음, 희생(犧牲)은 다른 사람이나 어떤 목적을 위하여 자신의 목숨, 재산, 명예, 이익 따위를 바치거나 버림 또는 그것을 빼앗김, 희생자(犧牲者)는 희생을 당한 사람을 뜻한다.

독립유공자(獨立有功者)는 '독립유공자 예우에 관한 법률'에 따라 정해진 순국선열과 애국지사를 말한다. 독립유공자의 적용 대상인 순국선열(殉國先烈)은 일제의 국권침탈 전후로부터 1945년 8월 14일까지 국내외에서 일제의 국권침탈을 반대하거나 독립운동을 위하여 일제에 항거하다가 그 반대나 항거 때문에 순국한 자로서, 그 공로로 건국훈장·건국포장 또는 대통령 표창을 받은 자이다. 애국지사(愛國志士)는 일제의 국권침탈 전후로부터 1945년 8월 14일까지

---

351) 한자성어 · 고사명언구사전.

국내외에서 일제의 국권침탈을 반대하거나 독립운동을 위하여 일제에 항거한 사실이 있는 자로서, 그 공로로 건국훈장·건국포장 또는 대통령 표창을 받은 자이다.[352] 독립유공지는 국가유공자로 국가보훈처[353]에서 관련 업무를 담당한다.

사회갈등으로 희생자가 발생한다는 것은 안타깝고 애석한 일이다. 그렇다고 '열사'라는 용어를 남용해서는 안 된다. 적어도 열사라고 불리려면 빼앗긴 나라를 찾고 새로운 나라를 세우고, 위기에 처한 나라를 구하기 위해 자신의 목숨을 바치거나 목숨을 걸고 일한 사람 정도는 되어야 한다. 그런데 오늘날 한국사회에 열사라는 밀이 지나치게 남용되는 경향이 있다. 민주화운동이 그렇게 만들었다. 민주화운동기념사업회 민주누리 인물/열사이야기에 소개된 사람들을 열사로 보아야 할 것인지는 판단하기 쉽지 않다. 민주화운동 관련자들의 인물 소개 성격도 있는 것으로 보인다. 여기에 소개된 사람들은 특정인이 기고한 글을 게시한 형식이다. 민주화운동기념사업회 민주누리 인물/열사의 내용과 상관없이 오늘날 우리 사회에는 민주화운동과 관련하여 열사라 불리는 사람들이 있다. 과연 이들이 열사라는 말을 들을 만한 일을 했는지, 국민이 모두 공감하는 대한민국의 순국선열인 열사, 의사와 한번 비교해보자[표 4-1] 참조).

---

352) 위키백과.

353) 국가보훈처(國家報勳處, The Ministry of Patriots and Veterans Affairs)는 국가유공자의 예우시책과 참전군인 및 제대군인 지원 사업을 시행하는 국무총리 산하의 중앙행정기관이다. 국가유공자 및 그 유족에 대한 보훈, 제대군인의 보상·보호 및 군인보험에 관한 사무를 관장한다.

[표 4-1] 순국선열인 열사 · 의사, 민주화운동 관련 열사 비교

이름	활동 내용
◆ 대한민국의 순국선열인 열사	
이준	이준[李儁, 1859년(철종 10)~1907년]은 조선 말기의 순국열사 · 애국계몽운동가이다. 1907년 6, 7월 네덜란드의 헤이그에서 세계평화회의가 열린다는 소식을 들은 이준은 전덕기 · 이회영(李會榮) · 박상궁(朴尙宮) 등의 도움을 받아 고종을 만나 이 평화회의에 특사를 파견해, 을사조약이 고종의 의사에 의해 이루어진 것이 아니라 일본의 강압으로 체결된 조약이므로 무효라는 것을 세계만방에 선언하고, 한국독립에 관한 열국의 지원을 요청할 것을 제의해 고종의 동의를 받았다. 헤이그특사단의 부사가 된 이준은 세계평화회의 의장에게 고종의 친서와 신임장을 전하고 평화회의장에 한국대표로서 공식적으로 참석하기 위한 활동을 전개했으나, 일본대표와 영국대표의 방해로 성공하지 못하였다. 이에 세 특사는 일제의 한국침략을 폭로, 규탄하고 을사조약이 무효임을 선언하는 공고사(控告詞)를 작성해 평화회의 의장과 각국 대표에게 보냈다. 또 신문에 이를 공표해 국제여론을 환기시켰다. 신문기자들과 언론들은 세 특사의 활동에 호의적이었으나, 열강의 대표들은 냉담하였다. 이에 격분한 그는 통분을 누르지 못해 헤이그에서 순국하였다. 1962년 건국훈장 대한민국장이 추서되었다. 1963년 헤이그에서 유해를 옮겨와 국민장으로 서울 수유리에 안장했으며, 1964년 장충단공원에 동상이 건립되었다.[354]
유관순	유관순(柳寬順, 1902년 12월 16일~1920년 9월 28일)은 일제강점기의 독립운동가로 아우내 장터에서 군중에게 태극기를 나눠주는 등 만세시위를 주도하다가 체포되어 옥사하였다. 1962년 건국훈장 독립장이 추서되었다. 1996년 5월 이화여자고등학교에서 명예 졸업장을 추서하였다. 충청남도는 그녀의 애국애족 정신을 기리기 위해 2002년에 유관순상을 제정했다. 고등학교 1학년 여학생 수상자에게는 유관순횃불상을 수여한다.[355]
◆ 대한민국의 순국선열인 의사	
안중근	안중근(安重根, 1879년 9월 2일~1910년 3월 26일)은 조선 말기의 교육가 · 의병장 · 의사(義士)이다. 한 말의 독립운동가로 삼흥학교(三興學校)를 세우는 등 인재양성에 힘썼으며, 만주 하얼빈에서 침략의 원흉 이토 히로부미[伊藤博文]를 사살하였다.[356] 죽음을 앞둔 며칠 전 정근(定根) · 공근(恭根) 두 아우에게 "내가 죽거든 시체는 우리나라가 독립하기 전에는 반장(返葬)을 하지 말라.……대한 독립의 소리가 천국에 들려오면 나는 마땅히 춤을 추며 만세를 부를 것이다"라고 유언하였다. 1910년 3월 26일 오전 10시, 여순감옥의 형장에서 순국하였다. 그의 일생은 애국심으로 응집되었으며, 그의 행동은 총칼을 앞세운 일제의 폭력적인 침략에 대한 살신 항거였다. 1962년에 건국훈장 대한민국장을 추서하였다.[357]
윤봉길	윤봉길(尹奉吉, 1908~1932년)은 1932년 4월 29일 상하이 훙커우공원에서 열린 일본군의 상하이 점령 전승경축식에서 일본의 수뇌부를 향해 폭탄을 던진 독립운동가이다. 1932년 4월 29일 기념식 행사에 도시락으로 위장한 폭탄을 숨겨 들어온 윤봉길 의사는 기념식 도중 단상을 향해 폭탄을 던졌다. 이 때문에 상하이 파견군사령관 시라카와 대장, 상하이 일본거류민단장 가와바타 등 2명이 즉사하고, 군 수뇌부 10여 명이 중상을 입었다. 이 거사로 윤봉길은 현장에서 일본군에게 체포되었고, 일본 군법회의에서 사형을 선고받았다. 이후 일본으로 옮겨져 오사카 위수형무소에 수감되었으며, 그해 12월 19일 총살형을 받고 24세의 젊은 나이에 순국하였다. 시신은 1945년 5월 한국

	으로 봉환돼 서울 효창공원에 안장됐고, 1962년 건국훈장 대한민국장이 추서되었다.358)

◆ 민주화운동과 관련하여 열사라 불리는 사람들

김주열	김주열(金朱烈, 1944년 10월 7일~1960년 3월 15일)은 3·15 부정선거 규탄 시위에 참여했다가 사망한 학생이다. 27일 동안 행방불명이었던 김주열이 최루탄이 눈에 박힌 채 마산중앙부두에서 발견되었다. 1960년 3월 마산상업고등학교(현 마산용마고등학교) 재학 중 3·15 부정선거 규탄 시위 참가 후에 실종되었다가 4월 11일 부산일보 허종 기자의 기사에 의해 최루탄이 눈에 박힌 채 마산 앞바다에 떠오른 시신이 발견되면서 그의 죽음과 참혹한 시체의 발견은 4·19 혁명의 도화선이 되었다. 묘는 경남 창원시 마산 회원구 구암동 국립 3·15 민주묘지에 있다. 실제 묘는 그의 고향인 전북 남원시 금지면에 있다. 사후 김주열을 기리는 국민장이 50년 만인 2010년 4월 11일 마산중앙부두에서 거행되었다.359)
전태일	전태일(1948~1970년)은 대구 출생. 초등학교 4학년을 중퇴하고, 17세 때 서울 평화시장의 의류 제조업체 재단사로 입사하였다. 나이 어린 소녀들이 저임금에 열악한 환경에서 중노동에 시달리는 것을 보고 의분을 느꼈다. 근로기준법이 있으나 회사가 이를 준수하지 않음을 알고, 노동조건 개선을 요구하는 진정서를 제출했지만, 매번 묵살되었다. 사회의 무반응과 개혁의 불가함을 느끼고 분신자살하였다. 그의 죽음은 당시 민주사회에 대한 한국인의 열망과 맞물려 사회적으로 큰 파문을 일으켰다. 특히 무반응으로 일관하던 기업인, 정치인, 관료사회에 경각심을 심어주었다.360)
박종철	박종철(朴鍾哲, 1964년 4월 1일~1987년 1월 14일)은 대한민국의 민주운동가이다. 서울대학교 언어학과 학생회장이던 그는 제5공화국 말기에 공안당국에 붙잡혀 폭행과 전기고문, 물고문 등을 받다가 죽임을 당했다. 박종철 고문치사 사건은 6월 항쟁의 불씨가 됐다.361)
이한열	이한열(李韓烈, 1966년 8월 29일~1987년 7월 5일)은 전남 화순 출생의 대한민국 학생운동가이다. 연세대학교 총학생회 간부로 활동하였으며, 반전두환운동에 가담, 1987년 시위 참여 중 전경이 쏜 최루탄을 맞고 사망하여 6월 항쟁과 6·29 선언의 도화선이 된 인물이다. 1986년 연세대학교 경영학과에 입학하였다. 동아리 '만화사랑'에서 활동하였다. 이후 연세대학교 총학생회와 교내 학생운동 단체에 가입하여 간부로 활동하였다. 1987년 6월 9일, 다음날 열릴 예정인 '고문살인 은폐 규탄 및 호헌 철폐 국민대회'를 앞두고 연세대에서 열린 '6·10 대회 출정을 위한 연세인 결의대회' 후의 시위 도중 전투경찰이 쏜 최루탄에 뒷머리를 맞아 한 달 동안 사경을 헤매다가 7월 5일 22살의 나이에 사망했다. 일부 전경이 시위진압 도중 시위대를 겨냥해서 최루탄 SY44를 총처럼 수평으로 쏘는 경우가 있었는데, 이것이 머리에 맞은 것이다.362)
강경대	강경대(姜慶大, 1972년 2월 4일~1991년 4월 26일)는 내한민국의 학생운동가이다. 1991년 4월 24일 명지대학교 총학생회장 박광철이 등록금 인하를 주장하며 연세대학교 집회에 참석한 후 학교로 돌아오던 도중 경찰에 연행되었다. 4월 26일 명지대학교 앞에서 총학생회장의 석방을 위해 구출대회가 진행되었고, 시위가 격해지자 경찰이 진압을 시도하게 되었다. 백골단이라 불리는 사복 경찰관들이 쇠파이프를 휘두르며 시위 진압을 시작하자, 강경대는 학교 쪽으로 도망치기 위해 1.5m 높이의 담장 벽을 넘으려다가 경찰에게 붙잡혀 쇠파이프로 두들겨 맞은 뒤 그대로 방치되었다. 이러한 광경은 곧 다른 학생들에게 목격되어 이들에 의해 세브란스병원으로 옮겨졌으나 한 시간 만

제4장 민주화운동의 실체와 허구성 그리고 보상　435

	에 사망하였다.363)
기타	'통일의 거목, 늦봄 문익환 2', '가짐 없는 큰 자유, 제정구 1', '1987년 노동자대투쟁 —민주노조를 세워 낸 학출, 최봉영', '서울지하철 민주노조의 기수, 정윤광', '김근태 고문사건', '무등산을 빼닮은 큰 어른, 홍남순 변호사 1', '낮은 이들의 작은 처소, 이우정 1' 등 40여 명364)(민주화운동기념사업회 민주누리 인물/열사이야기에 소개된 내용)

3) 강경대가 열사라면 김영삼은 무엇인가

1980년대 민주화 요구 시위와 연관되어 사망한 박종철과 이한열이 열사라면 1991년 4월 26일 시위 도중 사망한 강경대도 열사가되어야 한다. 그런데 여기에서 문제가 발생한다. 김영삼은 1990년1월 22일 노태우 대통령과 김영삼, 김종필 총재가 청와대에서 기자회견을 열고 민주정의당과 통일민주당, 신민주공화당 3당 합당을선언365)하고 김영삼이 같은 달 제1대 민주자유당 3인 공동대표366)에 선임되었다. 우리나라 정치는 대통령 중심제이기는 하지만 집권당이 대통령과 함께 국정을 주도하므로 집권당 대표가 되면 국정

---

354) 한국민족문화대백과.
355) doopedia 두산백과.
356) doopedia 두산백과.
357) 한국민족문화대백과.
358) 시사상식사전.
359) 위키백과.
360) 교과서포럼(2008), 『대안 교과서 한국 근·현대사』, 기파랑, p.203.
361) 위키백과.
362) 위키백과.
363) 위키백과.
364) 민주화운동 기념사업회.
365) 김대중(2010), 『김대중 자서전 1』, 삼인 p.570.
366) 네이버 인물정보.

운영에 대한 책임이 있다. 그런데 김영삼이 집권당인 여당 대표가 되었다.

김영삼이 집권당인 민주자유당 대표가 된 이후 민주회운동시 연표 기록에 따르면 1991년 3월 2일 발생한 수서 특혜 은폐조자 부패정권 규탄대회367)에서 1992년 10월 28일 발생한 윤금이 살해 사건368) 등 민주화운동으로 규정하는 13가지 사건이 있다. 이 가운데는 강경대 사망 사건도 포함되어 있다. 김영삼과 그 추종세력이 민주화운동을 선도한 사람이라면 이 사건들은 무엇인가? 그리고 과거 민주화 투쟁을 주도했다는 김영삼과 그 추종세력들은 무엇인가? 여기에서 한국 민주화운동의 허구성이 다시 한 번 드러난다. 민주화운동을 인위적으로 만들어 정의하고 야당정치가와 재야인사, 학생들의 반정부와 반미 관련 시위 등을 민주화운동으로 미화해 포장하고 정당화하기 위해 지나치게 포괄적으로 민주화운동을 규정하다 보니 이런 문제가 발생한다.

---

367) 수서비리 사건: 2월 3일 세계일보의 특종보도로 드러난 노태우 정부 최대의 권력형 비리인 수서택지 분양 특혜 사건(수서비리 사건 또는 수서사건이라고도 함)은 정·경·관이 유착한 대형 스캔들이었다.

368) 윤금이 살해 사건: 주한미군 제2사단 소속 병사 케네스 리 마클 이병은 1992년 10월 28일 윤금이(26)를 살해했다. 윤금이는 자신의 셋방에서 이마를 둔기로 맞고, 체내에 콜라병과 우산대가 박힌 채 참혹하게 살해됐다.

7. 민주화 기점의 심각성과 흑막

1) 4 · 19 의거 민주화운동 아닌 것으로 만들다

현행 민주화운동에 관한 정의에 의하면 4 · 19 의거는 민주화운동이 아니다. 2000년 1월 12일 법률 제6123호로 제정된 민주화운동 관련자 명예회복 및 보상 등에 관한 법률 제2조(정의) 이 법에서 사용하는 용어의 정의는 다음과 같다. 1. '민주화운동'이라 함은 1964년 3월 24일 이후 자유 민주적 기본질서를 문란하게 하고 헌법에 보장된 국민의 기본권을 침해한 권위주의적 통치에 항거하여 헌법이 지향하는 이념 및 가치의 실현과 민주헌정질서의 확립에 기여하고 국민의 자유와 권리를 회복 · 신장시킨 활동을 말한다[369]고 규정했으며, 이후 민주화운동이라는 용어가 널리 사용되고 있다. 이렇게 되자 4 · 19 관련 단체들이 반발했다.

이러한 문제를 해결하기 위해 민주화운동 관련자 명예회복 및 보상 등에 관한 법률의 민주화운동 정의는 그대로 두고 별도로 민주화운동기념사업회법을 제정하면서 민주화운동을 또 정의하여 3 · 15 의거와 4 · 19 의거를 포함해 이중으로 민주화운동을 규정했다. 4 · 19 의거를 민주화운동이라고 해야 한다면 우리나라에 4 · 19 의거만큼 뚜렷한 명분이 있고 국민에게 공감을 받는 민주화운동은 없다. 그런데 그런 4 · 19 의거가 민주화운동이 아닌 것이 되게 한 것은 다름 아닌 한국의 민주화운동 주도세력에 의해서였다. 자신들이 무슨 짓을 하는지도 모르고 엉뚱한 일을 해 놓았다.

---

369) 민주화운동 관련자 명예회복 및 보상 등에 관한 법률.

그럼 왜 4 · 19 의거는 민주화 운동이 아닌 것처럼 되었는가? 그 것은 4 · 19 의거 이후 권력 투쟁을 지향하며 민주화를 명분으로 내세운 한국의 민주화운동 주도세력들이 자신들이 한 민주화 투쟁을 민주화운동으로 인위적으로 규정하고 자신들의 행동을 미화하고 권력 획득에 이용하기 위해 희생자들을 내세워 명예회복과 보상을 추진하면서 이전에 국가유공자로 지정된 4 · 19 의거 희생자가 중복 보상을 받는 것을 피하기 위해 민주화운동 범위를 1964년 3월 24일 이후로 기점을 정했기 때문이다. 즉 4 · 19 의거가 민주화운동에서 제외된 것은 의도적이고 억지로 민주화운동을 규정하고 명예회복과 보상을 추진한 결과이다.

2) 민주화운동 정의 설정과 홍보에 숨겨진 흑막

광고효과를 알면 민주화운동 정의 설정과 기점에 숨겨진 흑막을 이해하기 쉽다. 광고효과는 특정한 목적에 따라 광고한 후 나타난 결과를 말한다. 광고를 할 때는 여러 가지 요소 중에서 가장 뛰어나거나 우수한 점, 좋은 점을 집중적으로 부각하여 홍보한다. 그렇게 하면 사람들은 단점이나 일반적인 내용은 잘 모르는 상태에서 부각된 좋은 점과 뛰어난 점에 관심을 갖고 제품을 구매하거나 호감을 가지게 된다. 이렇게 특정한 내용을 의도적으로 집중 부각하여 광고하면 대개 소비자의 우호적인 관심이 증가하고 구매 촉진으로 이어진다.

가장 대표적인 민주화 노력은 독립운동, 민주헌법을 마련하고 나라를 세우는 것, 공산국가의 침략에 맞서 목숨을 걸고 나라를 지키는 것, 경제개발, 민주주의 원리와 이념 존중 등 여러 가지가 있다. 그런데 이러한 여러 가지 요소 가운데 자신들이 활동한 내용만 별도로 민주화운동이라고 규정하고 홍보를 통해 그 부분을 집중하여 부각하면 민주화운동에만 우호적인 생각을 가지거나 관심을 갖는 현상이 발생한다. 여론의 관심이 한쪽으로 쏠리면 상대적으로 다른 민주화 노력은 국민의 관심이 멀어지기 마련이다.

이런 점을 알면서도 민주화운동 정의를 의도적으로 규정하고 홍보한 것은, 그러한 행위를 통해 국민의 관심을 민주화운동으로 집중시켜 민주화운동 주도세력들이 과거에 반정부 활동을 한 것과 정치권력을 획득하기 위해 한 투쟁을 민주화를 위한 일로 미화시키면서 명예를 회복하고, 동시에 국민의 관심을 이용하여 과거 정권에 대한 과오를 공격하여 그 중심 세력을 와해시키고, 자신들이 정치권력을 획득하는데 유리한 입지를 차지하기 위한 정치권력 획득 목적을 달성하기 위함이었다. 그리고 그들의 전략이 성공해 김영삼, 김대중, 노무현, 이명박이 대통령이 되었다.

3) 4 · 19, 5 · 18, 6 · 10은 민주화운동에 속하는가

오늘날 한국의 민주화운동 주도세력은 5 · 16 혁명은 민주화를 짓밟은 것이고, 4 · 19 의거, 5 · 18 광주사태, 6 · 10 민주화 요구 시위는 민주화운동에 속하는 것으로 인식한다. 과연 이러한 논리가 정당한가? 아니다. 5 · 16 혁명을 민주화운동 주도세력이 민주화를 짓밟은 것으로 인식하는 이유는 비합헌적으로 정권이 교체되었기 때문이다. 그럼 4 · 19 의거는 어떤가? 4 · 19 의거도 비합헌적으로 정권교체를 결과하기는 마찬가지였다. 4·19 의거는 비합헌적(非合憲的)인 방법으로 헌정체제(憲政體制)의 변혁과 정권교체를 결과하였기 때문에 초기에는 일반적으로 혁명(革命)으로 규정하여 이를 4월 혁명, 4·19 혁명, 4·19 학생혁명 또는 4·19 민주혁명 등으로 불리었다.370)

5·18 광주사태, 6·10 민주화 요구 시위도 민주화운동에 속하는 것으로 보기 어렵다. 민주화운동 관련자 명예회복 및 보상 등에 관한 법률에서 정의하고 있는 민주화운동은 '자유민주적 기본질서를 문란하게 하고 헌법에 보장된 국민의 기본권을 침해한 권위주의적 통치에 항거하여 헌법이 지향하는 이념 및 가치의 실현과 민주헌정질서의 확립에 기여하고 국민의 자유와 권리를 회복·신장시킨 활동'371)이라고 규정하고 있다. 그런데 5·18 광주사태와 6·10 민주화 요구 시위는 모두 기본적으로 집회와 시위에 관한 법률을 위반했다. 이렇게 법률을 위반한 시위를 하면서 민주화 요구를 한 것을 민주화운동이라고 할 수 있을까?

8. 1987년 민주화 진전 일등공신 전두환 대통령

1987년은 한국 민주화에 상당한 의미가 있다. 큰 진전이 있었기 때문이다. 우리가 1987년 민주화에 큰 진전 있었다고 평가하는 이유는 무엇인가? 그것은 야당과 야당정치가 그리고 재야인사와 그들

---

370) doopedia 두산백과.
371) 민주화운동 관련자 명예회복 및 보상 등에 관한 법률.

을 추종하는 사람들, 대학생과 국민이 요구하는 민주화 요구 내용을 당시 전두환 대통령이 수용했다는 점이다. 이러한 수용은 모든 국민이 함께 참여하는 민주화의 길을 텄다. 전두환 대통령의 대화와 타협 그리고 여론 수렴과 수용 결단 속에는 '더는 정도를 넘어선 정치 탄압과 국민의 기본권을 제한하지 않겠다'는 점이 포함되어 있었다. 이러한 내용은 6 · 29 선언을 통해 발표되었고, 일련의 내용을 대통령이 충실하게 이행하는 약속을 지켰다.

그동안 한국 민주화 진전과 민주주의 발전에 가장 큰 걸림돌이 된 것은 무엇이었는가? 그것은 역대 대통령이 정치권력 유지를 위해 체제수호를 명분으로 법규를 앞세워 국민의 기본권을 제한할 수 있는 근거를 만들어 활용하면서 언론을 통제하고, 여당을 정부의 거수기로 만들고, 야당과 야당정치가 그리고 재야인사, 대학생의 자유로운 활동을 억압하거나 탄압하면서 반정부 시위를 못 하게 한 점이었다. 역대 대통령은 더 민주적으로 통치하고 정치를 할 수 있었는데도 그렇게 하지 않았다. 그 결과 권력 남용이 포함된 대통령의 바람직하지 않은 통치 방식과 행태가 한국 민주화 진전의 가장 큰 걸림돌로 작용했다. 전두환 당시 대통령이 야당과 여당, 국민의 요구를 수용하여 결단을 내림으로써 그동안 민주화 진전에 걸림돌이 되어 온 주요 문제들을 모두 해결했다. 그러므로 1987년 한국 민주화 진전의 일등공신은 전두환 당시 대통령이다.

그럼에도 우리나라 국민의 전두환 대통령에 대한 여론이나 감정은 싸늘하기만 하다. 심지어는 적개심을 갖고 분노를 표출하는 사람들도 있다. 그 이유는 무엇인가? 첫째는 5 · 18 광주사태의 진압과 관련하여 김대중과 김영삼 중심의 민주화운동 주도세력들이 여론재판과 정치쇼를 통해 낙인찍기와 공공의 적 만들기를 한 결과이다. 김대중(평민당)은 국회교섭단체 대표연설에서 5·18 광주사태의 진압과 관련해 전두환에게 책임이 있다고 말했고, 청문회에서 이철용 의원(평민당)은 '살인마'라고 소리를 지르며 증언을 하고 있던 전두환에게 달려들었다. 그러한 과정이 생중계되면서 상당수 국민은 5·18 광주사태의 책임이 전두환 전 대통령에게 있는 것으로 오해하게 되었다. 그 결과 일부 국민은 여전히 전두환 전 대통령을 살인마라고 생각하고 그런 표현을 서슴지 않는다. 그러나 이제까지 밝혀진 바로는 5·18 광주사태 당시 발포와 전두환 전 대통령은 직접적인 관계가 없다. 이미 5공 특위와 청문회에서 발포와 관련된 내용이 대부분 밝혀졌다. 둘째는 군대식 리더십에 의존한 통제력 남용, 부정부패 문제이다. 공무원 해직과 삼청교육대 운영, 언론 통폐합과 검열을 통한 보도 통제로 국민의 기본권을 억압하고, 박종철 사망 사건과 부천서 성고문 사건, 시위 과정에서 이한열이 사망하는 등 시위를 강경하게 진압했으며, 5공 특위 청문회를 통해 드러난 친인척 비리 등으로 비도덕적인 사람으로 낙인찍혔기 때문이다. 군대식 리더십에 의존한 통제력 남용과 부정부패는 국민이 5공 정권을 군부독재나 권위주의적인 통치자로 생각하게 하는 원인을 제공했다.

이러한 일련의 상황을 종합하면 전두환 대통령은 민주화 요구를 촉발하게 한 원인을 제공하기도 했지만, 다른 한편으로는 결단을 통해 국민의 민주화 요구를 수렴하고 수용했다. 이러한 행동은 겪자해지의 측면이 있다. 전후 사정이 어찌 됐던 전두환 대통령은 결단을 내렸고 야당과 국민의 민주화 요구를 수용해 여당과 전체 국민이 동참하는 큰 흐름을 만들어 낸 데다 약속한 내용을 이행함으로써 1987년 한국 민주화의 큰 진전이 이루어지는데 결정적인 역할을 했다. 6 · 29 선언 발표는 노태우 당시 민정당 대표가 했지만, 그를 임명하고 6 · 29 선언을 발표하고 그 내용을 이행한 전체적인 측면을 보면 전두환 대통령의 결단과 의지, 노력이 있었기에 가능한 일이었다.

그럼에도 김대중과 김영삼을 중심으로 한 민주화운동 주도세력은 민주화운동 공적이 전두환과 노태우 등에게 돌아가는 것을 막기 위해 1988년 여소야대 국회가 형성되자 5공 특위와 청문회를 열어 여론재판을 통한 정치보복에 들어갔다. 김대중이 자서전에서 기술한 내용을 보면 5공 특위와 청문회는 민주화운동 주도세력이 기대한 정도의 실효를 제대로 거두지 못하고 막을 내렸다. 하지만 5공 특위와 청문회는 전두환을 중심으로 한 제5공화국 세력에 대해 김대중과 김영삼을 중심으로 한 민주화운동 주도세력이 행한 정치보복의 서막에 불과했다. 민주화운동 주도세력은 1988년 6월 27일 5공 비리특별위원회(5공 비리특위) 구성을 시작으로 전두환이 1997년 4월 17일 대법원에서 무기징역 및 추징금 2,205억 원을 선고받기까지 장장 9년 동안에 걸친 정치보복의 대장정을 했다.

그 쇼는 1997년 12월 18일 제15대 대통령선거에서 김대중 후보가 당선한 나흘 뒤인 12월 22일 김영삼 정부의 특별사면으로 전두환이 풀려났으며, 1998년 복권됨[372])으로써 막을 내렸다. 이렇게 9년 동안 민주화운동 주도세력이 권력을 획득하고 유지하기 위한 정치보복 쇼를 하고 국민이 쇼를 보며 대통령과 정치가, 국민의 관심이 정치보복에 쏠려 있는 사이 우리나라는 1997년 11월 말 국제통화기금(IMF)에 긴급구제금융을 요청하는 국가 위기를 맞이했다. 세상만사는 관심이 움직여간다. 그런데 민주화운동 주도세력은 대

372) 시사용어사전.

통령, 정치가, 국민의 관심을 정치보복 쇼로 몰고 가 즐기는 사이 국가가 위기에 빠지는 단초를 제공했다. 과거 시위할 때 그랬던 것처럼 그들은 국가 위기는 별로 안중에 없었다. 자신들이 권력을 획득하고 유지하는 것이 우선이었다.

9. 5공 특위 활동과 전두환·노태우 구속의 흑막

정상적인 상황이라면 5공 특위와 청문회는 이루어져서는 안 되는 것이었다. 이것은 김대중이 대통령으로 재기할 때 일어난 2002년 6월 29일 발생한 제2연평해전의 원인 규명, 대북송금 사건, 세 아들이 연루된 부정부패, 1987년 대선자금, 20억 플러스 알파(α)설 등과 관련해 의혹이 남아 있으므로 김대중 정권과 과거 김대중이 집권하기 전에 한 행위까지 포함하여 현재의 19대 국회에서 특위를 만들고 청문회를 통해 다시 조사하자는 것과 다를 바 없다.

만약 민주화운동 주도세력이 주연한 5공 특위가 정당화될 수 있는 것이라면, 노태우는 자신의 회고록에서 기업사정을 잘 아는 금진호 장관과 이원조 의원을 불러 김영삼(YS)을 도와 대선을 치르라고 지시했다. 두 사람이 각각 1,000억 원 정도의 기금을 조성해주었다고 들었다. 대선 막바지에 YS로부터 자금이 모자란다는 SOS(긴급요청)를 받았다. 나는 금 장관을 통해 1,000억 원을 보내주었다. 내가 김영삼 캠프(camp, 선거대책본부)의 선거 자금 3,000억 원을 조성해준 셈이다. 그리고 1993년 2월 25일 김영삼의 취임식장으로 떠나기 전 나는 청와대 금고 안에 100억 원 이상의 돈을 넣

어두게 했다.373)

이렇게 노태우가 김영삼에게 3,000억 원을 주었다고 주장한 새
로운 사실이 나온 데다 김영삼 정부에서 미림팀을 운용했으므로
권위주의 정부나 문민독재 정부로 몰고 과거 김영삼이 집권하기
전과 집권하는 동안 모든 비리를 조사하기 위한 특위를 만들고, 현
재 존재하지 않는 법은 내용을 보완하여 조사할 수 있도록 관련 조
항을 신설하여 근거를 만들고 필요하면 특별법까지 만들어서 청문
회를 하면 된다. 이것이 말이 되는가? 안 된다. 국민적 관심 대상이
되는 특정한 한 가지 사건에 대해 의혹을 풀기 위해 특위를 만들고
청문회를 하는 것은 몰라도 고소나 고발, 새로운 단서나 문제가 드
러날 때 검찰이나 경찰이 수사해야 옳다. 그런데 1988년 여소야대
국회에서 김대중과 김영삼이 정국 운영 주도권을 잡았을 때 5공
특위를 만들고 청문회를 밀어붙였다. 그러나 당시에는 청문회 관련
법적인 근거도 없어 입법 활동을 통해 일부러 만들었다.

이렇게 법치주의 원리 중 하나인 법률불소급의 원칙을 어기면서
까지 5공 특위를 만들고 청문회 여는 것을 강행한 이유는 무엇인
가? 그리고 김영삼이 집권했을 때 전두환과 노태우를 처벌하기 위
해 5·18 민주화운동 등에 관한 특별법과 헌정질서 파괴범죄의 공
소시효 등에 관한 특례법을 만드는 등 죄형법정주의를 무시하면서
까지 전두환과 노태우를 구속하고 재판정에 세운 이유는 무엇인가?
여기에는 흑막이 있었다.

첫째는 1987년 민주화 진전 공적이 전두환과 노태우를 비롯한
민정당으로 넘어가는 것을 막을 필요가 있었다. 만약 전두환 당시
대통령이 민주화 요구를 수렴하고 수용하는 결단을 내렸으며 노태

373) 동아일보 2011. 8. 11.

우 민주정의당(약칭 민정당) 대표위원이 6·29 선언을 했으므로, 두 사람과 민정당이 민주화 진전의 주역이 되면, 김대중과 김영삼은 그동안 자신들이 수많은 고초를 겪으면서 쌓아온 민주화 노력이 물거품이 될 수 있다는 점을 우려했다. 따라서 1987년 민주화 진전 공적을 빼앗기지 않기 위해서는 전두환과 5공화국의 집권기간에 있었던 모든 의혹이나 문제점을 들추어내어 제5공화국 집권세력은 비도덕적인 집단이고, 전두환은 독재자라는 인식을 심을 필요가 있었다. 둘째는 김대중과 김영삼을 중심으로 한 민주화운동 주도세력들이 과거에 한 반정부 시위를 비롯한 잘못을 덮고 민주화 공적을 부각하기 위해서는 공공의 적이 될 희생자를 만들어야 했다. 그래야 5·18 광주사태 등에 대해 보상을 해줄 때 반대하는 국민 여론을 무력화시키고, 그동안의 민주화운동을 미화함으로써 명예를 회복하고 자신들이 해온 민주화 투쟁이 정당하고 합리적인 것처럼 여겨지게 홍보할 수 있었다. 즉 과거에 집권한 이승만, 박정희, 전두환 전 대통령은 국민을 억압한 나쁜 사람이고 우리는 그들에게 항거하고 정의를 위해 일한 좋은 사람이라는 인식을 국민에게 심을 수 있었다. 이런 과정을 거쳐 국민에게 민주화운동을 한 사람은 어떤 위법한 행위를 했던 민주화를 통해 사회발전에 기여한 사람으로 인식하게 했다. 그 결과 오늘날도 정치가들 중에는 스스로 민주화운동을 한 것을 자랑스러운 공적으로 내세우는 사람들이 적지 않다. 셋째는 당시 가장 큰 정치세력으로 민주하운동 주도세력에 대항할 수 있는 세력인 제5공 집권세력과 함께 군인들이 정치가가 되는 것을 막고 김대중과 김영삼을 중심으로 한 민주화운동 주도세력들이 정치권력을 안정적으로 획득할 수 있는 기반을 마련하기 위한 목적이었다. 이러한 일련의 노력을 통해 결국 전두환과 노태우를 법정에 세우고 형을 받게 해 비도덕적인 사람, 공공의 적으로 낙인을 찍는 데 성공했다. 이로써 이후 김영삼, 김대중, 노무현, 이명박 등 민주화운동 주도세력들이 권력을 획득하는 길이 열렸다.

그럼 노태우에게서 정치자금을 받은 김영삼과 김대중은 과연 전두환과 노태우를 단죄할 자격이 있는가? 없다. 그럼에도 그들은 노태우 비자금사건을 빌미로 다른 사건을 엮어 전두환과 노태우를 단죄했다. 김영삼이 퇴임 직전 김대중이 건의하는 모양을 갖추어 전두환과 노태우 등에 대한 사면을 통해 정치보복을 하지 말아야 한다면서 풀어 주었지만, 민주화운동 주도세력의 목적은 이미 충분히 달성되었다. 그런데 이것이 끝이 아니다. 민주화운동 주도세력은 자신들이 의도적으로 구속하고 재판정에 세워 처벌받게 한 전두환과 노태우를 사면하면서 마치 대단한 은혜를 베푼 것처럼 아량을 홍보하는 등 끝까지 이용했다. 특히 김대중은 김영삼이 대통령이고 자신은 대통령당선인이었음에도 자신이 용서해 사면한 것처럼 기술했다.

10. 김대중 '금 모으기' 최초 제안 주장과 민주화운동

전 세계가 주목한 한국의 '금 모으기'를 최초로 제안하고 국민적인 사회운동으로 발전시키는 데는 많은 국민의 숨은 노력이 있었다. 그런데 얼토당토않게 김대중은 자신이 금 모으기를 최초로 제안했다고 주장했다. 그리고 사이비 언론인 김택근은 그 말을 고스

란히 옮겨 자서전을 정리하고 그것도 모자라 다른 언론을 통해 같
은 내용을 기사화하여 보도함으로써 상당수 국민이 김대중이 금
모으기를 최초로 제안한 것으로 오해하게 하는 원인을 제공했다.
한국의 민주화 노력 역시 마찬가지이다. 민주화운동 주도세력들은
자신들의 과거 잘못된 행적을 덮고 공적을 미화하기 위해 '민주화
운동'이라는 용어를 만들어 내고 명예회복과 보상을 통해 집중적으
로 부각함으로써 다른 국민이 피와 땀을 흘려 이루어온 민주화 노
력의 의미를 퇴색하게 하는 잘못을 저질렀다.

김대중이 구술한 것으로 알려진 『김대중 자서전』에 소개된 내용
을 보면 "날마다 감동적인 일이 벌어졌다. 바로 전 세계를 감동시
킨 금 모으기 운동이었다. 국민이 장롱 속의 금붙이를 꺼내 은행으
로 가져갔다. 전국의 은행마다 금붙이를 든 사람들이 줄을 섰다.
금반지, 금목걸이가 쏟아져 나왔다. 하나같이 귀한 사연이 담겨 있
는 소중한 징표들이었다. 백성이 나라의 빈 곳간을 자신의 금으로
채우고 있었다. 사실 금 모으기 운동은 지난해 말(1997년 12월 24
일)에 소비자보호단체간부들과 간담회를 하면서 내가 제안했다. 순
전히 아이디어 차원이었다. 구한말 백성이 국채보상운동[374]을 벌였
듯이 집집마다 장롱 속에 잠들어 있는 금을 모으면 외환위기를 타
개하는 데 도움이 될 것 같았다. 민간단체들이 모은 금은 달러로
바꿔 외채를 갚는 데 쓰고, 3년 정도 후에 이자를 보태 금값을 국
민에게 돌려주면 될 것이라는 구체적인 방법까지 얘기해주었다. 금
모으기 운동은 시작하자마자 그 반향이 엄청났다"[375]고 기술하고

---

374) 국채보상운동(國債報償運動)은 1907년부터 1908년 사이에 국채를 국민의 모금으로
　　갚기 위하여 전개된 국권회복운동.

375) 김대중(2010), 『김대중 자서전 2』, 삼인, pp.29~30.

있다. 김대중을 보면 '사람이 이렇게 저급할 수도 있구나!' 하는 생각을 하게 된다. 실제 금 모으기 운동을 김대중이 최초로 제안했는지 한번 살펴보자.

한국에 국제통화기금(IMF) 위기가 시작된 지 일주일 정도 지난, 1997년 11월 28일 금요일 오후 당시 서울지검 1차장검사였던 이범관 검사는 기자회견을 청했다. "국제통화기금(IMF) 위기 극복을 위해 12월 1일 '위기 극복을 위한 전 직원 결의대회를 열기로 했으니 협조를 요청한다." 이범관 검사는 그러면서 11월 27일 부장검사급 이상 간부회의에서 나온 내용을 정리한 자료 하나를 내놓았다. 여러 가지 방안 중에 '장롱 속 금반지 모으기'가 포함되어 있었다. 다른 기자들은 평범하게 받아들였지만, 당시 KBS(한국방송공사) 사회부 김의철 기자가 '장롱 속 금반지 모으기'에 관심을 갖고 이범관 검사에게 물어보았다.

1997년 11월 27일 회의에서 당시 서울지검 형사 1부장이었던 이종왕 검사가 낸 아이디어라는 것이었다. 그러나 이범관 검사는 김의철 기자에게 "아이디어가 참신해 자료로 넣어 놓기는 했지만, 구체적으로 준비는 하지 않았다"고 털어놓았다. 두 사람은 의기투합해 준비하기로 하고 각자 역할을 나누었다. 11월 29일 다시 만나 의견을 나누었다. 이 검사는 당장 월요일(12월 1일)부터 시작될 금 모으기 화면을 만들기 위한 내부 독려에 들어갔고 김의철 기자는 권혁부 사회부 부장에게 이 사실을 보고 '적극 노력하겠다'는 답을 받았다. 그렇게 하여 1997년 12월 1일 월요일 금 모으기 행사가 시작됐다.

우여곡절을 거쳐 전파를 타며 금 모으기 운동의 서막을 알린 리포트(report, 기사 또는 보도)는 12월 1일 9시 뉴스를 통해 전해졌다.

당시 9시 뉴스에서는 "경제 위기 다 함께 극복합시다"라는 기획물을 연속으로 내보내고 있었는데 그날의 아이템(item, 기사 또는 이야기 기리)은 '금 한 돈 내다 팔지'였다. 이 리포트에 대한 반응은 즉각적이면서도 뜨겁게 나왔다. 보도국 사회부에서는 참여 방법을 묻는 시청자들의 전화가 잇따랐고 서울지검 당직실의 전화도 업무가 마비될 정도였다. 12월 2일부터는 서울지검 직원은 물론 일반 시민도 검찰에 장롱 속에 소중히 숨겨 놓았던 금을 내놓는 행렬이 이어졌다. 또 KBS에서는 경제위기 극복을 위한 캠페인(campaign, 사회 운동) 방송을 할 때 금 모으기 장면을 꾸준히 보도했다.

아무도 '금 모으기 운동'의 폭발력을 예상하지 못했다. KBS와 검찰의 금 모으기 운동에 호응이 높아지면서 이 운동은 각 분야로 확산되는 계기가 됐다. 이 과정에서 대검찰청은 1997년 12월 9일 이례적으로 전국 검찰에 금 모으기 운동 동참을 지시하기도 했다. 아주 우연한 과정을 거쳐 그리고 다소는 엉뚱한 장소에서 시작된 '금 모으기 운동'이 빠른 시간 내에 전 국민적으로 확산되리라고 처음에는 아무도 예상하지 못했다. 전국 각지에서 산발적으로 그리고 비조직적으로 이루어지던 금 모으기 운동을 체계화하고 'IMF(국제통화기금) 극복의 상징'으로 발전시키는 데는 그리 많은 시간이 걸리지 않았다.

KBS 경제부를 중심으로 한 새로운 KBS팀은 "금 모아 수출하자"라는 새로운 개념으로 접근하기 시작했다. 금 모으기는 우리나라를 IMF 체제에서 구하는 원동력이 된 운동이다. 1997년 당시 국책은행이라는 산업은행에서 단 5천만 달러조차 외국에서 빌리지 못할 정도로 우리 신용도는 파산 상태였다. 그걸 보면서 국민 각자 자기 역할이 있을 텐데 내가 할 일이 무엇일까를 고민하다가 생각해 낸 것

이 바로 금을 모아 수출해 달러를 벌자는 아이디어(idea, 구상)였다.[376]

1997년 11월 21일 IMF 시대가 열렸다. 11월 20일 스탠리 피셔 IMF 수석부총재가 한국을 방문해 임창렬 신임 부총리와 지원 문제를 협의하고 바로 다음 날인 1997년 11월 21일 오전 10시 임창렬 부총리는 IMF에 구제금융 지원을 요청하기로 했다고 발표했다. 11월 22일 정부는 IMF(국제통화기금)에 구제 금융을 공식 요청하고 바로 다음 날인 23일 IMF 실무 협의단이 구성되어 협상에 들어갔다. IMF가 지원을 발표한 뒤 미국과 일본 등 선진국들은 한국에 대한 지원을 약속하고 나섰다. 하지만 날마다 추락하는 국가 신용등급에 2,000원대까지 치솟은 환율, 국민이 믿고 신뢰하던 중견기업들의 연이은 부도 도미노 사태와 그 여파로 이어지는 대량 실업, 한마디로 총체적인 국가 위기였던 IMF 구제금융 사태는 경제에 대한 파장도 컸지만, 가장 큰 상처를 준 부분은 바로 한국 국민의 자존심을 무수히 짓밟은 것이었다.

세계 11위의 무역대국, 경제협력개발기구(OECD) 가입국, 국민소득 1만 달러 시대를 눈앞에 둔 아시아의 용으로, 선진국이 눈앞에 있다는 자긍심으로 가득했던 우리 국민은 이제 눈에 쓰고 있던 장밋빛 안경을 벗어 던지고 현실을 직시하면서 부도가 난 국가의 위기를 함께 헤쳐나가게 된 것이었다. 서울지방검찰청에서 외환위기 극복을 위한 '금 모으기' 운동이 벌어졌으나 전 국민적인 운동으로 확대되지 못하고 마무리된다. 하지만 검찰의 '금 모으기' 운동 모습은 KBS 경제부 데스크(desk, 편집부나 편집책임자)의 관심을 끌어 KBS에서는 '금 모으기' 운동 가능성을 물밑에서 타진하기 시작했고, 보도본부의 2차 회식 자리에서 그 아이디어가 구체화하기 시작했다.

---

376) 김병호 외(2004), 『그해 겨울은 뜨거웠다』, 서해문집, pp.110~119.

1997년 12월 겨울의 어느 날 저녁 김병호 보도본부장, 지종학 뉴스라인 부장, 차만순 경제부장이 참석한 회식 자리에서 '금 모으기' 운동의 뉴스 가능성을 제시하고 김병호 보도본부장의 단안이 떨어지자, 차만순 경제부장은 다가도로 금 모으기 운동의 가능성을 타진하기 시작한다. 그리고 12월 중순경, 경제부 차 부장은 12월 초부터 금 모으기 운동의 당위성을 주장해온 당시 종로 청운학원의 강사인 정한성 씨와 만나 이 운동의 가능성을 타진한다. 정한성 씨 주장의 핵심은 금의 헌납이 아니라 금을 팔아서 그 돈을 국민에게 돌려줘야 한다는 것이었다. 그리고 약속이나 한 듯 비슷한 아이디어가 또 다른 곳에서 경제부 기자에게 전달되고 있었다.

크리스마스 하루 전날인 12월 24일 용태영 기자는 인터뷰 대상자로 한 번 만난 적이 있는 남대문시장의 달러상인에게서 삐삐(beepe, 무선 호출기) 호출을 받았다. 사무실로 올라와 시장 상인에게 전화하니 그녀는 이런 내용을 용태영 기자에게 전한다. "경제가 어렵다는데 금을 모아 국가에 헌납하면 어떨까요? 그 금을 수출해서 달러를 벌어오면 좋을 텐데. 꼭 좀 추진해 보세요." 달러상이기도 한 그 남대문시장 상인의 얘기가 충분히 가능성이 있다고 생각한 용 기자는 매일 아침 9시 30분에 있는 경제부 회의 시간에 금 수출에 관한 얘기를 꺼냈다.

아침 회의가 끝난 뒤 용태영 기자와는 다른 경로로 이미 금 모으기에 관한 리포트를 머릿속에 그리고 있었던 차만순 경제부장은 용태영 기자를 부른다. 이렇게 해서 취재가 시작됐다. 용태영 기자는 12월 초 검찰이 금을 모을 때 금에 관한 회견을 해줬던 한 그룹의 수출입 담당 간부를 수소문해 통화했다. 그의 대답은 "금이 대량으로 모이기만 한다면 수출은 가능하다." 하지만 "일일이 순도를 확인해야 하고 시간이 많이 걸려 쉽지 않을 것"이라고 했다. 그 때부터 '금 수출이 가능하다'라는 인터뷰(interview, 회견)를 얻기 위해 용태영 기자는 금과 관련된 온갖 단체와 기업에 전화를 시작한다. 그리고 마침내 연결된 것이 주식회사 대우의 금 수출을 담당하는 비철금속 3팀 오태환 팀장이었다.

그의 답변은 명확했다. "어느 기관이건 금을 100kg 이상만 모으면 우리가 수출해 줄 수 있다. 금 수출은 신용장도 필요 없으므로 바로 달러를 들여올 수 있다. 금 수출이 이뤄지면 외환위기 극복에 큰 도움이 될 거다." 12월 24일 오후 3시경 필요한 인터뷰를 얻어내자 리포트(report, 기사)는 그래픽(graphic, 화보)과 함께 바로 제작되어 다음 날인 25일 9시 뉴스로 전파를 타게 된다. 1997년 12월 25일 금 모으기 운동 첫 방송 '금 모아 수출하자'(뉴스진행자: 저희 KBS 9시 뉴스가 오늘 또 한 가지 제안을 하겠습니다. 집집마다 지금 장롱 속에 잠자고 있는 금붙이들을 조직적으로 모아서 외국에 직접 내다 팔자는 그런 제안입니다. 금 전문가들은 지금같이 소규모로 벌어지고 있는 금 모으기는 소기의 성과를 거둘 수 없으므로 각 가정에 사장돼 있는 3천여 톤의 금을 거국적이고 또 조직적으로 모은다면 약 300억 달러를 벌어들일 수 있다고 봅니다).

역사적인 대사건을 기록하게 된 첫 뉴스가 탄생한 것이다. 이 뉴스가 나갈 때만 해도 아무도 이 리포트의 파급력을 예상하지 못했다. '금 모아 수출하자'는 뉴스에 대해 시청자들의 반응은 뉴스가 끝나면서부터 바로 일어났다. 보도국의 성탄절 야간 당직자들이 곤혹스러울 정도로 많은 전화가 쏟아졌다. 김인규 보도국장이 주재하는 간부회가 열리고 캠페인의 구체적인 계획이 논의되었다. 이날을 기점으로 취재에 들어가 1998년 1월 5일부터 본격적인 캠페인 보도에 들어가기로 하고 협력단체들을 구성하기 시작한다. 1997년 12월 31일 '나라 사랑 금 모으기 캠페인' 협의회가 구성된다.

외환위기 극복을 위한 국민이 소장한 금을 위탁 판매하거나 헌납받아 외화자금을 조성하는 일을 투명하게 처리하자는 것이 협의회 구성 목적이었다. 이날 협의회 조인식에 참석한 각 기관의 대표는 신명호 주택은행장, 고려아연 최창근 사장, 주식회사 대우 장병주 사장, 귀금속 업계 금 모으기 추진위원회 김평수 회장, 김병호 KBS 보도본부장 등이었다. 다섯 기관이 톱니바퀴처럼 맞물려 출발선인 대망의 1998년 1월 5일 금 모으기 운동을 앞둔 시점인 1월 3일, 김성철 주택은행 부장은 임창렬 경제부총리로부터 한 통의 전화를 받는다. "이왕 준비하는 일인 만큼 내무부와 농협, 시민단체들과 협의회를 구성해 함께 진행하면 좋을 것 같다"는 내용이었다.

같은 날 귀금속협회 김평수 회장도 행자부 직원과 면담 과정에 "농협과 함께 금 모으기를 추진하는 것이 좋겠다"는 권유를 받는다. 하지만 기존에 결정된 다섯 기관만으로 진행하기로 결정한다. 이렇게 하여 정부의 참가까지 거절하고 밀어붙인 금 모으기는 1998년 1월 5일 오전 9시 30분에 시작되었다. 1998년 1월 12일에는 농협과 MBC, 삼성이 함께 금 모으기를 시작한다. 같은 날 외환은행과 현대가 손을 잡았으며, 13일에는 국민은행과 새마을금고, SBS가 LG상사를 수출 창구로 금 모으기 운동을 자체적으로 하겠다고 발표하고 금 접수를 시작한다. 그리고 15일에는 기업은행이 SK와 금 모으기 운동을 시작하면서 이 운동은 여러 기업과 금융기관, 언론기관이 연합되어 일종의 경쟁 체제로 변하게 된다.

1월 31일 KBS와 주택은행이 주도한 1차 나라사랑 캠페인(campaign)은 종료된다. 재외 동포까지 참여한 2월 5일부터 시작된

2차 금 모으기 캠페인은 2월 21일 막을 내린다. 1, 2차 캠페인을 모두 합치면 KBS와 주택은행의 금 모으기 운동 참가자는 1,984,072명, 수집량은 136,407kg에 달했고, 수출대금은 우리 돈으로 3조 1천 774억 원(21억 7천만 달러)에 달했다. 금을 수출한 대금은 1차 참여자에는 2월 28일, 2차 참여자에게는 1998년 3월 20일에 입금되어 애국심을 발휘해 참여한 국민에게 마지막까지 약속을 지키고 공식적으로 막을 내린다.[377]

이렇게 우리나라 금 모으기 운동 최초 제안자는 1997년 당시 서울지방검찰청 형사 1부장이었던 이종왕 검사였다. 그러나 서울지검에서 금 모으기 행사가 실제로 이루어지는 과정에는 당시 서울지검 1차장검사였던 이범관 검사와 KBS 사회부 김의철 기자의 역할이 상당했다. 그리고 1998년 1월 5일 시작된 국민적인 금 모으기 행사는 KBS 김병호 보도본부장을 비롯한 직원들과 유관기관의 노력으로 성사되었다. 김대중과는 상관이 없다. 금 모으기 운동의 서막을 알린 리포트는 12월 1일 9시 KBS뉴스를 통해 전해졌고, 그 후에 KBS와 다른 언론을 통해 여러 차례 보도되어 금 모으기를 통한 외환위기 극복 노력이 곳곳에서 진행되고 국민의 참여가 이루어졌다.

귀금속 가공업체인 (주)우수사 대표이자 '귀금속업계 금 모으기 캠페인 추진위원회' 위원장인 김평수(47세) 씨는 외환위기를 맞아 국민의 한 사람으로서 해야 할 일이 무엇인가를 고민한 끝에 귀금속업계 사람들이 금을 모아 외화를 벌어들이자는 생각을 했다. 김 씨는 1997년 12월 6일 이런 생각을 한국귀금속가공업협동조합연합회에 제안했고 연합회는 금 1만 3,300돈, 50만 달러어치를 모아 12월 29일 수출했다. 이때 채택한, 예치증을 받은 뒤 수출이 되면 현

---

377) 김병호 외(2004), 『그해 겨울은 뜨거웠다』, 서해문집, pp.18~51.

금으로 돌려받는 운동방식은 우리나라 금 모으기 운동의 전형적인 방법으로 자리 잡았다. 그 뒤 한국주택은행과 한국방송공사(KBS) 등이 본격적으로 금 모으기 운동을 폈고 귀금속업계는 12일 27일 추진위를 만들어 이 운동에 적극 동참했다.[378]

1998년 1월 17일 매일경제 기사에는 온 국민이 참여하고 있는 금 모아 수출하기 운동은 서울지검에서 1997년 12월 실시한 '금가락지 모으기 운동'이 발전한 것이다. 서울지검은 외환위기 극복에 동참하기 위한 아이디어를 짜내다 장롱에 감추어져 있는 금가락지를 모아 수출히지는 운동을 전개했다[379]고 소개하고 있다. 이렇게 김대중 당선자는 선거에 바빠 못 보았는지 몰라도 이미 많은 국민이 금 모으기에 나서거나 참여하고 있었으며, 여러 차례 관련 뉴스가 보도되고 귀금속협회 김평수 회장 등이 금을 모아 수출을 추진하고 있었다.

우리나라의 금 모으기 진행과정은 2004년 김병호 등이 공동 저술하고 서해문집에서 발행한 『그해 겨울은 뜨거웠다』라는 책에 상세한 내용이 나와 있다. 그런데도 김대중은 어디서 들었는지 아니면 뉴스를 보았는지 모르겠지만, 뉴스에 이미 보도되고 있는 것과 거의 동일한 내용으로 자신이 금 모으기 운동을 제안했다. 그 내용은 1997년 12월 25일 매일경제에 실렸다. 김대중 대통령 당선자는 1997년 12월 24일 소비자단체 대표들에게 금 모으기 운동을 제안해 관심을 모았다. 김 당선자는 이날 소비자 보호원에서 업무보고를 받은 후 배석했던 정광모 소비자보호단체협의회장 등 소비자단체대표들에게 "우리나라가 연간 60억 달러의 금을 수입하는데 상

---

378) 한겨레 1998. 1. 14.(네이버 뉴스 라이브러리)
379) 매일경제 1998. 1. 17.

당 부분이 가정 금고에 쌓여있다"며 "금 모으기 운동을 벌이면 300억 달러 정도는 넉넉히 마련할 수 있을 것 같다"고 말했다.380)

김대중 당선자는 뉴스 보도 내용과 거의 일치하는 내용을 말하고는 자기가 금 모으기 최초 제안자고 순수한 아이디어 차원이었다고 했다. 웃기는 것은 『김대중 자서전』은 김대중이 2009년 운명하고 난 다음 해인 2010년에 출판되었다는 점이다. 김대중은 당선자 시절인 1997년 1월 KBS 등이 추진한 1차 금 모으기 운동을 할 때 일각에서 논란이 일자 격려하는 말을 하기도 했다. 이렇게 김대중은 자신이 금 모으기를 최초로 제안한 것도 아니고, 사회적인 캠페인을 주도한 것도 아니라는 내용을 알고 있었다. 국민도 금 모으기 진행 내용의 실상을 알고 있는데도 김대중과 김대중의 구술 내용을 정리한 김택근은 금 모으기를 김대중이 최초 제안자인 것처럼 『김대중 자서전』에서 기술하고 있다.

이것은 지역감정을 선거에 이용한 책임을 박정희에게 떠넘긴 점, 민주화운동이라는 용어를 만들어 반정부 시위와 반미 시위 같은 권력투쟁이나 민주화 투쟁을 민주화운동으로 만든 점 등과 너무나 흡사하다. 그 중심에 항상 김대중이 있다는 점은 우연이 아니다. 김대중은 '나에게 가장 두려운 것은 역사의 심판이다. 우리는 한때 세상 사람들을 속일 수 있지만, 역사를 속일 수는 없다. 역사는 정의 편이다'381)라고 했다. 국민은 바보가 아니다. 국민을 기만한 허구에 찬 투쟁적 선동정치가 김대중의 실체가 훗날 구체적으로 드러날 때가 반드시 있을 것이다.

---

380) 매일경제 1997. 12. 25.(네이버 뉴스 라이브러리)

381) 김대중(2010), 『김대중 자서전 2』, 삼인, p.603.

제2절 과다한 보상과 미화 비용 모두 국민에게 전가

1. 잘못된 일 처리 관행 꼬리를 무는 무리한 요구

민주화운동과 관련한 일 처리가 가장 잘못된 것은 5·18 광주사태이다. 5·18 광주사태 관련 희생자들에 대한 보상은 필요한 것이었다. 무고한 국민이 공권력에 의해 희생됐다면 반드시 국가는 그에 상응하는 보상을 해야 한다. 5·18 광주사태와 민주화운동 관련자에 대한 보상과 명예회복은 민주화운동을 주도한 김영삼과 김대중 정부에서 집중적으로 이루어졌다. 정부는 1995년 말 5·18 민주화운동 특별법을 제정하고 1997년 기념일을 정해 매년 보훈처 주관으로 기념행사를 열고 있다. 2002년 광주민주유공자 예우법을 제정, 국립 5·18 묘지로 승격한 뒤 2006년 국립 5·18 민주묘지로 개명했다.[382]

5·18 광주사태와 관련된 희생자의 보상은 선별적으로 이루어지고 국민 화합차원에서 일시에 보상금을 지급하는 것으로 끝내야 했다. 그런데 그것이 지나쳐 우리 사회에 민주화운동이라는 이름만 붙으면 보상을 요구하는 경향이 생겼다. 5·18 광주사태를 비롯한 민주화운동 관련자들에 대한 명예회복과 보상이 과다하게 이루어졌다고 판단하는 근거는 김영삼과 김대중이 대통령으로 재임 중에

---

382) 연합뉴스 2012. 5. 18.

기울인 국군포로 송환 노력, 제2연평해전 전사자 예우, 소년·소녀 지원병의 예우 등과 비교할 때 그렇다는 것이다.

특히 김대중 당시 대통령은 제2연평해전에서 전사자가 발생했을 때 2002년 월드컵을 보기 위해 일본에 가 있었고 장례식장에는 국무총리, 국방부 장관 등도 참여하지 않았다. 그 유가족 중에는 김대중 정부의 홀대에 이민을 갔다가 돌아온 사람도 있다. 김대중이 5·18 묘소를 여러 차례 참배하고 희생자들 보상을 위해 노력한 것과는 너무나 대조적이다. 한국전쟁 당시 징집된 2만 9,603명의 17세 이하 소년·소녀지원병 중 전사한 2,573명에 대한 예우를 위해 소년병전우회는 소년병을 '참전유공자'가 아닌 '국가유공자'로 예우해야 한다고 주장해왔다. 하지만 소년병을 국가유공자로 인정하자는 '국가유공자법' 개정안이 16대와 17대, 18대 국회에서 발의됐지만, 자동 폐기됐다.[383]

민주화운동 관련 희생자와 국가의 부름을 받고 국가를 위해 목숨을 바친 사람 중 어느 쪽의 예우가 우선하고 더 중요한가? 당연히 국가의 부름을 받고 국가를 위해 목숨을 바친 사람이다. 그런데 김대중과 김영삼은 국가를 위해 목숨을 바치거나 현재 고초를 겪고 있는 이들은 내버려둔 채 민주화운동 관련자의 명예회복, 희생자에 대한 보상과 예우에 노력을 집중했다. 그들의 잘못된 일 처리 관행으로 이후 민주화운동 관련자들의 꼬리를 무는 무리한 요구가 이어지고 있으며, 그 부담은 모두 국민에게 전가되고 있다.

---

383) 오마이뉴스 2012. 6. 8.

2. 과거사정리위, 종북자 민주화운동가로 둔갑 앞장

한국 민주화운동은 바로 잡아야 할 부분이 많다. 과거사정리위가 종북자를 민주화운동가로 둔갑시키는 데 앞장서고 있는 부분도 바로 잡아야 할 것 중 하나다. 법률 제7542호로 2005년 5월 31일 제정되고 12월 1일 시행에 들어간 진실·화해를 위한 과거사정리 기본법은 제1조 (목적) 이 법은 항일독립운동, 반민주적 또는 반인권적 행위에 의한 인권유린과 폭력·학살·의문사 사건 등을 조사하여 왜곡되거나 은폐된 진실을 밝혀냄으로써 민족의 정통성을 확립하고 과거와의 화해를 통해 미래로 나아가기 위한 국민통합에 기여함을 목적으로 한다. 제3조 (진실·화해를 위한 과거사정리위원회의 설치 및 독립성) ① 이 법이 정하는 업무를 수행하기 위하여 진실·화해를 위한 과거사정리위원회를 둔다[384]고 규정하고 있다.

이에 따라 진실·화해를 위한 과거사정리위원회의[385]가 설치되었다. 그런데 진실·화해를 위한 과거사정리위원회의 활동이 석연치 않은 것이 한둘이 아니다. 총리실 산하 민주화보상심의위원회는 그동안 법원이 반국가단체로 판결한 사건들에 대해 민주화운동으로 인정한 사례가 적지 않다. 공안당국 관계자는 2012년 6월 6일 "민주화보상위는 반국가단체사건, 이적단체사건, 간첩사건, 불법폭력사건 관련자들을 민주화운동가로 판정해 1,000억 원이 넘는 보상금을 지급해왔다"고 말했다.[386] 민주화운동을 하다 숨지거나 다

---

384) 진실·화해를 위한 과거사정리기본법.
385) 진실·화해를 위한 과거사정리위원회는 일제 강점기부터 제6공화국까지 약 100년의 과거사를 조사하여 피해자의 명예회복을 돕고, 가해자에게는 감형 등 법적·정치적 화해 조처를 건의하는 국가기구.

친 사람들을 위한 민주화운동 보상법이 만들어진 게 지난 2000년이다.

그 이후 12년 동안 만 명에게 천억 원이 넘는 돈이 지급됐는데 2000년 민주화보상법이 제정될 당시의 목적과는 달리 종북단체와 반국가 세력에게까지 보상금이 지급되고 있다. 이 때문에 토론회까지 열리는 등 곳곳에서 이제라도 바로잡아야 한다는 주장이 나오고 있다. 민주화운동보상법에 근거해 지급되는 보상금이 종북세력에게 면죄부를 주는 것이 아니라 진정으로 민주주의 발전에 기여한 사람들에게 돌아가야 한다는 목소리가 높다.[387] 언론을 통해 보도된 내용을 소개하면 다음과 같다.

1) 부산 동의대 방화사건

정유환 씨는 지난 1989년 부산 동의대 방화사건으로 경찰관이던 동생을 잃었다. 동의대 학생들이 경찰관들을 잡고 인질극을 벌였고 화염병을 던져 경찰 7명이 숨진 것이다. 당시 법원은 학생들에게 최고 무기징역까지 선고했는데, 2002년 민주화보상심의위원회는 이들을 민주화운동가로 인정하고 1인당 최고 6억 원까지 보상금을 지급했다. 정유환 동의대 사태 유가족 대표는 "동의대 대학생들은 범법자이기 때문에 민주화 유공자가 될 수 없다고 헌법소원을 내니까 노무현 정부 시절 2005년에 각하 결정을 냈어요"[388]라고 억울한 심경을 토로했다.

---

386) 조선일보 2012. 6. 7.
387) 조선일보(TV조선) 2012. 6. 27.
388) 조선일보(TV조선) 2012. 6. 27.

2) 민혁당 사건 관련자도 민주화운동 인정받아

1979년 '남조선민족해방전선 준비위원회(남민전)' 사건 관련자들은 혁명자금 조달을 위해 고위 공직자나 재벌 집에 들어가 돈을 훔치고, 예비군 훈련장에서 소총과 실탄도 훔쳤다. 대법원은 남민전을 "김일성 공산주의 노선에 따라 활동하며 대한민국을 변란할 것을 목적으로 하는 반국가단체"로 판시했다. 하지만 민주화보상위는 "항거 활동을 지속하기 위한 고육지책(苦肉之策)이었다"는 논리로 2006년 4차례에 걸쳐 이 사건 관련자 38명을 민주화운동 관련자로 인정했다.

법원이 반국가단체로 규정한 '구국전위', '민혁당(민족민주혁명당)' 사건 관련자들도 노무현 정부 시절인 2003~2005년 대거 민주화 유공자로 인정됐다. 구국전위는 1993년 국내에 침투한 조총련 공작원으로부터 지령을 받아 결성된 조선노동당의 지하당으로, 1995년 서울고법이 반국가단체로 규정했다. 민혁당은 김영환·하영옥 씨 등 1980년대 주사파 핵심세력이 북한에 포섭돼 남한에 '민족민주혁명당'이라는 지하당을 결성한 사건이다. 비례대표 경선 부정으로 퇴출 압박을 받은 통합진보당 이석기 의원도 민혁당 소속이었다[389]고 한다.

3) 간첩 혐의자도 보상

1992년 남조선노동당 중부지역당 사건으로 체포된 황인욱 씨는 간첩 혐의로 유죄 판결(징역 13년)을 받았다. 민주화보상위는 2006

---

389) 조선일보 2012. 6. 7.

년 12월 황 씨가 1987년 연루됐던 별도의 국가보안법 위반사건(구학련 사건)으로 황 씨를 민주화운동가로 인정했다. 법원은 구학련 역시 이적단체로 판결했다. 구학련 관련자를 민주화 유공자로 만든 것도 문제가 됐지만, 황 씨가 다른 사건으로 간첩 혐의가 인정됐던 부분이 큰 논란을 불렀다. 이에 대해 민주화보상위는 "간첩 전력은 고려사항이 아니다"라고 했다.

왕재산 간첩단 사건으로 2012년 2월 1심에서 징역 9년을 선고받은 총책 김덕용도 2008년 5월 민주화보상위로부터 민주화 유공자로 인정받았다. 김덕용은 1985년 서울 노량진 횃불 시위와 민정당사 폭력 시위 등을 주도한 혐의로 징역 1년, 집행유예 2년을 선고받았었는데 민주화보상위가 그를 민주화 유공자로 인정하고 400여만 원의 보상금도 줬다. 2012년 2월 재판에서 징역 7년을 선고받은 왕재산 인천지역책임자 임 모 씨도 1987년 주사파 지하조직 '반미구국학생동맹' 사건으로 실형을 선고받았지만, 2003년 7월 민주화 유공자로 인정받고 보상금 1,400여만 원도 챙겼다. 수사기관 관계자는 "김 씨와 임 씨는 간첩으로 암약하던 시기에 이런 보상을 받았다. 대한민국 정부가 간첩을 민주화운동가로 인정해주고 국민의 세금으로 보상까지 해준 것"이라고 했다.[390]

4) 무장봉기 기도한 사람도 "민주헌정질서 확립 기여"

사노맹(남한사회주의노동자동맹)은 무장봉기로 대한민국을 타도하고 사회주의국가를 세우겠다는 목표 아래 조직원들에게 군사훈

---

390) 조선일보 2012. 6. 7.

런까지 시킨 사실이 인정돼 1992년 대법원이 반국가단체로 판결한 조직이다. 그러나 2008년 12월 민주화보상위는 "민주헌정질서 확립에 기여했다"라며 사노맹 사건으로 유죄 판결을 받은 박기평(필명 박노해) · 백태웅 씨를 민주화운동 관련자로 인정했다.

1980년대 공안사건인 '자민통', '혁노맹', '민학투련' 사건 관련자 중 상당수도 민주화 유공자로 인정받았다. 사법부는 이들이 주체사상이나 마르크스−레닌주의에 기초해 무장봉기를 기도했다고 판단했지만, 민주화보상위는 "완강한 군사독재 상황에서 온건한 방식으론 변화가 어렵다는 판단에서 나온 고육지책이었다"라며 민주화 관련성을 인정했다. 그러나 민주화보상위가 사법부 판결을 뒤집을 만한 새로운 증거를 제시한 경우는 거의 없었다.[391]

5) 임수경 "내 방북은 민주화운동" 명예회복 신청

2012년 탈북자를 '변절자'라고 비하해 파문을 일으킨 민주통합당 임수경 의원이 1989년 자신의 불법 방북과 관련해 총리실 산하 민주화보상심의위원회에 명예 회복 신청을 한 것으로 2012년 6월 5일 확인됐다. 총리실 관계자는 이날 "임 의원은 자신의 방북은 통일운동이자 민주화운동의 일환이었다며 민주화보상심의위원회에 국가보안법 위반 혐의로 받은 유죄 판결에 대해 명예 회복을 해달라고 지난 2000년 신청했다"고 말했다. 자신의 불법 방북을 '통일 · 민주화운동'으로 인정해달라는 것이었다. 임 의원은 1989년 6월 평양에서 열린 세계청년학생축전에 전국대학생대표자협의회(전대협)

---

391) 조선일보 2012. 6. 7.

대표로 방북해 46일 만에 판문점을 통해 한국으로 돌아왔다.

그는 평양 방문 당시 김일성 수령을 '아버지'라고 부르기도 했다고 한다. 임 의원은 그해 12월 법원으로부터 국가보안법 위반 혐의로 징역 5년에 자격정지 5년을 선고받고 복역하던 중 1992년 가석방됐고, 김대중 정권 때인 1999년 복권됐다. 또 다른 총리실 관계자는 "임 의원의 방북사건은 민감한 시국사건이기 때문에 민주화보상심의위원회는 이 사건의 심의를 지금까지 보류해왔다. 조만간 심의에 착수할 예정"이라고 했다. 민주화보상심의위원회는 심의에 앞서 현재 임 의원 방북사건의 사실관계를 조사 중인 것으로 알려졌다.[392] 귀추가 주목된다.

3. 부마사태 예우받기 위한 특별법 추진

일각에서 부마사태에 대한 특별법 제정 움직임이 일고 있다. 부·마민주항쟁(부마사태)은 1979년 10월 옛 마산과 부산지역에서 일어난 유신체제에 항거한 민주화운동이다. 유신독재에 항거하는 첫 민주화운동으로 5·18 광주민주화운동과 6월 민주항쟁으로 이어지는 토대가 됐으며, 유신체제를 종식시키는 데 결정적인 역할을 했다. 특별법 제정은 부마항쟁이 한국사회의 민주주의를 한 단계 발전시킨 민주항쟁이라는 역사적 평가를 분명히 하고, 국가 차원에서 진상조사를 통해 관련자들의 명예를 회복하고, 그에 따른 예우가 이뤄져야 한다는 내용을 골자로 하고 있다.

---

392) 조선일보 2012. 6. 6.

정성기 부마민주항쟁기념사업회 회장은 "부마항쟁은 17년간의 독재정권을 물러나게 한 도화선이 됐다. 이후 발생한 5·18 광주민주화운동, 6월 민주항쟁을 볼 때 부마항쟁의 역사적인 의의는 중요하다. 3·15 의거와 4·19 혁명, 5·18 민주화운동의 희생자·유공자를 '국가유공자'나 '민주유공자'로 예우하는 만큼 5·18 민주화운동의 선구가 된 부마민주항쟁의 희생자·유공자도 마땅히 예우해야 한다. 특별법 제정은 박정희 시대를 재조명하고 역사의 교훈을 통해 우리 사회가 더 민주적으로 전진하는 계기가 될 것이다. 특별법 제정을 통해 부마민주항쟁을 역사의 한 페이지로 꼭 남기고 싶다"고 말했다.[393]

이렇게 부마사태에 대한 특별법 제정을 통한 예우 요구 움직임은 5·18 광주사태의 잘못된 처리에서 비롯되었다. 5·18 광주사태에 대한 지나친 보상과 희생자 묘소에 대한 성역화는 결국 부마사태 참여자들에게 민주화운동을 명분으로 떼를 쓰면서 요구하면 관철되더라는 간접경험이 특별법 제정 요구로 나타난 것으로 볼 수 있다.

4. 3·8 대전민주화의거 민기법 포함 추진

이명수 의원(충남 아산)이 '3·8 대전민주화의거'를 '2·28 대구민주화운동', '3·15 의거', '4·19 혁명', '부·마항쟁', '6·10 항쟁'과 함께 민주화운동에 포함시키기 위한 민주화운동기념사업회법

---

393) 경남신문 2011. 10. 17.

을 대표발의했다고 2012년 6월 17일 밝혔다. 이명수 의원은 "3·8 대전민주화의거는 대전지역에서 이승만 정권에 항거하기 위해 3월 8일 대전고등학교 학생 1,000여 명이 시위를 벌이다 경찰과 유혈 사태를 빚게 되었고, 4·19 혁명의 기폭제가 된 중요한 사건으로 평가받고 있다. 그러나 민주화운동의 범위에서 누락되어 역사적 평가가 절하되고 있다. 이에 국민의 자유와 권리를 신장시키고자 권위주의적 통치에 항거한 3·8 대전민주화의거를 기념하고 그 정신을 계승하기 위해 법안을 발의하게 됐다"고 제안 이유를 밝혔다. 이명수 의원은 "이 법안은 지난 18대 국회에 대표발의해 상임위원회를 통과하고, 법제사법위원회에 회부되었으나, 결국 임기만료로 폐기되고 말았다"면서 "19대 국회에서는 3·8 대전민주화의거가 반드시 민주화운동으로 인정받을 수 있도록 법안통과를 위해 열심히 노력하겠다"고 밝혔다[394]

---

394) 아시아투데이 2012. 6. 17.

참고자료

참고서적

고려대학교 한국사연구실(2002), 『한국사의 재조명』, 고려대학교 출판
    부, p.333.
교과서포럼(2008), 『대안 교과서 한국 근·현대사』, 기파랑, p.203.
국사편찬위원회·국정도서편찬위원회(2002), 『중학교 국사』, 교육인적
    자원부, pp.178~182.
권석만(2003), 『젊은이를 위한 인간관계 심리학』, 학지사, pp.84~91.
김대중(2010), 『김대중 자서전 1』, 삼인 pp.59~651.
김대중(2010), 『김대중 자서전 2』, 삼인 pp.29~603.
김범주(2003), 『법과 사회』, 형설출판사, pp.44~45.
김병호 외(2004), 『그해 겨울은 뜨거웠다』, 서해문집, pp.18~119.
김영명(2008), 『좌우파가 논쟁하는 대한민국사 62』, 위즈덤하우스, p.252.
도면회 외(2011), 『고등학교 한국사』, 비상교육, pp.172~173.
독도역사찾기운동본부(2003), 『독도는 한국 땅인가』, 백산서당, pp.19~58.
김영구(2006), 『독도 영토 주권의 위기』, 다솜출판사, pp.26~27.
독도역사찾기운동본부(2003), 『독도는 한국 땅인가』, 백산서당, pp.19~58.
맥스 드프리 저, 이영진 옮김(2010), 『성공한 리더는 자기 철학이 있다』,
    북플래너, pp.32~52.
박세정(1995), 『세계화 시대의 일류행정』, 가람기획, pp.14~21.
박완규(2007), 『리바이어던, 근대국가의 탄생』, 사계절, pp.151~157.
박효종(2001), 『국가와 권위』, 박영사, pp.26~61.
송건호(2002), 『송건호전집 1』, 한길사, p.135.
시사상식편집부(2009), 『SPA종합교양』, 박문각, p.10.

아놀드 A. 피터슨(1995) 저, 정동섭 옮김, 『5·18 광주사태』, 풀빛, pp.97~106.

안철현(2009), 『업그레이드 특강 한국현대정치사』, 새로운 사람들, pp.99~216.

역사문제연구소(1994), 『한국정치의 지배이데올로기와 대항이데올로기』, 역사비평사, p.166.

이수윤(1998), 『정치학 개론』, 법문사, pp.105~107.

이재오(2011), 『한국 학생운동사』, 파라북스, p.212.

이종수 외(2005), 『새 행정학』, 대영문화사, pp.51~55.

이진호(2011), 『독도 영유권 분쟁 과거 현재 그리고 미래』, 한국학술정보, p.295.

이진호(2012), 『정치지도자론』, 한국출판정보, pp.144~185.

이진호(2011), 『지도자론 지도자가 갖추어야 할 자질과 리더십』, 이담북스, pp.79~80.

정정길(2007), 『작은 정부론』, 부키, p.216.

조문숙(2010), 『전두환 vs 광주혁명』, 도서출판 be, pp.37~38.

조셉 S. 나이 외 저, 박준원 옮김(2001), 『국민은 왜 정부를 믿지 않는가』, 굿인포메이션, p.28.

조희연(2007), 『박정희와 개발독재시대』, 역사비평사, p.69.

하봉규(2008), 『한국 정치와 현재 정치학』, 팔모, pp.13~109.

언론기관

경남신문   뉴스웨이
경제투데이   대전일보
경제풍월   대한뉴스
경향신문   데일리안
내일신문   데일리중앙
뉴데일리   동아일보
뉴스핌   매일경제
뉴스한국   머니투데이
뉴시스   미디어오늘

서울신문
세계일보
아시아경제
아시아투데이
아주경제
연합뉴스
오마이뉴스
월간조선
인터뷰365
일요서울
조선일보
조선일보(TV조선)
중앙일보
쿠키뉴스

파이낸셜뉴스
프런티어타임스
프레시안
한겨레
한국기자협회
한국일보
헤럴드경제
CBS 노컷뉴스
MBC
MK뉴스
SBS
YTN
朝日新聞(아사히신문)

사전

21세기 정치학대사전
경제학사전
국어국문학자료사전
교육학 용어사전
네이버 국어사전
네이버 기관단체사전
네이버 지식사전
민중국어사선
법률용어사전
브리태니커
사회복지학사전
새국사사전
시사상식사전

시사용어사전
위키백과
이해하기 쉽게 쓴 행정학용어사전
정신분석용어사전
철학사전
한국근현대사사전
한국민족문화대백과
한자성어 · 고사명언구사전
행정학사전
Basic 고교생을 위한 사회 용어사전
Basic 고교생을 위한 세계사 용어
　　　사전
Basic 고교생을 위한 정치경제 용어

사전 doopedia 두산백과
Basic 중학생을 위한 사회 용어사전

법률

5·18 민주화운동 관련자 보상
등에 관한 법률
광주민주화운동 관련자 보상 등
에 관한 법률
국가보안법
국가유공자 등 예우 및 지원에
관한 법률
국회법

민주화운동 관련자 명예회복 및
보상 등에 관한 법률
민주화운동기념사업회법
민주화운동기념사업회법시행령
진실·화해를 위한 과거사정리
기본법
헌법

기타

네이버 블로그
네이버 지식iN 오픈국어
네이버 인물정보
민주통합당
민주화운동기념사업회 민주누리
민주화운동사연표

블로그 신삼수의 생각
외교통상부
자유기업원(박효종,「역사교과서
논쟁을 정리한다」, 2009. 3. 1.)
한국언론진흥재단

색인

이진호 李津鎬

민주화와 정치에 관심이 많은 386세대이다. 민주화운동이 치열하게 일어난 1980년대에는 전국 어디에서나 교문 밖으로 진출해 도심에서 시위를 하려는 대학생들과 이를 막는 경찰 간에 힘겨루기가 이어졌다. 시위하는 모습을 보며 '이것은 올바른 민주화 방법이 아니다. 정부의 통치방식도 문제가 있다. 무엇인가 잘못되었다'는 생각을 했다. 그때 "언젠가 우리나라에 올바른 민주화와 민주주의 발전이 이루어지게 하겠다"고 다짐했다. 그리고 사회생활을 하는 동안 많은 사회의 부조리를 보았다. 그래서 세상을 바꾸어 보고 싶다는 생각으로 한국 정치를 바로 세우기 위해 한국의 정치와 사회문제를 공부해 왔으며 교육, 부정부패, 행정개혁, 리더십, 정치, 사회갈등문제를 연구 · 저술하고 있다.

저서로는 『그대여, 사색의 시간을 가져라』, 『독도 영유권 분쟁: 과거 현재 그리고 미래』, 『부정부패 원인과 대책』, 『정치지도자론』, 『지도자론: 지도자가 갖추어야 할 자질과 리더십』, 『한국 공교육 위기 실체와 해법』, 『한국사회 대립과 갈등 진단』, 『현명한 부모의 자녀교육』 등이 있다.

박정희
독재와
민주화운동
그 실체와 허구성

Dictatorship & Democracy

초 판 인 쇄 | 2012년 11월 30일
초 판 발 행 | 2012년 11월 30일

지 은 이 | 이진호
펴 낸 이 | 채종준
펴 낸 곳 | 한국학술정보㈜
주   소 | 경기도 파주시 문발동 파주출판문화정보산업단지 513-5
전   화 | 031) 908-3181(대표)
팩   스 | 031) 908-3189
홈 페 이 지 | http://ebook.kstudy.com
E - m a i l | 출판사업부 publish@kstudy.com
등   록 | 제일산-115호(2000. 6. 19)

ISBN   9/8-89-268-3925-6 93340 (Paper Book)
        978-89-268-3926-3 95340 (e-Book)

 한국학술정보(주)의 학술 분야 출판 브랜드입니다.